Dicionário Biográfico PSI

Pierre Morel

DICIONÁRIO BIOGRÁFICO PSI

Tradução:
LUCY MAGALHÃES

Consultoria:
MARIA TAVARES CAVALCANTI
Mestre em psiquiatria
Professora do Depto. de Psiquiatria/UFRJ

Jorge Zahar Editor
Rio de Janeiro

Tradução autorizada da primeira edição francesa,
publicada em 1996 por Synthélabo,
de Le Plessis-Robinson, França,
na coleção Les Empêcheurs de Penser en Rond

Jorge Zahar Editor Ltda.
rua México 31 sobreloja
20031-144 Rio de Janeiro, RJ
tel: (021) 240-0226 / fax: (021) 262-5123

Capa: Carol Sá

CIP-Brasil. Catalogação-na-fonte
Sindicato Nacional dos Editores de Livros, RJ.

M84d Morel, Pierre
Dicionário biográfico PSI/Pierre Morel; tradução: Lucy Magalhães; consultoria, Maria Tavares Cavalcanti. — Rio de Janeiro: Jorge Zahar Ed., 1997

Tradução de: Dictionnaire biographique de la psychiatrie
Inclui biografia
ISBN 85-7110-404-2

1. Psiquiatria — Biografia — Dicionários. I. Título.

CDD 926.1689
97-0796 CDU 92:159.964.2

Seria melhor não ter vivido
que ser um homem de quem, morto, se escreve a Vida.

Henry de MONTHERLANT, *Le treizième César*

PREFÁCIO

ESTE *DICIONÁRIO BIOGRÁFICO* retoma, complementando-o, o que redigimos há dez anos para a *Nouvelle histoire de la psychiatrie*, publicada sob a direção de Jacques Postel e de Claude Quétel.

A maioria dos nomes citados é de médicos, mas também foram lembradas muitas personalidades não-médicas, que por várias razões tiveram um papel importante na evolução das idéias na psiquiatria, e até alguns pacientes "célebres", que, pela natureza de sua doença, pelo estudo específico de que foram objeto ou pelo momento ou lugar em que foram tratados, se encontraram em um período crucial da história da patologia mental. Assim, tivemos que privilegiar, ocasionalmente, personagens pouco conhecidos em detrimento de outros, de maior renome, sobre os quais é mais fácil encontrar documentação.

Quando a obra dos autores que evocamos é apenas parcialmente consagrada à psiquiatria, limitamos o nosso texto ao aspecto psiquiátrico de seus trabalhos, situando-o brevemente no conjunto do seu currículo.

A tradução dos títulos universitários ou hospitalares estrangeiros nem sempre é evidente; assim, pensamos ser útil tentar definir, pelo menos aproximadamente, a significação desses termos.

Nos países de língua alemã, o título de *Privat Dozent* é atribuído a um candidato depois que defendeu sua tese e ministrou uma aula na faculdade sobre um tema escolhido pela banca.

"Habilitado" em uma disciplina, o *Privat Dozent* pode se tornar *Extraordinarius* nessa mesma disciplina, a pedido da faculdade.

O *Extraordinarius* ou professor-extraordinário é recrutado entre os *Privat Dozenten*. Sendo nomeado vitaliciamente, não pode mudar de especialidade, mas, do mesmo modo que o *Privat Dozent*, pode ser chamado, a título de promoção, para trabalhar em outra universidade.

Também pode ser escolhido diretamente entre os médicos que demonstrem méritos ou se sobressaiam em suas atividades. Nesse caso, não é remunerado e seu ensino não se limita à sua especialidade.

O *Ordinarius* ou professor-ordinário é o titular de uma cátedra "fundamental", como a anatomia, a clínica médica ou cirúrgica, a obstetrícia, a neuropsiquiatria.

O sistema italiano se assemelha a esse, sob as denominações de *Liberodocente*, *Straordinario* e *Ordinario*.

No que se refere aos títulos das revistas ou das publicações e à designação das instituições, decidimos, em geral, conservar a denominação de origem quando esta é facilmente compreensível para o leitor. No caso contrário, preferimos sugerir uma tradução.

A seleção de nomes aqui incluída não poderia, absolutamente, pretender-se exaustiva. As personalidades que apresentamos são resultado de uma escolha, com tudo o que isso implica de subjetivo e de irracional.

É possível que se critique a importância exagerada dada a alguns nomes e o espaço reduzido atribuído a outros, talvez se reprovem certas "presenças" consideradas menores ou até inúteis, talvez se proponham "ausentes" considerados essenciais, talvez se duvide de nossa imparcialidade. Mas, afinal, também não é para o próprio prazer que se compõe uma antologia?

PIERRE MOREL

Notas: Alguns verbetes foram confiados a especialistas, aos quais agradecemos por sua colaboração. Nestes casos, o nome do autor aparece no fim do artigo.

Os asteriscos remetem a nomes que são verbetes deste dicionário.

A

ABRAHAM *Karl* (1877-1925)

Karl Abraham nasceu em Bremen a 3 de maio de 1877. Depois de terminar seus estudos de medicina na Alemanha, partiu para Zurique e obteve de Bleuler* um lugar de assistente na Clínica Psiquiátrica de Burghölzli. Ali, entrou em contato com Jung*, dois anos mais velho que ele, também assistente de Bleuler desde 1900, e ficou conhecendo os trabalhos de Freud*, com quem começou a se corresponder em 1907. Ambos se encontrariam a 15 de dezembro do mesmo ano, algumas semanas antes que Abraham, não vendo perspectivas de progresso na Suíça, abrisse um consultório de psicanálise em Berlim. Foi nessa cidade que, a partir de então, a sua carreira prosseguiu. Em 1910, participou da fundação da primeira "Sociedade Psicanalítica", completada em 1920 por um Instituto de Formação e de Terapêutica, que permitiria aos pacientes receber gratuitamente tratamentos psicanalíticos caso não pudessem pagá-los. Durante a guerra, Abraham esteve à frente da seção de psiquiatria do 20º Corpo do Exército na Prússia Oriental, mas, ao voltar à vida civil, sua saúde alterou-se e morreu a 25 de dezembro de 1925, de um câncer de pulmão. Era presidente, havia um ano, da Associação Psicanalítica Internacional.

Abraham foi o conselheiro fiel, a "rocha de bronze", segundo os próprios termos de Freud. Esse homem, que também foi descrito como otimista, afável e caloroso, sabia mostrar-se inflexível para com aqueles que se afastavam da estrita ortodoxia. Um exemplo dessa atitude ocorreu durante o conflito que levaria à ruptura entre Jung e Freud.

Seus trabalhos mais originais se referem às neuroses de guerra, ao desenvolvimento da libido e particularmente ao problema do erotismo anal, e à abordagem psicanalítica da esquizofrenia e da psicose maníaco-depressiva.

ADLER *Alfred* (1870-1937)

De nacionalidade húngara, Adler (Aldalar, em língua magiar), nasceu a 7 de fevereiro de 1870, no subúrbio vienense de Rudolfsheim, onde seu pai, de uma família israelita de Burgenland, tinha um comércio de grãos. Depois de uma infância com problemas de saúde, entrou em 1888 para a Faculdade de Medicina de Viena, onde foi aluno, provavelmente, de Krafft-Ebing* e de Benedikt*, e obteve o seu diploma em 1895. Dois anos depois, casou-se com uma estudante russa, Raissa Timofeyevna Epstein, mas a união entre essa extremista revolucionária, amiga da mulher de Trotsky, e o socialista liberal que era Adler, seria muitas vezes tempestuosa. Em 1899, Adler instalou-se no bairro popular de Prater, quando em 1902, em circunstâncias pouco claras, ficou conhecendo Freud*, e com Stekel*, Kahane e Reitler, encontrou-se entre os quatro primeiros eleitos convidados para as "reuniões de quarta-feira" do nº19 da rua Berggasse. Presidente da Sociedade Vienense de Psicanálise em 1910, foi eleito no mesmo ano, com Stekel, vice-presidente, para a direção da *Zentralblatt für Psychoanalyse*. Entretanto, já em 1908, surgiram entre Freud e Adler divergências doutrinárias que se acirrariam em fevereiro de 1911, por ocasião de uma comunicação de Adler sobre *O protesto masculino como questão central da neurose*, na qual minimizava o papel do recalque na gênese das neuroses, insistindo na importância do sentimento de inferioridade. Tratava-se de nada menos do que reduzir o complexo de Édipo e enfatizar um "dinamismo psíquico mais amplo", o conceito de "protesto masculino". Em maio, a ruptura se consumou e Adler fundou a Sociedade de Psicanálise Livre, que se tornou em 1912 a Sociedade de Psicanálise Individual. Convertido ao protestantismo em 1904 e naturalizado austríaco em 1911, foi mobilizado em 1916 para um centro de neuropsiquiatria, interessando-se, nessa ocasião, pelas neuroses de guerra. Em 1920, a chegada ao poder dos sociais-democratas propiciou um movimento reformador em Viena, que permitiu a Adler pôr suas teorias em prática, criando grupos de trabalho e de assessoria aos educadores, para esclarecê-los sobre o comportamento das crianças-problema. Em 1924, foi nomeado professor no Instituto Pedagógico de Viena. Nessa mesma época, fez conferências na Inglaterra e nos Estados Unidos, o que tomava cada vez mais o seu tempo, e em 1934, preocupado com a ameaça nazista, fixou-se definitivamente em Nova York, onde se reencontrou com sua mulher. Voltando à Grã-Bretanha para fazer uma nova série de cursos, foi abatido por uma crise cardíaca em uma rua de Aberdeen a 28 de maio de 1937, sendo cremado em Edimburgo.

Mais do que nas de Freud, é certamente nas obras de Kant e de Leibniz, de Nietzsche e de Karl Marx, que estão as fontes do pensamento de Adler. Suas primeiras publicações conhecidas são artigos de jornais sobre a necessidade, para o Estado, de assumir um papel educativo em matéria de saúde, e um raríssimo opúsculo editado em 1898, *O livro de saúde para os alfaiates*, onde se expressa a idéia de que as condições sociais podem ser a causa de doenças. Essa noção se repete freqüentemente em sua obra, e, quando em pleno período "freudiano", Adler desenvolveu suas teorias mais originais, foi para formular a hipótese de que os estados *de inferioridade orgânica* (lembre-se que ele foi uma criança raquítica e pouco saudável) e às vezes social, estão na origem de um processo de compensação psicológica e de *protesto masculino* (no sentido, despojado de qualquer significado sexual, de uma superestimação social tradicional do homem em relação à mulher). Ao longo de uma evolução que o separou radical e definitivamente de Freud, recusou a origem sexual das neuroses, nas quais via precisamente a conseqüência de um sentimento de inferioridade não-compensado. Do mesmo modo, negou a situação de conflito intrapsíquico entre as instâncias antagonísticas do isso, do eu e do supereu, para afirmar, em 1927, em *Conhecimento do homem*, o princípio da unidade fundamental do ser humano. Concebeu assim a psicologia como uma dinâmica das relações interpessoais, fazendo referência ao que chamou de *sentimento comunitário* (*Gemeinschaftsgefühl*).

Assim, elaborou-se uma *Psicologia individual* que levava em conta a situação do indivíduo no interior do grupo, e que deu origem a um método de psicoterapia mais breve e mais flexível do que a psicanálise, propondo ao paciente e ao terapeuta uma relação mais igualitária e recorrendo mais à finalidade do objetivo a atingir do que à causalidade dos distúrbios.

AICHHORN *August* (1878-1949)

Originário de Viena, Aichhorn adquiriu experiência, nos anos do pós-guerra, com os adolescentes-problema, no cargo de diretor de uma instituição ligada à municipalidade vienense. Analisando de Federn*, admitido em 1922 na Sociedade Psicanalítica, integrou-se ao Seminário de Crianças que agrupava em torno de Anna Freud* analistas como S. Bernfeld, W. Hoffer, H. Deutsch*, W. Reich*, R. Spitz*, preocupados com as dificuldades pedagógicas apresentados pelas crianças-problema.

Foi um dos primeiros a tentar aplicar, na sua prática de educador, as teorias freudianas ao tratamento dos jovens delinqüentes, insistindo na perturbação das relações objetais precoces observadas nessas personalidades. Relataria a sua experiência em *Juventude abandonada*, livro publicado em 1925 e que teve uma certa repercussão. Em 1946, estava entre os militantes que participaram do restabelecimento da União Psicanalítica Austríaca. Morreria três anos depois em sua cidade natal.

DE AJURIAGUERRA *Julián* (1911-1993)

Basco de Bilbao, de Ajuriaguerra estudou neurologia e psiquiatria na França. Em 1933, foi nomeado residente estrangeiro nos asilos do departamento do Sena, (Asiles de la Seine) mas incorporou-se ao Exército republicano espanhol logo no início da Guerra Civil. Depois de participar de uma tentativa de desembarque em Palma de Maiorca, foi enviado para a frente de Huesca em Aragão e voltou para a França em 1937, por ocasião do Congresso da Sociedade Francesa de Neurologia. Seguiu os cursos de neurologia de Jean Lhermitte e de André-Thomas; depois, a guerra o conduziu à clandestinidade e à resistência. Em 1945, retomou a exploração dos diversos campos da neuropsiquiatria, a psiquiatria pura com Henri Ey*, a psicanálise com P. Mâle, S. Lebovici ou R. Diatkine, a psicologia do desenvolvimento da criança com J. Piaget ou H. Wallon, as desorganizações psíquicas do paciente idoso ou, com H. Hécaen, a fisiopatologia cerebral. Naturalizado francês, perdeu seu título de professor estrangeiro e foi chamado em 1959 pela Faculdade de Genebra, para organizar e dirigir a Clínica Universitária de Bel-Air. Voltou para a França em 1976, para ocupar a recém-criada cátedra de neuropsicologia do desenvolvimento que o Collège de France lhe confiou. Retirou-se depois para a região basca, onde morreu a 23 de março de 1993.

Na longa série dos seus trabalhos, destacamos *Epilepsias, suas formas clínicas, seus tratamentos*, em colaboração com L. Marchand* (1948), *O córtex cerebral*, com H. Hécaen (1949), e ainda o *Manual de psiquiatria infantil*, em colaboração com Tissot de Genève (1970).

ALDINI *Giovanni* (o Cavaleiro) (1762-1834)

Se citamos aqui este sobrinho de Galvani, professor de física na Universidade de Bolonha, onde nasceu a 10 de abril de 1762, é porque, interessado no uso medicinal da eletricidade e mais particularmente nas "aplicações do galvanismo na loucura", foi o primeiro a conseguir melhorar, em 1804, o estado de um melancólico, submetendo-o à ação da pilha galvânica aplicada no nível da região parietal previamente raspada. Essa observação, detalhadamente relatada no *Ensaio teórico e experimental sobre o galvanismo*, publicado em Paris no mesmo ano, fez dele um precursor longínquo de Ugo Cerletti*...

ALEXANDER *Franz* (1891-1964)

Franz Alexander era filho de um professor de filosofia de Budapeste. Estudou medicina em Göttingen, mas só depois da guerra interessou-se pela psiquiatria e matriculou-se no Instituto de Formação Psicanalítica que acabava de abrir em Berlim. Em 1921, começou uma análise com Hanns Sachs*, publicou em 1929 uma *Análise da personalidade total* que foi elogiada por Freud*, emigrou no ano seguinte para Boston e instalou-se em 1932 em Chicago, onde fundou um Instituto de Psicanálise a partir do modelo berlinense. Foi diretor por 25 anos e orientou os trabalhos para o estudo dos problemas psicossomáticos. Em 1955, passou um ano no Centro de Estudos das Ciências do Comportamento em Palo-Alto (Califórnia), onde assumiu no ano seguinte a direção do departamento de psiquiatria e psicanálise do Hospital de Monte Sinai em Los Angeles. Morreu de cardiopatia em 1964.

Ao lado do seu interesse pelas afecções psicossomáticas, devemos a Alexander estudos analíticos sobre as motivações neuróticas inconscientes dos delinqüentes (*O criminoso, o juiz e o público*, publicado em 1929 em colaboração com o jurista Hugo Staub), considerações sobre a adaptação das mentalidades às variações culturais expostas em *Nossa idade de desrazão* (1942) e *O espírito ocidental em mutação* (1960). Em *Princípios de psicanálise* (1948), propôs flexibilizações da técnica analítica, que desejava tornar mais ativa e mais adaptada às possibilidades e exigências individuais. Lembre-se enfim a *História da psiquiatria*, publicada dois anos depois de sua morte e terminada por S.T. Selesnick.

ALLENDY *René*-Félix-Eugène (1889-1942)

Allendy nasceu a 19 de fevereiro de 1889 em Paris. Espírito eclético e deliberadamente marginal, obteve uma licenciatura em línguas escandinavas, continuando ao mesmo tempo estudos de medicina, que concluiu com uma tese sobre "A alquimia e a medicina", defendida em 1912, ano de seu casamento com Yvonne Nel-Dumonchel, filha do pintor Jules Nel-Dumonchel. (Depois da morte da esposa, em 1935, casou-se com sua cunhada Colette, que dirigia uma galeria de arte, onde iniciaram suas carreiras Hans Arp, Hartung, Paul Klee, Vieira da Silva...)

A reabilitação que fez da obra de Paracelso lhe valeu um convite da Suíça para um congresso dedicado ao célebre médico alquimista. Presidente da Sociedade francesa de homeopatia, ensinou essa disciplina no Hospital Saint-Jacques de 1932 a 1939. Em 1920, criou com sua mulher o Grupo de Estudos Filosóficos e Científicos para o Exame das Idéias Novas na Sorbonne, e não é surpreendente que ele estivesse entre os primeiros na França a interessar-se pela psicanálise, que nascia. Aluno de René Laforgue*, que conheceu em 1922 na Sociedade de Teosofia e com quem publicou em 1924 *A psicanálise das neuroses*, participou já em 1925 da criação do grupo da L'Evolution Psychiatrique e no ano seguinte foi um dos fundadores da Sociedade Psicanalítica de Paris. Em janeiro de 1934, aparecia entre os pioneiros do Instituto de Psicanálise de Paris, onde ensinou, ao mesmo tempo em que mantinha um consultório de psiquiatria no hospital Léopold-Bellan, publicando estudos como *O amor; Capitalismo e sexualidade; A psicanálise, doutrinas e aplicações*.

Desmobilizado em Montpellier no momento do armistício de 1940, formou novamente uma pequena clientela, apesar dos percalços administrativos, pois suspeitava-se de que ele era judeu. Seu estado de saúde degradou-se rapidamente e morreu a 12 de julho de 1942 de uma nefrite crônica hipertensiva, cuja angustiante evolução pode ser percebida no seu último livro, *Diário de um médico doente*, espécie de auto-análise dos seis últimos meses de sua existência, onde também se revela uma atração pela astrologia, que não cessou desde os seus anos de estudante.

Bibliografia: BOUVARD (L.), *La vie et l'oeuvre du docteur René Allendy*, tese de medicina, Paris-Créteil, 1981.

ALVAREZ *Bernardino* (1517-1584)

Aparentemente, nada predestinava Bernardino Alvarez para o papel de pioneiro da assistência aos doentes mentais no Novo Mundo. Nascido na Andaluzia, foi como mercenário que desembarcou em 1537 na Nova Espanha para combater os chichimecos. Levava então uma vida dissoluta. Foi condenado a trabalhos forçados, evadiu-se, praticou diversos crimes e encontrou refúgio em Cuzco, onde fez fortuna por meios inconfessáveis. Teria sido a recusa de sua mãe e de suas duas irmãs a vir encontrá-lo nas Américas que realizou sua conversão? De qualquer forma, em 1556, cheio de remorso e disposto a resgatar seus erros passados, foi para o México. Longe do mundo, dedicou-se aos doentes e aos desfavorecidos, e foi autorizado a fundar, em 1566, um estabelecimento de caridade, com a ajuda de voluntários que pouco a pouco se constituiriam na ordem de Santo Hipólito, nome do santo padroeiro da cidade.

Portanto, em 28 de janeiro de 1567, foi inaugurado o Hospital e Asilo de Convalescentes de Santo Hipólito. Pouco a pouco, essa fundação se especializou no acolhimento aos doentes mentais, recebendo tanto os índios quanto os espanhóis. Quando não estavam em crise, os pacientes levavam uma vida comunitária e participavam do trabalho. Outros hospitais administrados pelos Irmãos se abriram em Oaxaca, em Querétaro, em Havana e na Guatemala (só em 1690 seria criado o asilo de La Canoa, reservado às mulheres).

A 2 de agosto de 1584, expirou em sua cela monacal o irmão Bernardino, precursor de um movimento de ajuda aos doentes mentais que foi pelo menos equivalente ao que existia na mesma época na velha Europa.

Santo Hipólito e La Canoa funcionariam até 1910, e quando em 1967 a República inaugurou na Cidade do México um hospital psiquiátrico dos mais modernos, foi batizado com o nome de "Frei Bernardino Alvarez".

ALZHEIMER *Aloïs* (1864-1915)

De origem bávara, nascido em Markbreit-sobre-o-Meno, Alzheimer estudou medicina em Würzburg, Tübingen e Berlim, antes de assumir em 1888 um cargo no asilo de alienados de Frankfurt, onde se dividiu entre a clínica e a anatomopatologia. No ano seguinte, Nissl* reuniu-se a ele, e ambos começaram uma íntima colaboração, que duraria por toda a vida. Chamado para junto de Kraepelin* no ano de 1902 em Heidelberg, reencontrou Nissl e no ano seguinte seguiu o mestre a Munique, onde ele próprio foi nomeado *Privat Dozent* em 1904, e professor-extraordinário quatro anos depois. Em 1912, tornou-se titular da cátedra de psiquiatria de Breslau. Sua meticulosidade e seu caráter escrupuloso eram tão célebres quanto o seu pincenê e seus eternos charutos meio fumados... Morreu de endocardite a 19 de dezembro de 1915.

Foi por ocasião de uma reunião de psiquiatras em Tübingen que publicou em novembro de 1906 a observação de uma paciente de 56 anos, falecida no Asilo de Frankfurt em um estado demencial que evoluíra durante cinco anos, e cujos neurônios corticais mostravam lesões características, que Fischer encontraria no ano seguinte em pessoas idosas.

Em 1910, Kraepelin sugeriu que se desse o nome de Alzheimer a esse quadro anátomo-clínico específico, próximo da demência senil, mas aparecendo em pacientes relativamente jovens.

A explosão atual e largamente difundida pelos meios de comunicação da "doença de Alzheimer" não deve iludir-nos, pois é preciso levar em conta a extensão às demências senis "clássicas" de um diagnóstico até então reservado a raros casos de demência "pré-senil" aparecendo em pessoas na faixa dos 50 anos. Acrescente-se a isso o crescimento normal e previsível do número de estados demenciais da pessoa idosa nas sociedades em que a esperança de vida aumenta.

AMARD *Louis*-Victor-Frédéric (1777-1847)

Filho de um cirurgião de Coligny, na região de Bresse, Louis Amard concluiu em Paris, em 1802, os estudos que começara em Lyon, onde se tornou, três anos depois, cirurgião-chefe do Hospital de La Charité. Ali, descobriria as condições lamentáveis em que viviam os alienados e publicaria em 1807 um pequeno *Tratado analítico da loucura* sem grande originalidade, mas que teria o efeito de chamar a atenção das autoridades locais e contribuiria alguns anos depois para obter a transferência dos doentes para a Antiquaille, um antigo convento construído nas colinas de Fourvière. Ali, deve-se confessar, a situação não era em nada melhor, até que se construiu o Vinatier, por influência de Bottex* e de Arthaud*.

Amard deixaria Lyon em 1811 para instalar-se em Paris, onde morre em 1847.

AMEGHINO *Arturo* (1880-1949)

Formado em química, Ameghino em seguida estudou medicina e foi para a França para iniciar-se em psiquiatria, primeiro em Paris, com Déjerine* e Dupré*, depois em Montpellier com Grasset*.

Titular da cátedra de psiquiatria de Buenos Aires de 1931 a 1943, preocupou-se sobretudo com a psiquiatria social e com o papel que o Estado devia desempenhar nas orientações da medicina. Sobre esse tema, publicou em 1934 *La accion de l'Estado en el mejoramiento de la raza*. Vendo nos imigrantes a principal causa de patologia mental no país, defendeu a idéia de uma profilaxia eugênica e de uma medicina com função política, destinada a evitar a entrada na Argentina de indivíduos que sofressem de taras psíquicas, problema já tratado — é bem verdade — no Ato de Imigração de 1876.

ANDRÉAS-SALOMÉ *Lou*, nascida Louise von SALOMÉ (1861-1937)

Filha de um general russo de origem francesa e de mãe proveniente de uma família de industriais alemães de raiz dinamarquesa, Louise von Salomé nasceu em São Petersburgo a 12 de fevereiro de 1861. Brilhante e independente, educada em ambiente protestante abastado e culto, falando quatro línguas, viajava muito e desposou, em 1887, o orientalista Friedrich Carl Andréas, quinze anos mais velho, que trabalhava em Göttingen, onde ela acabaria fixando-se. Casamento indissolúvel e nunca consumado, bem ao estilo dessas ligações ambíguas de que ela gostava e que já mantivera com o pastor Gillot — seu primeiro amor (que abençoou a sua união) —, com Nietzsche e com o filósofo Paul Ree, até que tivesse amores mais concretos com Rilke, "Zemeck", Tausk* e Poul Bjerre*, que a apresentou a Freud* em 1911, no congresso de Weimar. Ela tinha então 50 anos e ainda não freqüentara o meio dos psicanalistas.

Seduzida por eles, iria seduzi-los. Em outubro de 1912, foi admitida nas "sessões de quarta-feira" da Sociedade Psicanalítica, das quais participou durante sua permanência em Viena, freqüentou Karl Abraham* e o casal Eitingon*, foi recebida no nº 19 da rua Berggasse e até encontrou-se com Adler*, o "dissidente". Só em 1921 conheceria Anna Freud*, com quem fez uma amizade que duraria até a morte. Teve então uma vida bastante modesta em Göttingen, onde exercia a psicanálise. Friedrich Andréas morreu em 1930. Ela própria, operada de um câncer de mama, diabética e quase cega, faleceria em 1937 de uremia.

É talvez por sua personalidade fascinante — se nos referirmos à qualidade daqueles que ela fascinou — que "Frau Lou" deve a sua duradoura celebridade, pois, se escreveu vários romances e dois estudos sobre Nietzsche e Rainer Maria Rilke, sua contribuição para a teoria psicanalítica é bastante modesta: "Psicossexualidade" (1915), capítulo de um livro que nunca seria terminado, *O amor do narcisismo*, coleção de artigos publicados entre 1913 e 1928, aos quais se pode acrescentar a "Carta aberta a Freud", redigida em 1931, por ocasião do 75º aniversário deste. O *Diário de um ano* (1912-13) e a longa *Correspondência com Sigmund Freud*, em compensação, são um testemunho privilegiado da dinâmica institucional do movimento psicanalítico.

A 10 de maio de 1981, a ópera "Lou Salomé", obra do psiquiatra e maestro Giuseppe Sinopoli, estreava em Munique. O fascínio de Lou continua atual.

ANNA O. *ver* PAPPENHEIM *Bertha*

ANTHEAUME *André* (1867-1927)

Originário de Provins, aluno residente de Magnan*, que lhe sugeriu o tema de sua tese sobre a toxicidade do álcool (1897), Antheaume se tornou médico-inspetor adjunto dos Asilos já no fim do seu trabalho na clínica de Jouffroy*, antes de assumir um cargo em Charenton, em 1904. Pediu demissão três anos depois, para fundar uma clínica particular em Malmaison, conservando as funções de conselheiro técnico do ministério para a elaboração de textos legislativos, como vemos no seu relatório de 1922 ao Congresso de Higiene Mental, "Sobre os princípios gerais que devem reger a assistência aos psicopatas".

Além de monografias sobre o alcoolismo, a morfinomania e as psicoses periódicas, devemos-lhe uma obra sobre as *Doenças mentais no exército* (escrita com Roger Mignot) e *Poesia e loucura*, em colaboração com Gabriel Dromard.

"De uma atividade combativa que foi julgada de diversas maneiras", ele atacou os *Bouilleurs de cru* (*Fervedores de cru*) em um livro publicado em 1902 com seu irmão Léon Antheaume, e as grandes lojas que, com seu convite ao consumismo, favoreceram o desenvolvimento da cleptomania, pois "ele gostava muito da polêmica e conquistara nesse terreno uma certa popularidade" (Legrain*).

Em 1906, fundou com Klippel *L'Encéphale*, *Journal de Psychiatrie*, que se tornaria, no ano seguinte *Journal de Psychiatrie et de Neurologie*, com a chegada de Claude* e de Raymond*. A estas publicações, acrescentou *L'Informateur des Aliénistes et des Neurologistes*, revista mais orientada para os problemas profissionais, rebatizada como *L'Hygiène Mentale* a partir de 1925.

Apaixonado pelas ciências naturais, foi também um micetologista eminente. Faleceu a 9 de agosto de 1927, em conseqüência de uma “longa doença”, que por um ano o manteve afastado de toda atividade profissional.

ARCHAMBAULT *Théophile* (1806-1863)

Archambault nasceu em Tours a 19 de fevereiro de 1806. Começou seus estudos em Angers, terminou-os em Paris e voltou à Touraine como médico clínico. Mas o estudo das doenças mentais o atraía. Voltou a Paris para freqüentar o serviço de Esquirol*, e em 1840 publicou uma tradução em francês do *Tratado da alienação mental* de W.C. Ellis*, precedida de uma interessante análise histórica. No mesmo ano, submeteu-se a um concurso para o hospital Bicêtre, onde se tornou assistente de Leuret*, mas no fim de 1841 foi designado para reorganizar o asilo de Maréville (Meurthe). Ficou ali sete anos, encarregado também do ensino de patologia mental na Escola Secundária de Medicina de Nancy, quando, em 1848, a demissão do orleanista Achille Foville* acarretou a ida de Archambault para o hospital de Charenton, onde assumiu a direção da assistência aos pacientes masculinos. Dedicou-se então à supressão das enfermarias de deteriorados, estimulando a colaboração do pessoal auxiliar através de um sistema de prêmios e, depois de uma experiência de três anos, publicou suas reflexões *Sobre a supressão das enfermarias de deteriorados nos asilos de alienados*, em uma nota à Academia de Medicina, datada de 14 de junho de 1851, que provocaria objeções prudentes de Morel* e de Baillarger* e os protestos de prioridade de Girard de Cailleux* e de Renaudin, médico diretor do asilo de Máreville. No fim de 1852, Jacques-Étienne Belhomme* lhe propôs a direção de sua casa de saúde de Charonne. Apesar da solicitação da Comissão de Vigilância do Hospital de Charenton pedindo ao ministro do Interior a autorização para que Archambault acumulasse as duas funções, o novo regulamento o obrigava a optar, e foi na Casa de Charenton que terminou sua carreira. Com o seu falecimento, a 12 de dezembro de 1863, foi seu genro Mesnet*, médico da Santa Casa, que lhe sucedeu, associado ao seu ex-residente, Auguste Motet*.

ARNAUD François-*Léon* (1858-1927)

Filho de um pequeno industrial de Bédarieux (Hérault), onde nasceu a 11 de julho de 1858, Arnaud começou seus estudos de medicina em Toulouse e os continuou em Paris, onde foi nomeado em 1885 para a residência dos Asiles. Aluno de Vallon no Hospital de Villejuif e de Ball* no de Sainte-Anne, defendeu em 1888 a sua tese “Investigações clínicas sobre a paralisia geral no homem”, tema que desenvolveria novamente em diversas publicações, e principalmente no Congresso de Alienistas de Toulouse em 1897. O falecimento repentino de Cotard* em 1889 decidiria a sua carreira, levando-o a aceitar um cargo de médico na Casa de Saúde de Vanves, cuja direção assumiria, depois da morte de Jules Falret*.

Devem ser citados os seus trabalhos sobre o delírio das negações (1892), sobre as psicoses constitucionais (no *Tratado de patologia mental* de Gilbert Ballet* em 1903) e *Psicastenia e delírio* (1907). Presidente do Congresso de Alienistas em 1913, tratou, em seu discurso de abertura, da anarquia e do caos psiquiátrico, deplorando (já naquela época...) que “palavras novas tenham se acrescentado ou substituído as velhas”, sem que com isso a confusão desaparecesse...

Morreu a 7 de junho de 1927 em conseqüência de uma mastoidite.

ARTHAUD *Joseph* (1813-1883)

Nascido em Lyon, Arthaud descobriu a psiquiatria já em 1830, durante um estágio no Hospital L’Antiquaille. Depois de três anos em Paris, junto a J.-P. Falret* na Salpêtrière, defendeu em 1835 a sua tese “Da sede e da natureza das doenças mentais”, e voltou a L’Antiquaille como adjunto de Bottex*, a quem sucederia como médico-chefe em 1849.

Muito obstinado, apesar de sua aparência tímida e frágil, retomou os projetos do seu predecessor para o asilo de Vinatier, cuja construção em Bron ele poderia enfim começar... em 1868. Com a Guerra Franco-Prussiana, greves dos operários, hesitações do Conselho Geral do Ródano e empecilhos burocráticos, sua inauguração só ocorreria a 1º de janeiro de 1877! Arthaud (que se tornou no mesmo ano o primeiro professor oficial lionês de clínica das doenças mentais) assumiria a sua direção até a morte, por insuficiência cárdio-pulmonar, a 17 de março de 1883.

Em 1860, o ministério do Interior o enviara em missão a Morzine (Haute-Savoie), onde alastrava-se há três anos uma preocupante "epidemia de loucura religiosa", a fim de "descobrir a natureza desse mal". Arthaud concluiria que tratava-se de manifestações histéricas, alimentadas pela crença na possessão diabólica, muito difundida na região.

ASCHAFFENBURG *Gustav* (1866-1944)

Aschaffenburg nasceu em Zweibrücken (Palatinado) a 23 de maio de 1866. Em 1890, depois de terminar seus estudos de medicina, foi aperfeiçoar-se durante um ano em neurologia e psiquiatria em Paris e em Viena, junto a Meynert*, assumindo depois um lugar no serviço de Kraepelin* em Heidelberg, onde foi nomeado professor sem cátedra em 1900. Diretor do Asilo para Alienados Criminosos de Halle em 1901, recebeu três anos depois a cátedra de psiquiatria de Colônia, onde permaneceria até sua aposentadoria em 1934, assumindo ao mesmo tempo a direção da enfermaria de alienados do Asilo de Lindenthal. Morreu a 2 de setembro de 1944, nos Estados Unidos, para onde emigrara em 1939, por hostilidade ao regime hitlerista.

Os trabalhos de Aschaffenburg se referem principalmente à psiquiatria médico-legal. Vamos citar *O crime e a repressão* (1902), *A proteção da sociedade contra os doentes perigosos* (1910), *Legislação criminal e psiquiatria* (1932), e ainda estudos sobre o alcoolismo e a epilepsia. A partir de 1904, dirigiu a *Revista de Psicologia Criminológica*, mas é conhecido principalmente por ter organizado a publicação do célebre *Handbuch der Psychiatrie*, usualmente conhecido como *Tratado de Aschaffenburg*, obra coletiva monumental em vinte volumes, na qual foi publicado em 1911 o texto *princeps* de Bleuler* sobre a "Demência precoce ou o grupo das esquizofrenias".

AUZOUY *Théodore*-Eugène-Henry-Guillaume (1819-1879)

Auzouy, nascido a 11 de junho de 1819 em Rignac (Aveyron), era sobrinho do barão Alibert, um dos pioneiros da dermatologia, a quem o hospital Saint-Louis deve o início do seu renome. Depois de defender sua tese em 1843, instalou-se em Rodez, foi nomeado em 1849 inspetor das águas minerais de Cransac, e em 1854 recebeu uma proposta para trabalhar com os alienados do Hospital de Rodez. Foi uma guinada na sua carreira: em 1855 tornou-se médico-adjunto do Asilo de Sainte-Gemmes (Maine-et-Loire), médico-chefe do Asilo de Fains (Meuse) em 1856, médico-chefe do Asilo de Maréville (Meurthe) em 1858, médico-diretor do Asilo de Pau em 1860. Os 18 anos que passaria nesse estabelecimento seriam os mais fecundos da sua carreira. Como a situação geográfica da cidade favorecia os estudos sobre o cretinismo, consagrou a esse tema vários trabalhos epidemiológicos comparativos. A fim de lutar contra a ociosidade dos doentes, criou, perto de Pau, a fazenda Saint-Luc e obteve em 1868 a reconstrução do antigo asilo nesse local mais espaçoso. Instaurou, contra a opinião das autoridades municipais, um sistema de saídas experimentais para os pacientes, militou para a atenuação da responsabilidade penal dos indivíduos de "inteligência inferior" e propôs a construção de asilos regionais destinados aos alienados criminosos.

Em 1878, foi chamado a Bordeaux, onde foi encarregado de um curso livre de medicina mental na faculdade recém-aberta, mas morreu a 9 de maio de 1879, antes de poder começar um magistério que só se tornaria efetivo em 1893, com Régis*.

AXENFELD *Auguste*-Alexandre (1825-1876)

Nascido em Odessa a 25 de outubro de 1825, Axenfeld estudou na França e naturalizou-se francês. Admitido na residência dos Hôpitaux de Paris em 1848 no mesmo concurso que Charcot*, doutor em medicina em 1855, professor em 1857 com uma tese sobre "As influências nosocomiais", suplente de Rostan* na Santa Casa e depois médico em Beaujon, foi nomeado para a cátedra de patologia interna e morreu a 25 de agosto de 1876, "em conseqüência da cruel afecção que há alguns anos atingiu a sua bela inteligência". Preparava a segunda edição do *Tratado das neuroses*, publicado em 1863.

Essa edição, "aumentada em 700 páginas" pelos cuidados de seu aluno Huchard, só seria publicada em 1883, e constitui, de certa forma, a definição do conceito de neurose, tal como o imaginara Cullen*, para designar um conjunto de afecções do sentimento e do movimento, sem lesão dos órgãos, mas em relação com uma perturbação do sistema nervoso. Os progressos dos conhecimentos médicos logo fariam com que muitas dessas doenças "descessem para a terra firme das afecções orgânicas", à espera de que a abordagem psicodinâmica de Janet* e de Freud* conferisse a esse termo uma nova orientação.

AZAM Charles-Marie-*Étienne*-Eugène (1822-1899)

Filho de um cirurgião de Bordeaux, onde nasceu a 28 de maio de 1822, Azam terminou seus estudos de medicina em Paris e defendeu sua tese em 1848. Voltando à cidade natal, exerceu a cirurgia, tornou-se professor de clínica cirúrgica, e também, a partir de 1855, médico-adjunto no Asilo de Mulheres Alienadas, o que satisfazia o seu gosto pelo estudo do psiquismo, pois, paradoxalmente, seriam os seus trabalhos relativos ao hipnotismo e à patologia mental que fariam o renome desse cirurgião.

Em 1858, tratou de uma jovem paciente de 17 anos, Felida, que apresentava crises totalmente amnésicas, durante as quais comportava-se como se houvesse nela uma "personalidade segunda que contrastava estranhamente com o seu personagem habitual". Azam seguiu, durante anos, a evolução de Felida; publicou em diversas revistas a observação detalhada do caso, criando o termo "desdobramento da personalidade".

Esse fato o levou a interessar-se pelo hipnotismo. Tomou conhecimento da obra de Braid*, *Neuripnologia*, tentou aplicar esse método à anestesia cirúrgica e chamou a atenção do seu amigo e concidadão Paul Broca*. Este dedicou ao assunto uma comunicação lida por Velpeau na Academia de Ciências, em dezembro de 1859.

Em 1887, Azam fez a síntese de trinta anos de pesquisa em uma obra com prefácio de Charcot*: *Hipnotismo, dupla consciência e alterações da personalidade*, título que resume as preocupações desse cirurgião que "teve a coragem de estudar essas questões no momento em que elas eram atingidas pela reprovação universal", como escreveu Charcot em seu prefácio.

B

BABINSKI *Joseph*-Francois-Félix (1857-1932)

Babinski nasceu em Paris a 17 de novembro de 1857, em uma família polonesa que emigrara para a França em 1848, fugindo da repressão czarista. Seu pai, que terminaria a sua carreira como bibliotecário da Escola de Minas, era engenheiro, mas, muito engajado nos movimentos oposicionistas poloneses, deixava muitas vezes o lar, para participar de atividades nacionalistas. Assim, foi a mãe que teve o papel mais importante na educação dos dois filhos, Joseph e seu irmão mais velho Henri, também engenheiro, e que, sob o pseudônimo de Ali-Bab, publicou um célebre tratado de *Gastronomia prática*. Os dois irmãos, tendo permanecido solteiros, estiveram muito próximos durante toda a vida.

Depois de uma residência nos serviços de Legrand du Saulle* e de Vulpian, de uma sólida formação anatomopatológica adquirida nos laboratórios de Cornil e Ranvier, Babinski defendeu sua tese sobre a esclerose em placas, e em 1886 tornou-se chefe de clínica no serviço de Charcot*, em plena fase dos estudos sobre histeria. Voltaremos a esse ponto, mas desde já é interessante notar que, no mesmo ano, a freqüência a esse mesmo serviço por dois médicos da mesma idade, tendo um mesmo passado de neuropatologistas, Babinski e Freud*, teria sobre suas carreiras uma ação determinante exatamente oposta.

Nomeado médico dos Hôpitaux em 1890, Babinski assumiu imediatamente um serviço no Hospital de La Pitié. Permaneceria ali até sua aposentadoria em 1927. Em 1892, apresentou-se ao concurso para professor, apoiado por Charcot, que, sabendo-se doente, talvez visse nele o seu sucessor. Bouchard era o presidente da banca, e estava em maus termos com Charcot. Babinski foi eliminado. Nunca tentaria uma segunda chance, e renunciou à carreira universitária. Em 1914, foi eleito para a Academia de Medicina. Morreu a 29 de outubro de 1932, dois anos depois do irmão.

A obra de Babinski, inclusive paradoxalmente a sua obra neurológica, foi muito influenciada pelo problema da histeria, sobre a qual a sua posição, calcada na de Charcot até o falecimento do mestre em 1893, mudaria várias vezes. A única constante parece ser uma oposição irredutível a Bernheim* e ao que ele chamava a sua "universidade de aldeia", enquanto que, inconfessadamente, suas concepções se aproximavam pouco a pouco das da Escola de Nancy.

Em 1886, Babinski publicou no primeiro número da *Revista de Hipnotismo Experimental e Terapêutico* um artigo intitulado "Pesquisas que servem para estabelecer que certos fenômenos nervosos podem ser transferidos de um paciente para outro sob a influência do ímã" (depois de estabelecer, como afirmava, "condições tais que qualquer idéia de simulação ou sugestão deve ser absolutamente afastada"). O artigo, que foi retomado no mesmo ano em *Progresso Médico* se referia não só ao hipnotismo, mas também à metaloscopia de Burq*, e até às teorias "fluídicas". Três anos depois, em "Grande e pequeno hipnotismo", que foi publicado nos *Archives de Neurologie*, Babinski atacou violentamente a escola de Nancy, "o que aliás não exige longas argumentações, pois ela consiste essencialmente em negar tudo o que se afirma em Paris"... Atacou também Bernheim, que "não atribui nenhuma importância à existência de fenômenos somáticos, que para ele são apenas obra de sugestão". Ora, a sugestão, "isto é, a idéia introduzida no cérebro" (Bernheim), constituía para os estudiosos de Nancy "a chave da hipnose", e quando, na memorável sessão da Sociedade Neurológica do dia 7 de janeiro de 1901, Babinski propôs a sua nova *Definição da histeria*, foi justamente à *sugestão* que ele se referiu: "O que caracteriza as perturbações primitivas [da histeria] é o fato de que é possível reproduzi-las por sugestão, com uma exatidão rigorosa, em certos pacientes, e fazê-las desaparecer sob a influência exclusiva da persuasão." E propôs o termo de *pithiatismo* (do grego πειθω = eu persuado e ἰατροζ = curável), "para substituir vantajosamente" a palavra histeria, prestando ao mesmo tempo uma homenagem inconsciente a Peitó, divindade do cortejo de Afrodite, e, através dela, ao caráter sedutor da histérica. Deixando de assimilar histeria e hipnotismo e negando o fator afetivo, assimilava então histeria e sugestão, indo além do pensamento de Bernheim, que afirmava — com razão — que a sugestão ultrapassa amplamente o quadro da histeria.

O gênio de Babinski se manifestava em outras questões. Todos os que o conheceram exaltavam as suas qualidades de observador taciturno, obstinado e minucioso. Na tradição de Charcot, desejava aplicar ao estudo da histeria o olhar descritivo do neurologista, tentando pacientemente descobrir os sinais objetivos que distinguissem o sintoma histérico do sintoma orgânico. Se esse método, no caso da histeria, se revelou errôneo, permitiu a Babinski refinar a semiologia neurológica, codificar um procedimento de exame rigoroso, precisar as correlações anatomoclínicas que, por exemplo, iriam levá-lo a demonstrar, em 1896, a especificidade da extensão do grande artelho em caso de lesão do feixe motor piramidal ("*sinal de Babinski*") ou ainda, 15 anos depois, graças apenas à precisão do seu exame clínico, a localizar e fazer operar com sucesso, por Paul Lecène, um tumor da medula espinhal, assinando assim a certidão de nascimento da Escola Francesa de Neurocirurgia.

BAILEY *Pearce* (1865-1922)

Bailey nasceu em Nova York a 12 de julho de 1865. Diplomado pelas universidades de Princeton (1886) e de Columbia (1889), foi à França para aperfeiçoar-se em neurologia e especializar-se nessa disciplina. Era chefe de serviço no Instituto de Neurologia de Nova York quando o ingresso dos Estados Unidos na guerra o levou, a partir de 1917, a dedicar-se aos problemas psiquiátricos. Foi nomeado presidente de um Comitê nacional encarregado de organizar unidades de neuropsiquiatria nos hospitais militares e estabelecer métodos destinados a afastar os recrutas psiquicamente "frágeis" (lembre-se que o *Personal Data Sheet* de Woodworth, primeiro teste de personalidade a ser largamente utilizado, foi concebido na mesma época com essa finalidade). Promovido a coronel, organizou em Washington um Departamento de Neurologia, Psiquiatria e Psicologia, e, enviado em missão à França em 1918, obteve a criação de uma divisão de psiquiatria no plano geral de organização do Exército.

Essas experiências o confrontaram com a importância social do retardo mental e o levaram a militar em favor da criação de classes e instituições especializadas, destinadas às crianças e adolescentes intelectualmente deficientes. Também obteve a abertura, em Napanoch, do primeiro Instituto americano para jovens delinqüentes. Se Pearce Bailey não nos deixou uma obra de síntese, devemos-lhe muitas publicações tratando desses diferentes temas. Morreu de pneumonia a 11 de fevereiro de 1922 em Nova York.

BAILLARGER *Jules*-Gabriel-François (1809-1890)

Nascido em Montbazon (Indre-et-Loire), a 26 de março de 1809, em uma família de agricultores, Baillarger estudou medicina em Paris. Aluno-residente de Esquirol* em Charenton, foi nomeado em 1840 alienista dos Hospitais e assumiu um serviço na Salpêtrière. Três anos depois, em janeiro de 1843, com Cerise* e Longet, criou o jornal *Annales Médico-Psychologiques*, "destinado particularmente a recolher todos os documentos relativos à ciência das relações entre o físico e o moral, à patologia mental, à medicina legal dos alienados e à clínica das neuroses", cuja publicação nunca foi interrompida. Ao mesmo tempo, pensava na fundação de uma associação de médicos dos estabelecimentos consagrados aos alienados, a partir do modelo da que já existia na Inglaterra. Mas só em 1852, depois de diversas vicissitudes, o desejo de Baillarger se realizou: o nascimento da Sociedade Médico-Psicológica.

A obra de Baillarger está dispersa em grande número de publicações, que se encontram principalmente na coleção dos *Annales Médico-Psychologiques* e na do *Bulletin de l'Académie de Médecine*, para a qual foi eleito em 1847. Elas se referem, entre outros assuntos, ao problema das alucinações, à paralisia geral, ao cretinismo, à monomania, à responsabilidade médico-legal dos alienados e à *Loucura de dupla forma*, termo que ele propôs para designar "um gênero de loucura cujos acessos são caracterizados por dois períodos regulares, um de depressão, outro de excitação", e cuja unidade ele pretendeu demonstrar em uma nota, lida a 30 de janeiro de 1854 na Academia de Medicina. Nessa ocasião, ocorreu a memorável e insolúvel polêmica de prioridade com Jean-Pierre Falret*, que, a alguns meses de intervalo, descrevera a mesma doença sob o nome de loucura circular. É verdade que os dois nunca se estimaram muito.

Sondado em 1875 para ocupar a cátedra de doenças mentais e do encéfalo, cuja criação se considerava, Baillarger recusou-se, por causa de sua idade, e foi Benjamin Ball* que seria nomeado dois anos depois. Baillarger morreu em Paris a 31 de dezembro de 1890.

BAKER *George* (1722-1809)

Originário de Devonshire, Sir George Baker foi aluno de William Battie*, no Hospital Saint-Luc. Exerceu a medicina em Stanford, no Lincolnshire, antes de fixar-se em Londres, onde tratou do rei George III, quando de seu primeiro acesso de loucura em 1788. O interesse da obra de Baker está no livro que ele publicou em 1755 em Cambridge, *De affectibus animi et morbis unde oriundis* (*Sobre as afecções do espírito e as doenças que delas decorrem*), no qual afirma as relações patológicas que existem entre o corpo e a alma: "Assim como é impossível o espírito sofrer sem que o corpo se torne doente, é impossível que o corpo sofra sem que o espírito seja afetado." Suas teorias fizeram dele um dos grandes ancestrais da medicina psicossomática.

BALINSKI *Ivan*-Mikhaïlovitch (1827-1902)

Nascido a 4 de junho de 1827, Balinski estudou na Academia Médico-Cirúrgica de São Petersburgo, onde em 1857 foi o primeiro na Rússia a ensinar a psiquiatria como disciplina independente, antes de criar dois anos depois a primeira clínica para doenças mentais. Em 1860, foi nomeado professor em São Petersburgo, ocupou esse posto até 1884, fundou em 1861 a Sociedade de Medicina Mental de São Petersburgo e, a partir de 1869, dedicou-se a dotar muitas cidades russas de estabelecimentos destinados aos alienados, sendo pioneiro da organização da assistência aos doentes mentais no império dos czares. Morreu em São Petersburgo em 24 de março de 1902.

BALINT *Michaël* (1896-1970)

Nascido em 1896 em Budapeste, onde seu pai era médico, Balint fez simultaneamente estudos de medicina e de bioquímica, antes de começar em Berlim, a partir de 1921, uma análise com Hans Sachs*, formação que terminou com Ferenczi* logo que voltou a Budapeste em 1924. Membro da Sociedade Psicanalítica da cidade no ano seguinte, sucedeu em 1933 a Ferenczi na direção do Instituto de Psicanálise e da policlínica anexa. Em 1939, o aumento do anti-semitismo na Hungria o levou a emigrar para a Inglaterra. Fixou-se inicialmente em Manchester, onde obteve um diploma de psicologia, que lhe permitiu exercer a profissão. Instalou-se então em Londres, participou ativamente da vida da Sociedade britânica de psicanálise, e, a partir de 1948 até a aposentadoria, em 1961, trabalhou no Instituto de Relações Humanas da Clínica Tavistock. Morreu a 31 de dezembro de 1970.

Se Balint consagrou uma parte de sua obra à psiquiatria da criança, é conhecido principalmente por seus estudos originais sobre as relações psicológicas privilegiadas que se instauram entre o médico, o paciente e os sintomas mórbidos. Foi o criador de grupos de estudo destinados aos médicos generalistas, permitindo a todos comparar e discutir as suas experiências e suas dificuldades referentes a observações clínicas concretas. O conteúdo dessas análises de casos foi registrado em uma obra que teve grande difusão, *O médico, seu paciente e a doença*. Publicada em 1956, suscitou a criação, pelo mundo, de grande número de Grupos Balint, sob a inspiração do seu "inventor" e de sua segunda mulher, Enid Balint.

BALL *Benjamin* (1833-1893)

Benjamin Ball nasceu a 20 de abril de 1833 em Nápoles, no reino das Duas Sicílias, de pai inglês e mãe suíça, mas faria sua carreira em Paris. Nomeado residente dos Hôpitaux em 1855, começou sua residência junto a Moreau de Tours*, médico do Hospital Bicêtre, o que lhe valeu, já no ano seguinte, a sua primeira publicação na *Gazette des Hôpitaux*: "Alucinação da visão e da audição — Tratamento pelo haxixe — Cura".

Doutor em medicina em 1862, professor em 1866, médico dos Hôpitaux em 1870, assistente de Lasègue* na enfermaria especial da polícia, ministrou na Faculdade de Medicina, em 1875-76, um curso complementar sobre as doenças mentais. Quando, em 1875, criou-se uma cátedra oficial de doenças mentais e do encéfalo, Ball, apoiado por Lasègue, candidatou-se, competindo com Magnan*. Ball foi vitorioso. Nomeado em 1877, só começaria a ensinar dois anos depois, a 16 de novembro de 1879, por problemas de orçamento. Sua primeira aula foi consagrada à "Medicina mental através dos séculos". O curso era dado no Hospital Sainte-Anne, feudo de Magnan, enquanto o serviço de Ball estava no Hospital Laënnec. Ball acabaria obtendo uma parte de duas alas em construção em Sainte-Anne, mas nunca houve simpatia entre os dois médicos, que se apresentariam, a partir de então, como chefes de escolas rivais. A Sociedade Médico-Psicológica conservou os ecos dessa rivalidade durante as longas discussões em 1886-88 sobre o delírio crônico e sobre a classificação das doenças mentais em 1888-89. Em 1881, Ball fundou com Luys* o jornal *L'Encéphale*, que existiria até 1888. Em 1883, foi eleito para a Academia de Medicina, e em agosto de 1890 assumiu a presidência do primeiro Congresso Anual de Medicina Mental de Rouen (atual Congresso de Psiquiatria e de Neurologia de Língua Francesa). Morreu em Paris, a 23 de fevereiro de 1893.

Ball publicou em um livro, que teve duas edições, em 1883 e em 1890, o texto das suas *Lições sobre as doenças mentais*, que constitui uma boa síntese dos conhecimentos psiquiátricos da época. Seus trabalhos mais originais se referem, entre outros temas, aos delírios alucinatórios, aos problemas médico-legais dos alienados e ao morfinismo. Foi um dos primeiros, na França, a alertar sobre os perigos do abuso de cocaína, contra a opinião de Paul Garnier*, que — deve-se dizer — era aluno de Magnan.

BALLET *Gilbert*-Louis-Siméon (1853-1916)

Nascido em Ambazac (Haute-Vienne) a 29 de maio de 1853, em uma família de médicos, Gilbert Ballet começou seus estudos na Escola Secundária de Medicina de Limoges, depois chegou a Paris logo após a guerra de 1870. Nomeado residente dos Hôpitaux de Paris em 1875, defendeu sua tese sobre o feixe sensitivo intracerebral em 1881 e assumiu um posto de chefe de clínica junto a Charcot*. Médico dos Hôpitaux em 1884, professor em 1886, entrou para a Academia de Medicina em 1912. Foi no Hospital de Saint-Antoine e depois na Santa Casa (onde criou no seu serviço um anexo destinado ao isolamento dos psicopatas difíceis, a atual sala Cusco) que ele começou a ensinar patologia mental e nervosa, antes de ser oficialmente suplente de Ball*, de 1891 a 1893, na cátedra de doenças mentais, da qual se tornou titular a 1º de março de 1909, com o falecimento de Joffroy*, depois de uma breve passagem pela cátedra de história da medicina, de 1907 a 1909. Morreu ainda em atividade a 17 de março de 1916, deixando a lembrança de um orador claro e brilhante, cujas aulas clínicas aos domingos de manhã, chamadas pelas más línguas de "Loucuras de Sainte-Anne", atraíam um público médico e leigo tão numeroso quanto variado.

Cofundador da Sociedade de Neurologia, e depois da Sociedade de Psiquiatria, presidente da Sociedade de Neurologia e da Sociedade Médico-Psicológica, Gilbert Ballet se dividiu entre a neurologia, a psiquiatria e a história da medicina mental, como mostram os títulos das obras que publicou: *A linguagem interior e as formas clínicas da afasia* (1888); *A higiene do neurastênico* (1897); *Lições de clínica médica. Psicoses e afecções nervosas* (1897); *Swedenborg, história de um visionário* (1899); às quais se podem acrescentar estudos sobre Leonardo da Vinci e Marie Leczinska, e um *Tratado de patologia mental* de quase duas mil páginas, que publicou em colaboração em 1903, e que durante muito tempo seria um clássico.

Seus últimos trabalhos foram consagrados à *psicose alucinatória crônica*, termo que propôs em 1911 para designar um conceito que seria próprio da escola francesa, e que para ele se baseava essencialmente em uma desagregação da personalidade, tendo como conseqüências constantes as alucinações e um fenômeno de eco do pensamento, que ele opunha à inconstância das idéias de perseguição.

Bibliografia: GODARD (M.), "Gilbert Ballet, psychiatre des faits". Tese de medicina, Limoges, 1980.

BARBÉ *André*-Louis (1877-1959)

Nascido em Paris a 24 de agosto de 1877, ex-chefe de clínica de Gilbert Ballet*, Barbé foi o último representante do quadro dos "médicos alienistas dos Hôpitaux de Paris", no qual entrou em 1912. Sua carreira se desenrolaria no Hospital Bicêtre e depois na Salpêtrière, onde chegou em 1932 e ficaria até a sua aposentadoria em 1943.

Contribuiu para aperfeiçoar o tratamento da paralisia geral pelos arsenicais e muitos de seus trabalhos tratam de neurologia, mas também devemos-lhe um *Manual de psiquiatria*, publicado em 1950, e que teve grande sucesso junto aos estudantes e médicos aos quais se dirigia. Nele, Barbé definiu as relações que devem existir entre a medicina mental e todas as afecções do organismo.

Discreto e modesto, com muito senso de humor, grande viajante, era especialista em monumentos da Idade Média, principalmente a catedral de Chartres. Membro da Academia de Medicina desde 1947, morreu a 24 de março de 1959.

BARTHET *Joseph* (1806-1863)

Temos poucas referências sobre a vida de Barthet: americano de provável origem francesa, viveu em Nova Orleans entre 1840 e 1850, esteve em Bruxelas em 1848, deixou os Estados Unidos no momento da Guerra de Secessão e morreu em 1863 em Paris.

O interesse desse personagem reside no papel que ele desempenhou na Société du Magnétisme de la Nouvelle-Orléans (que tinha esse título francês), da qual foi presidente, e nas relações que manteve com o barão Dupotet*. A comunidade intelectual de Nova Orleans estava então dividida em função da língua: desde 1819, coexistiam, por exemplo uma Société Médicale e uma Physico-Medical Society. A Société Magnétique, exclusivamente de língua francesa, que agrupava (em 1848) 70 membros, dos quais dois médicos e dois cirurgiões-dentistas, celebrava todos os anos, no dia 15 de março, a "festa de Mesmer", e todas as semanas era realizada uma sessão em que se apresentava um doente tratado pelo mesmerismo (o termo hipnotismo, lançado por Braid* em 1843, ainda não era usado). Havia também uma livraria especializada e cursos práticos. Dupotet, em seu *Journal du Magnétisme*, prestaria homenagem, em 1850, a Joseph Barthet, ativo presidente da sociedade que teve mais sucesso entre todas as que se criaram fora de Paris para a propagação do magnetismo.

BASAGLIA *Franco* (1924-1980)

Originário de uma família vienense, formado na clínica neuro-psiquiátrica de Pádua, suas opções de inspiração política e fenomenológica valeram a Franco Basaglia, no início de sua carreira, o exílio profissional, representado pela direção do Hospital Psiquiátrico de Gorizia, na fronteira iugoslava.

Profundamente afetado pelas condições de vida nessa instituição, mas apoiado em suas decisões, peregrinou pelo estrangeiro (note-se a importante etapa na comunidade terapêutica de Maxwell Jones), e depois, cercando-se de discípulos convictos, fez de Gorizia o centro de uma experiência antiinstitucional, tendo como postulados a gênese sócio-cultural dos distúrbios mentais, o conceito de doença mental ligado à marginalização das pessoas economicamente abandonadas e emocionalmente frágeis, o papel nefasto da medicalização, e como meio a horizontalidade dos papéis e a restauração do diálogo (quatro assembléias por dia, sendo duas gerais); muitos artistas, homens de letras, militantes, iam a Gorizia para participar das reuniões (alguns até se hospitalizavam), enquanto as idéias de Basaglia, apesar da hostilidade mais ou menos marcada dos partidos políticos, se difundiam, apoiadas por textos e "seminários volantes" em toda a Itália. O resultado de tudo isso foi, em 1968, a negação de toda comunidade terapêutica e de toda forma de repetição institucional, a oposição ao "setor psiquiátrico" como "ideologia de substituição" e à psicanálise, veículo privilegiado da sociedade capitalista. No fim desse mesmo ano, aparentemente desestimulado, exilou-se durante quase dois anos em Veneza, antes de começar um novo périplo através da Europa, Cuba e Estados Unidos.

Trabalhando em Trieste em 1971, fundou a associação Psiquiatria Democrática, onde suas teses, inicialmente aceitas, foram julgadas insuficientemente revolucionárias, por ocasião do terceiro congresso da associação, em 1978.

Enquanto seus seguidores e alunos se dispersavam por toda a Itália, uma ampla pesquisa feita pelos partidos políticos junto aos psiquiatras se concretizou na lei 180 de 13 de maio de 1978, que E. Balduzzi (Varese) resumiu em três pontos: desaparecimento do constrangimento jurídico-policial e gestão democrática da saúde mental, supremacia absoluta dos serviços externos, com nítida subordinação do momento hospitalar (nos hospitais gerais) e fechamento dos hospitais psiquiátricos, com proibição de abrir e organizar outros, dando razão a Basaglia, considerado pai dessa lei, apenas quanto ao terceiro ponto.

Pouco depois de sua nomeação como coordenador dos serviços psiquiátricos da região do Lácio, o que foi a sua consagração, faleceu em Veneza a 29 de agosto de 1980.

Entre seus escritos (individuais ou em colaboração, principalmente com sua mulher, France Ongaro) assinalemos *O que é a psiquiatria?* de 1967; *A instituição negada*, 1968; *Crimes de paz*, 1975; *Majoração do desvio*, 1977; e *O navio que naufraga*, de 1978.

Bibliografia: BALDUZZI (E.), "Hommage à Franco Basaglia", *Information Psychiatrique*, maio de 1981, 643-6.

P. GODEFROY

BATTIE *William* (1703-1776)

Demonstrador de anatomia em Cambridge, autor de um tratado de fisiologia (*De principis animalibus*, 1957) e de uma antologia de aforismos médicos, membro do Colégio Real de Medicina, Battie abordou a psiquiatria em 1742, quando se tornou administrador do Hospital de Bedlam, em Londres. Foi talvez essa experiência em um asilo célebre por sua antigüidade que o levou a propor a criação de um novo estabelecimento destinado aos "lunáticos", cujos princípios essenciais ele enunciava: quarto individual para cada doente, necessidade de um pessoal "particularmente qualificado", possibilidade de receber estudantes interessados nesse ramo da medicina. Graças à sua ação, o Hospital Saint-Luc abriu suas portas em 1751, perto do velho Bedlam. Battie foi seu primeiro médico e, ao mesmo tempo em que dirigia um estabelecimento particular, fez carreira ali até 1764, data em que, em uma carta de demissão cheia de humor, expressou a necessidade de deixar seu posto para alguém mais jovem. A partir de 1753, "para o bem público", os médicos de Saint-Luc foram autorizados a formar alunos, de acordo com as propostas de Battie, que surgiu assim como verdadeiro precursor do ensino clínico da psiquiatria.

Em 1758, publicou um *Tratado da loucura*, baseando-se na sua vasta experiência com os doentes. Nele, desenvolveu a idéia de que a loucura se deve a uma perturbação das sensações e da imaginação, mais do que a uma aberração da razão e da inteligência. Revela muito ceticismo quanto aos tratamentos em uso na sua época e suas tomadas de posição já trazem em si aquilo que se tornaria o tratamento moral, caro aos alienistas do século XIX.

BAYLE *Antoine-Laurent*-Jessé (1799-1858)

Antoine-Laurent Bayle nasceu a 13 de janeiro de 1799 em Vernet (Alpes-Maritimes), de uma família originária do Dauphiné, mas já em 1815 "subiu" para Paris, graças ao apoio de um tio, médico no Hospital de La Charité, Gaspard-Laurent Bayle (1774-1816), amigo de Cayol, de Récamier e de Laënnec, aos quais o recomendou. Foi Laënnec que acolheu no seu serviço esse aluno de 16 anos, ainda mais desprotegido depois que seu tio morreu de tuberculose pulmonar alguns meses após sua chegada. Informado de que um lugar de residente estava livre na Casa Real de Charenton, no serviço de Royer-Collard*, amigo de Cayol, Bayle obteve uma recomendação deste e instalou-se em Charenton em outubro de 1817, provisoriamente livre de preocupações materiais, e aliás mais interessado nas doenças orgânicas do que na patologia mental. A 21 de novembro de 1822, defendeu sua tese, "Investigações sobre as doenças mentais", na qual descreveu um estado de demência com paralisia incompleta que assinalou, como veremos, um tempo essencial na história da psiquiatria. Em 1826, foi aprovado como professor, ocupou durante alguns anos o lugar de bibliotecário-adjunto na Faculdade de Medicina, pediu demissão em 1834, tornou-se suplente de Cayol e Chomel, colaborou em diversas revistas médicas, dirigiu, de 1828 a 1837, a Biblioteca de Terapêutica, participou ativamente da Enciclopédia de Ciências Médicas. Pode-se dizer que, a partir de 1830, não se ocupou mais de psiquiatria, a não ser por ocasião de polêmicas sobre a paralisia geral. Morreu a 29 de março de 1858.

Efetivamente, é a descrição anatomoclínica da aracnoidite crônica, essa "paralisia geral" cuja natureza sifilítica — afirmada em 1879 por Alfred Fournier* — só seria definitivamente admitida depois dos trabalhos de Noguchi* e Moore em 1913, que constitui o interesse das "Investigações sobre as doenças mentais", ainda que seja apenas a sua primeira parte.

Sem dúvida, J. Haslam*, nas *Observações sobre a insanidade*, publicadas em 1798, fora o primeiro a chamar a atenção para os sintomas dessa afecção, mas foi Bayle que teve o mérito de estabelecer definitivamente o seu quadro, a partir de seis observações clínicas, seguidas de controles anatômicos, recolhidas no serviço de Royer-Collard, que dirigiu o seu trabalho. Estabeleceu uma correlação específica entre "as alterações da aracnóide (...), uma paralisia geral incompleta (...) e um distúrbio das faculdades intelectuais", evoluindo para a morte em um estado de demência caquética, e afirmou "que a aracnoidite crônica existe e é a causa de uma alienação mental sintomática".

Bayle talvez não estivesse consciente da importância da sua descoberta, mas as reivindicações de prioridade de dois alunos de Esquirol*, Delaye e Achille Foville*, iriam levá-lo a defender suas idéias e a "completar e embelezar como quisesse o monumento da sua juventude", como diria elegantemente Vigla, em um necrológio.

Em 1825, publicou *Nova doutrina das doenças mentais*, no qual insiste no caráter "ambicioso" do delírio destes pacientes, nas suas idéias de grandeza, o que ele considerava como um traço essencial. No ano seguinte, no seu *Tratado das doenças do cérebro*, sugeriu que "a maioria das alienações mentais são o sintoma de uma flegmasia crônica primitiva das membranas do cérebro", generalizando assim a noção de uma lesão orgânica como origem da doença mental.

De fato, o problema era este: a "doença de Bayle", escapando ao seu autor e assumindo "de certa forma a posição da burguesia na família patológica", como ele próprio escreveu na última monografia, consagrada ao tema que apresentou em 1854 na Academia de Medicina, tornou-se o modelo anatomoclínico ideal e exclusivo que, durante mais de meio século, os alienistas procurariam aplicar ao conjunto da patologia mental. Assim, em uma nova perspectiva organicista, a psiquiatria ligava o seu destino ao da neurologia, à pesquisa de lesões do sistema nervoso e de entidades anatomoclínicas. Seria preciso esperar até a última década do século XIX para que ela começasse a perceber que esse caminho era apenas um impasse.

BEARD *George* Miller (1839-1883)

Beard era filho de um pastor de Montville (Connecticut), onde nasceu a 8 de maio de 1839. Começou a estudar medicina no Yale College, serviu durante algum tempo como cirurgião em um navio da marinha americana e obteve o seu diploma em 1866 no Colégio de Medicina de Nova York. Instalou-se então nessa cidade com um sócio, o doutor Rockwell. Ambos se dedicavam a pesquisas sobre as aplicações médico-cirúrgicas da eletricidade, e publicariam em 1871 uma obra sobre esse tema, que seria traduzida para o alemão e teria certo sucesso na Europa. Mas, em 1868, Beard obteve funções oficiais na Universidade de Nova York, onde foi encarregado de um curso sobre as doenças nervosas e de uma clínica no Demilt Dispensary, no Departamento de Neurologia e Eletroterapia. Fundou os *Arquivos de Eletroterapia e de Neurologia* em 1874, participou da criação da Associação para a Proteção dos Doentes Mentais e Prevenção da Loucura, e morreu aos 44 anos, a 23 de janeiro de 1883.

Mas Beard, no campo psiquiátrico, é principalmente o "inventor" da *neurastenia*, termo que ele propôs em 1879, para designar um estado de fadiga física e psicológica permanente, acompanhado de distúrbios funcionais diversos e variáveis. Retomando o problema em 1881 em *American Nervousness, its Causes and Consequences*, considerava que essa neurose, essencialmente americana e masculina, era resultante, ao mesmo tempo, do clima dos Estados Unidos — unindo uma atmosfera seca e carregada de eletricidade a grandes variações de temperatura — e do ritmo de vida trepidante, ao qual estava sujeito o homem do Novo Mundo. Foi também dos primeiros a tentar compreender (em *Neurasthenia as a Cause of Inebriety*, publicado em 1879) as razões da extensão maciça do alcoolismo no século XIX, vendo nesse fenômeno a maneira pela qual o doente lutava contra o desequilíbrio energético neurastênico.

BEAU *Joseph*-Honoré-Simon (1806-1865)

Originário de Collonges, na região de Gex (Ain), Beau começou seus estudos de medicina em Lyon e terminou-os em Paris, onde foi nomeado para a residência em 1830, para o Escritório Central dos Hôpitaux em 1839 e para o magistério em 1844, antes de ser admitido na Academia de Medicina em 1856. Chefe de serviço no Hospital La Charité, morreu a 11 de agosto de 1865, de um ataque de apoplexia.

A obra de Beau é a de um generalista, mais preocupado com a fisiopatologia do que com a psiquiatria. Entretanto, é a ele que devemos o termo *histero-epilepsia*, que propôs em um texto elaborado quando ainda era residente na Salpêtrière, "Pesquisas estatísticas para a história da histeria", e publicado em julho de 1836 nos *Archives Générales de Médecine*.

BEAUNIS *Henri*-Étienne (1830-1921)

Henri Beaunis era originário de Amboise. Nomeado professor de fisiologia em 1863, foi ensinar na Faculdade de Medicina de Estrasburgo, e recebeu em 1872 a cátedra de fisiologia em Nancy, herdeira da cátedra da capital alsaciana, da qual Émile Küss, último prefeito da cidade sitiada, fora também o último titular. Beaunis ficaria durante mais de 20 anos na Lorena e associaria seu nome aos trabalhos de Bernheim* e de Liébeault*, publicando ao mesmo tempo, com A. Bouchard, *Novos elementos de anatomia descritiva e de embriologia* (1880) e individualmente, em 1888, *Novos elementos de fisiologia humana*. Em 1889, organizou também na Sorbonne, com Alfred Binet*, o primeiro laboratório francês de psicofisiologia, cuja direção assumiria em 1892, ao se aposentar da Faculdade de Nancy, contribuindo, por sua própria formação, para separar a psicologia da filosofia, da qual a primeira nascera.

Foi também essa formação que o levou ao estudo das modificações fisiológicas observadas nos pacientes em estado de hipnose, às quais ele tentava aplicar métodos de registro objetivos. O essencial está na obra publicada em 1886, *O sonambulismo provocado. Estudos fisiológicos e psicológicos*. Foi ele, enfim, que criou em 1894, com Binet, a revista *L'Année Psychologique*.

À margem da sua obra científica, foi autor de pequenas comédias, de uma tradução poética de Ésquilo e de uma antologia de memórias, *Impressões do campo*, escrito quando era médico no Exército do Loire.

BECK *Théodoric*-Romeyn (1791-1855)

De ascendência anglo-holandesa, filho mais velho de cinco, dos quais três se tornariam médicos, Beck nasceu a 11 de abril de 1791, em Schenectady (estado de Nova York). Fez estudos de medicina em Albany, concluídos em 1811 em Nova York, com uma tese, "Dissertation on insanity", precedendo de um ano as *Pesquisas e observações sobre as doenças do espírito* de Benjamin Rush*. Obra de compilação sem originalidade, dá um panorama dos conhecimentos psiquiátricos da época, mas já se preocupa com as implicações médico-legais da doença, problema ao qual Beck voltaria em 1823, nos dois tomos dos *Elementos de jurisprudência médica*, que teriam grande difusão na Inglaterra, na Alemanha e na Suécia, e que constituem a sua obra mais ilustre.

Professor em 1826 no Colégio de Medicina de Nova York, depois no de Albany a partir de 1840, Beck publicou em 1828 *Notas estatísticas* sobre os alienados nos Estados Unidos. Nomeado em 1842 como membro do Conselho de Administração do State Lunatic Asylum de Utica (NY), em construção, ligou-se a A. Brigham*, que estava fundando o *American Journal of Insanity*. Seria o seu redator-chefe com a morte de Brigham. Faleceu a 19 de novembro de 1855.

BEDDOES *Thomas* (1760-1808)

Nascido a 13 de abril de 1760 em Skiffnal (Shropshire), Beddoes estudou medicina em Londres e em Edimburgo, e obteve seu doutorado em Oxford, onde ministrou conferências de química que tiveram um certo sucesso, de 1788 a 1792. Em 1793, foi instalar-se em Clifton, perto de Bristol, onde fundou um Instituto de Medicina Pneumática, para o tratamento das doenças por inalação de diversas misturas gasosas. Foi o célebre James Watt que planejou o seu equipamento e foi ali que o assistente de Beddoes, sir Humphrey Davis, descobriria as propriedades anestésicas do protóxido de azoto ou "gás hilariante". Entretanto, em 1801, Beddoes deixou Clifton e foi para Londres, onde morreu a 24 de dezembro de 1808.

Ao lado de um *Tratado sobre os cálculos*, publicado em 1793, devemos a Beddoes um poema épico sobre as conquistas de Alexandre e um conto moral intitulado *Isaac Jenkins*. Mas esse clínico, sem formação psiquiátrica específica, também publicou em 1802, sob o título de *Higéia*, uma antologia de ensaios de medicina sobre as causas das doenças, nos quais evocava o papel do espírito nas doenças físicas e sugeria a idéia — original na época — de que os progressos da química permitiriam talvez um dia uma nova perspectiva para o conhecimento das doenças mentais.

BEKHTEREV *Vladimir*-Mikhailovitch (1857-1927)

Depois de terminar seus estudos de medicina em São Petersburgo, Bekhterev trabalhou na Alemanha nos serviços de Flechsig*, de Westphal* e do psicofisiologista Wundt, e posteriormente com Charcot, na Salpêtrière. Em 1887, dirigiu em Kazan o Instituto de Psicofisiologia e fundou uma Sociedade de Neuropatologia e de Psiquiatria, antes de ser nomeado em 1893 para a cátedra de doenças mentais e nervosas de São Petersburgo, que ocuparia durante 20 anos, reorganizando o ensino clínico e criando em 1907, graças a verbas particulares, um Instituto de Pesquisas em Psiconeurologia, rebatizado em 1925 como Instituto V.-M. Bekhterev. Ainda em

1927, representaria a União Soviética no Simpósio Internacional de Psicologia de Wittenberg em Springfield (Ohio). Morreu no dia 25 de dezembro do mesmo ano, quando pensava na criação de uma espécie de "Panteão" neuro-anatômico para o estudo e a conservação dos cérebros dos homens geniais. Em 1988, a revista soviética *Literatournaia Gazieta* revelou que ele teria sido envenenado por ordem de Stalin, a propósito de quem Bekhterev formulara um diagnóstico de paranóia.

Aluno de Wundt*, influenciado pelas teorias de Pavlov*, por quem tinha entretanto uma sólida inimizade, Bekhterev foi um dos pioneiros na aplicação de métodos objetivos ao estudo da psicologia, desenvolvendo uma teoria "psico-reflexológica" em seu livro *Psicologia objetiva*, publicado em 1913 em Leipzig. Também lhe devemos trabalhos sobre as localizações cerebrais, a epilepsia, a educação de crianças anormais e sobre a hipnose. Sobre este último tema, parece ter aceito e difundido na Rússia as idéias de Bernheim*.

BELHOMME *Jacques* (1737-1824)

Falar de Belhomme é evocar principalmente a "casa Belhomme" e as "pensões burguesas" destinadas aos alienados abastados, que floresceram em Paris no fim do Ancien Régime. Tenon enumerou dezenove delas, concentradas nos bairros de Saint-Antoine, Saint-Jacques e Montmartre. A maioria serviria de lugares de detenção, por ocasião do Terror.

Jacques Belhomme nasceu a 17 de junho de 1737, em Mesnil-Conteville, perto de Beauvais. Exercia seu ofício de marceneiro em Paris, no subúrbio de Charonne, quando em 1765 um nobre afortunado confiou o filho "idiota" aos seus cuidados. Foi a guinada na carreira de Belhomme, que percebeu no fato uma atividade mais lucrativa do que a marcenaria, e recebeu como pensionistas outros deficientes mentais, de modo que, três anos depois, como a sua casa na rue des Boules se tornou muito pequena, mudou-se para a rue de Charonne. Nascia a Maison Belhomme. Para justificar o seu caráter médico, empregou médicos, e Philippe Pinel* teria começado ali o seu aprendizado da patologia mental. Quando, em 1791, a Assembléia Constituinte fez o recenseamento geral das "pessoas detidas (...) em virtude de ordens de prisão ou de ordens particulares", soube-se que Belhomme, "chefe de pensão", era responsável por 47 protegidos.

Nunca saberemos graças a que cumplicidades, a troco de que "contribuições", a que preços exorbitantes ele conseguiria abrigar oficialmente durante o Terror tantas cabeças afortunadas e subtraí-las ao Tribunal Revolucionário, pelo menos durante o tempo em que o estado de suas rendas fosse compatível com a tarifa da pensão. Mas em 1794, Belhomme foi denunciado e preso. No entanto, os bons relacionamentos continuaram a atuar. Escapou ao Tribunal Revolucionário e foi condenado a uma pena de prisão, o que lhe permitiu, depois da tempestade, retomar a direção do seu estabelecimento, no qual, durante os anos da revolução, os alienados passaram um tanto para segundo plano.

Quando morreu, a 16 de setembro de 1824, seu filho mais velho, Jacques-Étienne, lhe sucedeu. Este era médico.

BELHOMME *Jacques-Étienne* (1800-1880)

Nascido em Paris em 1800, ligado durante seus estudos de medicina à seção dos idiotas do serviço de Esquirol* na Salpêtrière, Belhomme se apaixonou pelos meios de melhorar as potencialidades desses pacientes, submetendo-os, desde a infância, a exercícios proporcionais à sua inteligência. Dedicou a esse tema a sua tese "Ensaio sobre a idiotia", defendida a 1º de julho de 1824. Dois meses e meio depois, a morte de seu pai o conduziu à direção da Casa de Saúde de Charonne, que cederia a Archambault* em 1852. Nesse mesmo ano, ambos estavam entre os 35 membros fundadores da jovem Sociedade Médico-Psicológica. Belhomme morreu a 16 de fevereiro de 1880.

Sua tese é um marco na história da psiquiatria, pois foi um dos primeiros trabalhos consagrados à educação dos deficientes mentais, e a esse título Belhomme foi um precursor de Seguin*, de Vallée* e de toda a corrente que no século XIX daria origem à psiquiatria infantil (assim, quando em 1830 Félix Voisin* publicou uma brochura sobre a "educação especial" desses pacientes deixando de citá-lo, Belhomme proclamou a sua prioridade, reeditando a sua tese com alguns acréscimos). Mas, seduzido pelas teorias frenológicas de Gall* e de Spurzheim*, era essencialmente o problema da "localização" cerebral da loucura e da determinação das lesões na alienação mental que o preocupava. Durante cerca de 40 anos, dedicou a esse tema a maioria dos seus trabalhos, desde *Considerações sobre a apreciação da loucura, sua localização e seu tratamento*, publicado em 1834, até *Alterações patológicas do encéfalo coincidindo com as diversas formas de loucura*, publicado em 1872. Na falta de uma tribuna universitária ou hospitalar oficial, foi no Ateneu Real, aberto ao grande público, que ele pôde expressar as suas idéias sobre a patologia mental.

BENEDIKT *Moritz* (1835-1920)

Nasceu a 6 de julho de 1835, em uma família de comerciantes judeus de Eisenstadt, na província austro-húngara de Burgenland, mas toda a sua carreira médica se desenrolou em Viena, onde seu espírito curioso podia se ocupar em muitas direções. Inicialmente tentado pela física, dedicou-se a pesquisas sobre as aplicações médicas da eletricidade e publicou em 1868 uma obra intitulada *Eletroterapia*, que durante muito tempo seria considerada um clássico. Nomeado médico-chefe da policlínica de medicina interna do Hospital Geral de Viena, deparou-se com muitos problemas neurológicos e psiquiátricos, que o levaram, nos anos 1870, a interessar-se pelo hipnotismo e pelo tratamento das neuroses. Na neurologia, isolou uma afecção que reunia a hemiplegia e uma paralisia ocular contralateral, a "síndrome de Benedikt", assim denominada por Charcot*, de quem era amigo e que o recomendaria a Freud*.

Seduzido pela criminologia, dedicou-se ao estudo craniométrico dos delinqüentes, sendo pois um precursor de Lombroso*. Mas foi certamente no campo da histeria que a sua contribuição foi mais original. Desde 1868, em seu manual de eletroterapia, Benedikt, utilizando o termo libido no sentido etimológico de desejo sexual, relacionava a histeria com perturbações precoces da vida sexual ou com maus-tratos sofridos na infância, acarretando uma vulnerabilidade particular do sistema nervoso. Julgava que a confissão consciente do "segredo" patógeno era a condição necessária da cura, e negava o papel do tratamento pela hipnose, pelo qual se interessara anteriormente, e contra o qual, paradoxalmente, Joseph Breuer* o advertira!

Mais tarde, Benedikt ampliou essa noção de vida secreta, que todos, doentes ou sãos, têm em si, mas que se torna ainda mais importante quando as aspirações interiores do indivíduo têm mais dificuldade em expressar-se. Foi o que ele estudou, sob o nome inglês de *Second life*, em um longo artigo de 1894 na *Wiener Klinik* e que ele desenvolveria no seu *Tratado sobre o espírito humano*, publicado no ano seguinte em Leipzig.

Parece que as teorias de Benedikt não deixaram de influenciar o desenvolvimento do pensamento de Freud* e de Adler*. Aos 71 anos, amargo e desiludido, publicou em 1906 um volume de memórias impiedosas: *Aus meinem Leben*. Morreu em Viena a 14 de abril de 1920.

BENTHAM *Jeremy* (1748-1832)

Se citamos aqui esse publicitário londrino, filho de um *attorney* (jurista) e autor, em 1817, de um *Quadro das fontes de ação*, no qual desenvolveu uma filosofia neoepicurista, egoísta e utilitária, segundo a qual o interesse é o único móbil de nossos atos, é principalmente porque foi ele que concebeu, em 1791, o *Panopticon*, dispositivo arquitetônico que preconizava, quando se devia planejar um estabelecimento (asilo ou prisão) destinado à vigilância. O Panopticon típico era um edifício circular, comportando uma sala central destinada ao guarda, de onde se irradiavam um certo número de células individuais, que se abriam para uma rotunda central por uma grade e para o exterior por uma janela. Um asilo construído de acordo com esse esquema foi inaugurado em dezembro de 1814 em Glasgow, segundo a planta "em estrela" do arquiteto William Stark, que também realizaria o asilo de alienados de Dundee (este segundo uma planta em H, retomada depois em York, a conselho de Samuel Tuke*).

Destinou a maioria dos seus trabalhos à França, submeteu à Assembléia Constituinte muitos projetos sobre impostos, sobre a justiça e sobre as colônias, recebeu da Convenção o título de cidadão francês, e, querendo ser útil além da morte, desejou que seus restos mortais servissem para dissecção.

BERBIGUIER *Alexis*-Charles-Vincent, dito BERBIGUIER DE TERRE-NEUVE DU THYM (1764-1851)

Berbiguier era originário de Carpentras, onde nasceu a 3 de julho de 1764. Em 1792, deixou sua cidade natal e foi para Avignon, onde trabalhou como funcionário da loteria e ecônomo do Hospital Civil. Ao que parece, foi três ou quatro anos depois que se iniciaram as idéias de perseguição, que fariam a sua "celebridade" histórica. Em 1813, chegou a Paris para defender os interesses de um velho tio, cônego de Sainte-Opportune, que faria dele o seu legatário universal. Roubado por muitos, destinou o dinheiro que lhe restava à edição em 1821-22 de três volumes ilustrados da sua grande obra *Os fantasmas ou nem todos os demônios são do outro mundo*, dedicado "a todos os imperadores, reis, príncipes, soberanos das quatro partes do mundo" e da qual reservou um exemplar ricamente encadernado para Carlos X. Em 1841, voltou para Carpentras e morreu com a idade de 87 anos, a 7 de dezembro de 1851, no hospital dessa cidade, onde era pensionista pagante.

Os fantasmas ou nem todos os demônios são do outro mundo é uma leitura tediosa. Mas não deixa de ser um documento apaixonante, relatando em estado bruto um delírio crônico de perseguição, essencialmente interpretativo no seu mecanismo, e que evoluiu sem enfraquecimento notável durante 55 anos, sobre um único tema: tudo o que acontece de mal no universo, das entorses às mortes súbitas, das intempéries à gravidez das moças seduzidas, se deve a esses demônios malfeitores, contra os quais o autor empreendeu uma luta sem trégua, o que o autorizava a "tomar a qualificação de flagelo dos fantasmas". Na primeira página, uma litografia o representava cercado de "símbolos", que ele se dava ao trabalho de descrever: "Os quatro cantos do desenho são cercados por um coração de boi com quatro pedaços de enxofre como um colar, por plantas aromáticas e alguns feixes de agulhas ou alfinetes. Acima de mim, vê-se o meu querido Coco (seu esquilo), vítima do fantasmismo e meu amigo fiel."

Philippe Pinel*, a quem um vigário de Notre-Dame enviara Berbiguier em 1816 e que lhe prescrevera banhos, foi imediatamente posto nas fileiras de demônios perseguidores que ele exterminava com alfinetes, ou que aprisionava em garrafas lacradas, para que pudessem assistir às torturas que infligia aos seus semelhantes.

Brierre de Boismont*, Baillager*, Legrand du Saulle*, para citar apenas seus contemporâneos, se interessaram pelo caso Berbiguier e lhe reservaram um lugar em seus trabalhos sobre as alucinações e os delírios de perseguição.

BERGER *Hans* (1873-1941)

Foi em Neuser, perto de Coburgo (Baviera), que Hans Berger veio ao mundo a 21 de maio de 1873. Seu pai era médico e sua mãe era filha de Friedrich Rückert, poeta alemão que cantou o movimento nacional de 1813 e ensinou línguas orientais em Erlanger e em Berlim. Durante seus estudos de medicina, Berger freqüentou as universidades de Berlim, Munique e Kiel, mas foi em Iena que defendeu sua tese em 1897. Não deixaria mais essa cidade. Em 1900, tornou-se assistente na clínica psiquiátrica universitária, então dirigida por Otto Binswanger*, a quem sucedeu em 1918. Teve pois uma carreira essencialmente psiquiátrica, mas pensava que o problema central da doença mental era descobrir o substrato fisiológico das atividades psíquicas. Assim, tentou por diversos meios saber como a "energia psíquica" podia ser abordada por procedimentos físicos, tais como as variações pletismográficas do fluxo sangüíneo cerebral ou o registro de variações da temperatura do cérebro. Foi nessa perspectiva que ele retomou os trabalhos de Caton (1875), Fleishl von Markow (1883) e Adolf Beck (1890) sobre as correntes elétricas produzidas pelo cérebro no animal. Em 1924, realizou seu primeiro registro em um paciente trepanado, portador de uma importante lacuna óssea craniana, mas duvidou dos resultados que obteve, perguntando-se durante muito tempo se os potenciais elétricos que recolhera tinham sido realmente produzidos pelo cérebro. Repetiu a experiência e esperou até 1929 para dedicar à eletroencefalografia humana a primeira publicação mundial. Esta foi feita nos *Archiv für Psychiatrie und Nervenkrankheiten*, sob o título "Über das Elektrenkephalogramm des Menschen" ("Sobre o eletroencefalograma humano"). Descreveu dois ritmos fundamentais, que chamou de α e β, e descobriu com surpresa que o ritmo α era inibido pelos estímulos de origem visual.

Durante cinco anos mais, os trabalhos de Berger continuaram desconhecidos fora dos países de língua alemã. Foi preciso esperar o artigo de Adrian e Matthews, consagrado em 1934, na revista *Cérebro*, ao "Ritmo de Berger", para mostrar a eletroencefalografia ao mundo médico. A partir desse momento, foi no seu próprio país que Berger ficou desconhecido, pois nunca tendo simpatizado com o regime hitlerista, teve dificuldades em fazer funcionar o seu serviço e publicar os trabalhos do seu laboratório. Aposentou-se em 1938 e suicidou-se a 30 de maio de 1941, durante uma crise de depressão.

Bibliografia: GLOOR, "Hans Berger, on the EEG of man", *EEG and Clinical Neurophysiology*, Supl.28, 1 vol., 1969.

BÉRILLON *Edgar* (1859-1948)

Nascido em Saint-Fargeau (Yonne), a 23 de maio de 1859, Bérillon foi aluno de Paul Bert, Milne-Edwards, Brown-Sequard, Charcot*, Lasègue*, Auguste*, Jules Voisin*, e principalmente de Dumont-Pallier* que inspirou o tema de sua tese: *A dualidade cerebral e a independência funcional dos dois hemisférios cerebrais* (1884), que teve bastante sucesso acadêmico e comercial. Médico-inspetor dos Asiles de la Seine (1892), licenciado em direito (1896), dirigiu até 1937 uma clínica para "doentes dos nervos" em Saint-Mandé.

Durante meio século esse homenzinho de aspecto raquítico se dedicaria sem reservas ao hipnotismo, que descobrira com Dumont-Pallier, de quem foi discípulo da primeira hora na Escola de Hipnologia de La Pitié. Clínico, professor, teórico, fundou em 1886 o Instituto Psicofisiológico de Paris, futura Escola de Psicologia. No ano seguinte, criou a *Revue de l'Hypnotisme*, que, tornando-se *Revue de Psychothérapie* e depois *Revue de Psychologie Appliquée*, só deixaria de ser publicada com a Segunda Guerra Mundial. Agente essencial do primeiro Congresso Internacional de Hipnotismo em 1889, fundou e presidiu a Sociedade de Patologia Comparada e ministrou cursos na Escola Municipal de Higiene. Em 1897, até dirigira uma cena de "sono magnético" no teatro *Ambigu* em "A organista", peça tirada de um conto de Xavier de Montépin.

Preocupado com "as doenças do julgamento", imaginou uma função psíquica superior, a *timética*, cujo papel seria bastante comparável ao da censura, na primeira tópica freudiana. Sua insuficiência seria, segundo ele, a origem da histeria.

A guerra de 1914 mergulhou Bérillon em um frenesi nacionalista, que nos valeu artigos inacreditáveis como "A bromidrose fétida da raça alemã" (1915) ou "A poliquesia da raça alemã" (1915). Neles, ficamos sabendo, entre outras coisas, que "se do ponto de vista da enormidade, a produção excremencial (alemã) é o dobro (da francesa), do ponto de vista do odor, ela atinge proporções inauditas, incríveis". Nem é possível imaginar como o autor, que faleceu a 6 de março de 1948, conseguiu agüentar os quatro anos de ocupação...

BERKLEY *Henry*-Johns (1860-1940)

Nascido a 17 de julho de 1860 em Baltimore, Berkley se diplomou pela Universidade de Maryland em 1881, antes de passar vários anos na Europa, dos quais dois em Viena.

Obteria um doutorado em ciências, em 1904, na Áustria. Voltando a Baltimore em 1888, exerceu primeiramente a clínica particular, sendo depois assistente de psiquiatria na Universidade Johns-Hopkins em 1896. Nomeado professor de psiquiatria dois anos mais tarde, terminaria a sua carreira em abril de 1960, com o título de professor emérito.

Berkley foi autor de um volumoso *Tratado das doenças mentais*, editado em 1900, e destinado aos clínicos. Um artigo seu, sobre as vantagens da ablação da tiróide no tratamento da catatonia, publicado em 1909 no *American Journal of Insanity*, lhe valeria uma celebridade efêmera. Na mesma época, Ungaro em Turim propunha o tratamento da "loucura moral" pelo mesmo método.

Apreciador de alpinismo e de história, colecionador, reuniu a mais importante coleção particular de retratos gravados de George Washington. Faleceu a 5 de abril de 1940 em sua cidade natal, onde se desenrolou toda a sua carreira.

BERNHEIM *Hippolyte* (1840-1919)

Bernheim nasceu a 17 de abril de 1840 em Mulhouse, onde fez seus estudos secundários. Matriculou-se na Faculdade de Medicina de Estrasburgo, e ali defendeu sua tese em 1867. Era professor no momento em que estourou a guerra de 1870. Optou pela França e, deixando a Alsácia, foi nomeado, em 1872, suplente de Hirtz na faculdade de Nancy, que acabava de abrir suas portas. Sete anos depois, obteve a cátedra de clínica médica. Era um clínico geral, e até então nada o levara a ocupar-se das doenças do espírito, quando em 1882, intrigado com o renome de Liébeault*, que em um subúrbio de Nancy tratava seus doentes com o sono provocado, decidiu iniciar-se nesse método junto a ele. Seduzido pelos resultados que obtinha e, como se dizia, pelo alívio da sua própria ciática rebelde, tornou-se rapidamente o teórico e líder daquilo que se chamaria Escola de Nancy, agrupando em torno de si os doutores Liébeault e Beaunis* e o jurista Liégeois*. Em 1882, publicou na *Revue Médicale de L'Est* o artigo "Magnetoterapia — Histórico e fatos novos" seguido, um ano depois, na mesma revista, de uma série de artigos, que, sob o título *Da sugestão no estado hipnótico e no estado de vigília*, formariam o conteúdo de um volume publicado por Doin em 1884. O essencial da sua doutrina estava contido nessa obra: recusando as teorias fluídicas e magnéticas, negando a ação do ímã e qualquer fenômeno "maravilhoso", fazia do sono hipnótico ou provocado um estado fisiológico que se podia obter mais ou menos facilmente em qualquer indivíduo. O estado de hipnose não era, de modo algum, privilégio da histeria, e o mecanismo em jogo era a sugestão. Isso equivalia a contradizer, ponto por ponto, as teorias defendidas por Charcot*. Também significava começar, contra a Escola da Salpêtrière, uma luta que, além da morte de Charcot em 1893, teria prolongamentos na obra de Gilles de La Tourette* e de Babinski*, mas é forçoso reconhecer que nessa atmosfera de euforia científica que cercava o estudo das manifestações mais espetaculares da histeria e que precedia a "revolução" freudiana, os médicos de Nancy eram dos poucos a conservar um certo distanciamento crítico.

Posteriormente, a teoria de Bernheim ainda evoluiria em oposição às idéias reinantes, e lhe valeria mais alguns adversários. Ele afirmava que podia haver influência sem sono: "os fenômenos ditos hipnóticos existem sem sono, isto é, sem hipnose, se se entende com essa palavra sono provocado", e o hipnotismo, no fundo, não era mais do que a mobilização da sugestionabilidade, com ou sem recurso ao sono provocado. Assim sendo, a hipnose era devolvida à posição de um procedimento psicoterápico entre outros, que podiam utilizar meios diversos: "sugestão verbal em estado de vigília ou de sono, persuasão racional e emotiva, sugestão encarnada em práticas materiais" (*Da sugestão*, 1911).

Em 1910, Bernheim se aposentou e foi para Paris, onde ainda publicou *Sono e sonambulismo* (1912), *A histeria* (1913), *Automatismo e sugestão* (1917). Morreu a 22 de fevereiro de 1919.

Lembre-se que Freud*, "com a intenção de aperfeiçoar a sua técnica hipnótica" como ele próprio relatou em *Minha vida e a psicanálise*, passou várias semanas durante o verão de 1889 no serviço de Bernheim, de quem até traduziu duas obras importantes: *Da sugestão e suas aplicações à terapêutica* em 1889 e *Hipnotismo, sugestão, psicoterapia* em 1892.

BERTHIER *Pierre* (1830-1877)

Originário de Sennecy-le-Grand (Saône-et-Loire), Berthier entrou em 1849 como residente no Asilo de Auxerre, no serviço de seu tio Girard de Cailleux*. Depois de defender sua tese, "Da natureza da alienação mental segundo suas causas e seu tratamento", em Montpellier em 1857, voltou para Auxerre, foi nomeado médico-chefe em Bourg (Ain) dois anos mais tarde, e depois médico-residente no Hospital Bicêtre em 1865. Ficaria ali com três colegas, no posto de médico-major, durante o cerco de Paris, enquanto o hospital, cujos doentes mentais tinham sido transferidos, foi transformado em centro de isolamento para os militares atingidos pela epidemia de varíola que começou no fim de setembro de 1870. Durante seis meses, nove mil desses doentes seriam acolhidos no velho hospital. Berthier sucumbiu em Bicêtre a 20 de dezembro de 1877, da "afecção dolorosa de que sofria havia vários meses". Antoine Ritti* lhe sucederia nas funções de inspetor-adjunto dos alienados do departamento do Sena, que ele ocupava então.

Entre suas publicações mais originais, citamos: *Da despopulação dos campos* (1859), *Excursões científicas nos asilos de alienados* (quatro fascículos publicados entre 1862 e 1867), *Erros e preconceitos relativos à loucura* (1863), *Causas da superlotação dos asilos e soluções para isso* (1866) e uma importante monografia sobre "As neuroses menstruais".

BETTELHEIM *Bruno* (1903-1990)

Filho de um homem de negócios vienense, relatou ele mesmo como, em 1917, membro da Jung Wander Vogel, um movimento de juventude socialista, ficou conhecendo Otto Fenichel*, que lhe falaria dos trabalhos de Freud*. Orientou-se primeiro para a filosofia e as belas-artes, mas em 1927, começou uma análise com Richard Sterba, e foi na sala de espera deste que teria visto pela primeira vez uma criança autista, ficando fascinado com esse problema. Em 1938, no momento da anexação da Áustria, suas origens judaicas e suas atividades antinazistas provocaram o seu internamento no campo de concentração de Dachau, e depois no de Buchenwald, onde encontrou o filho de Paul Federn*. Entretanto, conseguiria ser "resgatado" e chegar aos Estados Unidos. Já em 1942, denunciou os campos de concentração em um artigo, "Comportamento individual e comportamento de massa nas situações extremas". Em 1944, recebeu a direção da escola "ortogênica" Sonia Shankmmann, ligada à Universidade de Chicago. Empreendeu a sua reorganização, para fazer dela um centro-modelo de tratamento das crianças psicóticas e autistas, no interior de um quadro institucional psicanalítico.

Bettelheim expôs seus pontos de vista teóricos e os resultados obtidos nessa instituição em várias obras: *O amor não basta* e *Fugitivos da vida* (1955); *A fortaleza vazia* (1967); *Um lugar para renascer* (1974). Também escreveu *Os filhos do sonho* (1969), dedicado às crianças dos *kibutzim*, e uma *Psicanálise dos contos de fadas*, publicada em 1976, três anos depois de sua aposentadoria.

BIANCHI *Leonardo* (1848-1927)

Originário de Benevento, Bianchi estudou em Nápoles. Familiarizou-se com os problemas neuropsiquiátricos no Hospital R.-Albergo de Poveri, antes de tornar-se, em 1881, adjunto do professor Buonomo, diretor do manicômio regional. Sucedeu-lhe em 1890, na cátedra de neuropatologia e psiquiatria. Decano da Faculdade de Medicina, seria eleito por duas vezes reitor da Universidade de Nápoles.

Bianchi foi simultaneamente neurologista e psiquiatra. Autor de um *Tratado de psiquiatria* (1905), interessou-se principalmente pelas relações existentes entre o psiquismo e as funções nervosas superiores. Devemos-lhe a descrição da síndrome profunda do lobo parietal esquerdo (*Síndrome de Bianchi*), que associa um estado de aspecto demencial passageiro e distúrbios neurológicos complexos.

Mas, paralelamente à sua carreira médica, manteve uma carreira política. Deputado da esquerda republicana em 1892 e de 1897 a 1919, senador em 1919, preocupou-se com os grandes problemas médico-sociais: impaludismo, alcoolismo, prostituição, reforma do sistema penitenciário, profilaxia das doenças mentais e nervosas. Tornando-se em 1905 ministro da Instrução Pública, criou cátedras de psicologia experimental em Roma, Nápoles e Turim, e uma cátedra de antropologia criminal em Turim, destinada a Lombroso*. Suas atividades parlamentares não o impediram de publicar nas revistas especializadas: "A fadiga cerebral" (1908), "A obra de Lombroso, a delinqüência e nossa legislação" (1910), "O alcoolismo na Itália" (1916).

Morreu em Nápoles a 13 de fevereiro de 1927.

DE BIENVILLE *D.-T.* (1726?-1813)

Sabemos muito pouco da vida desse médico, que na juventude teria vivido e trabalhado durante muito tempo em Rotterdã e em Haia. Também trabalhou na França, talvez na Touraine, nos anos 1760.

Mas deixou uma obra de 200 páginas, dedicada à *Ninfomania ou tratado do furor uterino*, publicada em Amsterdã em 1771. O autor englobava nessa afecção todas as doenças mentais durante as quais as pacientes manifestavam idéias eróticas ou inclinação para a masturbação. O livro teve êxito, pois foi reeditado em Amsterdã em 1784 e era difundido de porta em porta por livreiros ambulantes. O tema estava na moda, como provou também o sucesso duradouro do tratado do *Onanismo*, de A. Tissot*, publicado dez anos antes.

BILLOD *Ernest* (1818-1886)

Billod nasceu a 23 de outubro de 1818 em Briançon, mas passou sua infância em Orleans e estudou medicina em Paris, onde foi acolhido por Ferrus*, da mesma região que ele, e que lhe obteve um lugar de residente junto a Félix Voisin*, na casa de saúde de Vanves. Também freqüentou, no Hospital Bicêtre, o serviço de Moreau de Tours* (que fez com que ele experimentasse o haxixe durante um almoço na fazenda Sainte-Anne). Em 1846, defendeu sua tese, "Sobre o tratamento da loucura", e depois de uma rápida permanência como médico-adjunto no Asilo de Sainte-Gemmes (Maine-et-Loire), assumiu em 1849 a direção do Asilo de Blois, recém-inaugurado. Preocupado em melhorar as rendas do estabelecimento, não hesitou em receber um número de alienados do departamento do Sena muito superior à capacidade do hospital, indo até a acumular os doentes em redes ao longo dos corredores... Foi demitido, a pedido de Parchappe*. Ferrus, entretanto, conseguiu reintegrá-lo em 1853 e foi nomeado diretor do Asilo de Saint-Méen, perto de Rennes. No ano seguinte, chegou a Sainte-Gemmes, onde ficou até a sua nomeação para o Asilo de Perray-Vaucluse, que acabava de ser aberto perto de Paris, e onde ele obteve a criação de uma "colônia" para crianças retardadas. Aposentou-se em 1886 e morreu a 26 de fevereiro do mesmo ano em Château-Gontier (Mayenne), para onde se retirara.

O nome de Billod está ligado à pelagra, afecção à qual, de 1855 a 1867, dedicou a maior parte de suas publicações, assim como um *Tratado*, publicado em 1865 e reeditado em 1870. Afirmava a existência de uma "pelagra consecutiva à alienação mental", tema que transformou em questão pessoal, pois até publicou na *Gazette des Hôpitaux* de setembro de 1863 um "desafio científico" aos que não aceitavam a sua tese de uma *variedade de pelagra própria aos alienados* (a tal ponto que alguns falaram de uma pelagra própria aos alienistas...) e comprometeu-se a pagar do seu bolso as despesas de viagem e permanência em Sainte-Gemmes de uma comissão de peritos que resolveriam a dissensão. O desafio não foi aceito, mas, como aconteceu com a hipótese de Lombroso*, foi preciso esperar o ano de 1925 e a descoberta por Goldberger do papel da carência de amido nicotínico (vitamina PP), para que a questão fosse definitivamente resolvida.

BINET *Alfred* (1857-1911)

Nascido em Nice em 1857, Binet teve durante toda a sua carreira interesses muito diversos. Atraído inicialmente pela biologia, defendeu na Sorbonne uma tese de doutorado em ciências, antes de abordar a psicologia através do hipnotismo, do magnetismo e de fenômenos de desdobramento da personalidade, então muito em moda. Em *A psicologia do raciocínio*, publicada em 1886, supunha a existência de uma dinâmica intelectual subjacente a toda atividade mental consciente. No ano seguinte, fez um estudo do *fetichismo* (vocábulo criado por ele) em um artigo na *Revue Philosophique* e assinou, com Charles Féré*, uma obra sobre *O magnetismo animal*. Foi nomeado, em 1892, diretor do laboratório de psicologia experimental da Sorbonne, mas as suas ambições universitárias não seriam mais favorecidas: no Collège de France, preferiu-se Pierre Janet*, mais novo que ele dois anos, enquanto Georges Dumas, também mais novo nove anos, o suplantaria na Sorbonne. Em 1893, fundou o *Année Psychologique*, primeiro periódico francês do gênero, antes de se dedicar ao estudo do desenvolvimento da inteligência e das correlações que ele supunha existirem entre esta e o volume do crânio. Foi então que começou a sua colaboração com um jovem residente da colônia de crianças retardadas do Asilo de Perray-Vaucluse, Théodore Simon*, cuja tese ele sugeriu. Essa produtiva associação deveria resultar, em 1905 (com o estímulo do ministério da Instrução pública, desejoso de definir um método para diferenciar as crianças "normais" das crianças incapazes de beneficiar-se da instrução escolar que se tornara obrigatória), na elaboração da primeira escala métrica de desenvolvimento da inteligência. Sabemos qual foi o futuro brilhante desse método de avaliação da *idade mental*, revisto uma primeira vez em 1908, depois em 1911, no mesmo ano da morte de Alfred Binet, introduzido nos Estados Unidos em 1910 por Henry H. Goddard*, e depois retomado por Terman* em 1917 na Universidade de Stanford* e na França pela última vez, em 1949, por René Zazzo.

Há um aspecto menos conhecido da atividade de Binet. É a sua obra de dramaturgo. Colaborou com André de Lorde, "esse especialista do horror, obcecado pelos múltiplos problemas e pelas situações pungentes que a loucura suscita", segundo um cronista da época, na composição de algumas peças de teatro com temas médicos. Citamos *A obsessão, A horrível experiência, O homem misterioso*, representada no teatro Sarah Bernhardt, que mostrava um doente delirante perseguido, e *Os invisíveis*, encenada no teatro Ambigu, cuja ação se passava no "Asilo Saint-Yves", no serviço do doutor Simonet, alusão transparente a Théodore Simon, que era então médico-adjunto no Hospital de Saint-Yon. Essas preocupações melodramáticas não deixam de lançar uma luz particular sobre a escolha de certos ítens um tanto lúgubres que aparecem no teste de Binet-Simon...

BINI *Lucio* (1908-1964) *ver* CERLETTI

BINSWANGER *Ludwig* (1881-1966)

Binswanger nasceu a 13 de abril de 1881 em Kreuzlingen, na margem suíça do lago de Constança, em uma família de muitos médicos e psiquiatras: seu pai dirigiu a clínica de Kreuzlingen e um de seus tios, Otto Ludwig Binswanger (1852-1929), professor em Iena e autor de trabalhos sobre a histeria e a paralisia geral, teve a ocasião de tratar de Nietzsche. Ludwig teve uma dupla formação, médica e filosófica, em Lausanne, Heidelberg e Zurique. Terminados os seus estudos, substituiu Karl Abraham* como assistente de Bleuler* no Hospital Burghölzli, onde se ligou a Jung*. Na época, toda a equipe do Burghölzli estava apaixonada pelas teorias psicanalíticas e, em 1907, Binswanger e Jung fizeram uma visita a Freud*, que se sentiu feliz ao constatar que suas idéias começavam a implantar-se fora de Viena. Voltando a Zurique, ambos oficializaram um primeiro pequeno grupo psicanalítico, que se dissolveria no momento da dissidência de Jung, mas em 1919 Binswanger fazia parte do comitê diretor da Sociedade Suíça de Psicanálise reconstituída.

Mas, progressivamente, afastou-se da ortodoxia freudiana, atraído por sua formação filosófica para as teorias fenomenológicas de

Husserl e de Heidegger, das quais tentou fazer uma síntese com a contribuição da psicanálise. Em 1917, a publicação nos *Arquivos Suíços de Neurologia e Psiquiatria* de um artigo "Sobre a fenomenologia" foi pouco notada, mas constituiu um prelúdio a "*Über Ideenflucht*", estudo fenomenológico da fuga das idéias na mania, à *Introdução à análise existencial*, tentativa de reconstituição e de compreensão, pelo terapeuta, do mundo da experiência interior do doente mental e a *Formas fundamentais e conhecimentos da existência humana*, publicado em 1942, vasta síntese do seu sistema de análise do "Ser-no-mundo" (o "*Dasein*" de Heidegger). Publicaria ainda ilustrações do seu método aplicado à psiquiatria clínica, como *O caso Suzan Urban* e *O caso Ellen West*.

Apesar das divergências, sua amizade com Freud nunca se desfez, e em 1956, ano em que se aposentou do Sanatório de Kreuzlingen, no qual desde 1911 assumira a sucessão do pai, consagrou-lhe um livro de memórias: *Erinnerungen an Sigmund Freud*. Morreu em 1966.

BJERRE *Poul* (1876-1964)

Personagem complexo, paradoxal e surpreendente, Bjerre nasceu em Göteborg (Suécia), em uma família de negociantes. Terminou seu curso de medicina em 1903 e quatro anos depois assumiu em Estocolmo o consultório do seu mestre e amigo Otto Wetterstrand, que o iniciou na hipnose e na sugestão. Trabalharia ali até sua aposentadoria em 1947.

Em 1905, casou-se com a mãe da primeira mulher de seu irmão mais novo, uma cantora 17 anos mais velha que ele. Depois, descobriu a psicanálise, sobre a qual pronunciou, em 1909, uma conferência em Helsinque, ao mesmo tempo em que preparava um artigo sobre um caso de "Cura radical da paranóia crônica", que esperava apresentar a Freud*. O encontro de ambos em Viena, em janeiro de 1911, foi decepcionante. Se, para Bjerre, Freud foi o homem que lhe "causou a maior decepção de toda a vida", este não ficou atrás, descrevendo Bjerre como "taciturno, afetado e desprovido de humor" e "contando com ele para propagar as suas teorias"... No mês de setembro seguinte, entretanto, Bjerre participou em Weimar do III Congresso Internacional de Psicanálise, e apresentou a Freud Lou Andréas Salomé*, sua amante do momento. O artigo sobre a paranóia, embora criticado, seria publicado em 1912 no *Anuário* de psicanálise. O congresso de Munique em 1913 reforçou o distanciamento, quando Bjerre se dedicou a uma crítica do método psicanalítico. Em janeiro de 1914, a ruptura se consumou. Dez anos depois, haveria ainda algumas disputas epistolares, por ocasião da publicação por Bjerre de *A psicanálise*, antologia em que reproduzia sem autorização diversos textos de Freud, misturados — suprema insolência! — a textos de Jung* e de Adler*. A página psicanalítica parecia virada.

Em 1925, Bjerre perdeu a esposa, há muito tempo paralítica e que ele cercava de atenções. Suas atividades prosseguiram em diversas direções: a clientela, a escrita, a escultura pela qual se apaixonou... Sua obra principal, *Drömmens Naturliga System* (*O sistema natural dos sonhos*), foi publicada em 1933 e a partir de então, ocupou-se com a edição dos oito volumes de suas obras completas, que iria até 1944. Apresentava-se também no rádio, em programas de difusão da psicologia, o que não era bem visto por seus colegas.

Durante a Primeira Guerra Mundial, Bjerre militou pela paz. Em 1933, pronunciou diante de uma platéia de médicos uma conferência intitulada "Hitler Psicoterapeuta" (!), que seria publicada na revista *Higéia*. Estava em contato com Jung* e Matthias Göring*, que dirigia o Instituto alemão de pesquisas psicológicas e de psicoterapia, e criou na Suécia, em 1941, um instituto nos mesmos moldes.

Nomeado em 1953 professor honorário da Faculdade de Estocolmo, Bjerre teria uma morte suave, onze anos depois, em Varstavi ("Altar dos sacrifícios"), propriedade que construíra nas margens do lago Malmsjön. Assim desapareceu aquele que foi qualificado tanto de "iniciador" quanto de "grande responsável pelo desconhecimento" da psicanálise na Suécia.

Bibliografia: PAILLONNE-LIDSON (A.) e CHAZAUD (J.), "Poul Bjerre (1876-1964)", *Évolution Psychiatrique*, 55, 1990, 2, 409-16.

BLACKMORE *Richard* (1653-1729)

Médico de Guilherme II e da rainha Ana, autor de poemas épicos como *O príncipe Artur*, *O rei Artur* e *A criação*, que atrairiam a crítica irônica de Swift e de Pope, Blackmore foi também autor de um *Treatise of the Spleen and Vapours: or, Hypocondriacal and Hysterical Affections (Tratado do* spleen *e dos vapores: ou afecções hipocondríacas e histéricas*, publicado em Londres em 1725.

Depois de insistir na quase especificidade britânica do *spleen*, delimitava a noção de melancolia segundo critérios que já eram modernos: tristeza, desestímulo e temor, ao mesmo tempo que fazia uma distinção entre as "depressões" severas e ligeiras, o que não deixava de prefigurar as nossas depressões endógenas e reativas. Além disso, fez-se defensor das terapêuticas "pacíficas" e sedativas a base de ópio, cuja inocuidade afirmava, mesmo em caso de uso prolongado.

BLANCHE Antoine-*Émile* (1820-1893)

Antoine-Émile Blanche nasceu a 1º de outubro de 1820 na Casa de Saúde da rue de Norvins, da qual seu pai Esprit-Sylvestre era diretor, havia alguns meses. Residente dos Hôpitaux de Paris em 1845, encontrou no serviço de Mitivié*, onde começou a sua residência, o tema de sua tese, consagrada à alimentação artificial através de sonda, *Do cateterismo esofágico nos alienados*, que defendeu a 25 de agosto de 1848. Foi então ajudar o pai na Casa de Saúde de Passy, cuja direção assumiu em 1852, com o falecimento deste. Desempenhou essa função durante 20 anos, antes de ceder o lugar ao doutor Meuriot, mas continuaria a atender doentes até a sua morte, ocorrida a 15 de agosto de 1893, 24 horas antes da de Charcot*, que ele detestava.

Seu filho, o pintor Jacques-Émile Blanche, relatou, em *Pesca às lembranças*, que o seu pai estava persuadido de que "um alienista, mais do que um médico qualquer ou do que um padre, não faz parte do mundo". Entretanto, Antoine-Émile Blanche era considerado um alienista mundano, freqüentador das altas rodas artísticas e literárias parisienses: aos sábados, nos seus "jantares dos filósofos", recebia Lamartine, Renan, Berlioz, Berthelot, Michelet, Pasteur, George Sand, Pauline Viardot e Turgueniev. Membro fundador dos concertos Colonne, íntimo de Gounod e dos Halévy, de Castiglione e da princesa Mathilde, exibiria na capital, até o fim da vida, a sua silhueta legendária e anacrônica de burguês do Segundo Império: longa casaca, cartola de abas largas jogada para trás, gravata escura contornando um vasto colarinho de pontas levantadas, mas deixou para os seus contemporâneos uma reputação de generosidade e devotamento.

Sua existência se dividiu entre sua casa de saúde (onde teve, entre outros pacientes célebres, o cirurgião Jobert de Lamballe, que morreu ali em 1867, Gérard de Nerval e Guy de Maupassant, que passou lá os 18 últimos meses da sua vida) e suas atividades de médico legista, preocupado com os problemas de responsabilidade dos alienados e com a defesa de seus interesses. Durante 40 anos, foi consultado na maioria dos grandes processos, onde sempre limitava ao mínimo a responsabilidade do criminoso. Recusava a noção de monomania homicida (*Dos homicídios cometidos pelos alienados*, 1878), preconizava a criação de estabelecimentos especiais para os alienados criminosos, encarregou-se, em 1884, do *Relatório sobre os projetos de reforma relativos à legislação sobre os alienados* diante da Academia de Medicina.

Em 1882, na votação da lei Naquet sobre o divórcio, foi a sua argumentação que conseguiu que fosse rejeitada uma emenda que permitia o divórcio por motivo de alienação mental.

BLANCHE *Esprit*-Sylvestre (1796-1852)

Esprit-Sylvestre Blanche pertencia a uma dinastia médica originária da Normandia. Seu pai, Antoine-Louis Blanche-Duparc (1753-1816), médico de Rouen, era proveniente de Orne. Seu irmão mais velho, Antoine-Emmanuel (1785-1849), um dos fundadores da Escola de Medicina de Rouen, contribuiu para o melhoramento das condições em que viviam os alienados, então agrupados na casa de detenção de Rouen.

Foi nessa cidade que nasceu Esprit-Sylvestre a 15 de maio de 1796, mas foi em Paris que estudou medicina, antes de assumir em 1820 — com apenas 24 anos — a direção de uma casa de saúde fundada 15 anos antes na rue de Norvins, em Montmartre, por um médico lionês, o doutor Prost.

O estabelecimento construiu uma boa reputação e em 1846 Blanche decidiu ampliá-lo, alugando em Passy uma vasta propriedade, o antigo palacete da princesa de Lamballe. Foi lá que morreu a 15 de novembro de 1852, deixando sua sucessão ao filho Antoine-Émile. Médico da seção das crianças assistidas do Hospital dos Incuráveis, membro do conselho médico da Associação dos Artistas Dramáticos, cuja causa serviu com muito desinteresse, parece que Esprit-Sylvestre Blanche procurou aplicar da melhor forma possível os princípios enunciados por Prost: "Aquele que se consagra à direção de semelhante estabelecimento deve ser ao mesmo tempo médico, enfermeiro, amigo, consolador e confidente dos seus doentes." Se deixou poucos textos, não hesitou em chocar-se publicamente com Leuret*, a propósito da aplicação um tanto brutal do "tratamento moral" que este recomendava. Essa polêmica produziria, da parte de Blanche, duas pequenas publicações, em 1839 e em 1840: *Do perigo dos rigores corporais no tratamento da loucura* e *Do estado atual do tratamento da loucura na França*.

BLEULER *Eugène* (1857-1939)

Eugène Bleuler nasceu a 30 de abril de 1857, em Zollikon, nos arredores de Zurique, onde estudou — antes de iniciar-se na psiquiatria durante dois anos — a partir de 1881, no serviço de Schaerer, no Hospital de Waldau, perto de Berna. Completou sua formação em Paris, com Charcot* e Magnan*, e depois em Londres e Munique, no Instituto von Gudden*. Fez um ano de residência com Auguste Forel*, na clínica universitária do Hospital Burghölzli, em Zurique. Em 1886, o governo o nomeou diretor do asilo de Rheinau, criado em 1867 em um antigo convento, para acolher os alienados "incuráveis". Ficou 12 anos nesse velho hospital, ocupando-se de reformar as suas estruturas, vivendo muito em contato com seus pacientes, e foi certamente essa experiência prolongada em um estabelecimento que abrigava muitos doentes crônicos que o sensibilizou para o problema da demência precoce.

Em 1898, Forel abandonou a cátedra de psiquiatria em Zurique e, contra a opinião da faculdade, as autoridades cantonais designaram Bleuler para suceder-lhe. Sua ação no Burghölzli, onde ficaria até sua aposentadoria em 1927, faria desse hospital um dos locais mais renomados da psiquiatria mundial. Citaremos apenas, entre os que foram seus assistentes ali, os nomes de Karl Abraham*, de Binswanger*, de Carl Gustav Jung* e de Eugène Minkowski*. Bleuler morreu a 15 de julho de 1939.

Sem dúvida, o pensamento psiquiátrico de Bleuler, especialmente a sua concepção dinâmica das psicoses, foi influencidado pelas teorias de Freud*, com quem tinha laços de amizade, mas embora tenha sido, durante um breve momento, codiretor do *Jahrbuch für psychoanalytische und psychopathologische Forschung*, revista criada por Freud em 1908, nunca participaria verdadeiramente do movimento psicanalítico, e a partir de 1910, as relações entre ambos, sem se romperem, se tornariam distantes.

Foi a publicação em 1911, sob a assinatura de Bleuler, no âmbito do vasto *Tratado de psiquiatria* de Gustav Aschaffenburg*, do texto intitulado *Dementia praecox ou o grupo das esquizofrenias*, mostrando que a demência precoce de Kraepelin* (seu contemporâneo, como Freud) não constituía uma única doença, mas antes um conjunto de afecções tendo traços comuns, que faria definitivamente a celebridade do seu autor. O termo esquizofrenia nascera, mas, além disso, uma abordagem dinâmica nova da doença: Bleuler queria dizer, com esse neologismo (σχίζειν: fender, clivar) que aquilo que constituía para ele o sintoma fundamental da doença era precisamente a clivagem, a "dissociação" do psiquismo: "Chamo a demência precoce de esquizofrenia porque, como espero demonstrar, a cisão (*Spaltung*) das diversas funções psíquicas é um das suas características mais importantes." No ponto de partida da afecção encontrava-se, segundo ele, uma perturbação, provavelmente orgânica, responsável por sintomas que ele qualificava de "primários", entre os quais figurava, em primeiro lugar, uma "dissociação" entre as diferentes instâncias psíquicas, como a afetividade, a vontade, a inteligência e a capacidade de raciocínio. A partir dessa "dissociação", outros sintomas "secundários" se organizariam, estes psicógenos, "reação da alma doente" ao processo mórbido, resultando em uma ruptura delirante e hermética do contato com a realidade, constituindo o *autismo*, outra inovação bleuleriana.

Em contrapartida, Bleuler não introduziu em seu conceito critérios evolutivos específicos, o que lhe permitiu ligar à esquizofrenia diversos estados agudos e o levou a adotar a idéia otimista de remissão, de cura e até de impactos terapêuticos possíveis, ao contrário da teoria kraepliniana de um enfraquecimento intelectual prematuro e inevitável.

BLONDEL *Charles* (1876-1939)

Ex-aluno da Escola Normal Superior, doutor em medicina em 1906 com uma tese sobre "Os automutiladores", doutor em letras em 1914 com uma tese notável sobre "A consciência mórbida", Blondel seria nomeado em 1919 professor de psicologia na Faculdade de Estrasburgo, depois de quatro anos de guerra na infantaria, na França e na frente do Oriente. Ilustrou o seu ensino teórico com apresentações de doentes vindos da clínica universitária ou do serviço de Courbon* em Stéphansfeld, com o qual fez amizade. Chamado em 1936 para suceder a Georges Dumas na cátedra de psicopatologia da Sorbonne, faleceu a 18 de fevereiro de 1939, de complicações renais pós-operatórias.

A consciência mórbida é a obra principal de Blondel. Nela, recusa a idéia de uma identidade básica do patológico e do normal e da possibilidade de interpretar o primeiro pelo segundo. O "*alienado*" é *diferente* e sua impossibilidade de adquirir uma conceitualização discursiva normal o torna incapaz de se comunicar realmente com os indivíduos normais. Citaremos ainda uma *Psicofisiologia de Gall** (1914), que reabilita a contribuição da craniologia para a psiquiatria e para a psicologia, *A psicanálise* (1924) "crítica espirituosa" da obra de Freud*, *A mentalidade primitiva* (1926), *Introdução à psicologia coletiva* (1928), *Psicografia de Marcel Proust* (1931). Seu último trabalho, sobre *O suicídio* (1933), é um balanço completo das contribuições da psiquiatria e da sociologia para o problema.

BOISSIER DE LA CROIX DE SAUVAGES *François* (1706-1767)

Originário do baixo Languedoc, doutor por Montpellier em 1726, Boissier de Sauvages foi chamado às vezes de médico do amor, por causa do tema de sua tese de licenciatura: "O amor pode ser curado por remédios extraídos das plantas?".

Seria essa a razão de sua nomeação, em 1740, como demonstrador no Jardim Botânico de Montpellier, e depois como professor de botânica, de 1753 a 1758? De qualquer forma, sendo apreciador de classificações, foi o autor de uma *Nosologia metódica na qual os doentes são ordenados por classes, segundo o sistema de Sydenham e a ordem dos botânicos*, três volumes que foram publicados em 1770 e 1771. Neles, propunha uma descrição bastante confusa das loucuras, que agrupava na 8ª classe, e chamava a atenção para a existência de um delírio passageiro e freqüentemente febril, que chamava de *parafronisia* e que atingia "àqueles que estão acostumados a beber aguardente, vinho ou outros licores semelhantes e passam muito mal quando o seu uso lhes é proibido, por causa de uma febre ou de um ferimento". Era uma observação pertinente daquilo que, em 1813, o médico inglês Thomas Sutton* identificaria com o nome de *delirium tremens*, cujo aparecimento, *a potu suspenso* ou por ocasião de alguma afecção intercorrente, é bem conhecido.

BOMBARDA *Miguel*-Augusto (1851-1910)

Originário do Rio de Janeiro, Miguel Bombarda estudou medicina em Lisboa, onde defendeu sua tese, em 1877, sobre "O delírio de perseguição", antes de trabalhar no Hospital São José. Em 1880, foi professor de fisiologia e de histologia na Escola de Medicina e Cirurgia de Lisboa; em 1892, médico do Hospital de Rilhafoles, e em 1903, professor de fisiologia geral. Suas atividades foram múltiplas: membro do Conselho Superior de Higiene, do Conselho de Medicina Legal, da Academia Real de Ciências, presidente da Sociedade de Ciências Médicas de Lisboa, secretário geral da Liga Nacional contra a Tuberculose e fundador do *Jornal de Medicina Contemporânea*, para o qual escreveu artigos políticos, literários e artísticos, e também médicos e científicos.

Suas convicções materialistas se manifestam tanto nas suas teorias psiquiátricas organicistas, expressas por exemplo em *O neurônio e a vida psíquica, Os hemisférios cerebrais e as funções psíquicas* (1877) e *Consciência e livre-arbítrio* (1896), quanto no seu engajamento político como republicano violentamente anticlerical. Morreu a 3 de outubro de 1910, assassinado em seu consultório por um doente mental, no mesmo dia em que estourava a revolução militar que ele contribuíra para promover e que resultaria na derrubada da monarquia portuguesa. O Asilo de Alienados de Lisboa, instalado no antigo Palácio de Rilhafoles, que ele dirigiu durante 18 anos, seria chamado de "Manicômio Bombarda", em sua homenagem.

BONAPARTE *Marie* (1882-1962)

Nascida em Saint-Cloud a 2 de julho de 1882, bisneta de Lucien Bonaparte e neta de Pierre-Napoléon Bonaparte que, em 1870, assassinou o jornalista Victor Noir, a princesa Marie Bonaparte se tornou em 1907 S.A.R. a princesa Georges da Grécia e da Dinamarca, por seu casamento com o segundo filho do rei Jorge I da Grécia. Ela teria um papel essencial na história do movimento psicanalítico francês. Por insistência de René Laforgue*, Freud* aceitou analisá-la, em novembro de 1925. Rapidamente, tornou-se íntima da família do mestre, a tal ponto que nessa época foi apelidada de "Freud disse". Um ano depois, fazia parte dos nove membros fundadores da Sociedade Psicanalítica de Paris. Ela e Eugénie Sokolnicka* eram os dois únicos membros não-médicos do grupo, cuja ligação com a Sociedade Psicanalítica de Viena era feita por Marie Bonaparte, que ainda financiava, com sua contribuição pessoal, o seu local de funcionamento no bulevar Saint-Germain. Posteriormente, salvou, tanto por sua ajuda material quanto por sua ação pessoal, a "Psychoanalytischer Verlag", editora vienense do movimento freudiano. Também foi ela que, em 1938, ofereceu o *Reichsfluchtsteuer* — resgate — exigido pelo governo nazista para permitir que Freud e os seus deixassem Viena. Foi ainda ela que, com Ernest Jones*, promoveu a sua instalação em Londres. Ao mesmo tempo, conseguiu salvaguardar as cartas históricas de Freud a Fliess e financiar em Londres a reedição das obras completas de Freud, destruídas pelos nazistas. Além de diversas traduções de Freud, devemos-lhe muitos trabalhos psicanalíticos pessoais. Citaremos *A simbólica dos totens* (1947), *Edgar Allan Poe, sua vida, sua obra* (1933), análise literária muito citada como exemplo do papel dos fantasmas sádicos e necrófilos em Poe, e do parentesco espiritual que o liga a Baudelaire, seu tradutor; *Sobre a análise de uma jovem órfã de mãe*, relato impregnado de múltiplas ressonâncias pessoais, pois sua própria mãe morreu um mês após o seu nascimento; *Monólogos diante da vida e da morte*, e principalmente o importante estudo *Da sexualidade da mulher*, publicado em 1951. Acrescente-se, em um registro mais literário, *Topsy, chow-chow de pêlo de ouro* (1937), animal de que ela e Freud gostavam muito (Freud traduziria esse relato para o alemão, durante as conturbadas semanas que precederam a sua emigração em 1938), e duas antologias de memórias de infância e juventude: *Por trás das vidraças fechadas* e *O apelo da seiva*, ambos publicados em 1952.

"A princesa" morreu em Saint-Tropez, a 21 de setembro de 1962.

BONHOEFFER *Karl* (1868-1948)

Bonhoeffer nasceu a 31 de março de 1868 em Neresheim (Würtemberg). Depois de obter seu doutorado em Tübingen, tornou-se assistente de Wernicke* em Breslau. Nessa clínica, dirigiu um serviço encarregado essencialmente de alcoolistas e paralíticos, o que determinou o seu interesse pelas psicoses orgânicas e tóxicas. O campo de interesse de Wernicke impregnou a primeira publicação científica importante de Bonhoeffer: *Uma contribuição para a localização dos movimentos coréicos* (1897). Provava a gênese orgânica de um caso de hemicoréia, enquanto essa doença era considerada até então funcional. No mesmo ano, obteve o título de *Dozent*, com sua tese "O estado psíquico dos alcoolistas delirantes". Em 1903, foi chamado como professor-ordinário para Königsberg, e em 1904 para Heidelberg, mas voltou no mesmo ano para Breslau. De 1917 a 1937, foi professor-ordinário e diretor do Hospital da Caridade em Berlim. Morreu a 4 de setembro de 1948.

Inspirado pela psiquiatria localizacionista, Bonhoeffer se afastou, entretanto, de uma aplicação excessivamente rígida dessa abordagem. Publicou muitos trabalhos sobre as áreas limítrofes entre a psiquiatria e a neurologia, notadamente sobre o *delirium tremens* e a psicose de Korsakov*. A comparação entre as psicoses durante as intoxicações e as infecções o levou à conclusão de que todas as influências nocivas provenientes "do exterior" produziam a mesma semiologia, que ele subdividiu em diferentes formas. Chamou essas síndromes de *exogene psychische Reaktionstypen* ("síndromes exógenas agudas"). Estas eram, para Bonhoeffer, epifenômenos não-específicos de obstáculos orgânicos no cérebro. Considerava que o seu sintoma mais característico era o obscurecimento da consciência, raramente ausente.

Os artigos mais importantes sobre esse tema são "As psicoses sintomáticas subseqüentes a afecções agudas e a doenças internas" (1910) e "Die exogenen Reaktionstypen" (1917).

Embora pouco conhecido na França, o conceito de síndrome exógena aguda representa um elemento constituinte da nosologia alemã, completando a obra de Kraepelin*.

P. BERNER

BOTTARD *Marguerite* (1822-1906)

Marguerite Bottard era a "Bobotte" ou a "Mamãe Bottard", enfermeira-chefe de Charcot*, uma das raras cujo nome e rosto chegaram até nós, na massa desse pessoal "anônimo" mas sobre o qual repousava, efetivamente, todo o funcionamento da instituição hospitalar.

Nascida a 29 de janeiro de 1822 em Charny (Côte-d'Or), tinha apenas 19 anos quando, a 12 de janeiro de 1841, entrou para a Salpêtrière como "auxiliar de serviços gerais", no serviço de Trélat* pai. Ligada depois aos serviços de Falret*, de Legrand du Saulle*, de Charcot a partir de 1862, e enfim de Raymond* em 1893, teve uma carreira de mais de 60 anos no mesmo hospital, cujas portas ela ficava, às vezes, dois ou três anos sem atravessar.

A 12 de janeiro de 1891, Peyron, diretor da Assistência Pública, organizou no grande anfiteatro da Salpêtrière uma "festa leiga" para celebrar os 50 anos de função de Marguerite Bottard. Bourneville, no *Progrès Médical*, nos deixou em duas páginas inteiras o relato completo da cerimônia: a platéia era numerosa e seleta, a sessão se abriu com a *Marselhesa*, interpretada pela fanfarra das crianças de Bicêtre, a heroína foi condecorada com as Palmas Acadêmicas. A festa era simpática, mas talvez não desprovida de segundas intenções: de fato, naquela época, Bourneville combatia vigorosamente o pessoal religioso dos hospitais, e "Mamãe Bottard" constituía — involuntariamente — um excelente agente de propaganda. O artigo de Bourneville, aliás, era transparente ao concluir: "Essa cerimônia verdadeiramente imponente terá a mais feliz influência na reforma da laicização dos estabelecimentos hospitalares e do ensino profissional dos enfermeiros e enfermeiras."

Em 1898, o ministro Louis Barthou, "compadecendo-se dos humildes", concedeu a Legião de Honra à Senhorita Bottard, que trabalharia ainda mais três anos. "Admitida no repouso" a 31 de julho de 1901 (tinha apenas 79 anos...), pôde enfim aposentar-se... na própria Salpêtrière, pois gozava do *pied de lit* (direito a alojamento e alimentação, concedido outrora por Mazarino aos funcionários do Hospital Geral que tivessem mais de 20 anos de serviço). Morreria de câncer de mama a 14 de novembro de 1906, entre as "Repousantes" da divisão Hemey.

BOTTEX *Alexandre* (1795-1849)

Filho de um tabelião de Neuville-sur-Ain, Bottex exercia a medicina em Lyon, havia alguns anos, quando foi chamado em 1830 para suceder a Faivre* no Hospital de L'Antiquaille, local inadaptado onde haviam sido reunidos os alienados do Hospital La Charité e da Santa Casa (e também os sifilíticos e doentes atingidos por afecções cutâneas), em conseqüência dos protestos de Louis Amard*.

Em 1847, a administração decidiu construir um estabelecimento mais confortável e encarregou Bottex de fazer o projeto de um novo asilo, que abriria suas portas... 30 anos depois, graças à obstinação do seu aluno Arthaud*.

Desde 1831, Bottex instaurou na Antiquaille um curso clínico sobre as doenças mentais, que considerava de natureza exclusivamente orgânica. Perito afamado, devemos-lhe um tratado intitulado *Da medicina legal dos alienados em suas relações com a legislação criminal.*

Morreu a 16 de setembro de 1849.

BOUCHEREAU Louis-*Gustave* (1835-1900)

Bouchereau nasceu a 20 de junho de 1835 em Montrichard (Loir-et-Cher). Recebido como residente dos Hôpitaux de Paris em 1863, seria aluno, na Salpêtrière, de Falret* pai, de Vulpian e de Charcot*. Depois de defender sua tese sobre as *Hemiplegias antigas*, em 1866, foi nomeado médico-administrador do escritório central de admissão do Asilo de Sainte-Anne, aberto a 1º de maio de 1867, com seu colega de residência Magnan*, a quem ficaria ligado durante toda a vida por uma profunda amizade.

Médico da ambulância baseada no asilo durante o cerco de Paris, seria ele próprio atingido por uma bala na coxa, ao recolher feridos no combate de Châtillon. Com o fim da batalha, publicou com Magnan dois relatórios sobre a *Estatística dos doentes acolhidos em 1870 e em 1871 pelo Escritório de admissão dos alienados do Sena* e sobre a *Estatística dos alcoolistas admitidos durante os meses de março, abril, maio e junho de 1870 e nos meses correspondentes de 1871* (isto é, durante a Comuna). Este último trabalho, lido a 21 de novembro de 1871 na Academia de Medicina, não foi estranho à promoção da campanha antialcoolismo que se desenrolou então na França.

Clínico antes de tudo, Bouchereau participou em 1873, com seus colegas de Sainte-Anne, do laborioso estabelecimento de um ensino que só seria oficializado em 1877. Em 1879, substituiu Prosper Lucas* à frente do serviço das mulheres, exerceu a vice-presidência da Sociedade de Biologia em 1881 e 1886, presidiu em 1891 a Sociedade Médico Psicológica, e sucedeu em 1885 a Mitivié* no secretariado da Associação de Previdência dos Médicos Alienistas da França.

Pessoa muito afável, que seus colegas chamavam de "o excelente Bouchereau", morreu a 21 de fevereiro de 1900, quando se preparava para aposentar se.

BOURDIN *Claude*-Étienne (1815-1886)

Esse clínico geral, originário de Pesmes (Haute-Saône), amigo de Delasiauve*, membro fundador da Sociedade Médico-Psicológica, nunca praticou a psiquiatria, que entretanto sempre o atraiu.

Colaborador assíduo da *Révue Médicale* e dos *Annales Médico-Psychologiques*, devemos-lhe um *Tratado da catalepsia* (1841), *Do abuso das bebidas alcoólicas considerado como causa de perturbações morais e intelectuais* (1842), *Do suicídio considerado como doença* (1845), ponto de vista controvertido, já defendido por Cazauvieilh*, *Ensaio sobre a frenologia* (1851), *O horror do vazio* (1878) e *Do delírio de perseguição nos anômalos* (1878). Citaremos ainda uma brochura sempre atual: *O fumo, seus inconvenientes e seus perigos*, publicada em 1880.

Católico fervoroso, como seu grande amigo Laurent Cerise*, a quem consagrou um estudo, foi encarregado em 1871 de representar a Sociedade Médico-Psicológica na inauguração da estátua deste em Aosta. Faleceu a 28 de abril de 1886 em Choisy-le-Roi, onde exercera sua profissão durante toda a vida.

BOURNEVILLE *Désiré-Magloire* (1840-1909)

Foi em Garencières, no departamento de Eure, que nasceu a 20 de outubro de 1840 Désiré-Magloire Bourneville, em uma família de pequenos agricultores. Certamente, foi graças à Delasiauve*, então médico do Hospital Bicêtre, originário de uma comuna vizinha e amigo da família, que ele se inclinou para a medicina. Efetivamente, depois de estimular o jovem Bourneville a fazer sua inscrição no curso, o acolheu no seu serviço de Bicêtre e confiou-o a Vallée*, outro normando, "professor" do serviço das crianças idiotas, e ligou-o desde 1862 à redação do *Journal de Médecine*, fundado no ano precedente. Nomeado residente dos Hôpitaux de Paris em 1865 junto a Giraldès, cirurgião do Hospital das Crianças Doentes, Borneville foi depois residente na Salpêtrière junto a Delasiauve, e depois Charcot*, de quem foi assistente "oficioso", de 1871 a 1879.

Em 1879, venceu o concurso para médico de Bicêtre, e ali organizou um serviço de crianças "idiotas e epilépticas", cuja criação solicitara ao Conselho Municipal já em 1878. Codificou uma rigorosa assistência médico-pedagógica, cujo balanço de funcionamento publicava com seus residentes todos os anos, até a sua aposentadoria. Dirigiu ao mesmo tempo a fundação Vallée em Gentilly, posto que conservaria até a morte, após sua aposentadoria como médico de Bicêtre em 1905. Morreu em Paris, a 29 de maio de 1909 e foi sepultado no cemitério de Père-Lachaise.

"Baixinho, vermelho como um tomate, vingativo e passional", segundo Léon Daudet, que não gostava dele, anticlerical sectário, apóstolo da expulsão das congregações hospitalares, "Bourbour" exerceu durante toda a vida atividades variadas, às vezes difíceis de dissociar, de médico, jornalista e político.

Ao médico, devemos muitas publicações consagradas em sua maioria a problemas de neurologia e psiquiatria: pesquisas clínicas e terapêuticas sobre a epilepsia e a histeria, sobre a idiotia mixedematosa, sobre a educação das crianças retardadas, sobre a anatomopatologia do sistema nervoso (é a ele que devemos a primeira descrição da esclerose cerebral tuberculosa, dita *doença de Bourneville*), e também traduzindo as suas preocupações sociais: relatórios sobre a assistência às crianças incuráveis, sobre as colônias de retardados, sobre a colocação dos alienados nos asilos e a revisão da lei de 1838, e sobre a fixação do número de médicos nos asilos públicos.

Sua carreira de jornalista começou, como dissemos, com a sua colaboração precoce no *Journal de Médecine*. Com o desaparecimento desse periódico em 1870, Bourneville aceitou a direção do *Mouvement Médical*, mas, sentido-se sujeito a muitas limitações e estimulado por Charcot, fundou em 1873 o *Progrès Médical*, de tendência mais militante. Em 1876, fundou com Regnard a *Iconographie de La Salpêtrière*, e em 1880, os *Archives de Neurologie* e o *Année Médicale*.

Conselheiro municipal do bairro Saint-Victor no V *arrondissement*, de 1876 a 1883, foi durante cinco anos relator do orçamento da Assistência pública e do orçamento dos Asilos de Alienados, e autor de muitos relatórios sobre a higiene hospitalar, o melhoramento da carreira do pessoal de enfermagem, a laicização dos hospitais, a criação de bibliotecas hospitalares destinadas aos doentes, a necessidade de criar, para as parturientes, serviços confiados a médicos-parteiros especializados.

Em 1883, na condição de republicano radical, Bourneville foi eleito deputado da 1ª circunscrição de Paris, em substituição a Louis Blanc, que havia falecido. Mas em 1890, será derrotado por Alfred Naquet, "renegado" do partido boulangista e também ex-médico da Salpêtrière...

BRACHET *Jean-Louis* (1789-1858)

Originário de Givors (Rhône), nomeado residente dos Hôpitaux de Paris em 1810, Brachet fora designado para acompanhar Napoleão à ilha de Elba como cirurgião, quando o tifo impediu a sua partida. Ao terminar seus estudos, voltou para instalar-se em Lyon, onde se tornou médico das prisões, médico da Santa Casa e professor na Escola de Medicina. Foi nessa cidade que morreu a 10 de abril de 1858. Desde alguns anos, uma afecção dolorosa do tubo digestivo o levara a um uso imoderado de opiáceos, o que parece ter precipitado o seu fim.

Suas pesquisas mais originais se referem às *Funções do sistema nervoso ganglionar e sua aplicação à patologia* (1830). Ligou-se à psiquiatria pelo interesse que dedicava à histeria e à hipocondria. Em 1830, apresentou em um concurso da Sociedade de Medicina de Bordeaux uma monografia sobre a sede e a natureza dessas duas afecções, e a atribuição do primeiro prêmio a Dubois d'Amiens* seria o motivo de ressentimentos duradouros entre os dois concorrentes. Em 1844, Brachet publicou um *Tratado completo de hipocondria*, obra volumosa seguida em 1847 de uma segunda, consagrada à *Histeria*. Segundo ele, se a hipocondria, "neurataxia cérebro-ganglionar", se situava ao mesmo tempo no cérebro, no sistema nervoso central e ganglionar, a histeria, "neurospasmia cerebral", se reduzia a uma afecção convulsiva essencialmente feminina, na qual o pneumogástrico, irritado por diversos órgãos e principalmente pelo útero, desempenhava um papel determinante. Deve-se admitir que esses trabalhos não têm grande originalidade, mesmo quando considerados no contexto da época.

BRAID *James* (1795?-1860)

De origem escocesa, Braid nasceu em Rylaw House, no condado de Fife, por volta de 1795, e depois de estudar medicina na Universidade de Edimburgo, exerceu durante algum tempo a cirurgia nas minas de Lead-Hills, no Lanarkshire, antes de instalar-se em Manchester. Foi nessa cidade que assistiu, em 1841, a uma demonstração pública de "mesmerismo", por um discípulo do Marquês de Puységur*, Charles Lafontaine*, cuja boa-fé e cujos resultados o deixavam cético. Para esclarecer as suas dúvidas, Braid retomou pessoalmente essas experiências, primeiro com sua mulher e um amigo e, conquistado pelo método, elaborou uma teoria dos fenômenos de "*hipnotismo*" (foi ele que criou a palavra), que expôs em 1843, na obra *Neuripnologia ou fundamentos do sono nervoso, considerado em relação com o magnetismo animal*, publicado em Londres. Assim como o padre Faria*, um quarto de século antes, Braid negava a existência de qualquer fluido magnético. Em geral, obtinha o sono por fixação de um objeto brilhante, mas, adepto das teorias de Gall*, imaginou um método, dito *freno-hipnótico*, que consistia em modificar especificamente esta ou aquela faculdade, agindo por pressão sobre a bossa do crânio correspondente. Mais do que por idéias originais, foi pelo interesse que ele tinha pelo estudo do sono provocado que Braid desempenhou um papel nos trabalhos posteriores. Desconhecida durante muito tempo, sua obra seria reativada em 1858 por Azam*, professor na Escola de Medicina de Bordeaux, que, tendo lido a *Neuripnologia*, chamou a atenção de Paul Broca* para os fenômenos hipnóticos. Este realizou pouco depois uma intervenção cirúrgica sob hipnose, que apresentou a 5 de dezembro de 1859, na Academia de Ciências. O "braidismo" estava lançado, três meses antes do desaparecimento do seu "criador", que morreu de apoplexia em Manchester a 25 de março de 1860. A *Neuripnologia* só seria traduzida para o francês em 1883, com um prefácio de Brown-Séquard.

BRANHAM *Vernon C.* (1889-1951)

Branham era um psiquiatra médico-legal americano. Originário de Denver, ex-residente do Hospital Santa Elisabeth de Washington, diplomado em 1919 pela Universidade do Colorado, trabalhou até 1924 na clínica psiquiátrica do Instituto Cornell de Nova York. Tornou-se então médico-diretor do Instituto para deficientes delinqüentes de Napanoch (NY), e depois do de Woodburn de 1935 a 1947.

Durante um quarto de século dedicou-se ao problema da delinqüência. Membro da comissão encarregada, no estado de Nova York, dos serviços psiquiátricos das prisões, fundador, em 1933, da seção de psiquiatria médico-legal da Associação Americana de Psiquiatria, fundador e redator-chefe do *Journal de Psychopathologie Criminelle* (depois *Journal de Psychopathologie Clinique*), dirigiu em 1949 com Samuel Kutash a *Enciclopédia de criminologia*.

Morreu subitamente a 23 de outubro de 1951 em Washington.

BREUER *Josef* (1842-1925)

A vida de Breuer se passou inteiramente em Viena, onde nasceu a 15 de janeiro de 1842, e morreu a 20 de junho de 1925. Seu pai, Leopold, era uma autoridade em matéria de judaísmo e redigiu um manual de instrução religiosa, usado durante muito tempo nas escolas judaicas da cidade. Em 1859, Josef Breuer começou a estudar medicina, tornou-se assistente de Johann von Oppolzer no Hospital Geral, foi nomeado *Privat Dozent* em 1867, trabalhou com o fisiologista Erwald Hering, mas renunciou à carreira universitária, para consagrar-se a partir de 1871 a uma clientela que crescia rapidamente, ao mesmo tempo em que prosseguia suas pesquisas no Instituto de Fisiologia, dirigido por Ernst von Brücke*. Foi ali que, em 1880, ficou conhecendo Freud*, a quem ajudou financeiramente.

A observação de Anna O.*, tratada por Breuer de dezembro de 1880 a junho de 1882, teria um papel importante no nascimento da psicanálise, mas a partir de 1894 as relações com Freud se degradaram progressivamente, para resultar, dois anos depois, em uma ruptura definitiva.

Entretanto, se Breuer, como fisiologista, deu uma contribuição original ao conhecimento da regulação respiratória e do papel do labirinto no equilíbrio, é à sua colaboração com Freud que se deve o seu renome. O desaparecimento dos sintomas histéricos de Anna O. depois da evocação, sob hipnose, das circunstâncias que presidiram à sua instalação, levou Breuer a descrever sob o nome de *método catártico* o que a própria paciente qualificava de "tratamento pela palavra" e de "limpeza de chaminé". É curioso notar que a noção de κάθαρσιζ (purificação, purgação) tomada por empréstimo a Aristóteles, acabava de voltar à moda nos anos 1880, através de uma obra consagrada à teoria aristotélica da tragédia, cujo autor, Jacob Bernays, professor de filologia em Bonn, não era outro senão... o tio da futura esposa de Freud. Retomando esse método, Freud foi rapidamente levado a renunciar à hipnose para substituí-la pelo processo da "livre associação". Em 1893, foi publicada no *Neurologisches Zentralblatt* a "comunicação preliminar" de Breuer e Freud sobre "O mecanismo psíquico dos fenômenos histéricos", seguida, em 1895, dos *Estudos sobre a histeria*. A psicanálise nascia mas a ruptura entre os dois autores estava praticamente consumada.

BRIERRE DE BOISMONT *Alexandre-*Jacques-François (1797-1881)

Brierre de Boismont nasceu a 18 de outubro de 1797 em Rouen, onde começou seus estudos de medicina, concluídos em Paris em 1825; mas, proveniente de um meio abastado, teve seus recursos financeiros cortados, em conseqüência de um casamento que sua família desaprovava. Para poder subsistir, aceitou um emprego de médico na casa de saúde Saint-Marcel-Sainte-Colombe, na rue de Picpus, enquanto freqüentava o serviço de Pariset na Salpêtrière e o de Dupuytren, cirurgião da Santa Casa. Em 1831, foi enviado em missão à Polônia, com Ch. Londe e Cl. Sandras, para fazer pesquisas sobre o cólera (cuja contagiosidade contestava). Em 1838, assumiu a direção da casa de saúde da rue Neuve-Sainte-Geneviève e dois anos depois, embora calorosamente recomendado a Lamartine, então deputado monarquista, por seu amigo Alfred de Vigny, foi preterido pelo orleanista A. de Faville* na sucessão de Esquirol* em Charenton. Em 1847, comprou a casa de saúde do Dr. Pressat, na rue du Faubourg-Saint-Antoine, deixando para sua filha, Madame Rivet, o estabelecimento da rue Neuve-Sainte-Geneviève, que seria transferido em 1859 para Saint-Mandé, onde faleceu a 25 de dezembro de 1881.

Profundamente religioso, letrado, apreciador de viagens, escritor de estilo fácil, Brierre de Boismont colaborou, desde a sua criação em 1843, nos *Annales Médico-Psychologiques*, cuja direção dividia com Baillarger* e Cerise*, de 1850 a 1855. Ao mesmo tempo, fazia parte do Conselho geral da Associação dos Médicos da França, do conselho de administração do jornal *L'Union Médicale*, e seria sucessivamente secretário de sessões, secretário geral, vice-presidente e presidente da Sociedade Médico-Psicológica, de cuja fundação participou em 1852.

Se já em 1826 apresentou uma "Monografia sobre a monomania homicida", seguida em 1829 de uma "Monografia sobre as congestões epileptiformes nos alienados", suas preocupações científicas iniciais se diversificaram, pois em 1825 publicou *Elementos de botânica*, em 1832 uma *Antropotomia ou tratado elementar de anatomia*, e em 1833, com Marx, as *Lições de clínica cirúrgica* de Dupuytren. Mas foi principalmente autor de muitas publicações consagradas à medicina mental, nas quais transparece a sua orientação espiritualista, em diversos periódicos, assim como duas obras de conjunto, um importante tratado *Das alucinações*, publicado em 1845, reeditado em 1852 e em 1861, e um tratado *Do suicídio e da loucura suicida*, que teria duas edições, em 1856 e em 1865.

BRIGHAM *Amariah* (1798-1849)

Brigham nasceu a 26 de dezembro de 1798 em Marlboro (Massachusetts). Tendo perdido seu pais quando era muito jovem, trabalhou durante vários anos em uma livraria, estudou sozinho, fez cursos de medicina em Nova York, e aos 21 anos começou a exercer a medicina em Enfield, e depois em Greenfield (Massachusetts). Em 1828-29, esteve na Europa, voltou para Greenfield e em 1831 fixou-se em Hartford (Connecticut). Em 1837, foi convidado para ensinar anatomia e cirurgia no Colégio de Medicina e Cirurgia de Nova York, mas voltou 18 meses depois a Hartford, onde, em 1840, sucedeu a Eli Todd na direção do "Retiro" para Alienados. Dois anos depois, foi nomeado diretor do Asilo de Alienados do estado de Nova York em Utica, onde tentou aplicar os princípios do tratamento moral que estudou na França e na Inglaterra. Foi lá que morreu de disenteria, a 8 de setembro de 1849.

Devemos a Brigham as *Observações sobre a influência da religião sobre a saúde da humanidade*, acusação contra o fanatismo religioso publicada em 1835, uma *Investigação sobre as doenças e funções do cérebro, da medula espinhal e dos nervos* (1840), mas sua obra de sucesso é *Notas sobre a influência da cultura sobre a saúde*, que teria, de 1832 a 1865, três edições nos Estados Unidos e outras tantas no Reino Unido. Trata-se de um guia popular de higiene mental, enfatizando o perigo de cultivar precocemente demais a mente das crianças, pois Brigham via na excitação cerebral resultante o aumento dos casos de loucura e de doenças nervosas na sociedade americana.

É ainda a ele que devemos, em 1844, a criação do *American Journal of Insanity*, que sob o título de *American Journal of Psychiatry* é ainda hoje o órgão da Associação Americana de Psiquiatria, da qual Brigham também foi um dos membros fundadores.

BRIGHT *Timothy* (1551-1615)

Aluno do Trinity College de Cambridge, Bright estudou medicina em Paris, onde escapou por pouco do massacre da noite de São Bartolomeu, em 1572. Diplomado por Cambridge em 1579, teria exercido a medicina em Ipswich e deixou algumas obras médicas. A que nos interessa é um *Tratado da melancolia*, publicado em 1586. Reeditado em 1613, teria influenciado a célebre *Anatomia da melancolia* de Burton*, que o cita por várias vezes. De qualquer forma, foi a primeira obra inglesa dedicada à doença mental, embora a metafísica a disputasse, às vezes, com a medicina. O autor opunha duas variedades de melancolia: uma, proveniente de "apreensões do espírito", exigia um "tratamento pelo espírito"; a outra, doença do corpo provocada pelos humores, requeria o recurso às drogas: o psicogênico oposto ao endógeno. Já era a posição dos padres da Igreja, preocupados em distinguir entre os suicidas os doentes irresponsáveis, cuja salvação estava assegurada, e os que se deixavam levar pelo "pecado de *acedia*", de desespero, e que estavam destinados à danação.

Aliás, Bright se consagraria depois à religião e se tornaria, em 1591, reitor de uma paróquia do condado de York, tendo dedicado à rainha Elisabeth um curioso trabalho, *Characterie*, no qual propunha uma *shorthand-writing* de sua invenção, um dos numerosos antepassados da estenografia...

BRILL *Abraham*-Arden (1874-1948)

Brill nasceu em Kanczuga, na província austro-húngara de Galícia, a 12 de outubro de 1874. Com a idade de 15 anos, seus pais o autorizaram a emigrar sozinho para os Estados Unidos. Desembarcou em Nova York, onde ficaria para sempre. Ganhava a vida trabalhando no comércio de roupas, matriculou-se em 1892 no City College, naturalizou-se em 1899 e obteve em 1903 o seu diploma de médico pela Universidade de Columbia. No fim dos estudos, foi aluno de Adolf Meyer* no Hospital Estatal de Manhattan e em 1907 decidiu ir à Europa para aperfeiçoar o seu conhecimento das doenças nervosas. Rapidamente, o ensino parisiense lhe pareceu estéril, e foi com Bleuler*, no Hospital Burghölzli, que passou o inverno de 1907-08. Ali, encontrou Jung* e descobriu as teorias de Freud*, que visitou em maio de 1908. Foi o único participante americano do Congresso de Salzburgo, e voltou aos Estados Unidos com a autorização de traduzir para o inglês as obras do mestre, assim como a *Psicologia da demência precoce* de Jung. Instalou-se em Nova York e, como primeiro psicanalista dos Estados Unidos, considerava-se o "representante oficial do professor Freud" (a quem iria receber pessoalmente na sua chegada em 1909). Mas no mesmo momento, Jones*, que ele encontrara em Viena e em Zurique, instalou-se no Canadá. Em 1911, Brill fundou a Sociedade de Psicanálise de Nova York, e dois anos depois, com Ely Jelliffe*, a *Psychanalytical Review*, primeiro periódico psicanalítico de língua inglesa. Íntimo dos meios intelectuais de Nova York, favoreceu, a partir de 1933, a instalação dos analistas judeus que emigravam da Alemanha. Morreu de trombose coronária a 2 de março de 1948 no Hospital Monte Sinai de Nova York.

Os trabalhos pessoais de Abraham Brill são mais de difusão do que obras originais.

A partir de 1909, empreendeu uma tradução das obras de Freud, muitas vezes simplificada e aproximativa, que no entanto contribuiria durante muito tempo para dar à psicanálise americana uma base doutrinária esquemática, mas que, em contrapartida, favoreceria a sua difusão. Jones acusou Brill de não sentir-se à vontade nem com a língua alemã nem com a língua inglesa. E parece que Freud dizia, referindo-se a ele, que preferia um bom amigo a um mau tradutor...

BRIQUET *Pierre* (1796-1881)

Nascido a 22 de nivoso do ano IV (12 de janeiro de 1796) em Châlons-sur-Marne, onde seu pai era livreiro, e falecido em Paris a 26 de novembro de 1881, Briquet defendeu, em 1824, na Faculdade de Paris, a sua tese, consagrada à "Flebectasia ou dilatação varicosa das veias". Professor em 1827, médico do Hospital Cochin em 1836, do Hospital La Charité em 1846, eleito para a Academia de Medicina em 1860, na seção de física e química médicas, foi principalmente um clínico geral, a quem se devem publicações tão diferentes quanto uma *Monografia sobre o uso dos tóxicos mercuriais no tratamento das erupções variólicas*, um *Tratado terapêutico da quinina e suas preparações* e um *Tratado prático e analítico do cholera morbus*. Mas, como ele mesmo explicou, "colocado pelas circunstâncias à frente de um serviço (em La Charité) para onde, há muito tempo, havia o costume de dirigir os doentes atingidos por afecções histéricas", teve que, "por escrúpulo de consciência, dedicar a máxima atenção a esse tipo de doentes, o que não era do seu gosto, pois se inclinava para o estudo das ciências positivas". Resignou-se e pôs mãos à obra, interessou-se pelo trabalho e recolheu em dez anos 430 observações, das quais fez uma análise crítica, considerando a doença como "uma neurose da porção do encéfalo destinada a receber as impressões afetivas e as sensações", "doença dinâmica", capaz de modificar o organismo inteiro. Em 1859, publicou as suas constatações em um *Tratado clínico e terapêutico da histeria*, publicado por J-B. Baillière. Essa obra é um marco na história da histeria, a tal ponto que, há poucos anos, alguns autores americanos propuseram que se denominasse "*doença de Briquet*" uma afecção que ele foi um dos primeiros a estudar sem preconceitos. Negava o papel das frustrações sexuais, ligava a doença a emoções prolongadas ou a mágoas violentas sofridas por indivíduos predispostos por sua hereditariedade ou sua "suscetibilidade" particular, e contribuiu para afirmar a realidade de uma histeria masculina, então muito contestada (um homem em vinte mulheres, segundo ele), abrindo caminho para Charcot*, que 15 anos depois se lembraria das suas concepções.

BRISSAUD *Édouard* (1853-1909)

Brissaud nasceu a 15 de abril de 1553 em Besançon, e teria se destinado à Escola Central, se a guerra de 1870 não lhe tivesse dado a ocasião de ser voluntário em uma ambulância móvel e assim tomar gosto pela medicina. Residente dos Hôpitaux de Paris em 1875, aluno de Broca*, de Fournier* e de Charcot*, preparador de anatomia na Salpêtrière, chefe de clínica de Lasègue* em 1880, foi aprovado como professor em 1886. Titular em 1889 da cátedra de história da medicina, passou, um ano mais tarde, para a de patologia médica, substituindo Charcot na Salpêtrière depois do falecimento deste. Admitido a 18 de maio de 1909 na Academia de Medicina, morreria de um abscesso cerebral, sete meses depois, a 19 de dezembro, apesar da intervenção tentada por seu amigo Sir Victor Horsley.

Embora seus trabalhos se refiram ao conjunto da medicina, Brissaud foi antes de tudo neurologista. Participante assíduo dos congressos de medicina mental, estava persuadido da necessidade de reunir as duas disciplinas. Conseguiu impor essa concepção em 1893, no congresso de La Rochelle, e a partir de 1894, o Congresso Anual de Medicina Mental se tornou Congresso dos Médicos Alienistas e Neurologistas da França e dos Países de Língua Francesa. A 28 de fevereiro do mesmo ano, era publicado o primeiro número da *Revue Neurologique*, que ele fundou com Pierre Marie, com o apoio de Charcot.

Suas preocupações na patologia mental eram resolutamente organicistas, quer se tratasse do estado mental dos parkinsonianos, da idiotia mixedematosa, dos tiques, do "torcicolo mental" ou da *ansiedade paroxística*, ancestral da nossa *doença do pânico*, que ele atribuía a uma *neurose do pneumogástrico*. Sua contribuição mais importante para a psiquiatria é a descrição da *sinistrose*, termo que propôs em 1908 para designar uma patologia que surgiu com a lei de 9 de abril de 1898, sobre a indenização dos acidentes de trabalho, e que ele definiu como "um estado psicopático especial (...) que procede unicamente de uma interpretação errônea da lei e consiste em uma espécie de delírio raciocinante, fundado sobre uma idéia falsa de reivindicação", imputável "não ao acidente, mas ao acidentado".

Brilhante, culto, bom professor, Brissaud estaria à altura da sucessão de Charcot. Preferiram Raymond*. Sua imaginação, sua ironia, seu anticonformismo (usava a gravata chamada *lavallière*, recusava a casaca e fazia parte da *Liga dos chapéus pequenos*, em oposição à tradicional cartola) sem dúvida trabalharam contra ele... Entretanto, todos os que conviveram com ele concordavam: esse humorista *bon vivant* era essencialmente um homem angustiado e pessimista.

BROCA *Paul* (1824-1880)

Originário de Sainte-Foy-la-Grande (Gironde) e falecido em Paris, professor de cirurgia, anatomista, fundador em 1859 da Sociedade de Antropologia, interessado no problema das localizações cerebrais, defensor da teoria — revolucionária na época — da desigualdade funcional dos hemisférios cerebrais na produção da linguagem, Broca, embora tenha sido residente de Leuret* no Hospital Bicêtre, não teria nenhuma razão particular de figurar entre os ancestrais da medicina mental se não tivesse, em 1859, em uma breve publicação sobre a hipnose como procedimento de anestesia cirúrgica, apresentada na Academia de Ciências por Velpeau e inspirada nos trabalhos de Braid*, contribuído com Azam para relançar na França o interesse pelo estudo dos fenômenos hipnóticos. Mas é preciso lembrar que, já em 1839, Jules Cloquet (1790-1883) procedera à ablação da mama cancerosa de uma paciente em estado de anestesia "sonambúlica".

BRODIE *Benjamin*-Collins (Sir) (1783-1862)

Nascido em Winterslow no condado de Wiltshire, esse professor de anatomia comparada e de fisiologia do Colégio Real de Cirurgia, cirurgião do Hospital São Jorge, foi cirurgião de Jorge IV, de Guilherme IV e da rainha Vitória. Autor de muitas publicações sobre temas de cirurgia, merece figurar neste dicionário por ter publicado em 1837 as *Conferências para ilustrar certas afecções nervosas localizadas*, e em 1854 as *Investigações psicológicas para ilustrar as relações mútuas que existem entre a organização física e as faculdades mentais.* Nas primeiras, advertia os colegas contra o risco de tomar por afecções orgânicas autênticas muitas manifestações "funcionais" histéricas, que exigiam um tratamento completamente diferente, ponto de vista original em uma época em que os alienistas interessados na psiquiatria "pesada" negligenciavam esse tipo de patologia. As preocupações que expressava na segunda obra fazem dele um precursor daquilo que ainda não se chamava nem psicologia médica nem patologia psicossomática.

BROUSSAIS *François*-Joseph-Victor (1772-1838)

Bretão de Saint-Malo, onde nasceu a 17 de dezembro de 1772, Broussais passou a infância em Pleurtuit (perto de Dinard), onde seu pai era médico. Iniciou-se na medicina no Hospital de "Port-Malo" (chamado, antes da Revolução, Saint-Malo) e em Brest, onde, em dezembro de 1795, foi informado do assassinato de seus pais pelos *chouans*. Trabalhou durante algum tempo como cirurgião em navios corsários, antes de terminar sua formação na Escola de Saúde de Paris, onde defendeu sua tese a 5 de frimário do ano XI (26 de novembro de 1802). Desgenettes o estimulou a retomar a carreira militar, e ele percorreria uma parte da Europa com o Grande Exército, para chegar em 1814 ao hospital de Val-de-Grâce, do qual se tornou médico-chefe em 1820, com a partida de Desgenettes. No mesmo ano, entrou para a Academia de Medicina. A Revolução de Julho lhe abriu as portas da faculdade, onde uma ordem de 16 de fevereiro de 1831 criou para ele uma cátedra de patologia e de terapêutica gerais. No ano seguinte, foi eleito para a Academia de Ciências Morais e Políticas. Morreu de um câncer do reto a 17 de novembro de 1838 em Vitry-sur-Seine e teve funerais oficiais na capela do Val-de-Grâce.

Broussais foi um tribuno sarcástico, um polemista intolerante. Em 1816, desejoso de acertar definitivamente as contas com a medicina oficial, publicou um *Exame da doutrina médica geralmente adotada*, doutrina que ele substitui por um *Catecismo da medicina fisiológica*, que se resumia em um modelo único, a *gastroenterite*, com um único mecanismo, a *irritação*, e com um tratamento universal, as emissões sangüíneas. A medicina fisiológica teria 15 anos de glória, antes de morrer de cólera em 1832, ao mesmo tempo que alguns clientes ilustres do seu promotor, como Casimir Périer e o general Lamarque.

Broussais, que nunca foi alienista, tem duas razões para figurar em uma história da psiquiatria: escreveu *Da irritação e da loucura* e participou do movimento frenológico.

Da irritação e da loucura, publicado em 1828, era a aplicação à patologia mental da doutrina fisiológica: a loucura se deveria a uma inflamação do cérebro e de suas membranas por duas causas, as causas morais e as causas "simpáticas", propagadas a partir de um outro órgão, pois "o cérebro nunca sofre sozinho" e a "gastroenterite" encontrava ali o seu lugar privilegiado.

Em 1830, Broussais se converteu à frenologia com o mesmo entusiasmo e os mesmos excessos que manifestara até então para combatê-la, pondo ao seu serviço, segundo as palavras de Lélut*, "o prestígio da sua velha glória e as últimas fervuras da sua bile", vendo nela principalmente um meio de contradizer as teorias espiritualistas dos intelectuais da Sorbonne. Em janeiro de 1831, criou-se a Sociedade Frenológica de Paris.

Broussais era o secretário. Alguns meses depois, começou na faculdade um "curso de frenologia", que seria publicado em 1836. Não hesitou em anunciar, no *Journal de Phrénologie* que, desde a sua entrada na Academia de Ciências Morais, as mensurações do seu crânio mostraram um aumento de duas a três linhas referentes ao órgão do raciocínio metafísico... Assim, não são surpreendentes as declarações de Louis Peisse (que redigiu o seu necrológio na *Gazette Médicale* de 24 de novembro de 1838) segundo as quais as lições de frenologia de Broussais, "que tinha como caráter e como espírito algumas belas partes muito prejudicadas por outras", "foram apenas os restos de uma voz que se cala e de um ardor que se extingue".

DE BROUTET *Guillaume*-Joseph-Véran (1739-1817)

O conde de Broutet nasceu em Avignon, em uma família que já produzira vários administradores das instituições beneficentes da cidade. Ele mesmo seria administrador e benfeitor testamentário do Hospital Geral e administrador do serviço de penhores, mas foi principalmente na dupla qualidade de primeiro reitor da confraria dos Penitentes Negros da Misericórdia, dedicada, entre outras tarefas, ao acolhimento e à subsistência dos doentes mentais, e de administrador do Hospital de Alienados fundado por essa confraria em 1681, que ele teria um papel importante, que a revolução quase interrompeu. Nobre, rico e conseqüentemente suspeito, condenado à morte pelo Tribunal Revolucionário de Orange, só foi salvo *in extremis* pelo anúncio tardio, a 17 de termidor, da queda de Robespierre.

Retomou suas funções e em 1797 publicou uma *Monografia referente aos cuidados morais para os insensatos do Hospício de Avignon*, destinado a defender a especificidade e as verbas próprias a esse estabelecimento, que o prefeito queria assimilar aos outros hospitais da comuna. Essa monografia seria premiada pelo Ateneu das Artes de Paris, provocando a indignação de Pussin*, que proclamava a sua anterioridade na matéria. Em 1813, de Broutet editou e difundiu anonimamente *A ciência da saúde, seja moral, seja física*, espécie de compêndio terapêutico que dava grande aplicação ao "tratamento moral" e às práticas "institucionais".

Morreria em sua cidade natal, a 3 de novembro de 1817. Sua filosofia humanista, seus escritos, sua ação "no campo", o situam, assim como Daquin*, seu exato contemporâneo, entre os inovadores deliberadamente ignorados... por Pinel*.

Y. Tyrode

Bibliografia: TYRODE (Y.), "Le comte de Broutet est-il le Philippe Pinel avignonnais?", *Psychologie Médicale*, 1993, 25, 13.

VON BRÜCKE *Ernst*-Wilhelm (Ritter) (1819-1892)

Ernst von Brücke nasceu em Berlim a 5 de junho de 1819 e começou ali os seus estudos de medicina, que continuou em Heidelberg, antes de voltar à cidade natal para aperfeiçoar-se junto ao fisiologista Johannes von Müller. Pouco depois, obteve a cátedra de fisiologia de Konigsberg, e a partir de 1849 a de Viena, onde morreu a 7 de janeiro de 1892.

Von Brücke representava, com Helmholtz, Du Bois-Reymond e Carl Ludwig, como ele alunos de von Müller, a corrente fisiológica antivitalista, mecanicista e organicista, que procurava reduzir os fenômenos da vida e da psicologia a leis físico-químicas. Freud* trabalhou de 1876 a 1882 no Instituto de Fisiologia de Brücke sobre a histologia do sistema nervoso dos peixes, o que lhe permitiria, em 1885, ser nomeado *Privat Dozent* de neuropatologia. Ele "respeitava acima de tudo" esse prussiano severo e rígido, que não se sentia à vontade na sociedade vienense, mas de espírito curioso, inventor de uma escrita "universal" e autor de artigos que tratavam tanto de artes quanto das bases fisiológicas da poesia alemã... Lembre-se que foi no laboratório de von Brücke onde, segundo ele próprio confessou, "encontrou enfim o repouso e uma plena satisfação, assim como pessoas que podia respeitar e tomar como modelos", que Freud ficou conhecendo Breuer* e fez amizade com os fisiologistas Exner e von Fleischl-Marxow, que, infelizmente, pensou poder curar da sua morfinomania substituindo a morfina pela cocaína, cujas propriedades anestesiantes ele estudava na época.

BULCKENS? (1811-1876)

A lei de 18 de junho de 1850, reorganizando o status dos alienados, inaugurou na Bélgica uma era nova. Foi nesse contexto que, em 1856, por recomendação de Joseph Guislain*, Bulckens chegou a Gheel como médico-inspetor a fim de fazer reformas. Depois de criar uma enfermaria para os doentes cujo estado necessitava de cuidados médicos, lançou em 1859 as bases de uma repartição essencialmente pragmática dos pensionistas. Ele os separou em "internos", limpos e pacíficos, abrigados no próprio centro da aldeia, e em "externos", cuja repartição centrífuga ia dos mais disciplinados aos mais turbulentos, estes exilados "nos pântanos de Winkelom", na periferia da aglomeração.

O *Boletim da Sociedade de Medicina Mental da Bélgica* prestaria homenagem "ao brilho das felizes e numerosas reformas de Bulckens" no "admirável asilo de Gheel, com seus mantenedores honestos, religiosos e devotados", a tal ponto que, para o estrangeiro de passagem, parecia que "não havia mais alienados" na colônia. Essa visão da "setorização" talvez não esteja completamente ausente de certas orientações que se pretendem muito atuais...

BURCKHARDT *Gottlieb* (1836-1907)

Burckhardt nasceu a 24 de dezembro de 1836 em Basiléia, onde seu pai era médico. Começou ali os seus estudos de medicina, continuou-os em Berlim e em Göttingen, voltou a instalar-se em sua cidade natal e, em 1875, assumiu um posto de médico-adjunto no Asilo Cantonal de Alienados de Waldau, perto de Berna (onde, em 1881, teria Eugen Bleuler* como residente). Interessava-se muito por fisiologia cerebral e seus trabalhos sobre a circulação e o consumo de oxigênio pelo cérebro seriam depois retomados por Hans Berger*. Em 1882, tornou-se médico-diretor da Clínica Psiquiátrica de Préfargier, às margens do lago de Neuchâtel. Começaria em 1886, em Nancy e em Paris, a estudar as técnicas de hipnose. Deixou Préfargier em 1896, voltou à Basiléia e depois aceitou, em 1900, a direção médica da Clínica Psiquiátrica "Sonnenhalde", que acabava de ser inaugurada em Riehen, perto de Basiléia. Foi ali que terminou a sua carreira. Morreu a 6 de fevereiro de 1907, alguns meses depois de sua aposentadoria.

Burckhardt foi o verdadeiro inventor do que seria a *psicocirurgia*. Partindo do princípio de que a vida psíquica se compunha de elementos localizados no cérebro, imaginou tratar certos alienados, considerados incuráveis, pela excisão de zonas mais ou menos extensas do córtex cerebral. Foi a 29 de dezembro de 1888 que, pela primeira vez, e sem formação cirúrgica especial, retirou cerca de 500 gramas de substância cinzenta da região temporal direita de uma doente de 54 anos, alucinada e impulsiva! A intervenção durou quatro horas. A *topectomia* nascera. A mesma paciente sofreria, aliás, três outras intervenções em dois anos e, em agosto de 1890, no X Congresso Internacional de Berlim, Buckhardt publicou uma série de seis casos, com quatro melhoras muito relativas, um suicídio e um óbito pós-operatório. Não prosseguiria com essas experiências, que ficaram isoladas. Seria preciso esperar meio século, para que Egas Moniz* desse à psicocirurgia o impulso que conhecemos.

BURDIN *Claude*, dito "o Jovem" (1777-1858)

Originário de Lyon, Burdin começou a estudar medicina, até que foi encarregado de acompanhar Bonaparte na Itália, na qualidade de cirurgião de 3ª classe. Voltando à vida civil, terminou os estudos em 1803 em Paris, onde se instalou, trabalhando com o irmão Jean nos escritórios de beneficência.

Em 1823, os dois irmãos entraram para a Academia de Medicina, e em 1837, Claude, "cansado de ouvir preconizar até nos bancos (da douta assembléia) as supostas faculdades maravilhosas das sonâmbulas magnetizadas", entregou 3.000 francos a um tabelião, soma que daria a quem demonstrasse, antes de 11 de novembro de 1840, a realidade desses fenômenos. Esse prêmio nunca seria atribuído. Publicou com Frédéric Dubois*, em 1841, uma *História acadêmica do magnetismo animal*, que encerrou a polêmica oficial que o relatório de Husson* provocara dez anos antes.

BURLINGHAM *Dorothy*, nascida TIFFANY (1891-1979)

Era filha do célebre vidreiro e mecenas de Nova York, Louis Comfort Tiffany. Seu casamento com um cirurgião atingido por uma psicose maníaco-depressiva, várias vezes internado, a levou até Viena, na esperança de tratá-lo. Ali, descobriu o universo da psicanálise, começou com Th. Reik* uma análise que continuou com Freud* e confiou os seus dois filhos mais velhos a Anna*, com quem abriu em Viena, em 1825, a primeira creche de inspiração psicanalítica para crianças perturbadas. Instalando-se na Áustria, acompanhou em 1938 a família Freud no seu exílio em Londres, morando com ela na casa de Maresfield Gardens. Em 1940, retomou com Anna as atividades de terapeuta de crianças na Hampstead Nursery, que daria lugar, a partir de 1951, à Clínica Hampstead.

BURQ *Victor*-Jean-Marie (1822?-1884)

Nascido em Rodez, em 1822 ou em 1823 e falecido a 19 de agosto de 1884 na Abbaye-aux-Bois (Seine-et-Oise), Burq foi o inventor da *metaloterapia*, ou uso dos metais, por via interna ou externa, como agentes de cura. Segundo ele, a cada temperamento humano corresponderia um metal específico, e seria possível determinar essa *sensibilidade metálica individual* por meio da *metaloscopia*: o metal que se desejava testar, aplicado sobre a pele, acarretaria sensação de calor, umidade e formigamentos locais quando fosse apropriado ao caso do doente. Rostan* afirmava, nas suas clínicas da Santa Casa, que Burq obteve alguns sucessos durante a epidemia de cólera de 1849, graças ao uso de "armaduras de cobre", e Burq voltou a esse assunto em 1869, em uma *Monografia do cobre contra o cólera*. Teria até mandado fazer em Reims uma flanela profilática, impregnada de um sal desse metal. Em 1850, combateu a histeria na Salpêtrière, no ano seguinte estava na Santa Casa e publicou *Nova doutrina e novo tratamento das doenças nervosas*, seguido em 1853 de um *Tratado sobre a metaloterapia*, e enfim foi publicado em 1871, editado por Baillière, *Metaloterapia — tratamento de doenças nervosas, paralisia, histeria, hipocondria, enxaqueca, dispepsia, gastralgia, asma, reumatismo, nevralgias, espasmos, convulsões etc.*, pelo Dr. V. Burq, ex-professor livre de metaloterapia aplicada à patologia nervosa, médico clínico em Vichy e em Nice...

Tudo isso seria apenas curioso, se, em 1876, o autor não tivesse escrito a Claude Bernard, então presidente da Sociedade de Biologia, a fim de "saber se, durante um quarto de século, ele não se teria enganado sobre os fatos que acreditava ter observado corretamente". E a Sociedade de biologia designou uma "Comissão do burquismo", composta de três membros, aliás muito ilustres: Charcot*, Luys*, e Dumont Pallier*, que, depois de um ano de trabalho, chegaram a conclusões favoráveis à teoria de Burq.

Em 1889, Dumont Pallier, presidente do primeiro "Congresso Internacional de Hipnotismo Experimental e Terapêutico", que ocorreu em Paris, prestou-lhe uma homenagem pública no seu discurso de abertura: "Foi para nós uma viva satisfação poder fazer justiça a um pesquisador cujo mérito ficou desconhecido por tanto tempo (...) Assim, foi o magnetismo que revelou ao doutor Burq a ação dos metais sobre as histéricas hipnotizáveis, e 25 anos depois, foram as pesquisas sobre a metaloscopia que levaram os membros desta comissão a estudar a ação da eletricidade, dos eletroímãs, do ferro imantado e dos diferentes processos dos magnetizadores para determinar o sonambulismo, a catalepsia e a letargia."

Conhece-se o uso que seria feito de tudo isso nos serviços dos três relatores.

BURROWS *George Mann* (1771-1846)

Burrows nasceu em Chalk, perto de Gravesend (Kent), e depois de um aprendizado com um cirurgião de Rochester, instalou-se em Bloomsbury. Em 1812, participou ativamente da elaboração dos estatutos jurídicos da Associação dos boticários e cirurgiões-boticários da Inglaterra e do País de Gales, da qual se tornou presidente. A partir de 1815, decidiu consagrar-se inteiramente aos doentes mentais. Assumiu a direção de um pequeno asilo particular em Chelsea, que deixou em 1823 pelo "Retiro" de Clapham, onde ficou em atividade até 1843. Morreu a 29 de outubro de 1846.

Burrows, que em 1817 e em 1822 visitou os estabelecimentos de alienados parisienses, seguiu com atenção os trabalhos da escola francesa. Foi o primeiro a divulgar, na Grã-Bretanha, as teorias de Bayle* e de Calmeil* sobre a paralisia geral dos alienados. Foi autor, em 1820, de uma *Investigação sobre certos erros relativos à loucura e sobre suas conseqüências físicas, morais e legais*, e principalmente de *Comentários sobre as causas, formas, sintomas e o tratamento moral e médico da loucura*, um dos tratados de psiquiatria de língua inglesa mais completos da época.

BURTON *Robert* (1577-1640)

Nascido em Lindley (Inglaterra) em 1577, Burton, que estudou e viveu principalmente em Oxford, onde morreu em 1640, é conhecido pela obra que publicou nessa cidade, em 1621, sob o pseudônimo de Democritus Junior (Demócrito foi um filósofo de Abdera do século V a.C., que se fez passar por louco) — *A anatomia da melancolia; o que ela é. Com todos os tipos, causas, sintomas, prognósticos e vários casos de cura.* Esse tratado teve cinco edições durante a vida de Burton e três outras no século XVIII, antes de ser "redescoberto" no século XIX (mais de 60 edições a partir de 1800) e é considerado como a primeira enciclopédia psiquiátrica, pela sua abundância de referências.

Mas Burton nos preveniu de que aquilo que o distinguia dos autores precedentes era o fato de que ele próprio fora atingido pela afecção que descrevia: "Eles adquiriram o seu saber nos livros, e eu na doença (...). O que os outros leram ou ouviram, eu sofri e pratiquei por mim mesmo."

Em meio a considerações culturais tradicionais, que vão dos lobisomens à astrologia judiciária, encontram-se no trabalho de Burton visões originais sobre a importância dos fatores hereditários, e a influência das experiências infantis na determinação da melancolia.

C

CABRED *Domingo* (1859-1929)

Cabred foi apelidado "Pinel argentino". Nomeado professor substituto em Buenos Aires em 1887, fez uma viagem de estudos à Europa, participou do Congresso Internacional de Paris em 1889 e, voltando à Argentina em 1892, sucedeu a Melendez* ao mesmo tempo à frente do Hospicio de las Mercedes e na cátedra de psiquiatria. Homem de ação, distinguiu-se principalmente por preocupações sociais: organizou a assistência aos alienados, criou hospitais na província, a colônia de retardados de Torres, a de Olivera para os delinqüentes e menores abandonados, e ainda a de Manzanares para os toxicômanos. Fundou em Buenos Aires um Instituto de Psiquiatria, inaugurado em novembro de 1910, incluindo uma unidade de tratamento, uma escola de enfermagem e um laboratório de pesquisas.

Devemos-lhe publicações sobre os aspectos clínicos e sociais do alcoolismo, a histopatologia da paralisa geral, a assistência aos alienados delinqüentes e um livro publicado em 1910, *Reflexões sobre a loucura*.

Morreu a 27 de novembro de 1929.

CAELIUS AURELIANUS (século V d.C.?)

Se escolhemos Caelius Aurelianus para representar o período greco-latino, foi porque esse compilador originário da Numídia traçou, em *Causas das doenças agudas* e *Causas das doenças crônicas*, trabalho inspirado, se não traduzido dos quatro livros perdidos do tratado *Da Alma* de Sorano de Éfeso (fins do século I-início do século II d.C.), um estado da patologia mental tal como se elaborou progressivamente, de Hipócrates a Asclepíades de Bitínia e a Galeno.

Nessa obra, são simetricamente opostas duas doenças agudas, respectivamente com e sem febre, a *frenite* e a *letargia*, e duas afecções crônicas, a *mania*, caracterizada pela agitação, e a *melancolia*, caracterizada pelo abatimento. No plano epistemológico, os conceitos assim fixados desde o início da nossa era não seriam modificados até o fim do século XVIII.

CALMEIL *Louis*-Florentin (1798-1895)

Foi em Poitiers, onde nasceu a 9 de agosto de 1798, que Calmeil começou seus estudos de medicina, que continuou em Paris, a partir de 1820. Depois de uma breve permanência junto a Dupuytren, foi externo de Rostan* na Salpêtrière, e, no ano seguinte, chegou ao serviço de Pinel*, que envelhecia, mas onde o contato com Esquirol*, Ferrus*, Foville*, e Georget* decidiu a sua orientação. Em 1823, foi residente no Hospital de Charenton, defendeu em 1824 a sua tese "Da epilepsia estudada sob o aspecto da sua sede, e da sua influência sobre a produção da alienação mental", sob a presidência de Royer-Collard*, e obteve, graças a Esquirol, o lugar de médico-inspetor no serviço de saúde. Nomeado em 1848 médico da divisão de mulheres em Charenton, tornou-se médico-chefe em 1852 com a partida de Archambault* e ficou ali até março de 1872, retirando-se para Fontenay-sous-Bois, onde faleceu a 11 de novembro de 1895.

Calmeil foi o primeiro a propor, na sua tese, a utilização do termo *ausência epiléptica* para designar as perdas de consciência breves sofridas pelos epilépticos, mas seus trabalhos posteriores se referem principalmente à paralisia geral dos alienados, como o seu livro *Da paralisia considerada entre os alienados, pesquisas feitas no serviço dos doutores Royer-Collard e Esquirol*, publicado em 1826, ou o seu volumoso *Tratado das doenças inflamatórias do cérebro*, publicado em 1859. A despeito do seu mestre comum Royer-Collard, Calmeil não cita a tese de Bayle*. Combateu a sua "nova doutrina das doenças mentais" e contestou a sua descrição anatomoclínica da "paralisia geral e incompleta", na qual via uma periencefalia difusa, processo inflamatório da própria substância cerebral e não uma "aracnoidite", inflamação primitiva das meninges que se estendia às camadas superficiais do córtex cerebral.

Citaremos ainda os dois volumes da sua obra *Da loucura considerada sob o ponto de vista patológico, filosófico, histórico e judiciário* (1845) e a sua participação tanto no *Dicionário das ciências médicas* de Panckouke quanto no de Dechambre.

LE CAMUS *Antoine* (1722-1772)

Nascido em Paris, doutor em 1745, professor das Escolas em 1762, titular de uma cátedra de cirurgia em 1766, Le Camus publicou em 1753, *A medicina do espírito, onde se procura 1º o mecanismo do corpo que influi sobre as funções da alma; 2º as causas físicas que tornam esse mecanismo defeituoso ou mais perfeito; 3º os meios que podem mantê-lo em seu estado livre e corrigi-lo quando estiver defeituoso*. Como indicava o título, não era um tratado de patologia mental, mas um elenco dos fatores suscetíveis de influenciar as disposições da alma. Le Camus insistia particularmente no papel da hereditariedade, mas também dava importância à educação. A obra, que despertou a ironia de Voltaire no *Dicionário filosófico*, teve no entanto bastante sucesso, para ser reeditada em 1769 em dois volumes, totalizando mais de mil páginas.

CAPGRAS Jean-Marie-*Joseph* (1873-1950)

Originário de Verdun-sur-Garonne (Tarn-et-Garonne), Capgras foi residente dos Hôpitaux de Toulouse antes de orientar-se para a psiquiatria. Residente dos Asiles de la Seine em 1858, aluno de Magnan*, de Sérieux* e de Joffroy*, defendeu em 1902 a sua tese "Tentativa de redução da melancolia em uma psicose de involução pré-senil" e ocupou diversos postos de médico-adjunto na província. Em 1912 foi nomeado médico-chefe em Maison-Blanche (Neuilly-sur-Marne). A mobilização o levou a interessar-se pela *Confusão mental de guerra*, no Centro Psiquiátrico Militar de Orleans. Terminaria a sua carreira no Hospital Sainte-Anne.

Entre as numerosas publicações de Capgras, as mais originais se referem às loucuras raciocinantes e à ilusão dos sósias. *Loucuras raciocinantes*, tendo como subtítulo "O delírio de interpretação", foi publicado em 1909, em colaboração com Paul Sérieux*. Em oposição às psicoses "adquiridas", os autores distinguem essa afecção do delírio sistematizado crônico, para ligá-la a uma predisposição "constitucional", evoluindo sem alucinações nem demência, e diferente do delírio de reivindicação, o que a distancia da paranóia kraepeliniana. Seu estudo seria retomado em 1921, no *Tratado de patologia médica* de Sergent.

Quanto à descrição da *Ilusão dos "sósias" em um delírio sistematizado crônico*, que se tornaria a *Síndrome de Capgras*, esta foi tratada em um artigo de dez páginas, assinado também pelo seu residente, C. Reboul-Lachaux, e publicado em 1923 no *Boletim da Sociedade de Medicina Mental*. Os progressos da neuropsicologia renovaram, recentemente, o interesse por essa obra.

Descrita por Capgras como uma espécie de agnosia de identificação, essa síndrome, que consiste na não-identificação, pelo paciente, de uma pessoa familiar, que ele toma por um sósia, foi durante muito tempo considerada como pertencente a uma patologia puramente psiquiátrica. Atualmente, tende-se a considerá-la como sendo relacionada com uma lesão cerebral orgânica ocorrida em um contexto de disposição afetiva particular.

Em 1931, Capgras, então presidente da *Sociedade Médico-Psicológica*, teve a satisfação de presenciar a fusão desta com a Sociedade de Psiquiatria e com a Sociedade Clínica de Medicina Mental, dissidentes havia um quarto de século. Durante muito tempo, ele trabalhara para essa reunião do conjunto dos psiquiatras franceses.

Bibliografia: LUAUTE (J.-P.), "Les délires d'identification des personnes: une approche neuropsychologique", *Neuro-psy*, 1992, vol.7, 364-84.

CARTER *Robert*-Brudenell (1828-1918)

Filho de um oficial da Marinha real, Carter nasceu em Little Wittenham, estudou medicina em Londres, onde, em 1851, foi admitido no Colégio Real de Cirurgia, mas, por razões pecuniárias, logo se instalou como clínico em Leystonstone. Participou, de 1855 a 1856, da campanha da Criméia, ocasião em que se desenvolveu o seu gosto pela cirurgia oftalmológica, à qual dedicaria, a partir de então, a sua existência. Em 1859, foi um dos fundadores da Nottingham Eye Infirmary; em 1862, participou da criação da Gloucestershire Eye Institution; em 1868, foi médico do Royal Eye Hospital de Southwark, em Londres, terminando a sua carreira como oftalmologista no Hospital Saint-George, funções médicas às quais se deve acrescentar as de jornalista do *Times* e do *Lancet*.

Carter tinha apenas 25 anos quando publicou, em 1853, *Da patologia e do tratamento da histeria*, obra pouco conhecida, na qual, entretanto, ele foi o primeiro a expressar abertamente a idéia de que as manifestações histéricas eram a conseqüência de emoções sexuais "reprimidas" (*repressed*) pelas interdições sociais, mas que não perdiam nada da sua intensidade e levavam o doente a "fabricar" sintomas destinados a chamar a atenção das pessoas próximas, e até mesmo a encontrar elementos de satisfação nos tratamentos mais penosos. A atitude mais tolerante da sociedade para com a sexualidade do homem lhe parecia explicar a raridade maior da histeria masculina, cuja existência ele admitia sem reservas.

CARUS *Karl-Gustav* (1789-1869)

Filho de um tintureiro de Leipzig, Carus nasceu nessa cidade em 3 de janeiro de 1789. Em 1811, defendeu a sua tese "De rheumatismo uteri" e, nomeado *Privat Dozent*, encarregou-se de um curso de anatomia comparada. Em 1815, foi chamado para a cátedra de obstetrícia da Academia de Medicina e de Cirurgia de Dresden e dirigiu ao mesmo tempo o Instituto de Formação das parteiras, funções que abandonou em 1827, quando se tornou médico pessoal do rei de Saxe. Morreu a 28 de janeiro de 1869.

A carreira médica de Carus foi, antes de tudo, obstétrica, mas se lhe devemos um *Manual de ginecologia* (1820) e um *Tratado da gravidez e do parto* (1822), que contém uma notável descrição da gravidez extra-uterina, sua obra é na verdade muito eclética. Ao lado de um *Manual de zootomia*, ilustrado com pranchas gravadas por ele próprio, foi autor de estudos sobre as *Inscrições dos templos de Delfos*, e sobre a *Circulação nas larvas de neurópteros*. Acrescente-se um talento de pintor paisagista que lhe valeu uma certa fama.

Mas Carus também foi adepto da "Naturphilosophie", herdeira do movimento romântico alemão. Em 1831, publicou *Conferências de psicologia*, seguidas, em 1846 de *Psyché, para uma genética da alma*, uma das primeiras tentativas coerentes de abordagem da realidade da "alma consciente" através da pesquisa de um *inconsciente* criador e irracional, em perpétua transformação. Essa concepção, mais abstrata e metafísica do que rica de incidências práticas, fez do seu autor, entretanto, um precursor dos estudos sobre a dinâmica do inconsciente, que seria retomado com mais sucesso pelos neuropsiquiatras do fim do século.

CASTIGLIONI *Cesare* (1806-1871)

Originário da Lombardia, Castiglioni obteve seu diploma de médico em 1831, na Universidade de Pavia, e em 1833, depois de alguns meses em Viena, tornou-se assistente no Hospital geral de Milão. Desempenharia ali, durante 20 anos, as funções de "internista" e só em 1852 ocupou-se de psiquiatria, como diretor do Manicômio da Senavra, que começou a reformar. Teria a satisfação de ver abrir-se a sucursal de Montebello e elaborar-se o projeto do asilo de Dasio, próximo a Milão, em um momento em que se impunha a necessidade de "transformar em verdadeiros asilos os antigos conventos, há muito tempo tristes refúgios dos alienados", para retomar as palavras de Brierre de Boismont*, aliás maravilhado com as exibições das classes de música instrumental e coral que visitou na Senavra, em 1850.

Preocupado com as disposições legislativas referentes aos doentes mentais, convencido da utilidade das pesquisas anatomopatológicas, Castiglioni escreveu sobre esses temas nos *Arquivos Italianos de Freniatria*, desde a sua fundação em 1864. Morreu em Milão a 8 de outubro de 1871.

CAZAUVIEILH *Jean-Baptiste* (1801-1849)

Nascido em Salles, a 40 quilômetros de Bordeaux, Cazauvieilh descobriu a psiquiatria durante a sua residência na Salpêtrière, no serviço de Esquirol*. Em 1827, aceitou o posto de médico do Hospital de Liancourt (Oise) e, interessado nas relações que podiam existir entre crime e suicídio, realizou uma pesquisa profunda sobre os casos observados na região. Esse seria o tema do seu livro *Do suicídio, da alienação mental e dos crimes contra as pessoas*, publicado em 1840.

Como bom aluno de Esquirol, considerava o encéfalo como sendo composto de um certo número de partes, que diferiam pelas suas funções. Se não era fácil "distinguir o homem que goza de sua liberdade moral daquele que está privado dela no momento da ação", era no cérebro que se deveria procurar a sede das faculdades intelectuais e das paixões às quais se relacionava o suicídio, mesmo que a alteração pudesse começar por "outras vísceras que lhe estão simpaticamente unidas". Quanto aos alienados criminosos, pensava que seu lugar seria um estabelecimento onde ficariam recolhidos por toda a vida.

Cazauvieilh foi dos primeiros a exigir a criação de obras de proteção aos alienados convalescentes. Essa idéia seria retomada por David Richard* no Congresso Científico de Estrasburgo em 1842.

Doente, retirou-se para sua terra natal, onde morreu em junho de 1849. Tinha 48 anos.

CÉNAC *Michel* (1891-1965)

Cénac nasceu a 28 de junho de 1891, em Argelès-Gazost (Hautes-Pyrénées). Começou a estudar medicina em Toulouse e em Bordeaux, mas, por causa da guerra, só em 1921 foi nomeado residente nos Asiles de la Seine, no mesmo concurso que Henri Codet*. Sua tese, "De certas linguagens dos alienados - Contribuição ao estudo das glossolalias", defendida em 1926, constituía o aprofundamento de um tema caro ao seu mestre Séglas*.

Chefe de clínica de Claude*, interessou-se muito cedo pelos trabalhos de Freud* e fez análise com Loewenstein*. Foi um dos membros fundadores da Sociedade Psicanalítica de Paris, em 1926. Em 1934, publicou *O que todo médico deve saber sobre a psicanálise*, texto destinado aos generalistas. A prática da análise o conduziria a uma reflexão nova sobre a criminologia, que se tornou outro dos seus centros de interesse. Médico-adjunto da enfermaria psiquiátrica da Polícia, perito estimado pelos tribunais, professor no Instituto de Criminologia da Faculdade de Direito, presidente da Sociedade de Criminologia, consagrou estudos ao *Depoimento e seu valor do ponto de vista jurídico* (1951), aos aspectos psiquiátricos e médico-legais da recidiva dos atos anti-sociais (1956), à *Criminalidade e psicanálise* (1961). Sua última intervenção na Sociedade Médico-Psicológica em 1964 seria ainda dedicada à *Recusa da culpabilidade*.

CERISI *Laurent* Alexis Philibert, dito CERISE (1807-1869)

Filho do barão Cerisi, general do Império, Laurent Cerise nasceu em Aosta (Piemonte) a 2 de fevereiro de 1807. Doutor em medicina pela Universidade de Turim em 1828, chegou três anos depois a Paris e obteve em 1834 a autorização de exercer a medicina na França. Iria ligar-se a Buchez, historiador, filósofo e médico, ex-*carbonaro*, membro do complô antimonarquista de 1822, presidente da Assembléia Nacional em 1848, convertido do materialismo dos "Amigos da Verdade" às idéias espiritualistas de Saint-Simon e à concepção política de um socialismo cristão.

Em 1851, os dois amigos, cujos sentimentos republicanos eram suspeitos aos olhos dos autores do golpe de Estado de 2 de dezembro, foram presos no domicílio de Cerise e detidos durante dois dias na Conciergerie. No ano seguinte, fizeram parte, com Baillarger* do Comitê de redação da Sociedade Médico-Psicológica que acabava de ser fundada. Em 1864, Cerise foi eleito sócio-livre da Academia de Medicina e morreu em Paris cinco anos depois, a 6 de outubro de 1869.

Cerise logo se interessou pelas doenças do cérebro, e particularmente pelas relações entre o físico e o moral, estudo que ocuparia a maior parte da sua obra. Se, já em 1836, devemos-lhe uma *Exposição e exame crítico do sistema frenológico* e um *Manual de higiene e de educação física*, em 1842 publicou *Das funções e das doenças nervosas em suas relações com a educação social e particular, moral e física* e, em 1843, o *Ensaio sobre os princípios e os limites da ciência das relações entre o físico e o moral, podendo servir de introdução às diversas edições da obra de Cabanis sobre as relações entre o físico e o moral no homem*. Foi ainda com um artigo consagrado ao mesmo tema, "O que se deve entender, em fisiologia e em patologia, por estas palavras: influência do moral sobre o físico, influência do físico sobre o moral", que ele inaugurou, em janeiro do mesmo ano, o primeiro artigo do primeiro número dos *Annales Médico-Psychologiques*, do qual foi um dos três fundadores, com Baillarger e Longet.

CERLETTI *Ugo* (1877-1963)

Filho de um engenheiro agrônomo, nascido em Conegliano Veneto, a 26 de setembro de 1877, Cerletti estudou medicina em Roma e em Turim, antes de aperfeiçoar os seus conhecimentos sobre as doenças nervosas em Paris, junto a Pierre Marie e a Dupré*, e em Heidelberg e Munique, junto a Kraepelin*, Nissl* e Alzheimer*, Depois da Primeira Guerra Mundial, durante a qual imaginou os uniformes brancos de camuflagem para uso das tropas alpinas e inventou "um foguete de explosão diferida" (!) que seria adotado pelo exército italiano, assumiu a direção do Instituto de neurobiologia do asilo de alienados de Milão. Em 1924, foi nomeado professor em Bari, depois em Gênova em 1928 e enfim em 1935 em Roma, onde morreu a 25 de julho de 1963. É a Cerletti e ao seu colaborador Lucio Bini* que se deve a descoberta do *eletrochoque* em circunstâncias que merecem ser lembradas.

Como todos os psiquiatras da época, Cerletti utilizava no seu serviço o choque com metrazol de von Meduna*, cujos inconvenientes maiores ele admitia: violência da crise convulsiva, inconstância da sua ocorrência, intensidade da angústia prévia à perda da consciência. Aliás, estudava em cobaias as consequências sobre o sistema nervoso das crises de epilepsia repetitivas provocadas experimentalmente por descargas elétricas, quando ficou sabendo que, nos abatedouros de Roma, matavam-se os porcos por esse processo, o que confirmava o perigo desse método. Assim, foi aos abatedouros, mas percebeu que na verdade não era a eletrização que matava os animais. Aproveitava-se apenas a fase comatosa secundária à crise convulsiva para sangrar sem dificuldade o porco inconsciente, mas ainda vivo. Cerletti iria então estudar as "doses" de corrente necessárias para matar o animal e constatar que era necessário usar um tempo de passagem muito longo, ao passo que uma corrente de 125 volts, aplicada durante alguns décimos de segundo, bastava para obter, sem riscos, uma crise de epilepsia. Nascia a idéia do eletrochoque. Bini construiu o primeiro "*sismotério*" e, a 15 de abril de 1938, Cerletti e Bini submeteram pela primeira vez um doente ao seu método que, parecendo mais simples, menos violento e menos angustiante para o doente do que o metrazol, o suplantaria pouco a pouco, antes de ser destronado progressivamente, pelo uso dos medicamentos antidepressivos surgidos em 1957.

CHAMBARD *Ernest* (1851-1900)

Nascido a 13 de agosto de 1851 em Paris, Chambard passou seus anos de residência entre a psiquiatria, com Luys* e Moreau (de Tours)*, a dermatologia no Hospital Saint-Louis, e as funções de professor-assistente na

Escola Prática de Altos Estudos, sob a direção do histofisiologista Louis Ranvier. A orientação da sua carreira ficaria indecisa: depois de uma tese de doutorado consagrada ao sonambulismo (1881), tornou-se secretário de redação de *L'Encéphale*, que Luys e Benjamin Ball*, de quem era chefe de laboratório, acabavam de criar. Em 1882, partiu para Lyon como chefe de clínica em dermato-sifiligrafia. No ano seguinte, a cidade de Marselha, que esperava criar uma Faculdade de Medicina, lhe ofereceu a cátedra de histologia, mas como o projeto não se realizou, Chambard se decidiu pela carreira hospitalar. Depois de exercer várias funções, chegou, em 1897, a Clermont (Oise), como médico-chefe. Morreu nessa cidade a 14 de janeiro de 1900, com a idade de 49 anos, de um tétano inoculado acidentalmente durante seus trabalhos de laboratório.

Sua obra mais interessante foi a que consagrou, em 1890, aos *Morfinômanos*, obra muito documentada, que expunha os diversos aspectos, clínico, terapêutico e médico-legal de um problema que já era muito preocupante no fim do século passado. Laurent Tailhade até deu a entender que o próprio autor teria sucumbido aos encantos do "Ídolo Negro"...

CHARCOT *Jean-Martin* (1825-1893)

Charcot nasceu a 20 de novembro de 1825 em Paris. Seu pai era fabricante de carruagens e teve quatro filhos. *Jean-Martin* era o mais velho. Foi admitido em 1848 na residência dos Hôpitaux de Paris e ficaria muito marcado pela personalidade do seu mestre Rayer, amigo de Claude Bernard, médico de Napoleão III e futuro decano da Faculdade de Medicina. Em 1853, defendeu sua tese sobre a gota, foi nomeado três anos depois como médico dos Hôpitaux e encarregado de um serviço no Hospital de Lourcine. Depois de um fracasso em 1857, foi bem-sucedido no concurso para professor em 1860, graças a Rayer, que fazia parte da banca e apesar de uma prova oral medíocre. Em 1862, deixou Lourcine e foi para a Salpêtrière. Foi nesse "museu patológico vivo, cujos recursos eram consideráveis", segundo suas próprias palavras, que se desenrolou toda a sua carreira. Colaborou com seu ex-colega de residência Alfred Vulpian em pesquisas comuns sobre a patologia nervosa, que iriam contribuir em grande parte para lançar as bases da neurologia moderna.

Em 1872, Charcot sucedeu a Vulpian na cátedra de anatomia patológica. Conservou esse lugar até que, por instigação de Gambetta, foi criada em 1882, para seu uso, a primeira cátedra de clínica das doenças nervosas. O ano de 1872 também marcou a sua entrada na Academia de Medicina, seguida em 1883 pela sua eleição para a Academia de Ciências. A partir de então, Charcot se tornou um membro da alta sociedade parisiense, mundialmente conhecido, que recebia à mesa as celebridades médicas, artísticas, literárias e políticas durante os saraus das terças-feiras, no seu palacete do nº217 do bulevar Saint-Germain. No hospital, suas aulas clínicas atraíam muitos espectadores de toda a parte, cuja curiosidade nem sempre era, infelizmente, de ordem médica.

Sofrendo de angina de peito havia vários anos, morreu na noite de 16 de agosto de 1893, de uma crise de edema agudo do pulmão, em uma pousada do lago de Settons, durante uma viagem de férias na região de Morvan, que fazia com seus alunos Debove e Strauss. Seus funerais solenes ocorreram três dias depois, na capela da Salpêtrière, "inteiramente revestida de luto, com um gosto que honra a Casa de Borniol", como descreveu o cronista dos *Arquivos de Neurologia*.

Charcot deixou a lembrança de um personagem de vasta cultura médica e artística, ele próprio excelente desenhista, aplicando à caricatura os seus dons de observação, grande viajante, chamado para consultas médicas até pela corte russa, graças à sua reputação de clínico e de taumaturgo, mas cujo caráter autoritário e sombrio não suportava a menor contradição. Teve dois filhos: uma menina, Jeanne, nascida em 1865, e um menino, Jean-Baptiste, nascido em 1867, que depois de estudar medicina para agradar ao pai, de quem aliás foi residente, fez uma conhecida carreira de explorador e morreu a 15 de setembro de 1936, ao largo de Reykjavik, a bordo do navio *Pourquoi pas?*.

Os primeiros trabalhos de Charcot se referiam a diversos campos da medicina, até o momento em que sua chegada à Salpêtrière em 1862 orientou suas pesquisas para o mundo até então desconhecido das afecções do sistema nervoso, a cujo estudo ele aplicaria o método anatomoclínico de Laënnec. Durante os dez anos seguintes, produziu o essencial da sua obra neurológica que, cem anos depois, ainda conserva todo o seu valor e cujos capítulos têm como título "a esclerose lateral amiotrófica" ou "doença de Charcot" (1865), "a esclerose em placas" (1868), "as artropatias do tabe" (1868-1869), ou "as localizações medulares" (1873), mas já em 1878, "pela força das circunstâncias, ele se viu mergulhado na histeria". Foi porque, por ocasião de uma reorganização dos locais da Salpêtrière, ele teve acrescentada ao seu serviço a "seção dos epilépticos simples", onde acabavam de ser reunidas autênticas doentes de epilepsia e histéricas que copiavam os seus sintomas dos modelos convulsivos que tinham sob os olhos.

Rapidamente, Charcot se apaixonou por esse novo campo de investigação. Adotando as idéias de Briquet*, que via na histeria uma neurose do encéfalo, quis aplicar ao seu estudo — o que seria um dos seus erros — o olhar descritivo e metódico do neurologista. Pretendia fixar definitivamente as "regras" do grande ataque histérico, "válidas para todos os tempos, todos os países, todas as raças". Foi então que apareceu na sua obra esse "ligeiro defeito", de que falaria mais tarde o seu aluno Pierre Marie, a introdução da metaloterapia de Burq* em 1876, seguida da hipnose em 1878: a utilização dessas técnicas foi confiada sem garantias suficientes a colaboradores que tendiam, na maioria, a mostrar ao "patrão" (que, ao que parece, nunca hipnotizou pessoalmente um único paciente) as manifestações que ele desejava ver, a partir de um número afinal restrito de doentes "estrelas", muitas vezes exibidas em demonstrações públicas, e pouco a pouco educadas em uma atmosfera de sugestão recíproca.

Em 1882, Charcot fez, na Academia de Ciências, uma comunicação *Sobre os diversos estados nervosos determinados pela hipnotização nas histéricas*, que marcou o ponto de partida de polêmicas famosas com Bernheim*, a respeito da assimilação abusiva da hipnose à histeria, das anestesias sensitivo-sensoriais "inteiramente criadas pela sugestão médica exploradora", dessa "histeria de cultura" enfim, puro produto da escola da Salpêtrière, segundo os estudiosos de Nancy.

As teorias de Charcot não lhe sobreviveriam. Ele próprio, certamente, o pressentira, pois confessou poucos dias antes de sua morte ao seu secretário Georges Guinon que "sua concepção da histeria se tornou caduca e seria necessário revolucionar todo esse capítulo da patologia nervosa".

Entretanto, o papel de Charcot na história da psiquiatria não foi negativo. Teve o mérito de afirmar definitivamente a idéia de uma histeria masculina, de chamar a atenção para as manifestações da histeria traumática, e principalmente, ao oficializar, com o seu prestígio, o interesse médico da "grande neurose", favoreceu a evolução da psicologia dinâmica: Pierre Janet* foi seu aluno e Charcot criou para ele o laboratório de psicologia experimental. Os quatro meses que Freud* passou no seu serviço, em 1885-86, certamente influíram muito no desenvolvimento posterior da psicanálise.

CHARLESWORTH *Edward*-Parker (1783-1853)

Filho do reitor de um pequeno burgo de Nottinghamshire, Charlesworth terminou os seus estudos de medicina em 1807 em Edimburgo e instalou-se em Lincoln. Ali, desempenhou ao mesmo tempo as funções de médico do Hospital do Condado, e a partir de 1820 as de médico do asilo onde iria tentar melhorar as condições dos alienados, atacando os métodos coercitivos então em uso. Conseguiu, em um primeiro tempo, que o pessoal não utilizasse mais esses meios sem o consentimento dos responsáveis pelo estabelecimento, e depois, em 1828, que os instrumentos de contenção sem uso fossem guardados em um local reservado, a fim de que, a qualquer momento, fosse possível perceber a importância da sua utilização. Enfim, conseguiu que se fizesse um levantamento exato dos doentes amarrados, de modo que praticamente todo meio de contenção desapareceu do Lincoln Asylum. Em 1835, Gardiner Hill* veio ocupar ali o posto de cirurgião-residente e não hesitou em atribuir a si mesmo o mérito dessas reformas, nas quais John Conolly*, o apóstolo do "*no restraint*", se inspiraria diretamente. Charlesworth morreu a 20 de fevereiro de 1853, das seqüelas de um acidente vascular cerebral.

CHASLIN *Philippe*-Émile-Adrien (1857-1923)

Chaslin nasceu em Paris a 14 de fevereiro de 1857. Sua primeira vocação foi a matemática. (No fim da vida, redigiria diversos artigos sobre o pensamento matemático, deixando um *Ensaio sobre o mecanismo psicológico das operações da matemática pura*, que seria publicado em 1926, na Biblioteca de Filosofia Contemporânea.) Mas, a conselho de seu avô materno, Reige-Delorme, que fundara em 1823 os *Archives Générales de Médecine* e lançara em 1864, com Dechambre, o *Dicionário enciclopédico das ciências médicas* em cem volumes, foi para a medicina que se orientou. Recebido na residência em 1882, passou pelos serviços de Luys*, de Féré*, de Jules Voisin* e de Legrand du Saulle* ao mesmo tempo em que freqüentava, no Collège de France, os laboratórios dos histologistas Ranvier e Malassez. Em 1887, defendeu sua tese "Do papel do sonho na evolução do delírio", e foi nomeado médico-adjunto da seção de alienados do Hospital Bicêtre, da qual se tornou médico-chefe em 1889. Terminou a carreira na Salpêtrière, quando se extinguia o quadro de alienistas dos Hôpitaux, tendo sido um dos últimos deles, com seu amigo Seglas*. Celibatário tímido, leitor obsessivo, apaixonado pelos poetas de vanguarda, dividiu sua existência entre sua mãe e seu trabalho hospitalar. Morreu a 26 de julho de 1923, legando sua fortuna e cerca de 2.300 volumes da sua biblioteca para a Faculdade de Medicina de Paris, da qual Reige-Delorme fora bibliotecário durante quase 40 anos.

Falar da obra de Chaslin é evocar, antes de tudo, *A confusão mental* e *Os elementos de semiologia. A confusão mental primitiva* foi publicada em 1895. Chaslin queria fazer desse tipo clínico, originário da "estupidez" de Georget*, uma "afecção idiopática primitiva", enquanto os autores que se seguiriam, como Régis* na França e os psiquiatras alemães, insistiriam com razão no caráter reacional dessa psicose, que assim logo perdeu o seu caráter "primitivo", para tornar-se secundária a um agente "exógeno".

Essa posição descritiva exclusiva, essa ausência de teorização patogênica, essa desconfiança em relação às categorias nosográficas parecem específicas do pensamento de Chaslin. Encontramos esses traços nos *Elementos de semiologia e de clínica mentais*, volumoso trabalho publicado em 1912, para o qual, durante 20 anos, ele coletou documentos e observações clínicas, a fim de mostrar ao leitor "o doente tão vivo quanto possível", e apontar "por assim dizer, com o dedo o sinal que deve ser procurado", em uma visão "exterior", puramente analítica e descritiva.

Bibliografia: BASSET (J.), "Présentation de Chaslin", tese de medicina, Paris, 1961.

CHAUVOT DE BEAUCHÊNE Pierre-*Edme* (1749-1824)

Originário de Villefranche, perto de Joigny (Yonne), De Beauchêne serviu na gendarmaria de Lunéville, antes de estudar medicina em Montpellier. Instalando-se em Paris, obteve o cargo de médico da casa de Monsieur (o futuro Luís XVIII) e conseguiu grande sucesso no tratamento "dessas doenças, triste fruto da ociosidade, e então muito em moda entre as grandes damas" (Pariset), o que nos valeu *Da influência das afecções da alma sobre as doenças nervosas das mulheres*, livro publicado em 1781. Membro da Comuna de Paris em 1789, tornou-se suspeito e preferiu refugiar-se na região de Sens, depois dos acontecimentos do dia 10 de agosto. Propagador da vacina, primeiro médico clínico do rei sob a Restauração, membro da Academia de Medicina em 1820, faleceu no dia de Natal de 1824, de complicações infecciosas de uma litíase vesical.

CHEYNE *George* (1675-1743)

Nascido em Mathlick (Aberdeenshire), George Cheyne foi conduzido para a medicina por Archibald Pitcairn, professor de patologia em Edimburgo. Obteve seu diploma em 1702 e instalou-se em Londres, onde provavelmente levou durante algum tempo uma vida dissipada e mundana, contrastando com seus hábitos anteriores, antes de mergulhar em uma fase de depressão de aspecto neurótico, que alimentaria a obra que nos interessa agora e que publicou tardiamente, em 1733, *The English Malady*, "A doença inglesa, ou tratado das doenças nervosas de todos os tipos, tais como 'o spleen', os vapores, a depressão, as doenças hipocondríacas e histéricas." Esse livro, que remete constantemente à auto-observação do autor, teve um grande sucesso popular. Se não brilha pela originalidade, pela primeira vez as perturbações "neuróticas" são atribuídas a causas surpreendentemente "modernas": a abundância de produtos, a superalimentação, o sedentarismo, a aglomeração em cidades superpovoadas com desenvolvimento excessivamente rápido... Hoje, falaríamos das megacidades e da sociedade de consumo.

Cheyne morreu a 13 de abril de 1743 em Bath, onde decidira morar por razões de saúde.

CHIARUGI *Vincenzo* (1759-1820)

Chiarugi nasceu a 20 de fevereiro de 1759 em Empoli, nos arredores de Florença. Depois de fazer estudos de medicina em Pisa, terminados em 1780, encarregou-se em 1788 dos alienados do Hospital São Bonifácio, que acabava de abrir suas portas em Florença, e para o qual propôs um regulamento que continha *avant la lettre* os grandes princípios do tratamento moral. Em 1793-94, foram publicados os três tomos do seu *Tratado da loucura* (*Della pazzia en generale ed in spezie*...), que durante muito tempo seria considerado um clássico na Itália. Paralelamente, interessou-se pelas afecções cutâneas, publicou em 1799 um *Ensaio teórico e prático sobre as doenças da pele* em dois volumes e foi nomeado professor de dermatologia e de patologia mental na Escola de Medicina de Florença. Depois, ocuparia as cátedras de fisiologia, de patologia e de matéria médica. Morreu a 20 de dezembro de 1820 em Florença, onde passou quase toda a sua existência.

Chiarugi tentou lançar as bases de uma observação científica da doença mental, através da centena de casos (dos quais 59 com controle de autópsia) que ele relatou no seu *Tratado*. Esforçando-se em relacionar as lesões anatômicas e os distúrbios intelectuais, considerava a loucura como uma falta de equilíbrio na vitalidade das diferentes porções dos centros nervosos, ligada a uma alteração da estrutura física do cérebro, o que o aproxima das teorias de Franz Gall*, seu contemporâneo. Quanto ao tratamento, enunciou os princípios essenciais: respeitar o alienado como indivíduo, evitar o recurso à força, limitar ao máximo os períodos de contenção e proibir o uso de correntes, estimular a atividade dos doentes, exigir a presença médica permanente no asilo.

Assim sendo, não se compreende a crítica severa de Philippe Pinel*, que aliás só chegou ao Hospital Bicêtre no ano da publicação do tratado *Della pazzia*: "Seguir sempre os caminhos batidos, falar da loucura em tom dogmático (...) voltar mais uma vez à antiga ordem escolástica de causas, diagnóstico, prognóstico, indicações a obedecer, essa foi a tarefa que Chiarugi cumpriu." Mas, ao contrário, este aparece como um precursor, na atmosfera de progresso social e liberdade política da Toscana no fim do século XVIII, marcada pelo reinado do grão-duque Leopoldo, que já em 1774 promulgou a primeira lei liberal sobre os alienados.

CHIRON *Marie-Joseph*, padre (1797-1852)

M.-J. Chiron nasceu a 19 de novembro de 1797 em Bourg-Saint-Andéol, na região de Ardèche. Foi ordenado padre em 1823, depois de estudos no seminário de Viviers, e nomeado vigário de Saint-Martin-l'Inférieur, pequena paróquia da diocese. Em 1827, foi capelão das prisões de Privas, quando o padre Magallon chamou sua atenção para as obras religiosas hospitalares destinadas aos doentes mentais. Assim, fundou em Privas uma casa para mulheres alienadas e depois uma segunda em Clermont-Ferrand em 1836, com a ajuda de moças reunidas em uma comunidade, que se tornaria a ordem de Sainte-Marie-de-l'Assomption, que obedecia à regra de Santo Agostinho. Em colaboração com o padre Bal, ocupou-se então dos homens alienados e instalou em 1839 uma comunidade de "irmãos servidores" em La Cellette (Corrèze), onde o irmão Hilarion (Joseph Tissot*) fracassara alguns anos antes. Tendo se retirado em 1843 para a ordem franciscana, morreu a 27 de dezembro de 1852 no eremitério de Notre-Dame-du-Cros, na Montanha Negra.

Os irmãos servidores acabariam por reunir-se à ordem dos irmãos de São João de Deus*, enquanto as religiosas de Sainte-Marie-de-l'Assomption continuaram a administrar na França alguns estabelecimentos psiquiátricos como Privas, Nice, Le Puy, Rodez e Clermont-Ferrand.

CHRISTIAN *Jules* (1840-1907)

Nascido a 16 de março de 1840 em Bischwiller (Bas-Rhin), Christian estudou em Estrasburgo e interessou-se pelo ensino de patologia mental dado por Dagonet*. Obteve um lugar de residente no seu serviço no Asilo de Stephansfeld. Defendeu sua tese em 1864 sobre "A paquimeningite hemorrágica", e começava sua carreira em Bischwiller, quando a guerra de 1870 veio mudar o seu destino. Em 1872, foi removido para o Asilo de Montdevergues (Vaucluse) e depois para Maréville (Meurthe). Quatro anos depois foi nomeado, por concurso, médico da Casa Nacional de Charenton, com Antoine Ritti*. Faleceu de uma crise cardíaca a 11 de julho de 1907.

Além de um livro publicado em 1876, *Estudos sobre a melancolia, Distúrbios da sensibilidade geral*, a obra de Christian está dispersa em muitas publicações, principalmente nos *Annales Médico-Psychologiques*, que abordam diversos temas. Citaremos, entre outros, *Raiva e hidrofobia em suas relações com a alienação mental* (1869), *Da loucura consecutiva às doenças agudas* (1873), *Das idéias de grandeza dos perseguidos* (1891). A epilepsia e a paralisia geral receberam grande parte de sua atenção, mais ainda porque era adversário da teoria sifilítica desta última afecção, tendo defendido seu ponto de vista em muitos artigos. Seu conhecimento da língua alemã também reforçou o seu interesse, já em 1899, pela *Demência precoce dos jovens*, conceito que Kraepelin* acabava de precisar.

No campo institucional, opôs-se à criação de asilos para os alienados criminosos. Exigia para eles uma internação perpétua, e foi um partidário muito moderado dos métodos liberais do *no restraint* quando se discutiu esse assunto na Sociedade Médico-Psicológica.

CLAUDE *Henri*-Charles-Jules (1869-1945)

Nascido a 31 de março de 1869 em Paris, muito marcado pelo cunho "biológico" do seu mestre, o internista Charles Bouchard, em cujo laboratório trabalhou durante 12 anos, Henri Claude dedicou sua tese, em 1897, às *Lesões do fígado e do rim determinadas por certas toxinas*. Nomeado médico dos Hôpitaux de Paris em 1903, foi professor de medicina no ano seguinte e tornou-se assistente de Raymond* na Salpêtrière. De 1914 a 1918, dirigiu, com Jean Lhermitte, o Centro Neuropsiquiátrico da Região Militar de Bourges, ocasião em que ambos estudaram as afecções neurológicas traumáticas. Em 1922, o desaparecimento prematuro de Dupré* o levou a Sainte-Anne, para a cátedra de clínica das doenças mentais. Exigiu imediatamente a criação de dispensários, de serviços de consulta externa e de uma seção aberta destinada aos casos agudos e aos que ele chamava "os pequenos mentais", concordando assim com as exigências que Édouard Toulouse* fazia, na mesma época. Permaneceria nessa cátedra até sua aposentadoria em 1939, tendo conseguido que o estágio de psiquiatria fosse obrigatório para todos os estudantes de medicina.

A obra de Claude aborda muitas áreas da medicina interna, indo da patologia experimental até a bioquímica, da endocrinologia à neurologia, que ele tentou pouco a pouco distinguir dessa "ciência dos objetos mortos", o método anatomoclínico estrito, herdado de Charcot*, para encará-la em uma perspectiva biológica e dinâmica.

Essa pesquisa dos fatores de variação dinâmica se reencontraria na sua concepção psicobiológica da doença mental, inspirada nas teorias neurológicas de Hughlings Jackson*: liberação dos sintomas mórbidos pela dissolução dos centros que "têm sob seu controle o jogo harmônico das funções cerebrais" — concepção que constituiria posteriormente a própria base do organodinamismo do seu ex-chefe de clínica Henri Ey*.

É a Claude que devemos o conceito de *esquizoses*, "doenças por dissociação", nas quais o doente parece perder a noção do real e, segundo ele, ocorrem a histeria, "diátese tendo, em geral, a sua origem em um estado constitucional do sistema nervoso, o nervosismo", e a esquizofrenia, "processo psicógeno que tem a sua origem em uma constituição esquizóide anterior ou em complexos afetivos recalcados segundo um mecanismo freudiano". Dessa esquizofrenia, ele isolava radicalmente a demência precoce, "doença acidental (...) que repousa em uma base orgânica e que evolui à maneira das encefalites". Talvez não seja inútil, para esclarecer esse ponto, lembrar que Claude pertencia à geração de psiquiatras que foi confrontada com as formas mentais e com as seqüelas psíquicas da grande epidemia de encefalite de von Economo de 1917 e que descobriu as primeiras terapêuticas biológicas eficazes para doenças mentais.

Mas esse médico de formação neurobiológica também soube prestar o seu apoio, apesar dos sarcasmos, ao movimento psicanalítico que nascia. Desde 1923, encarregou René Laforgue* de um serviço de psicanálise no Hospital Sainte-Anne. Ali, no seu serviço, se encontrariam alguns dos fundadores da futura Sociedade Psicanalítica de Paris: Codet*, seu chefe de clínica, Borel, Hesnard*, Laforgue* e Eugénie Sokolnicka*. Em 1926, patrocinou uma série de conferências sobre psicanálise, na clínica de doenças mentais. Abriu seu serviço a assistentes, que tiveram uma formação analítica: Borel, Cenac*, Lacan*, Loewenstein*, Nacht e Saussure*. Esse espírito de compreensão de uma certa doutrina que, na época, suscitava a indiferença, para não dizer a hostilidade dos meios médicos franceses, merece ser enfatizado, embora Claude tivesse reservas quanto ao valor terapêutico do método freudiano, ao qual pessoalmente não aderia, e aos olhos de alguns, essa atitude ambígua apenas dissimulasse um desejo de neutralização do movimento psicanalítico.

Bibliografia: DELAY (J.), "L'œuvre d'Henri Claude", *L'Encéphale*, 1950, 4, 373-412.

CLOUSTON *Thomas* (Sir) (1840-1914)

Nascido nas Ilhas Órcadas, Clouston estudou medicina em Edimburgo. Começou sua carreira como médico-adjunto no Asilo de Morningside, onde recebeu os ensinamentos de David Skae*, antes de ser nomeado em 1863 (com apenas 23 anos) médico-diretor do asilo dos condados de Cumberland e de Westmorland. Só deixaria esse trabalho dez anos depois, para suceder ao seu mestre Skae, que acabava de morrer. Redator-chefe do *Journal of Mental Science* de 1873 a 1883, presidente em 1888 da Associação Psiquiátrica da Grã-Bretanha e da Irlanda, escreveu *A higiene do espírito. As neuroses de desenvolvimento. As deficiências do espírito* (1911). Quando, em 1879, a Universidade de Edimburgo decidiu criar um curso oficial de psiquiatria, foi Clouston o escolhido para dirigi-lo. Suas lições clínicas teriam várias reedições.

CODET *Henri* (1889-1939)

Nascido em 1889, o próprio Codet disse ter sido atraído pela psiquiatria já no ano em que estudou filosofia, em conseqüência da leitura de obras de Pierre Janet*. Residente dos Hôpitaux de Paris e depois dos Asiles de la Seine, foi aluno de Maillard no Hospital Bicêtre, e depois de Séglas* e de Souques na Salpêtrière. Chefe de clínica de Claude*, defendeu em 1921 uma tese, que se tornou clássica, sobre "O colecionismo normal e patológico". Em 1925, foi um dos fundadores do grupo da *Évolution Psychiatrique*, que, por falta de sede, se reuniria durante algum tempo no seu apartamento da rue de l'Odéon, e em 1926, ano da publicação do seu *Tratado de psiquiatria*, foi um dos primeiros membros da Sociedade Psicanalítica de Paris. Morreu em um acidente de carro a 19 de dezembro de 1939.

Os dois temas diretores da obra de Codet são os problemas do retardo afetivo e da histeria. Codet sugeria, com René Laforgue, que se fizesse a *esquizonóia* (termo já utilizado por Pichon* com um conteúdo diferente) do primeiro, insistia na desarmonia existente entre a evolução intelectual do paciente, que podia ser excelente, e a sua afetividade, que ficava caracterizada, na idade adulta, pela persistência de reações de tipo infantil. Essa concepção desembocava em uma teoria da histeria, considerada, por sua vez, como reivindicação afetiva de um indivíduo incapaz de adaptar-se às dificuldades, justamente por causa do seu retardo afetivo. O último trabalho de Codet foi um *Esboço crítico da obra de Freud*, que apresentou diante da Sociedade Médico-Psicológica, algumas semanas antes de sua morte.

COINDET *Jean-François* (1774-1834)

Médico suíço nascido em Genebra, doutor da Universidade de Edimburgo em 1797, professor da Faculdade de Genebra aprovado em 17 de vendemiário do ano VIII (9 de outubro de 1799), médico-chefe do hospital dessa cidade a partir de 1809 e falecido em Nice a 11 de fevereiro de 1834, Jean-François Coindet merece um lugar na história da psiquiatria por ter sido o primeiro a mostrar que o *iodo*, descoberto em 1811 por Bernard Courtois, era o princípio ativo contido na esponja calcinada que se administrava usualmente aos portadores de bócio. Essa constatação, relatada em duas *Monografias sobre a descoberta de um novo remédio contra o bócio*, publicadas em 1820 e 1821, pela Biblioteca Universal de Genebra, lhe valeu, em 1832, um prêmio de três mil francos, concedido pela Academia de Ciências de Paris.

O problema da erradicação do cretinismo endêmico que grassava em muitas regiões não ficou imediatamente resolvido com isso, e continuou durante anos a preocupar os poderes públicos e os alienistas, apesar da proposta, feita já em 1841, por um outro médico de Genebra, J.-L. Prévost, de realizar a profilaxia coletiva do bócio pela adição de iodo à água ou ao sal de cozinha.

COLIN *Henri* (1860-1930)

Henri Colin nasceu em Paris, a 22 de setembro de 1860, mas foi na Inglaterra, onde seu pai se refugiara em 1871 por razões políticas, que fez seus estudos de humanidades, antes de começar o curso de medicina em Paris. Aluno externo de Charcot*, que prefaciaria a sua tese sobre o "Estado mental das histéricas" (1890), colaborou com Jean-Baptiste Charcot na redação das *Lições das terças-feiras*. Foi nomeado para a residência dos Asiles de la Seine em 1887, depois tornou-se assistente e em 1894 assumiu a direção do asilo de alienados criminosos de Gaillon (Eure). Médico-chefe dos Asiles de la Seine em 1901, foi encarregado de organizar em Villejuif um serviço para os alienados problemáticos e perigosos, cuja direção assumiria até a sua nomeação à frente do serviço das admissões do Hospital Sainte-Anne, onde sucedeu a Marcel Briand em 1922. Durante a guerra, instalou em Villejuif um serviço especial, destinado a receber militares atingidos por perturbações mentais. Aposentado em 1925, morreu a 19 de outubro de 1930.

O nome de Henri Colin está ligado, antes de tudo, aos seus trabalhos sobre os alienados criminosos. Foram considerados clássicos os dois volumes que, com seu colega de residência Florentin Pactet, também médico em Villejuif, dedicou aos *Alienados nas prisões* e aos *Alienados diante da justiça*. Estudaria novamente a questão no artigo do *Tratado de patologia médica* de Sergent, consagrado aos "Alienados delinqüentes e criminosos" (1926). Citaremos ainda o importante relatório sobre *Os asilos de segurança*, dirigido em 1910 ao administrador da região do Sena e o longo artigo consagrado, em 1912, nos *Annales Médico-Psychologiques* à "Seção de segurança de Villejuif", que atualmente tem o seu nome.

Bibliografia: LAVERDURE-CASSARIN (B.), "Henri Colin (1860-1930): La vie et l'oeuvre du créateur du 'Quartier de Sûreté' de Villejuif", tese de medicina, Caen, 1994.

COLOMBIER *Jean* (1736-1789)

Colombier nasceu a 2 de dezembro de 1736 em Toul, para onde seu pai fora enviado como cirurgião-chefe junto ao destacamento baseado nessa cidade. Depois de estudar no colégio dos jesuítas de Besançon, trabalhou nos hospitais militares de Metz e de Landau, antes de obter, por sua vez, um posto de cirurgião-chefe em um regimento de cavalaria. Defendeu sua tese em Douai em 1765 e depois em Paris em 1767. Em 1780, Necker o nomeou inspetor geral dos Hospitais Civis e Prisões, e a esse título o governo, por indicação de Luís XVI, o encarregou, juntamente com François Doublet*, inspetor-adjunto, de redigir o que seria a célebre *Instrução* de 1785 *sobre a maneira de governar os insensatos e de trabalhar pela sua cura nos asilos que lhes são destinados*, brochura de 44 páginas *in 4º*, largamente difundida no reino pelos cuidados de Calonne, ministro do Interior. Colombier escreveu a primeira parte, "que se refere à maneira de instalar, guardar e dirigir os insensatos", parte mais curta, mas essencial, verdadeiro manifesto que levanta os problemas materiais e humanos suscitados pela organização dos cuidados aos alienados, e que já definia os princípios que presidiriam à edificação dos asilos "modelos" do século XIX.

Colombier, que desde a primeira linha da introdução proclamava que "é aos seres mais fracos e mais infelizes que a sociedade deve a proteção mais acentuada e mais cuidados", morreu a 4 de agosto de 1789. Era sogro do barão Desgenettes e de Michel-Augustin Thouret, futuro diretor da Escola de Saúde de Paris.

COMBE *Andrew* (1797-1847)

Andrew, irmão mais novo de George Combe, era o décimo quinto dos irmãos. Nasceu em Edimburgo a 27 de outubro de 1797. George provavelmente teve sobre ele uma influência estimulante e em 1817, depois de obter seu diploma de cirurgião, foi completar seus estudos médicos em Paris, mas uma tuberculose pulmonar retardaria até 1823 a sua instalação em Edimburgo. Isso não o impediu de participar da vida da jovem Sociedade de Frenologia (da qual seria presidente em 1827) e de estar entre os fundadores do *Jornal de Frenologia*. Sua clientela e sua fama se ampliavam rapidamente. Em 1835, assumiu o lugar de médico do rei Leopoldo da Bélgica. Entretanto, alguns meses depois, sua saúde o obrigou a voltar a Edimburgo, onde foi nomeado, em 1838, médico, extraordinário da rainha Vitória na Escócia. A retomada da evolução da tuberculose o fez passar dois invernos na ilha da Madeira. Fez ainda uma viagem aos Estados Unidos, antes de morrer na casa de um sobrinho, em Gorgie, perto de Edimburgo, a 9 de agosto de 1847. Em 1850, seu irmão George lhe dedicaria um livro, *Vida e correspondência de Andrew Combe*.

Suas numerosas publicações, refletindo uma preocupação constante com as aplicações práticas, foram redigidas em um estilo simples e convincente, que os detratores da craniologia diriam ser de uma "lógica satânica". A sua *Fisiologia aplicada à saúde e à educação* (1834) teve uma difusão importante na Grã-Bretanha e nos Estados Unidos, e seu último livro, *Direção fisiológica e moral da infância*, teria seis edições entre 1840 e 1847. A participação de A. Combe no movimento frenológico foi certamente menos combativa do que a do seu irmão, mas ele era muito consultado nos casos de afecções psiquiátricas, às quais dedicou um volume, *Observações sobre o distúrbio mental*, publicado em 1831.

COMBE *George* (1788-1858)

George Combe nasceu em Edimburgo a 21 de outubro de 1788, em uma família de 17 irmãos. Seu pai era fabricante de cerveja. Depois de uma infância doentia em um ambiente familiar devoto e mesquinho, cuja lembrança favoreceu a sua evolução materialista posterior, freqüentou brevemente a Universidade de Edimburgo, encontrou em 1804 um emprego com um advogado e, em 1812, estava à frente de um escritório. Sua irmã mais velha administrava a casa e se ocupava de Andrew, irmão mais novo que se tornaria médico. Em junho de 1815, foi publicada na Revista de Edimburgo uma crítica acerba das idéias de Gall* e de Spurzheim*. Para defender-se, este saiu de Dublin e fez na Escócia uma série de conferências. Combe assistiu a elas e, conquistado pelo tema, consagraria a partir de então a sua existência a "propagar a doutrina com o zelo de um religioso missionário" (Leslie Stephen). Em 1818, publicou no *Magazine Literário e Estatístico* uma série de artigos sobre a frenologia, organizou duas vezes por semana reuniões em sua casa, publicou no ano seguinte os *Ensaios sobre a Frenologia*, criou em fevereiro de 1820, com seu irmão Andrew e alguns amigos, a Sociedade de frenologia que, a partir de 1823, teria seu meio de expressão com o *Jornal de Frenologia*. Em 1824, deu-se a publicação dos *Elementos de frenologia* e em 1828 dos *Ensaios sobre a constituição do homem*, nos quais estudou particularmente, à luz da cranioscopia, o problema da responsabilidade penal, da delinqüência, de sua prevenção e correção. Embora essa obra lhe tenha valido acusações de ateísmo e materialismo, ela teria uma edição popular em 1835, da qual mais de 50.000 exemplares seriam vendidos. A 25 de setembro de 1835, casou-se com a filha de Sarah Siddons, atriz londrina então muito célebre, não sem ter submetido previamente a sua noiva a um exame cranioscópico e interrogado Spurzheim sobre as suas próprias aptidões frenológicas para o casamento. A partir de 1836, a situação financeira de Combe lhe permitiu deixar os negócios e dedicar-se inteiramente ao proselitismo: de 1838 a 1840, fez uma viagem de propaganda através dos Estados Unidos e do Canadá, voltou à Inglaterra em 1840 para presidir em Glasgow o terceiro Congresso da Associação Geral dos Frenologistas, e partiu para Heidelberg em 1842, a fim de difundir as suas idéias.

Como sua saúde o obrigava a poupar-se, retirou-se então para Edimburgo, cercado de amigos, entre os quais se encontrava o romancista George Eliot. Muito preocupado com a questão das relações entre a ciência e a religião, publicou ainda um certo número de panfletos e brochuras. A 14 de agosto de 1858, morreu sem ter descendentes. Deixou a lembrança de ser profundamente sincero mas sentencioso e de espírito pouco crítico, tendo desempenhado um papel importante na difusão, no mundo anglo-saxônico, das teorias frenológicas.

CONOLLLY *John* (1794-1866)

De origem irlandesa, John Conolly nasceu a 27 de maio de 1794 em Market Rasen (Lincolnshire). Seu pai morreu quando ele tinha seis anos. Alguns anos depois, sua mãe voltou a casar-se com um emigrante francês, o que faria com que o menino tivesse um excelente conhecimento da língua e da literatura francesas. A partir de 1812, serviu na milícia do condado de Cambridge, mas abandonou a vida militar em 1816, ano do seu casamento. O jovem casal instalou-se na França, na casa do irmão de John, o doutor William Conolly, clínico em Tours, que possuía nas margens do Loire uma casa de campo, "La Grenadière" (que se tornaria depois propriedade do *chansonnier* Béranger). Em 1817, o nascimento de um filho e a diminuição de seus recursos financeiros obrigaram o casal a voltar para seu país, e Conolly começou estudos de medicina em Edimburgo. Em 1821, defendeu uma tese, *De statu mentis in insania et melancholia*, instalou-se no Sussex, em Lewes e depois em Chichester, antes de fixar-se em 1822 em Stratford-on-Avon, onde exerceria a medicina durante cinco anos, participando ativamente da vida da cidade de Shakespeare, da qual até seria eleito prefeito por duas vezes. Em 1827, chegou à capital, ensinou no University College, publicou *Indicações sobre a insanidade* e tentou convencer os responsáveis pela Universidade de Londres a introduzirem nos estudos médicos um ensino clínico das doenças mentais. Entretanto, sua clientela não era muito importante; assim, três anos depois, foi para Warwick, onde retomou o emprego de inspetor dos asilos do condado, que já ocupara quando trabalhava em Stratford. Foi nessa época que participou da fundação de uma sociedade de clínicos que se tornaria mais tarde a ilustre British Medical Association. Em 1838, partiu para Birmingham e no ano seguinte foi nomeado médico-residente do Asilo de Middlessex em Hanwell, perto de Londres, o maior estabelecimento britânico da época. Abandonou essa função em 1844, mas permaneceu como médico-assessor até 1852, a fim de tomar a direção de um asilo particular na aldeia de Hanwell, onde morreu a 5 de março de 1866.

John Conolly foi, antes de tudo, o pai do *no restraint*, o promotor da supressão total dos meios de contenção física dos alienados, cujo germe se encontra nas reformas de Pinel* e dos Tuke*, e de modo ainda mais nítido nas reformas que Charlesworth* e Gardiner Hill* começaram a aplicar no Asilo de Lincoln. Conolly chegou a Hanwell a 1º de junho de 1839. Quatro meses depois, conseguiu suprimir as camisas-de-força, as cadeiras de contenção e amarras diversas. Essa tentativa nunca fora levada tão longe e em escala tão vasta. Era uma revolução que apaixonaria o mundo dos alienistas. Reconhecendo honestamente os seus precursores, e particularmente o exemplo da York Retreat, Conolly defendia com entusiasmo a idéia de que "não há nenhum asilo no mundo em que a contenção mecânica não possa ser abolida, não só com toda a segurança, mas também com vantagens incalculáveis". Encontramos a exposição detalhada das suas concepções em dois de seus livros: *Sobre a construção e o governo dos asilos para lunáticos* (1847), que é o mais característico, e *O tratamento dos insensatos sem contenção mecânica* (1856).

COOPER *David* (1931-1986)

Originário do Cabo, Cooper foi com Ronald Laing* um dos líderes do movimento antipsiquiátrico inglês. Denunciando a psiquiatria oficial como instrumento da sociedade para reprimir, a pretexto de loucura, uma minoria incômoda, dirigiu, de 1961 a 1965, no Shelly Hospital de Londres, a experiência comunitária do *Pavilhão 21*, reunindo doentes, enfermeiros e médicos em uma existência coletiva, da qual todo vestígio de hierarquização desaparecera. O esgotamento psicológico dos terapeutas, os conflitos com a administração puseram fim a essa experiência, que iria renascer das cinzas, fora do contexto hospitalar desta vez, com a *Philadelphia Association*, que ele instalou com Ronald Laing. Também esta se encerraria cinco anos depois.

Se habitualmente se procuram os fundamentos teóricos desse movimento na fenomenologia existencial de Sartre, nos estudos da Escola de Palo Alto e nos trabalhos de psiquiatria social de Maxwell Jones, não se poderia ignorar a influência de clínicos como Rees, Bion ou Rickman, que enfrentaram, durante a guerra, os problemas de inadaptação de um exército que as circunstâncias tinham obrigado a ser totalmente improvisado. J.R. Rees, que dirigiu a Tavistock Clinic, relataria, em 1945, em *Shaping of Psychiatry by War*, essas experiências dos fenômenos de grupo que teve de administrar como general de brigada do serviço de psiquiatria do Exército. Rickman e Bion — este mobilizado na divisão blindada — publicaram a 27 de novembro de 1943 em *The Lancet* um artigo importante, "As tensões interiores ao grupo. Seu estudo proposto como tarefa para o grupo", mostrando a vantagem, em certas situações coletivas de crise, de criar uma neo-sociedade na qual o indivíduo possa restaurar um intercâmbio humano. O Pavilhão 21 e Kingsley Hall funcionariam a partir de um modelo inspirado nessas experiências.

Cooper expôs suas teorias em diversas obras: *Razão e violência*, escrito em 1964 com R. Laing, *Psiquiatria e antipsiquiatria* (1967), *Morte da família* (1971) e *Uma gramática para uso dos vivos* (1976).

Morreu em julho de 1986 de uma crise cardíaca, em Paris, onde se instalara como psicoterapeuta.

COTARD *Jules* (1840-1889)

Cotard, nascido em Issoudun (Indre) a 1º de junho de 1840, estudou medicina em Paris. Foi residente de Charcot* e de Vulpain, e consagrou sua tese, em 1868, a um "Estudo sobre a atrofia parcial do cérebro". Em 1872, Lasègue*, cujas consultas na Enfermaria especial de triagem freqüentou, o apresentou a Jules Falret*, que dirigia a casa de saúde de Vanves e procurava um colaborador. A breve carreira de Cotard fixou-se a partir de então em Vanves, onde morreu a 19 de agosto de 1889 de uma difteria contraída quando cuidava de um dos seus filhos.

Jules Cotard representa para nós *o delírio de negação*. Em 1880, apresentou à Sociedade Médico-Psicológica uma observação de *Delírio hipocondríaco em uma forma grave de melancolia ansiosa*. Através de suas publicações seguintes ("Do delírio das negações"; "Perda da visão mental na melancolia ansiosa", publicados respectivamente em 1882 e em 1884, nos *Archives de Neurologie; Do delírio de enormidade*, publicado em 1888 nos *Annales Médico-Psychologiques* e o verbete "Hipocondria" do *Dicionário Dechambre*, 1889), vemos precisar-se progressivamente o quadro clínico dos estados em que os doentes negam a própria existência de seus órgãos, e até de seu corpo inteiro e do mundo que os cerca, ou, pelo contrário, desenvolvem temas delirantes de enormidade corporal e de imortalidade dolorosa.

Alguns dias antes de sua morte, foi lida em seu nome, no Congresso de medicina mental de Paris, uma comunicação sobre *A origem psicomotora do delírio* e, a título póstumo, seria publicada em 1891 uma obra prefaciada por Jules Falret, *Estudos sobre as doenças cerebrais e mentais*.

Não se deve confundir Jules Cotard com seu filho Lucien, nascido em Vanves a 24 de outubro de 1878. Este também fez uma breve carreira de alienista: residente de Féré* e de Séglas*, autor em 1908 de um *Estudo semiológico sobre o psitacismo**, que retomaria no ano seguinte em sua tese. Morreu de uma doença cardíaca a 6 de janeiro de 1910, quando era médico-adjunto no asilo de Dijon.

COUÉ DE LA CHATAIGNERAIE *Émile* (1857-1926)

Se todos conhecem o "método Coué", condensado na célebre fórmula "a cada dia, vou cada vez melhor", seu promotor é bem menos conhecido.

Nascido em uma família tradicional da Bretanha, teve um começo de vida modesto. O pai, arruinado pela revolução de 1830, era funcionário da Ferrovia do Leste, o que explicava o seu nascimento em Troyes, a 26 de fevereiro de 1857. Fez estudos de farmácia, foi admitido em 1881 na residência de farmácia dos Hôpitaux de Paris, e voltou para sua cidade natal, onde manteve um laboratório até 1910, ano de sua chegada a Nancy, cidade de sua mulher. Como teve a ocasião de freqüentar, em 1885, Liébeault* e Bernheim*, praticou o hipnotismo e a sugestão e desejava então orientar-se para a psicoterapia. Interessou-se particularmente pela influência da auto-sugestão sobre a saúde, método que difundiu em três brochuras, *O domínio de si mesmo pela auto-sugestão consciente; O que eu fiz* e *O que digo em minhas conferências*, que teriam enorme sucesso tanto no estrangeiro quanto na França.

Coué morreu a 2 de julho de 1926 em Nancy, onde fundara a Société Lorraine de Psychologie Appliquée e dera impulso ao que se chamou, às vezes, "segunda escola de Nancy". Também foi o criador do Institut Coué d'Éducation Psychique de Paris.

COURBON *Paul* (1879-1958)

Nascido em Saint-Étienne a 11 de abril de 1879, Corbon estudou medicina em Lyon, onde defendeu em 1906 uma tese dedicada ao "Estudo psiquiátrico de Benvenuto Cellini", foi nomeado em 1904 para a residência dos Asiles de la Seine e para o serviço médico três anos depois. Ocupou diversos postos na província e, ao fim da guerra, seria o primeiro médico francês a ser designado para o asilo de Stephansfeld (Bas-Rhin), onde se ligou a Charles Blondel*. Desempenhou ao mesmo tempo as funções de médico inspetor da colônia penitenciária de Haguenau. Trabalharia depois em Vaucluse (Seine-et-Oise), e enfim no Hospital Sainte-Anne, onde foi um dos promotores do serviço de neurocirurgia. Também foi o primeiro na França a registrar, no gravador, a expressão verbal dos seus pacientes.

Suas publicações abrangem muitas áreas. Suas funções durante a guerra no Centro de psiconeuroses do governo militar de Paris e no Centro neurológico da 14ª Região o levaram a escrever, com Laignel-Lavastine* um volume sobre *Os acidentados de guerra, seu* *espírito, suas reações, seu tratamento*. Citaremos seus trabalhos sobre semiologia, terapêutica, assistência e legislação e o seu relatório sobre *A salvaguarda dos direitos do indivíduo e da sociedade no tratamento das doenças mentais*. Outros se referem aos delírios, às demências, à epilepsia, à histeria, ao membro-fantasma dos amputados. Genro de Paul Sollier*, publicou em 1924 com este uma *Prática semiológica das doenças mentais*, pequeno guia claro e preciso "do estudante e do prático".

COX *Joseph Mason* (1763-1818)

Depois de fazer estudos médicos em Edimburgo, Paris e Leiden, concluídos em 1787 com uma tese sobre a "Mania", Joseph Mason Cox instalou-se na "Mason's Madhouse", asilo fundado 50 anos antes, perto de Bristol, por seu avô Joseph Mason. Em 1804, publicou as *Observações práticas sobre a insanidade* (que teriam dois anos depois uma reedição e uma tradução francesa, sob o título de *Observations sur la démence*) nas quais, explorando uma sugestão de Erasmus Darwin*, propunha, entre os muitos tratamentos da loucura, o uso da *poltrona rotativa*, destinada a disciplinar um pouco o "movimento desordenado das fibras nervosas", desencadeando ao mesmo tempo um intenso mal-estar físico, "incompatível" com a doença mental.

CUBY Y SOLER *Mariano* (1801-1874)

É difícil resumir o itinerário desse frenologista catalão, nascido a 15 de dezembro de 1801 em Vilanova de Parafols (Margrat). Fugindo da invasão napoleônica, sua família refugiou-se em 1809 em Minorca, onde ele trabalharia como professor primário. Muito talentoso com idiomas, pagou sua passagem para o Novo Mundo em 1821 dando aulas de espanhol e francês aos oficiais de uma corveta americana. Em Boston, encontrou um lugar de professor em um colégio. Ali, publicou uma gramática espanhola e um dicionário espanhol-inglês. Partiu para Havana em 1829, onde abriu o primeiro colégio de ensino secundário em Cuba, fundou em 1831 a *Revista Bimestre Cubana*, que seria publicada até 1959!... Em 1833, foi para o México, onde abriu outro colégio.

Em 1836, descobriu os *Elementos de frenologia* de G. Combe*. Foi uma revelação. Decidiu consultar Orson Fowler* antes de empreender a redação de uma *Frenologia por um catalão*, prelúdio à sua volta para a Europa. Tratava-se então para ele de fazer a evangelização frenológica do seu país natal, mantido a distância dessa ciência nova, cujo materialismo desagradava à Igreja. Desembarcando no Havre em 1842, foi visitar Fossati* antes de ir para a Catalunha. A 7 de março de 1843, inaugurou no Hospital geral de Barcelona uma série de conferências, misturando à teoria de Gall* considerações hipnótico-magnéticas, exibindo bustos frenológicos e difundindo com sucesso o seu *Manual de Frenologia*. Percorreu depois Maiorca, Tarragona, Madri, Sevilha, Cádiz, Santander, Valladolid, e em 1847 São Tiago de Compostela, onde ficou sabendo que o tribunal eclesiástico estava preparando um processo de acusação contra ele. Refugiou-se prudentemente em um navio de guerra francês ancorado em La Coruña, fez um desmentido, mostrou a ortodoxia dos seus sentimentos e manifestou uma humildade bastante satisfatória para o tribunal, que interrompeu o processo. Voltando a Barcelona, começou os *Elementos de frenologia*, lançou o jornal *La Antorcha* (A Tocha) e voltou à sua campanha em 1849: Valença, Cartagena, Almeria, Granada, Alicante. A época estava politicamente agitada e voltou a Barcelona para dedicar-se à sua obra maior, *A frenologia e suas glórias*, que seria publicada em 1853.

Em 1857, foi para a França. A 18 de maio de 1858 foi admitido em audiência particular nas Tulherias. Fez um estudo lisonjeiro dos crânios da família imperial, e Napoleão III se comprometeu a pagar do seu bolso a tradução e a impressão de 1.500 exemplares de *A frenologia e suas glórias*, cujas 1.200 páginas seriam publicadas em dois tomos por Baillière, sob o título *La phrénologie régénérée ou véritable système de philosophie de l'homme*. Cuby podia então voltar gloriosamente à Catalunha. Em 1866, fez na Galícia uma última campanha de propaganda e aproveitou a Exposição Universal, no ano seguinte, para rever Paris. Morreu de apoplexia em Barcelona a 5 de dezembro de 1875. Assim desapareceu esse autodidata infatigável, passional e utópico (imaginou, para o bem da humanidade futura, um *colete cefálico*, espécie de capacete munido de teclas reguláveis que permitiam "fortificar os órgãos intelectuais e normais") que foi na verdade o único representante verdadeiro de uma doutrina tardia e brevemente introduzida na Muito Católica Espanha.

Bibliografia: TORRES (L.), "La phrénologie en Espagne. Vie et œuvre de Mariano Cuby y Soler ou les tribulations d'un phrénologue itinérant", tese de medicina, Caen, 1993.

CULLEN *William* (1710-1790)

Nascido a 15 de abril de 1710 em Hamilton (Lanarkshire), Cullen começou seus estudos médicos em Glasgow e chegou por volta de 1729 a Londres, onde embarcou como cirurgião em um navio de comércio com destino às Índias Ocidentais. Ficou seis meses em Porto Belo, voltou à Escócia em 1731 pelo falecimento de seu pai. Seguiu em Edimburgo os cursos do mais velho dos Monro, ligou-se ao cirurgião William Hunter e instalou-se também como cirurgião em Hamilton em 1736. Casou-se em 1741 (teria onze filhos) e em 1744 fixou-se em Glasgow, onde em 1751 sucedeu a Johnstone como professor de medicina. Em 1755, foi encarregado de um curso de química em Edimburgo, que obteve um grande sucesso, talvez porque foi um dos primeiros a ousar substituir o latim tradicional pela língua inglesa. Em 1766, obteve a cátedra de fisiologia e em 1773 a de prática médica, que ocupou até 31 de dezembro de 1789. Morreu a 5 de fevereiro do ano seguinte.

Cullen pertencia à corrente classificadora, que da botânica à zoologia, da anatomia comparada à medicina, preocupava os homens de ciência do século XVIII. Atribuindo muita importância ao papel do sistema nervoso na produção e na evolução das doenças, propôs em 1776, em *First Lines of the Pratice of Physics*, uma classificação geral das doenças em quatro grupos e consagrou quatro dos livros do segundo volume à patologia mental, às *neuroses*, termo que forjou, já em 1769, para designar um conjunto de afecções do sentimento e do movimento, sem febre e sem lesão perceptível dos órgãos. A obra seria traduzida para o francês em 1785, sob o título de *Institutions de médecine pratique*, por Philippe Pinel*, que se inspiraria amplamente nela 15 anos depois, no momento em que elaborava a sua própria *Nosografia filosófica*.

D

DAGONET *Henri* (1823-1902)

Dagonet nasceu em 4 de fevereiro de 1832, em Châlons-sur-Marne, onde seu pai era diretor do asilo. Estudou medicina em Paris, defendeu em 1849 uma tese intitulada "Considerações médico-legais sobre a alienação mental" e no ano seguinte foi nomeado médico-chefe do Asilo de Stephansfeld, então dirigido por David Richard*. Em 1853, inaugurou o ensino oficial de patologia mental na Faculdade de Estrasburgo, que deixou em 1867 para assumir um serviço no Asilo Sainte-Anne, que acabava de se abrir em Paris. A partir de 1876, depois de muitas dificuldades, participou de um programa de ensino clínico público, com seus colegas Bouchereau*, Prosper Lucas* e Magnan*. Em 1885, presidiu a Sociedade Médico-Psicológica. Morreu a 4 de setembro de 1902.

A obra essencial de Dagonet é um *Tratado das doenças mentais*, proveniente do seu magistério em Estrasburgo, e que teve três edições de 1862 a 1894. Provavelmente, foi a primeira obra de psiquiatria que recorreu à reprodução fotográfica de retratos de alienados, para a sua ilustração.

DAQUIN *Joseph* (1732-1815)

Nascido a 14 de janeiro de 1732 em Chambéry, Daquin estudou medicina em Turim, onde recebeu seu título de doutor em 1757. Freqüentou então as faculdades de Montpellier e de Paris, antes de voltar à sua cidade natal, em 1762, para instalar-se definitivamente. Em 1768, foi nomeado médico do Hospício de Chambéry e em 1788, médico do Hospital dos Incuráveis, onde a presença de cerca de vinte alienados o confrontou com a realidade da loucura e com as condições desumanas em que viviam os doentes mentais. Três anos depois, publicou o resultado de suas reflexões em *Filosofia da loucura, onde se prova que essa doença deve ser tratada mais com os recursos morais do que com os recursos físicos, e que aqueles que sofrem dela experimentam de maneira incontestável a influência da lua*. Em 1792, suspeito de ter introduzido brochuras revolucionárias no ducado de Savóia, foi eleito oficial municipal e em 1797 ensinou história natural na Escola Central do departamento de Mont-Blanc (correspondente, na época, ao conjunto da Savóia). Morreu de uma "fluxão de peito" a 11 de julho de 1815.

"Entusiasmado até o excesso", liberal, muito crente, afiliado desde 1765 à maçonaria de rito escocês, Daquin se situa na corrente filantrópica do fim do século das Luzes, defensor dos métodos humanitários, dos quais nasceriam os princípios do tratamento moral (para citar apenas textos "oficiais" franceses, lembremos que a *Instrução,* de Colombier* e de Doublet*, *sobre a maneira de governar os insensatos* é de 1785, e que a *Monografia* de Tenon *sobre os hospitais de Paris* é de 1788). Se Daquin aceitava a medicação tradicional, da qual recomendava apenas um uso moderado, aconselhava principalmente "o regime, o exercício, a liberdade, a ocupação em alguma espécie de trabalho, e sobretudo muita amabilidade nas palavras que se dirigem (aos insensatos) e nas maneiras que se utilizam com eles". Também preconizava a construção "fora das cidades" de asilos dotados "de um terreno vasto, espaçoso e agradável", onde o ar seria mais saudável e os alojamentos mais amplos. Assim, Daquin se situa entre os precursores de métodos terapêuticos que conheceriam seu pleno desenvolvimento no século XIX. Pinel*, omitindo o nome de Daquin, que no entanto lhe dedicou em 1804 a reedição da *Filosofia da loucura*, não se dignou lembrar-se disso...

Bibliografia: CARON (Cl.), "Joseph Daquin et les malades mentaux en Savoie au XVIIIe siècle", tese de medicina, Lyon, 1964.

DARWIN *Erasmus* (1731-1802)

Nascido em Elston-Hall (Nottinghamshire) a 12 de dezembro de 1731, Darwin estudou em Edimburgo, mas foi em Cambridge que obteve em 1755 o seu diploma de bacharel em medicina. No ano seguinte, instalou-se em Nottingham e faria uma carreira bastante itinerante, exercendo-a sucessivamente em Lichfield, Radbourne Hall, Derby e enfim Breadsall Priory, onde morreu subitamente a 18 de abril de 1802.

Médico, filósofo, botânico, autor de poemas medíocres, Erasmus Darwin publicou em 1796 *Zoonomia, ou as leis da vida orgânica*, tentativa de classificação de todos os fenômenos da vida animal, inclusive os da patologia mental, onde já se percebem algumas das idéias evolucionistas que fariam a celebridade do seu neto Charles Darwin. Mas também sugere o tratamento da loucura pelo método "rotativo", já aplicado por J.C. Smyth* à tuberculose pulmonar, e que teria momentos gloriosos nas mãos de John Mason Cox* e de Benjamin Rush*.

DÉJERINE *Jules*-Joseph (1849-1917)

Déjerine nasceu a 3 de agosto de 1849 em Plainpalais, perto de Genebra, em uma antiga família francesa da Savóia. Seu pai era carreteiro. Depois de terminar seus estudos de ciências humanas em Genebra, chegou a 28 de março de 1871 a Paris, para estudar medicina, dois dias depois do início da Comuna. Durante seu curso, iniciou-se na anatomopatologia com Vulpian, cujo laboratório continuou a freqüentar durante seus anos de residência. Defendeu sua tese em fevereiro de 1879 e assumiu o posto de chefe de clínica de Hardy no Hospital Necker. Foi ali que ficou conhecendo uma jovem estudante americana, Augusta Klumpke, que desposaria 8 anos depois. Médico dos Hôpitaux em 1882, professor em 1886, apesar de seu conflito com Charcot*, de quem nunca foi aluno, foi médico do Hospital Bicêtre de 1887 a 1894 e depois da Salpêtrière a partir de 1895. Depois de ocupar sucessivamente a cátedra de história da medicina em 1901 e a de patologia interna em 1907, sucedeu em 1911 a Fulgence Raymond* no serviço e na cátedra que tinham sido ilustrados por Charcot. Morreu em Paris a 26 de fevereiro de 1917.

Não se pode falar de J. Déjerine sem evocar sua companheira e colaboradora, Augusta Klumpke. Americana de São Francisco, nasceu em 1859 e chegou à Europa com a idade de 11 anos, com sua mãe e seus cinco irmãos e irmãs. Esteve na Alemanha, na Suíça e em Paris, para onde foi em 1877, para fazer um curso de medicina, que terminaria em 1889. Depois de muitos percalços administrativos, foi a primeira mulher a ser nomeada residente titular dos Hôpitaux de Paris no concurso de 1886. Seu nome está associado aos numerosos trabalhos de anatomia patológica de Déjerine, que ela auxiliou em suas pesquisas desde antes do seu casamento, ocorrido a 11 de julho de 1888. Madame Déjerine-Klumpke morreu em 1927 no momento em que se preparava a sua eleição para a Academia de Medicina.

Há uma tendência para ver em Déjerine exclusivamente um neurologista. Certamente, foi à patologia nervosa orgânica que ele dedicou a maior parte de sua obra, que culminou com o *Tratado de anatomia dos centros nervosos* (1895) e com a notável *Semiologia das doenças do sistema nervoso* (1914). Mas, em 1911, Déjerine também publicou, com seu aluno Gauckler, *As manifestações funcionais das psiconeuroses e seu tratamento pela psicoterapia*, no qual se viu, erroneamente, o reflexo das idéias de Paul Dubois* (de Berna), seu ex-condiscípulo do Colégio de Genebra, mas que na realidade é o resultado de preocupações já expressas por Déjerine em seu curso de 1891 sobre o hipnotismo e a sugestão. Insistia no papel dos fatores afetivos e emocionais na irrupção e na cura das "psiconeuroses", entre as quais situava a histeria, a neurastenia e a anorexia mental. Para tratar esses estados, praticava o isolamento absoluto, que inaugurou logo que chegou à Salpêtrière em 1895, reservando uma sala do seu serviço para esses doentes, que mantinha confinados durante todo o dia em um leito com cortinas permanentemente fechadas, salvo durante os breves intervalos da visita médica e das refeições lácteas servidas pela enfermeira. Déjerine aproveitou a ocasião para criticar o efeito nefasto das lições clínicas dadas em presença dos neuropatas e para sublinhar que, depois de sua chegada à Salpêtrière, "os sintomas que caracterizam a Grande Histeria nunca duraram mais de uma semana no seu serviço", alusão direta aos métodos de Charcot, por quem não experimentava a menor simpatia.

DELASIAUVE *Louis*-Jean-François (1804-1893)

Filho de pequenos comerciantes de Garennes (Eure), onde nasceu a 14 de outubro de 1804, Delasiauve fez estudos secundários em Évreux e depois inscreveu-se na Faculdade de Medicina de Paris, onde defendeu sua tese a 9 de agosto de 1830. Estabeleceu-se em Ivry-la-Bataille, a alguns quilômetros de sua aldeia natal, mas em 1839 voltou a fixar-se em Paris, colaborou na *Revue Médicale* e na *Expérience*, e começou a interessar-se pela medicina mental. Em 1840, depois de um fracasso no concurso para médico das seções de alienados dos Hôpitaux, foi nomeado, em 1843, médico-residente-adjunto no serviço de Leuret*, no Hospital Bicêtre. Com a morte deste, em 1851, assumiu a direção do serviço dos epilépticos e crianças retardadas, que satisfazia o seu interesse pelos problemas educativos que haviam despertado a sua atenção quando era delegado cantonal de Ivry-la-Bataille. Esse trabalho produziu, em 1854, um *Tratado de epilepsia* e diversas publicações sobre os *Princípios que devem presidir à educação dos idiotas*. Em 1865, deixou Bicêtre e foi para a seção de epilépticos e idiotas adultos da Salpêtrière. Pediu demissão em 1878 e entregou seu serviço a Legrand du Saulle*, que lhe deixou, todavia, a vigilância da Escola dos Idiotas, à qual tanto se ligara. Faleceu em Paris, em 5 de junho de 1893.

Certamente, o problema dos métodos de educação das crianças retardadas desempenhou um papel muito importante nas preocupações de Delasiauve que, com Hippolyte Vallée*, seu "professor primário" de Bicêtre, marcou a carreira do seu jovem compatriota Bourneville*, mas suas numerosas publicações traduzem interesses muito diversificados.

Em 1843, propôs sem sucesso uma nova classificação das doenças mentais, que ainda defendeu 50 anos depois, no Congresso Internacional de Medicina Mental de 1889.

Mais interessante foi o seu projeto da *Organização médica na França...* (1843), no qual reivindicava a criação de estabelecimentos rurais com a tripla função de hospitais, hospícios e dispensários, projeto que completou em 1865, sugerindo a criação de pequenos asilos cantonais de alienados, que evitariam o acúmulo de doentes e o seu afastamento do lugar de origem. Em 1852, participou da fundação da Sociedade Médico-Psicológica, em 1859 da Sociedade de Antropologia de Paul Broca*. Lançou, em 1861, o *Journal de Médecine Mental*, e responsabilizou-se em grande parte pelo financiamento e pela redação desse periódico, que seria publicado até a guerra de 1870.

Entusiasta e generoso, amante apaixonado da conversação, apreciador de polêmica "mas muitas vezes dominado por idéias quiméricas e irrealizáveis" (J. Falret*), Delasiauve tentou enfim a carreira política. Republicano liberal, duas vezes candidato derrotado às funções legislativas, foi autor de artigos polêmicos sobre a Revolução de 1848, *A confusão política*; *A solução do problema governamental* e *O voto proporcional*. Durante toda a vida, preocupou-se com a educação popular e com o papel social do médico. Criou, com J.-P. Falret, a Sociedade de amparo aos alienados convalescentes.

DELAY *Jean*-Louis-Paul (1907-1987)

Foi brilhante, no duplo campo da medicina e da literatura, a carreira de Jean Delay, filho de um cirurgião de Bayonne, onde nasceu a 14 de novembro de 1907. Bacharel aos 15 anos, residente dos Hôpitaux de Paris aos 22, médico dos Hôpitaux em 1937, professor em 1939, doutor em Letras em 1942, com uma tese sobre "As dissoluções da memória", titular em janeiro de 1946 da cátedra de Clínica das Doenças Mentais de Sainte-Anne, que se tornara vaga com a morte de Lévy-Valensi*, que substituía desde a aposentadoria de Laignel-Lavastine*, presidente, em 1950, do I Congresso Mundial de Psiquiatria, em Paris, presidente do Colégio Internacional de Neuro-Psico-Farmacologia, eleito para a Academia de Medicina em 1955 e para a Academia Francesa em 1959, presidente do Institut de France em 1962, acumulou títulos e honras.

Discípulo, no Collège de France, de Pierre Janet*, de quem se tornaria confidente e amigo, freqüentador assíduo das apresentações de doentes de Georges Dumas no Hospital Sainte-Anne, analisado por Pichon*, dotado de vasto espírito de síntese e de uma grande elegância de expressão, interessou-se, em 1939, pela eletroencefalografia, que contribuiu para difundir na França, e para a utilização, na psiquiatria, da encefalografia gasosa. Estudou, em 1943, a "síndrome encefálica" do pós-eletrochoque, redigiu em 1947 uma obra sobre *As desregulações do humor*, assunto que se tornou de grande atualidade, consagrou-se nos anos 1950 ao estudo das drogas alucinógenas: mescalina, LSD, psilocibina (que experimentou em si mesmo), e, com P. Pichot, aos métodos psicométricos.

Mas seu nome está principalmente ligado ao advento da psicofarmacologia. A 26 de maio de 1952, quando da sessão do centenário da Sociedade Médico-Psicológica, publicou com P. Deniker e J.-M. Harl a *Utilização em terapêutica psiquiátrica de uma fenotiazina de ação central eletiva*. Tratava-se da clorpromazina. Depois de uma primeira publicação, em fevereiro, de três psiquiatras militares, Hamon, Paraire e Velluz, inspirada nos trabalhos de Laborit sobre o papel potencializador do produto, era o seu primeiro emprego como monoterapia, assinalando a entrada "oficial" na psiquiatria de um novo grupo de medicamentos, para os quais Delay criaria em 1955 o termo de *neurolépticos*. Essas drogas iriam revolucionar o tratamento das psicoses e contribuir para o questionamento da própria instituição asilar.

Quanto à sua obra literária, depois de alguns romances publicados sob o pseudônimo de Jean Faurel e tendo como cenário a Salpêtrière (*A cidade cinzenta*; *As repousantes*; *Os homens sem nome*), o trabalho mais importante é a notável *Juventude de André Gide* (1956-57), "psicobiografia" que lhe abriria as portas da Academia Francesa, ao lado dos quatro tomos de *Avant-mémoire* (1979-86), vasta crônica de três séculos da sociedade francesa, sustentada pelo itinerário de nove gerações de uma família parisiense, a de sua mãe.

Morreu em Paris, a 29 de maio de 1987, de uma crise cardíaca.

DELAYE *Jean-Baptiste* (1789-1879)

Nascido em Toulouse a 15 de abril de 1789, Delaye estudou medicina em Paris, freqüentou o serviço do seu concidadão Esquirol* e só em 1824 defendeu uma tese consagrada a "Uma espécie de paralisia que afeta particularmente os alienados". Esse trabalho lançava sobre a paralisia geral um novo olhar, que seria objeto de contestação de prioridade, por parte de Bayle*, cujo estudo foi publicado dois anos antes.

Voltando a Toulouse, fundou em 1828 a casa de saúde Saint-Cyprien, ao mesmo tempo em que dirigia a seção de alienados do Hospital de La Grave, estabelecimento mal adaptado que o levou a propor, em 1848, com seu aluno Gérard Marchant*, um *Programa para a construção de um asilo de alienados no departamento de Haute-Garonne*. Seria o Asilo de Braqueville, cuja direção assumiria, acumulando desde 1837 o magistério de fisiologia na Escola de Medicina. Em 1869, com a idade de 80 anos, cedeu enfim a casa de Saint-Cyprien ao "velho" amigo Foville*, dez anos mais novo, que conhecera na Salpêtrière e com o qual ele outrora concorrera ao prêmio Esquirol. Foville, entretanto, faleceria alguns meses antes do amigo...

DELBOEUF *Joseph*-Rémi-Léopold (1831-1896)

Delboeuf era filho de um fabricante de objetos de estanho. Nasceu em Liège, a 1º de outubro de 1831. As condições materiais difíceis de sua família não o impediram de tornar-se doutor em letras e filosofia em 1855 e doutor em física e matemática três anos depois. Nomeado inicialmente professor de psicologia experimental em Gand, ensinou filosofia em Liège a partir de 1866.

Se descobriu o hipnotismo através de suas leituras já em 1850, só em dezembro de 1885 decidiu ir à Salpêtrière. Foi recebido por Charcot*, assistiu às demonstrações de Binet* e de Féré*, contestou a propósito da "Wittman"* a realidade da amnésia pós-hipnótica e, "invadido por desconfianças que insensivelmente minaram a sua fé", voltou a Liège para lançar-se na experimentação. Intrigado com as diferenças que observava entre os hipnotizados da Salpêtrière, os do célebre magnetizador belga Donato (Alfred d'Hondt) e os seus próprios, foi o primeiro a levantar a questão, entretanto essencial, da relação que poderia existir não só entre o hipnotizador e o seu paciente, mas também entre o paciente e seu hipnotizador.

Em 1888, entrou no debate político que opunha os liberais como ele aos que, como Liégeois* e Beaunis*, temiam as possíveis conseqüências "criminosas" das sugestões "a prazo", e desejavam proibir os magnetizadores de feira, em nome da saúde pública. No mesmo ano, foi a Nancy e, no *Magnetismo animal*, publicado em 1889, relatou com entusiasmo suas impressões sobre Liébeault*, Bernheim* e Liégeois, mas reiterando suas dúvidas sobre a amnésia pós-hipnótica, sobre os fenômenos de transferência pelos ímãs e sobre a abolição do livre-arbítrio nos hipnotizados, publicou alguns artigos na *Revue de l'Hypnotisme*. Citaremos ainda o seu livro sobre *O sono e os sonhos*, publicado em 1885.

Atingido por uma doença de coração, teve que renunciar a participar do II Congresso Internacional de Psicologia de Munique, aberto a 4 de agosto de 1896, e morreu oito dias depois em Bonn, onde estava em tratamento.

Bibliografia: DUYCKAERTS (F.), *Joseph Delbœuf philosophe et hypnotiseur*, Les Empêcheurs de Penser en Rond, 1992.

DENDY *Walter*-Cooper (1794-1871)

Originário de Sussex, membro em 1814 do Colégio de Cirurgia de Londres, onde faria sua carreira, cirurgião da Royal Infirmary for Children, Dendy morreu a 10 de dezembro de 1871. Suas preocupações superaram amplamente o campo da cirurgia, como mostram os trabalhos que consagrou às doenças de pele, às afecções cerebrais da criança (excelente desenhista, ilustrou ele próprio os seus livros) e aos problemas de ordem psicológica.

Publicou em 1832 *A propósito dos fenômenos do sonho e outras ilusões transitórias*, em 1853 *Psyché, um discurso sobre o nascimento e a trajetória do pensamento* e no mesmo ano um artigo no *Journal de Médecine Psychologique et de Pathologie Mentale*, no qual colaborou freqüentemente, "Psicoterapia ou a influência reparadora do espírito". Nesse artigo, aparecia pela primeira vez na língua inglesa a palavra *psicoterapia* para designar o recurso a meios psicológicos em uma perspectiva terapêutica. Ele próprio aplicaria esse método a casos de histeria. Em 1841, publicou *Zone*, uma antologia de poemas.

DENIS *Jean-Baptiste* (1643?-1704)

Esse doutor de Montpellier, estabelecido em Paris por volta de 1665, autor de diversos trabalhos de inspiração astrológica, nos interessa aqui porque no dia 19 de dezembro de 1667 transfundiu para um maníaco cerca de 1 litro e meio de sangue de vitelo, que "poderia, por sua suavidade e grande frescor, temperar os ardores e a fervura de um sangue com o qual seria misturado". Seus detratores disseram que o doente morreu do tratamento. Denis, em uma *Carta escrita ao sr. XXX... referente a uma loucura inveterada, que foi curada há pouco pela transfusão*, publicada a 12 de janeiro de 1668, afirmou, evidentemente, o contrário. De qualquer forma, o Parlamento de Paris proibiu "sob rigorosas penas" praticar esse tipo de operação, mas também se disse que Carlos II da Inglaterra teria proposto (sem sucesso) a Denis que continuasse suas experiências além-Mancha, com o título de primeiro médico da corte...

DERCUM *Francis* Xavier (1856-1931)

Nascido a 10 de agosto de 1856 em Filadélfia, de pais de origem alemã, Dercum diplomou-se na universidade de sua cidade natal em 1877 e tornou-se monitor de neurologia e depois chefe da clínica de doenças nervosas. Em 1884, foi um dos fundadores da Sociedade Neurológica de Filadélfia, cujo primeiro presidente seria Silas Weir Mitchell*. Nomeado em 1892 professor de clínica de doenças mentais e nervosas no Jefferson Medical College, ficaria ali até a sua aposentadoria em 1925. Morreu subitamente a 23 de abril de 1931, quando presidia a reunião anual da American Philosophical Society, uma das mais antigas sociedades eruditas dos Estados Unidos.

A obra de Dercum reflete a sua dupla filiação, neurológica e psiquiátrica, como mostra especialmente o seu *Ensaio sobre a fisiologia do espírito*, tentativa de correlação das funções psicológicas com a morfologia e a fisiologia do cérebro. Entre seus trabalhos mais especificamente psiquiátricos, citaremos um *Manual clínico das doenças mentais* (1913) e *Repouso e sugestão* (1917). Devemos-lhe também a descrição, em 1888, da *adiposis dolorosa* ou "*doença de Dercum*", afecção que associa tumefações cutâneas dolorosas a sintomas psiquiátricos.

DESLON *Charles*-Nicolas (1750?-1786)

Doutor-regente da faculdade, médico do conde de Artois — irmão do rei — Deslon ficou conhecendo Mesmer*, que o teria curado de uma gastralgia, pouco depois da chegada deste a Paris em 1778, e tornou-se seu discípulo. Convidou uma dúzia de colegas para um jantar, a fim de apresentar-lhes o médico vienense, que leu para eles a sua *Monografia sobre a descoberta do magnetismo animal*. Decidiu-se que quatro dos convivas controlariam o resultado dos tratamentos que Mesmer aplicaria diante de todos. Só Deslon cumpriu essa tarefa com regularidade, escrevendo um relatório a respeito, nas *Observações sobre o magnetismo animal*, publicadas em 1780. Acusado de "favorecer o charlatanismo", foi chamado a explicar-se a 18 de setembro de 1780 na faculdade, que cassou por um ano o seu direito de voto nas assembléias e exigiu um desmentido público da sua obra, sob pena de exclusão definitiva. Depois de diversos adiamentos, essa decisão foi confirmada a 20 de agosto de 1782. Por um golpe inesperado do destino, Mesmer, querendo proteger a sua doutrina, dessolidarizou-se do seu melhor aluno através de uma carta de 4 de outubro para o decano da faculdade, na qual declarava que Deslon nunca tivera conhecimento dos seus segredos... Assim, este tornou-se cismático, mas nem por isso deixou suas experiências de magnetização, construindo uma reputação de segundo Mesmer na sociedade parisiense. O apogeu da sua fama foi atingido em agosto de 1784, quando a princesa de Lamballe penetrou no seu santuário da rue Montmartre, onde ele instalara as suas "tinas".

Entretanto, para provar a sua boa-fé, pediu ao governo que nomeasse uma comissão de controle. As duas comissões designadas pelo rei a 12 de março de 1784 para julgar esses procedimentos condenariam definitivamente *esse pretenso meio de curar*, que só poderia "com o tempo, ter efeitos funestos". Através de Deslon, era também Mesmer que se visava. Deslon morreu jovem, dois anos depois, a 21 de agosto de 1786, "da maneira mais agradável, tendo em torno de si cinco ou seis bonitas mulheres da Corte, que o magnetizavam constantemente, com grande fervor", nos termos das "Notas secretas para servir à história da república das letras"...

DEUTSCH *Hélène*, nascida ROSENBACH (1884-1982)

De origem judaico-polonesa, Hélène Rosenbach estudou medicina em Viena em 1907 e se tornou assistente de Wagner von Jauregg* na clínica universitária. Depois de uma ligação de vários anos com o militante socialista Herman Liebermann, casou-se com Félix Deutsch, que, tornando-se médico de Freud*, seria o primeiro a detectar o seu câncer, sem ousar confirmar ao seu paciente a natureza maligna do tumor. Hélène encontrou Freud em 1918 e começou uma análise com ele, encarregando-se ao mesmo tempo da análise de Victor Tausk*, que Freud lhe confiou, depois de tê-lo recusado. Conhecemos o fim trágico de Tausk, dois meses depois.

Membro da Sociedade Psicanalítica de Viena desde 1918, H. Deutsch, que terminou a sua análise com Karl Abraham*, se tornou diretora do Instituto Psicanalítico de Viena em 1925. Em 1934, a ascensão do fascismo a estimulou a emigrar para os Estados Unidos, prosseguindo sua carreira em Boston. Seu livro sobre *A psicologia das mulheres* assegurou a celebridade de Hélène Deutsch, que também deixou uma *Autobiografia* antes de morrer quase centenária.

DIAMOND *Hugh*-Welch (1809-1886)

Filho de um cirurgião da Companhia das Índias Orientais, médico-chefe da seção das mulheres do Surrey County Asylum de 1848 a 1858, antes de fundar um asilo particular em Twickenham, secretário da Sociedade de fotografia de Londres, amigo de Lewis Carroll (este também apaixonado por retratos fotográficos), Diamond viu nessa nova técnica um meio de mostrar as relações que existem entre o corpo e o espírito, entre a aparência do alienado e o seu estado mental, em uma perspectiva fisiognomônica derivada de Lavater*. Assim, foi o primeiro a realizar, por volta de 1850, uma notável série de calótipos de doentes hospitalizados, que exibiria em uma comunicação à Britain's Royal Society, *Da aplicação da fotografia aos fenômenos fisiognomônicos e mentais da loucura*.

Em 1858-59, Conolly* utilizaria esses documentos sob forma de reproduções litográficas, em uma série de artigos sobre a fisiognomonia dos alienados, publicados no *Medical Times and Gazette*.

DIDE *Maurice* (1873-1944)

Nascido em Paris a 3 de junho de 1873, residente dos Asiles de la Seine em 1897, médico dos Asiles em 1900, Dide foi designado para Rennes, Auxerre e enfim Toulouse, onde chegou em 1909 como diretor-médico do Asilo de Braqueville (o atual CHS Gérard-Marchant*). Depois, houve a guerra e a volta em 1920 a Braqueville, onde ficou conhecendo Paul Guiraud*, que o substituiu.

Encarregado do curso de patologia mental na Faculdade de Letras em 1922, (ele próprio defenderia ali uma tese em 1925, "Introdução ao estudo da psicogênese") perito afamado, violinista em um quarteto de cordas da cidade, apreciador de quadros e móveis antigos, apaixonado por carros velozes, Dide se tornou uma personalidade em Toulouse. Em 1936, aos 62 anos, foi atingido pela aposentadoria, que ele qualificava de "execução sumária", mas depois da declaração de guerra, retomou o trabalho no Hospital de Saint-Rémy (Haute-Saône). O armistício o levou de volta a Toulouse e ele não tardou a envolver-se ativamente no movimento da Resistência. Responsável regional pela rede de infiltração de resistentes na administração pública (NAP), foi preso a 6 de julho de 1943 pela polícia alemã. A 29 de janeiro de 1944, muito enfraquecido, chegou ao Bloco 56 de Buchenwald. Condenado ao serviço de limpeza das latrinas por ter tentado socorrer um companheiro, caiu na neve, mordido pelos cães. Aquele que era apenas o número 43786 desapareceu a 26 de março de 1944.

Dide deixou cerca de 200 publicações, mas seu nome está ligado, antes de tudo, a *Idealistas apaixonados*, seu trabalho mais original, publicado em 1913. Idealistas do amor e da bondade, da beleza e da justiça chegando à crueldade, reformadores religiosos e doutrinadores políticos, anarquistas e regicidas, ele os distinguia da classe dos delírios de interpretação e de reivindicação que Sérieux* e Capgras* descreveram em 1909. De Torquemada a Robespierre, de Marat ao bando de Bonnot, que apaixonava a opinião pública da época e de cujos membros Dide teria se aproximado, todos tinham a paixão de um ideal, e para realizá-lo estavam prontos a sacrificar a humanidade inteira. Sua experiência de médico na frente de batalha prolongou a sua reflexão sobre as relações entre o nacionalismo e o idealismo coletivo extremado, idéia que desenvolveu em 1918 em *As emoções da guerra*.

Em 1922, associou Guiraud à redação da *Psiquiatria do médico clínico*, em que defendia uma fusão da neurologia com a psiquiatria. Essa concepção levou os dois autores a propor que se substituísse "o incômodo termo de demência precoce" pelo de *athymhormia*, "que significa ausência de entusiasmo da alma somática", e expressaria bem melhor segundo eles "a perda de entusiasmo da alma cenestésica e afetiva", esse "psiquismo primordial", proveniente da atividade da região centro-encefálica. Em 1935, foi publicada *A histeria e a evolução humana*. O último texto escrito de Dide é curiosamente um breve prefácio a um romance policial de um certo Pierre d'Aurimont, editado em Toulouse em 1943.

Bibliografia: MANGIN-LAZARUS (C.), *Maurice Dide - Paris 1873 - Buchenwald 1944 - Psychiatre et Résistant*, Érès, 1994.

DIX *Dorothea* Lynde (1802-1887)

Uma infância infeliz, uma juventude tumultuada, uma fé rígida contribuíram para fazer de Dorothea Dix uma defensora dos deserdados, no caso os doentes mentais.

Nasceu a 4 de abril de 1802, em uma fazenda do estado do Maine. O pai, convertido ao metodismo, preferia consagrar-se à pregação itinerante e abandonava os cuidados da família a uma esposa incapaz, 18 anos mais velha que ele. Entregue a si mesma, Dorothea tinha que cuidar dos dois irmãos mais novos. Por volta dos seus dez anos, foi recebida em Boston por sua avó paterna, burguesa cheia de princípios, pouco calorosa. A menina se refugiou na leitura, de modo que aos 14 anos (?) era professora primária em Worcester (Massachusetts) e depois em Boston. A tuberculose a obrigou a interromper suas atividades por volta de 1824. Voltou-se então para a religião, com o apoio do reverendo W. Channing, chefe da Seita Unitária, que se celebrizou por um livro sobre a escravidão. Dorothea retomou o magistério, passou pela Inglaterra e estava muito isolada ao voltar para os Estados Unidos quando em 1841 propuseram-lhe que propagasse a sua fé na prisão de East Cambridge (Massachusetts). Descobriu entre os detentos muitos doentes mentais presos em condições subumanas, encontrando ao mesmo tempo um sentido para a sua própria existência: a luta para melhorar o destino desses alienados.

Imediatamente, começou uma pesquisa em Massachusetts sobre os locais de confinamento dos alienados e apresentou em 1843 às autoridades um relatório severo. Os responsáveis, sentindo-se questionados, se indignaram com esse "unfeminine behavior", a acusaram de mentira e falsificação, mas o comitê legislativo decidiu abrir 200 leitos suplementares no Hospital de Worcester. Dorothea Dix estendeu a sua ação: em Rhode Island, obteve de um mecenas, Cyrus Butler, a criação do Butler Hospital. Em New Jersey, construiu-se graças a ela o Trenton State Hospital; na Pensilvânia, em Harrisburg, o State Lunatic Hospital; no estado de Nova York o Hospital de Utica dobrou a sua capacidade. De 1845 a 1852, percorreu Indiana, Illinois, Kentucky, Tennessee, Missouri, Luisiana, Mississipi, Alabama, as duas Carolinas e Maryland, sem falar de Ontario...

Mas as iniciativas locais não lhe bastavam. Lutava para que o governo federal participasse do esforço, adquirindo terrenos destinados a edificar asilos. O Congresso aceitou o projeto em 1854, mas chocou-se com a objeção de inconstitucionalidade do presidente Pierce. Decepcionada com esse fracasso, partiu para militar na Escócia e pesquisar na Europa, não sem ter obtido, entretanto, a criação do Hospital Santa Elizabeth, reservado aos doentes mentais do Exército, da Marinha e do distrito de Colúmbia, primeira instituição diretamente dependente do governo federal (1855).

Quando estourou a Guerra de Secessão, ofereceu seus serviços ao secretariado de Estado. Confiaram-lhe a direção do corpo de enfermeiras do Exército; entretanto, os conflitos que a opuseram rapidamente aos médicos iriam limitar a sua ação. Com o restabelecimento da paz, retomou suas viagens pelos Estados Unidos. Em 1881 retirou-se enfim para o Hospital de Trenton, onde faleceu suavemente a 18 de julho de 1887.

DOLTO *Françoise*, nascida MARETTE (1908-1988)

Françoise Dolto nasceu em Paris em uma grande família burguesa católica muito tradicional, onde só os rapazes tinham o direito de escolher o seu caminho. Jacques, um de seus irmãos, seria ministro do general de Gaulle. Em 1930, foi autorizada a preparar-se para o diploma de enfermeira, e dois anos depois inscreveu-se na Faculdade de Medicina. O encontro com Laforgue* em 1932 seria determinante para o seu futuro. Ela "entrou em análise" com ele, e em 1936, sendo externa de Georges Heuyer*, ficou conhecendo Sophie Morgenstern*, que a iniciou na psicanálise da criança. Em 1938, ano em que descobriu Lacan*, tornou-se adjunta, no hospital Bretonneau, de Odette Codet* na clínica de Pichon*, que orientou a sua tese, "Psicanálise e pediatria", defendida no ano seguinte. O desaparecimento em 1940 de Pichon e de S. Morgenstern criara um vazio, que ela ocupou assumindo um serviço de consultas no hospital Trousseau. Casou-se em 1942 com Boris Dolto, que tinha encontrado na casa de Jean Rostand, e em 1945, como os outros psicanalistas da capital "desapareceram", encontrou-se sozinha na sua especialidade.

Não entraremos em detalhes sobre as posições teóricas nem as vicissitudes institucionais da Sociedade Psicanalítica de Paris, nas quais ela se implicou ativamente em 1953, e que resultariam na fundação, por Lacan, da Sociedade Francesa de Psicanálise, à qual ela aderiu, antes de acompanhá-lo, em 1964, para a Escola Freudiana de Paris. Enquanto isso, continuou a sua missão terapêutica, tanto no Hospital Trousseau, com crianças psicóticas, quanto no Instituto Geográfico da rue Saint-Jacques, onde dirigia um seminário. Calorosa, intuitiva, comunicativa, ela se consagrou, a partir de 1978, a uma tarefa de vulgarização (no bom sentido do termo) da psicanálise da criança. Morreu a 25 de agosto de 1988, de complicações de uma doença pulmonar.

Entre seus trabalhos, citaremos *O caso Dominique* (1971); *A imagem inconsciente do corpo; L'Evangile au risque de la Psychanalyse* (1977); *No jogo do desejo* (1981).

DOUBLET *François* (1751-1795)

Nascido a 30 de julho de 1751 em Chartres, onde seu pai era Procurador Geral do Tribunal Real, François Doublet terminou seus estudos jurídicos em 1772 e orientou-se para a medicina. Depois da defesa de sua tese em 1778, foi médico no Hospital Necker, depois no Hospício de Vaugirard, e encarregado de um serviço de doenças venéreas, antes de tornar-se inspetor-adjunto dos hospitais civis e prisões do reino. Em 1794, recebeu a cátedra de patologia interna na Escola de Saúde de Paris, mas morreu alguns meses depois, a 18 de prairial do ano III (6 de junho de 1795), deixando o seu lugar para Philippe Pinel*.

A obra de Doublet é pouco importante. Escreveu alguns trabalhos sem interesse particular sobre as doenças venéreas e a febre puerperal, uma monografia publicada em 1791 *Sobre a necessidade de estabelecer uma reforma das prisões e sobre os meios de operá-la*, e sua presença neste dicionário se deve à sua qualidade de inspetor-adjunto dos Hôpitaux, associado a Colombier* na redação da *Instrução* de 1785 *sobre a maneira de governar os insensatos e de trabalhar na sua cura nos asilos que lhes são destinados*. Doublet se encarregou da segunda parte desse relatório, dedicada ao "Tratamento dos insensatos", mas nunca teve a ocasião de tratar desse tipo de doentes e seu texto, contrastando com as idéias originais expressas por Colombier, é apenas um resumo banal dos conceitos teóricos e das práticas mais habitualmente usadas na época.

DUBOIS *Frédéric*, dito DUBOIS d'Amiens (1797-1873)

Frédéric Dubois nasceu em Amiens a 30 de dezembro de 1797. Admitido como oficial de saúde em Paris em 1820, recebeu do cônsul da França na Rússia uma oferta de emprego como preceptor dos seus filhos em São Petersburgo. Voltando à França, completou seus estudos secundários, o que lhe permitiu, em junho de 1828, defender uma tese de doutorado, "Ensaio sobre a topografia médica de São Peterburgo". Instalado na sua cidade natal em 1830, voltou rapidamente a Paris, foi admitido em 1832 como professor e quatro anos depois entrou para a Academia de Medicina, na seção de patologia médica. Em 1847, assumiu nessa academia a sucessão de Pariset, no posto de secretário perpétuo. Atingido por uma hemiplegia em 1870, retirou-se para Amiens, onde morreu a 10 de janeiro de 1873.

Especialista em necrológios para os membros da academia, gênero literário no qual, segundo Béclard, "ele ousou às vezes até a temeridade...", Dubois é mais insípido em matéria de psiquiatria, ainda que, em 1830, em concorrência com Jean-Louis Brachet*, ele tenha recebido a medalha de ouro por uma monografia apresentada diante da Sociedade de Medicina de Bordeaux sobre *A identidade e as diferenças entre a histeria e a hipocondria*, trabalho que retomaria em 1833, na sua *História filosófica da hipocondria e da histeria*. Tomando como exemplo um trecho das *Confissões* de J.-J. Rousseau, via na origem da hipocondria "uma causa muito especial, todo-poderosa, e que em um indivíduo predisposto, raramente falha", a leitura dos livros de medicina...

Em 1837, a academia, irritada com o caso Husson*, o designou como relator de uma comissão encarregada de pronunciar-se sobre o magnetismo animal, do qual ele foi um adversário obstinado e que condenou sem recurso, aliás ao mesmo tempo que o sonambulismo e a hipnose, conclusão oficial que, durante cerca de 30 anos, iria desviar a medicina francesa do estudo desses fenômenos. Esse *Exame histórico e fundamentado das pretensas experiências magnéticas* nos valeria em 1841 uma *História acadêmica do magnetismo animal*, que Dubois redigiu em colaboração com seu colega Claude Burdin* que, quatro anos antes, oferecera um prêmio espetacular de 3.000 francos a quem quer que demonstrasse a possibilidade de ler um texto "sem o auxílio dos olhos e da luz". O prêmio nunca foi concedido.

DUBOIS *Paul*-Charles, dito DUBOIS de Berna (1848-1918)

Nascido em La Chaux-de-Fonds, Dubois perdeu o pai aos quatro anos de idade, e chegou a Genebra seis anos depois. Com a sua entrada no colégio dessa cidade, em 1862, iniciou uma amizade com Déjerine* — aluno algo indisciplinado, como ele nos contaria — amizade que duraria até a morte. Estudou medicina na Universidade de Berna, e terminou seu curso em 1874 com uma tese sobre "A pressão na bexiga" e, depois de uma breve permanência em Paris, instalou-se em Berna, onde foi encarregado de um curso de medicina interna. Seus primeiros trabalhos foram dedicados à eletrologia médica e à condutibilidade elétrica do corpo humano. Aliou-se às idéias de Bernheim* sobre a natureza sugestiva dos fenômenos hipnóticos, mas recusando a utilização terapêutica da hipnose, o que não impediria Bernheim, que envelhecia, de acusá-lo de "anexar" a sua descoberta. Em 1901, publicou *Da influência do espírito sobre o corpo* e no ano seguinte, foi nomeado professor de neuropatologia na Universidade de Berna. Escreveu ainda *As psiconeuroses e seu tratamento moral*, publicado em 1904, com um prefácio de Déjerine e, em 1908, *A educação de si mesmo*, obras em que estão expostos os seus princípios terapêuticos. Paul Dubois insistiu no papel dos fatores psicológicos no aparecimento não só das neuroses, mas também de um certo número de doenças físicas, para as quais propunha o "tratamento moral", verdadeira reeducação persuasiva e racional do doente, que atrairia para ele pacientes do mundo inteiro. Viu-se em Déjerine um simples propagador das idéias de Dubois na França. Mas ele se afastou notavelmente de Dubois, pois negava o papel do raciocínio e da vontade, para fazer dos fatores afetivos e "sentimentais" as alavancas essenciais da cura das psiconeuroses.

DUBUISSON Jean-Baptiste-Rémy *Jacquelin* (1770?-1836)

Nascido em Meulan a 29 de agosto de 1770 (ou 1779?), Dubuisson foi o exemplo dos clínicos que exerceram sua atividade nessas "casas de saúde" nascidas da medicalização progressiva, com o nascimento da psiquiatria, de antigas "pensões" mais ou menos familiares que recebiam alienados providos de recursos e das quais a casa Belhomme* foi outra ilustração. Assim, quando chegou em 1810 ao nº333 do Faubourg Saint-Antoine, para suceder ao tio, C.-H. Jacquelin Dubuisson, apenas mantinha a continuidade da pensão da Viúva Bouqueton, que existia "há mais de um século com a mesma finalidade" no Petit-Charonne e que o tio transferira para "perto da barreira do Trono". O estabelecimento abrigava na ocasião alguns prisioneiros do Estado, que gozavam, "por razões de saúde", de um tratamento especial e Dubuisson deixou assim de estar comprometido, em 1812, no complô antibonapartista do general Malet. A casa passaria para P.-E. Pressat, "cirurgião", em data desconhecida (em 1827, o *Almanach Général de Médecine* registrava ainda "conjuntamente" os dois clínicos). Dubuisson morreu a 17 de maio de 1836, de uma "afecção mental", como disse Brierre de Boismont*, em seu antigo estabelecimento, que seria demolido em 1876.

Deixou poucos textos. Ao lado de uma *Dissertação sobre a mania* (1812) e de alguns artigos sobre o mesmo tema, foi autor de um tratado das *Vesânias ou doenças mentais*, publicado em 1816. Nele, propôs uma classificação pouco original das doenças em cinco classes: hipocondria, vesânias parciais, mania, demência e idiotismo, admitindo ele próprio que "a natureza freqüentemente desdenha o artifício das nossas divisões e dos nossos métodos...".

DUMONT *Pierre*-Louis-Charles, dito DUMONT DE MONTEUX (1802-1883)

Originário de Monteux (Vaucluse), Dumont chegou a Paris em 1819, para estudar medicina. Instalado como oficial de saúde em Trilport (Seine-et-Marne), teve que enfrentar a epidemia de cólera de 1832, defendeu sua tese no ano seguinte e abriu um consultório em Paris. A partir de então, sua vida não foi mais do que uma sucessão de fracassos, cuja enumeração seria tediosa, ao lado de uma esposa devotada, que tentava garantir a subsistência com trabalhos de tapeçaria, confecção de flores de conchas e até um pequeno comércio de ovos, coelhos e leite de cabra... Em 1852, a intervenção de colegas lhe permitiu obter o emprego "protegido" de médico da Casa central do Mont Saint-Michel, "seu rochedo de expiação". Terminaria a carreira em funções idênticas em Rennes, onde morreu a 16 de junho de 1883.

Esse triste balanço não teria interesse, se Dumont não tivesse deixado um *Testamento médico, filosófico e literário*, editado por subscrição em 1865, volumosa confissão, à maneira de Rousseau, que ia de 1833, ano em que "explode a doença incurável que é o tema da obra", até a sua nomeação para a prisão de Estado do Mont Saint-Michel. Ao longo dessas 600 páginas, o autor não nos poupou nenhum detalhe biográfico, nenhum dos sintomas do que ele chamava o seu *suplicium neuricum*. Quadro polimórfico onde se misturavam "disgrafia cerebral", "efervescência intelectual conhecida sob o nome de mentismo", abulia, momentos de depressão, somatizações diversas, descritos com muita autoindulgência e até satisfação, e que nos levariam, pessoalmente, a evocar manifestações histero-obsessivas.

De qualquer forma, essa autobiografia de um médico doente (que seria completada pelas *Cartas neuropáticas*) conserva todo o seu interesse documentário. Mas existe uma conseqüência positiva da "impressionabilidade" e do "exagero de sensibilidade" de Dumont: como autor, em 1856, de um *Discurso em favor dos animais*, ele contribuiu para a fundação da Sociedade Protetora dos Animais.

DUMONT-PALLIER *Victor*-Alphonse-Amédée (1826-1899)

Victor Dumont-Pallier nasceu em Honfleur (Calvados), a 8 de março de 1826. Era filho de um capitão de longo curso. Começou os estudos no colégio dessa cidade e terminou-os no liceu Louis-le-Grand. Residente dos Hôpitaux de Paris em 1853, defendeu sua tese em 1857. De 1861 a 1863 foi chefe de clínica de Trousseau na Santa Casa, antes de encarregar-se de um serviço no Hospital La Pitié, onde chegou em 1866. Independentemente de sua atividade propriamente médica, seguiu os cursos de Claude Bernard e fez parte da Sociedade de Biologia, da qual seria secretário perpétuo. Até então, nada o predispunha para ocupar-se da histeria, quando em 1876 foi designado com Luys* e Charcot* para estudar os efeitos da "metaloterapia" de Burq*. Os três peritos tiraram conclusões muito favoráveis das observações que fizeram, e pode-se dizer que em 1878, graças a eles, o conjunto do mundo médico — exceto a Escola de Nancy — aceitava o papel dos metais e dos ímãs na histeria. Dumont-Pallier, por sua vez, lançou-se a fundo, com seus alunos Paul Magnin e Edgar Bérillon*, no estudo da metaloterapia, do hipnotismo experimental e terapêutico e da Grande Histeria. Em torno dele, criou-se a "Escola de La Pitié", onde até em 1886, ele tratou dessas matérias, antes de continuar seu magistério na Santa Casa, onde se realizou em agosto de 1889 o primeiro Congresso Internacional de Hipnotismo, do qual aceitou a presidência.

"Admiravelmente bem servido em suas investigações pela presença no seu serviço de um grupo de doentes nos quais constatou os sintomas mais acentuados da Grande Histeria", como observou — inoportunamente — Bérillon, descreveu nessas pacientes a *transferência* e as oscilações *consecutivas da sensibilidade* de um lado a outro do corpo, quando da aplicação dos metais e de diversos agentes "estesiogênicos", e acreditou ter observado um *hipnotismo unilateral* que lhe permitiu elaborar a teoria da independência funcional completa de cada hemisfério cerebral. Citaremos entre os relatórios da Sociedade de biologia, "Experiências sobre a metaloscopia, o hipnotismo e a força nêurica", "Fenômenos que se manifestam em conseqüência da ação do vento de um fole capilar sobre diferentes regiões do couro cabeludo durante o período cataléptico do hipnotismo entre as histéricas", "Sobre a cura da afonia por aplicação de placas metálicas" ou ainda "Da analgesia hipnótica no trabalho de parto", talvez o mais interessante.

Depois de sua aposentadoria como médico dos Hôpitaux, continuou sua atividade no Instituto Psico-Fisiológico de Paris e na Escola de Psicologia, criados sob seu patrocínio em 1889. Em 1891, ocorreu a criação da Sociedade de Hipnologia, de Psicoterapia e de Psicologia; no ano seguinte, a Academia de Medicina o acolheu em sua seção de terapêutica.

Dumont-Pallier morreu a 13 de janeiro de 1899. Julien Besançon, em suas lembranças (*O corvo caolho*) o liquida em duas linhas: "Dumont-Pallier, aquela múmia, velho e venerável medalhão, de quem zombavam as histericazinhas do seu serviço, como faziam com Charcot." Pelo menos resta uma lembrança tangível, que chegou até nós: foi Dumont-Pallier que serviu de modelo para os traços do majestoso Carlos Magno eqüestre que decora em Paris o adro de Notre-Dame...

Bibliografia: MILOCHE (Ph.), "Un méconnu de l'hystérie, Victor Dumont-Pallier", tese de medicina, Caen, 1982.

DUPOTET DE SENNEVOY *Jules*-Denis (barão) (1796-1881)

Barrucand, na sua *História do hipnotismo na França*, descreve o barão Dupotet como "o tipo do tolo, mas com uma lábia, uma segurança, uma vaidade, uma falta de espírito crítico sem igual!". Mas esse epígono tardio de Mesmer*, fluidista fanático, arrogante e megalômano, sem teoria bem definida, teria um público extenso, tanto nos meios populares quanto nos salões ou no mundo científico, pois conseguiu seduzir Husson* e tinha trânsito livre na Santa Casa de Paris, o que não o impediu de publicar, em 1840, *O magnetismo oposto à medicina*. Escreveu ainda *A magia desvelada* (1852); um *Manual do estudante magnetizador* (1868); um *Tratado completo do magnetismo animal em doze lições* (1879) e os 14 volumes do *Journal du Magnétisme*, cuja publicação ocorreu entre 1845 e 1855.

DUPRÉ Ferdinand-Pierre-Louis-*Ernest* (1862-1921)

Dupré nasceu em Marselha a 7 de março de 1862, mas chegou muito pequeno a Paris, para onde seu pai, colega de Taine na Escola Normal Superior, acabava de ser nomeado professor de retórica no Liceu Condorcet. Residente dos Hôpitaux de Paris em 1887, foi aluno de Duguet, de Chauffard, de Landouzy e de Brouardel, mas um ano passado no Hospital Bicêtre e a influência do alienista Auguste Motet*, diretor da Casa de Saúde de Charonne, determinariam a sua orientação psiquiátrica posterior. Em 1891, defendeu uma tese sobre "As infecções biliares", em 1898 foi aprovado como professor e no ano seguinte como médico dos Hôpitaux. Antes de suceder a Gilbert Ballet* em 1916 no Hospital Sainte-Anne e na cátedra de doenças mentais, dirigiu alguns serviços na Santa Casa anexa, na Casa de Repouso de La Rochefoucauld e no Hospital Laënnec. A partir de 1913, substituiu Legras* na enfermaria especial da polícia. Mobilizado em 1914, aos 52 anos, dividiu-se, "elegantemente vestido de azul-horizonte", entre suas funções do tempo de paz, que conservou, e o Serviço central psiquiátrico do Hospital de Val-de-Grâce. Seria a ocasião de descrever a *psiconeurose emotiva* dos combatentes, que Maurice de Fleury propôs, sem sucesso, que fosse chamada *doença de Dupré*. Em 1918, entrou para a Academia de Medicina e morreu em Deauville três anos mais tarde, a 2 de setembro de 1921, de uma hemorragia ventricular, depois de uma doença que já o mantinha afastado de suas atividades havia alguns meses.

Letrado, brilhante e espirituoso, célebre desde os anos de sala de plantão pelo seu entusiasmo e suas réplicas, Dupré herdou do pai uma sólida cultura clássica. Em 1925, Benjamin Logre reuniu algumas publicações esparsas do seu mestre em um volume, que intitulou *Patologia da imaginação e da emotividade*, enfatizando assim os dois pólos essenciais em torno dos quais se organizaram os trabalhos psiquiátricos de Dupré.

Foi em 1905 que ele propôs o termo de *mitomania*, "de construção legítima e sentido claro", para designar "a tendência anormal, mais ou menos voluntária e inconsciente, para a alteração da verdade, para a mentira e a fabulação". Depois, mostrou como essa atividade imaginativa podia organizar-se segundo um sistema delirante paroxístico, *as psicoses imaginativas agudas* ou crônico, *os delírios de imaginação* (de grandeza ou de ação), até então desconhecidos pela escola francesa.

Em 1909, começou a desenvolver suas idéias sobre a patologia da emotividade, descrevendo a *constituição emotiva*, "modo particular de desequilíbrio do sistema nervoso, caracterizado pelo eretismo difuso da sensibilidade geral, sensorial e psíquica". Depois, descreveu a *debilidade motora*, expressão do desequilíbrio da "motricidade periférica" e prelúdio da *doutrina* mais vasta *das constituições*, que expôs em 1919. As constituições mórbidas aparecem, nessa perspectiva, como "o esboço e o germe de uma afecção mental em potência", conseqüência de um conjunto de tendências específicas transmitidas pela hereditariedade, "essa causa das causas", cuja parte "é muito mais considerável do que a parte das diversas influências que agem depois do nascimento sobre o indivíduo", e constituem apenas uma reatualização da teoria das degenerescências de Morel* e de Magnan*.

DURAND (DE GROS) *Joseph*-Pierre, aliás Joseph PHILIPS (1826-1900)

Joseph Durand nasceu a 16 de junho de 1826 em Gros, pequena localidade dos arredores de Rodez, e estudou medicina em Montpellier. Exibindo idéias avançadas, tomou, com Raspail, uma parte ativa na Revolução de 1848, editou em 1849 um *Catecismo social*, e para escapar à prisão foi para o exílio, depois do golpe de Estado de 2 de dezembro de 1851. Refugiou-se primeiro na Inglaterra, onde descobriu o hipnotismo, e depois nos Estados Unidos, onde se naturalizou e obteve em 1857 o título de doutor em medicina pela Universidade de Filadélfia. Publicou, pela editora Baillière, em 1855, sob o pseudônimo de J.-P. Philips *Eletrodinamismo vital, ou as relações fisiológicas do espírito e da matéria, demonstradas por experiências inteiramente novas*, quando a anistia o estimulou a voltar a Paris. Começou ali uma série de conferências e um *Curso teórico e prático de braidismo ou hipnotismo nervoso*, que seria editado em 1860, sempre sob o nome de Philips. Depois da guerra de 1870, voltou a viver em Aveyron, interessou-se pela filologia e pela lingüística dos falares locais, obteve vinte e dois votos nas eleições senatoriais de 1892, e publicou ainda diversas obras, entre as quais *O maravilhoso científico*. Morreu em sua terra natal a 17 de novembro de 1900, alguns meses depois de ter sido nomeado presidente de honra do II Congresso Internacional de Hipnotismo em Paris.

A despeito de considerações espiritualistas confusas, que recorriam às "mônadas animistas", inspiradas em Leibniz, Durand de Gros foi um dos primeiros a tentar lançar um olhar científico sobre o hipnotismo e a sugestão, levantando o problema do "agente intermediário", por meio do qual o físico e o moral são postos em relação. Distinguia dois estágios no hipnotismo: o *estágio hipotáxico*, obtido pela "fixidez da atenção e a concentração do pensamento", prelúdio necessário ao *estágio ideoplástico*, que permitiria à sugestão agir. Também definiu a *psicossomatologia*, "história natural de relações anatômicas e fisiológicas existente entre a alma e o sistema orgânico". Viu-se nas suas hipóteses originais o esboço, ao mesmo tempo, do condicionamento pavloviano e das teorias psicossomáticas.

DYMPHNE (santa) ou DIMPNA

Padroeira "fundadora", muito contra a própria vontade, de um sistema original de assistência aos alienados, Dimpna foi uma princesa da Irlanda que viveu em fins do século VI ou início do século VII. Acompanhada do seu confessor Gerrebert, veio procurar refúgio na aldeia de Gheel, na Campina belga, a fim de escapar às tentativas de incesto do seu pai. Mas este descobriu o esconderijo dos fugitivos, mandou seus soldados assassinarem o velho padre e ele próprio decapitou a filha. Sobre o túmulo da jovem mártir ocorreram curas e desde o século XII, por razões mal definidas, peregrinações de insensatos e simples de espírito. Edificou-se uma igreja, tendo ao lado um quarto para os loucos, o "Siecken Kammer", no qual o ritual previa nove dias de isolamento. Pouco a pouco, instaurou-se o costume, sob a autoridade dos cônegos de Santa Dimpna, de confiar os pacientes não curados a famílias da aldeia, cuja vida eles compartilhavam.

No início do século XIX, cerca de 400 alienados estavam divididos entre os 10.000 habitantes. Mas denunciavam-se abusos, havia queixas sobre a falta de controle e sobre o abandono absoluto dos doentes "nas mãos de camponeses ignorantes e cúpidos". Falou-se até na venda de "loucos" nos leilões públicos, na cidade vizinha de Turnhout. Assim, a lei belga de 18 de junho de 1850 sobre os alienados fez de Gheel um estabelecimento de Estado, sob controle médico, e cujo funcionamento prosseguiu até nossos dias, tendo inspirado aos alienistas do século passado a criação de diversas "colônias familiares".

E

EARLE *Pliny* (1809-1892)

Nascido a 31 de dezembro de 1809 em Leicester (Massachusetts) em uma família de quakers, Earle terminou em 1837 o seu curso de medicina na Universidade da Pensilvânia. Durante cerca de dois anos, fez uma viagem de estudos aos asilos de alienados da Europa, encontrou-se com Esquirol* e Leuret*, e, muito impressionado com o Retiro de York, trabalhou, ao voltar aos Estados Unidos, no Retiro de Francford (Pensilvânia), criado em 1817 nos mesmos moldes. Em 1844, dirigiu o asilo de Bloomingdale (Nova York), também de inspiração quaker. Depois de uma nova permanência na Europa, assumiu a partir de 1864 a direção do asilo de estado de Northampton (Massachusetts) até a sua aposentadoria em 1885. O texto mais original de Earle é certamente a *Curabilidade da loucura*, espécie de panfleto publicado em 1877, no qual combate o mito da cura dos doentes mentais, devido, segundo ele, ao fato de que não se levava em conta o estado do doente no momento em que este deixava o hospital, sem se preocupar com as recaídas posteriores. Foi também um dos 13 diretores de asilos que, a 16 de outubro de 1844, criaram na Filadélfia uma associação reunindo os médicos dos estabelecimentos para alienados dos Estados Unidos, que se tornaria a Associação Psiquiátrica Americana.

EITINGON *Max* (1881-1943)

Eitingon era filho de um rico negociante de peles de Mohilev (Bielorrússia). Em 1893, a família instalou-se em Leipzig, onde ele começou seus estudos de medicina em 1902, antes de partir para Zurique. Foi assistente de Bleuler*, que orientou a sua tese sobre "O efeito do ataque epiléptico sobre as associações mentais" e o enviou em 1907 para Viena, a fim de informar-se sobre as possíveis contribuições da psicanálise para a psiquiatria. Admitido nas "reuniões das quartas-feiras", teve uma breve iniciação didática com Freud* e depois fixou-se em Berlim, trabalhou no serviço de Oppenheim, um antifreudiano convicto, e casou-se em 1913 com uma atriz do teatro de arte de Moscou.

Médico do Exército austríaco durante a guerra, ao voltar participou da efervescência cultural de Berlim nos anos 1920. Foi nesse contexto que organizou, financiou e abriu em fevereiro de 1920 a "*Policlínica*", estabelecimento ao mesmo tempo de formação e de tratamento para os pacientes sem recursos, tal como Freud desejara em 1918, quando do Congresso de Budapeste. Eitingon assumiu a sua direção durante 13 anos. Problemas de saúde e a chegada de Hitler ao poder o levaram, em 1933, a deixar a Alemanha, e no ano seguinte instalou-se em Jerusalém. Ali, fundou a Sociedade Psicanalítica da Palestina, ocupou-se dos problemas dos jovens imigrantes e morreu a 3 de julho de 1943. Repousa no cemitério do Monte das Oliveiras.

Homem de confiança de Freud, Eitingon não se destacou como teórico, mas como "coordenador" do movimento psicanalítico. Presidente da Associação Internacional de Psicanálise de 1927 a 1933, fundador do Comitê internacional de formação, encarregado dos contatos com a França, em 1922, junto aos fundadores do Instituto de Psicanálise, deixou entretanto alguns textos, tais como *O gênio, o talento e a psicanálise* (1912); *A psicanálise na França* (1922) e *Método de terapêutica psicanalítica e prática da policlínica* (1922).

Há alguns anos, Eitingon foi acusado de atividades clandestinas no seio da NKVD e da KGB e de implicação em assassinatos políticos ordenados por Stalin. Mesmo que alguns pontos não sejam claros, os documentos de arquivos atualmente acessíveis não permitem confirmar essa hipótese.

Bibliografia: CHEMOUNI (J.) e MOREAU-RICAUD (M.), "Max Eitingon (1881-1943)", Revista *Frénésie*, Hist. Psychiatr. Psycanal., II, nº5, 1988, 115-28.

ELLENBERGER *Henri*-Frédéric (1905-1993)

Nascido na Rodésia a 6 de novembro de 1905, em uma família protestante de origem suíça, H. Ellenberger fez estudos secundários em Estrasburgo e medicina em Paris. Em 1932, foi nomeado como estrangeiro para a residência nos Asiles de la Seine, onde conviveu no Hospital Sainte Anne, com Henri Ey* e Jacques Lacan*. Naturalizado francês pouco antes da guerra, foi desnaturalizado pelo regime de Vichy e teve que voltar à Suíça. Essa permanência no país de origem lhe permitiu fazer uma análise com Oskar Pfister, o pastor amigo de Freud*, e encontrar-se com Jung* e Binswanger*. Em 1952, por ocasião de uma viagem de estudos aos Estados Unidos, tornou-se professor na Menninger School of Psychiatry de Topeka e depois emigrou para o Canadá, onde de 1959 a 1962 foi professor no célebre Allan Memorial Institute de Montreal. Interessou-se pela etnopsiquiatria, pela criminologia, e começou pesquisas sobre a história do pensamento freudiano, que resultariam em 1970 na publicação de um livro magistral, *A descoberta do inconsciente*, imediatamente reconhecido como trabalho fundador no campo da história da psicanálise e que seria rapidamente traduzido para várias línguas.

Cuidando para que a importante documentação que reunira para seus trabalhos pudesse servir a outros pesquisadores, legou seus arquivos à Sociedade Internacional de História da Psiquiatria e da Psicanálise. Doravante, eles são conservados no Centro de Documentação e Pesquisa que leva o seu nome e que foi inaugurado em 1992 nos locais do Centro Hospitalar Sainte Anne, em Paris.

R. MAJOR

ELLIS Henry-*Havelock* (1859-1939)

Filho de um capitão de longo curso, Havelock Ellis nasceu a 2 de fevereiro de 1859, em Croydon (Surrey). Cresceu em um ambiente feminino, entre sua mãe e suas quatro irmãs. Com a idade de 16 anos, por razões de saúde, seu pai decidiu embarcá-lo consigo, mas a viagem do jovem foi interrompida na Austrália, onde permaneceria durante quatro anos, exercendo funções de professor primário. Voltando à Inglaterra em 1879, começou estudos de medicina bastante desorganizados, pois dois anos depois retomou o mar por vários anos. Entretanto, acabaria obtendo um diploma da Sociedade dos Boticários, mas tal profissão não exerceria praticamente nunca, interessando-se mais por literatura e problemas científicos gerais. Foi assim que empreendeu a reedição popular dos dramaturgos da época shakespeareana e lançou uma coleção de ciências contemporâneas de sucesso.

Sua existência seria muito influenciada por duas mulheres notáveis: de 1884 a 1889, trocou uma correspondência apaixonada, mas platônica, com Olive Schreiner, romancista feminista de Basutolândia, que ele ficou conhecendo através da filha de Karl Marx, correspondência que continuaria até 1920, em tom mais moderado todavia, depois do casamento da jovem. Em 1890, ligou-se a outra mulher de letras, Edith Lees, com quem se casou no ano seguinte. Era um casamento muito livre, de acordo com os princípios de James Hinton (1822-75), um cirurgião-filósofo londrino, por quem o casal tinha grande admiração, casamento também muito perturbado pela virilidade deficiente de Ellis e pelas tendências homossexuais dos dois parceiros.

Em 1897, Havelock Ellis empreendeu a publicação de *Estudos sobre a psicologia sexual*, que o celebrizou. Em 1898, foi aberto um processo a propósito dos capítulos consagrados à inversão sexual (não se esqueça que Oscar Wilde saiu da prisão no ano anterior). Seis volumes seriam publicados. "A obra para a qual nasci está cumprida", proclamou o autor, como conclusão do último tomo, publicado em 1910. Haveria um suplemento em 1928, seguido em 1936 de uma reedição condensada.

Ao lado dessa compilação enciclopédica do comportamento sexual, destinada, em princípio, aos médicos e psicólogos, Ellis redigiu para o grande público *O homem e a mulher* (1898), *O direito da mulher ao amor* (1918), *A funçao do jogo do sexo* (1921).

A 8 de julho de 1939, morreu sem descendência em Hintelsham (Suffolk). Em uma perspectiva descritiva muito diferente da de Freud*, H. Ellis contribuiu também para a desmistificação da sexualidade e dos tabus da era vitoriana. Durante 45 anos, de 1890 a 1934, ambos mantiveram relações epistolares ambíguas, indo da comunhão de idéias calorosa à disputa prolongada, ao acaso de suas tomadas de posição doutrinárias, até a última carta de amizade que Freud, exilado, dirigiu a Ellis ao chegar a Londres em junho de 1938.

Bibliografia: BROME (V.), *Les premiers disciples de Freud* (apêndice), Paris, PUF, 1978.

ELLIS *William*-Charles (Sir) (1780-1839)

Depois de receber uma formação bastante rudimentar com um cirurgião de Hull, Ellis se interessou pelo estudo da loucura e se tornou conhecido em 1815 por uma *Carta a Thomas Thomson, contendo considerações sobre a necessidade para o legislador de organizar lugares de acolhimento para os insensatos*. Três anos depois, recebeu o diploma de doutor em medicina da Universidade de Santo André e foi nomeado para o asilo de Wakefield (Yorkshire), que deixou em 1831 indo para o de Hanwell (Middlesex). Foi o primeiro alienista a receber um título de nobreza em 1835, "por serviços prestados à causa dos doentes". Morreu em 1839, como diretor do Asilo de Sorsthall.

No plano teórico, Ellis, amigo de George Combe*, se referia às doutrinas frenológicas, mas sua contribuição essencial se situa no campo institucional. Ajudado por sua mulher e por um corpo de enfermagem cujo status, recrutamento e competência ele tentou melhorar, preconizou a aplicação de um "tratamento moral", no qual a ocupação dos pacientes em tarefas úteis tomava um lugar importante. Resumiu o conjunto de suas concepções em um *Tratado sobre a natureza, os sintomas, as causas e o tratamento da loucura*, publicado em Londres em 1838, e cuja tradução francesa por Archambault*, "enriquecida de notas pelo Sr. Esquirol", apareceria no ano seguinte, alguns meses depois do falecimento de Ellis.

ESQUIROL Jean-*Étienne*-Dominique (1772-1840)

Nono de uma família de dez filhos, Esquirol nasceu a 3 de fevereiro de 1772 em Toulouse, onde seu pai, negociante, era presidente da Bolsa dos comerciantes. Seus estudos com os Doutrinários do Colégio de Esquille o orientaram primeiramente para uma carreira eclesiástica. Permaneceu durante algum tempo em Issy, no grande Seminário de Saint-Sulpice, mas a Revolução estourou, sua vocação religiosa chegou ao fim e voltou em 1792 para Toulouse, onde se iniciou na medicina, no Hospital de La Grave, de que seu pai era administrador e onde estava confinado um certo número de doentes mentais. Depois foi para Narbonne, entrou para o exército dos Pireneus e participou da campanha do Roussillon como oficial de saúde. Retomou os estudos em Montpellier. Sua família sofreu revezes financeiros e seu irmão François-Antoine foi executado a 22 de vendemiário do ano II. Chegou a Paris em 1799, onde freqüentou o serviço de Corvisart no Hospital de La Charité, e principalmente o do seu concidadão Pinel* na Salpêtrière. Em 1805, defendeu uma tese sobre "As paixões consideradas como causas, sintomas e meios curativos da alienação mental" e, com a morte de Pussin*, foi nomeado a 1º de maio de 1811 médico-assistente na divisão de loucas da Salpêtrière, da qual se tornou médico-regular no ano seguinte. Por volta de 1817, começou a acolher na sua casa da rue Buffon alguns alienados "pagantes", cujo número crescia tanto que em 1827 resolveu adquirir uma vasta propriedade em Ivry, para instalar uma casa de saúde, que administrava com seu sobrinho Mitivié* e onde começou a aplicar as idéias sobre a construção de asilos que ele expressou no seu célebre relatório de 1819 para o ministro do Interior, *Dos estabelecimentos consagrados aos alienados na França e dos meios de melhorá-los*.

A 27 de novembro de 1825, o falecimento de Royer-Collard* liberou o posto de médico-chefe da Casa Real de Charenton. Esquirol lhe sucedeu. A partir de 1820, foi membro da Academia de Medicina; seis anos depois foi designado como membro do Conselho de Higiene Pública e de Salubridade do Departamento do Sena, e participou ativamente, com seus alunos Ferrus* e J.-P. Falret* dos trabalhos preparatórios da lei de 1838 sobre os alienados. Morreu na rue Buffon a 12 de dezembro de 1840. Todos os domingos, tinha o hábito de reunir seus alunos na casa de Ivry em uma refeição entre amigos, o que provocou o comentário de Moreau de Tours*, ao evocar, na velhice, essa tradição gastronômica: "almoçava-se muito bem na casa do Sr. Esquirol"...

Esquirol se destacou como reformador das instituições psiquiátricas, tema para o qual o sensibilizaram a viagem, na França, pelos locais de confinamento de alienados, asilos, hospícios e prisões e a visita frustrante que fez a Gheel em 1821, em companhia de J.-P. Falret.

Em 1817, inaugurou na Salpêtrière um curso clínico de medicina mental, para o qual as suas qualidades de orador atraíram um público numeroso. No plano doutrinário, continuou sendo um discípulo ortodoxo de Pinel: como Pinel, via na loucura causas simultaneamente físicas e morais; como ele, insistia no papel predisponente da hereditariedade e situava nas vísceras a sede primeira da perturbação mental. Mas criticava as concepções nosográficas do seu mestre e reduzia as doenças mentais a quatro grupos principais: a *demência*, da qual uma forma aguda e curável se tornaria a "estupidez", segundo o seu aluno Georget*; a *idiotia*, termo que preferia a idiotismo; a *mania*, delírio geral com exaltação; e a parte mais original e mais criticada da sua obra clínica, o vasto grupo das *monomanias*, oriundo do desmembramento da melancolia de Pinel, delírio parcial crônico, de natureza alegre ou triste, mas limitado a um pequeno número de objetos. Esquirol subdividia esse novo conceito em três categorias: as *monomanias intelectuais*, nas quais o "delírio" estava em primeiro plano (uma das suas múltiplas formas possíveis era a *lipemania* ou "melancolia", com seu "delírio parcial crônico alimentado por uma paixão triste, debilitante e opressiva"), e as *monomanias instintivas*, que agrupavam as futuras "perversões" e psicopatias e seriam fonte de violentas contestações, na medida em que pareciam fornecer justificativa para os comportamentos criminosos, em um tempo em que a medicina legal estava ainda se constituindo.

Em 1838, Esquirol publicou os dois tomos *Das doenças mentais consideradas sob o ângulo médico, higiênico e médico-legal*, que na verdade era apenas uma reunião de suas publicações anteriores, com 27 pranchas gravadas, muitas vezes reproduzidas, executadas por Ambroise Tardieu, pai do alienista do mesmo nome*. Persuadido do interesse apresentado pelo estudo da fisionomia dos alienados, Esquirol encomendou a Georges-François-Marie Gabriel* mais de 200 retratos de doentes, a maioria dos quais ainda está inédita até hoje.

ETOC-DEMAZY *Gustave*-François (1806-1893)

Filho de um farmacêutico de Mans, onde nasceu a 30 de julho de 1806, chefe de residência em Paris em 1830, Etoc-Demazy foi aluno de Ferrus*, que orientou a sua tese sobre a *estupidez* (1833). Já no ano seguinte, Esquirol* obteve sua nomeação como médico-chefe do Asilo de Sarthe, onde conseguiria criar um estabelecimento novo, com 380 leitos.

Independentemente de publicações médico-legais e de um trabalho sobre as alucinações, escreveu principalmente as interessantes *Pesquisas estatísticas sobre o suicídio, aplicadas à higiene pública e à medicina legal* (1844), sondagem epidemiológica efetuada durante dez anos no *arrondissement* de Mans, que o levou a rejeitar a opinião defendida por Esquirol, segundo a qual "o homem só atenta contra os seus dias quando está em delírio". Isso causaria uma polêmica com Bourdin*, que também via em todo suicídio o sinal de um desequilíbrio mental. Membro correspondente da Academia de Medicina desde 1837, Etoc-Demazy se aposentou em 1872. Morreria 20 anos depois, a 13 de novembro de 1893, em sua cidade natal, onde, excetuando-se o tempo dos seus estudos médicos, sempre vivera.

EY *Henri* (1900-1977)

Nascido a 10 de agosto de 1900 em Banyuls-dels-Aspres (Pireneus-Orientais) em uma família de viticultores, Henri Ey começou em Toulouse um curso de medicina, que terminou em Paris. Residente dos Hospitais Psiquiátricos do Sena em 1925, chefe de clínica de Claude* em 1931, assumiu dois anos depois um posto de médico-chefe no Asilo de Bonneval (Eure-et-Loir) onde ficaria até sua aposentadoria em 1970. Mas não interrompeu suas atividades, pois em 1973 foi publicado o seu monumental *Tratado das alucinações*, seguido em 1975 por *Das idéias de Jackson a um modelo organodinâmico em psiquiatria*. Preparava uma história geral da psiquiatria quando morreu a 7 de novembro de 1977.

Henri Ey dedicou toda a sua vida à defesa e à ilustração da psiquiatria, tanto por sua combatividade quanto por seus escritos ou por seu magistério parisiense no Hospital Sainte Anne. Redator-chefe de *Évolution Psychiatrique* desde 1945, foi em 1961 um dos fundadores da Associação Mundial de Psiquiatria, da qual seria secretário geral durante seis anos. Pode-se acrescentar às suas preocupações médicas a sua paixão de catalão pela tauromaquia...

Espírito enciclopédico à margem das grandes correntes tradicionais, defendeu uma *concepção organodinâmica* da doença mental, propondo uma visão "dinâmica e dialética das relações entre o físico e o moral", que supunha que "toda forma psicopatológica exige, para sua formação, ao mesmo tempo e juntamente, uma perturbação orgânica primordial e uma estrutura psicológica necessária, que constitui a sua fenomenologia, a sua base existencial". Referindo-se às teses de Hughlings Jackson* sobre a hierarquia dos níveis de desintegração funcional do sistema nervoso, via na doença mental diferentes graus de dissolução da atividade psíquica, subordinados a um processo orgânico análogo ao sono, que liberava o sonho. Às obras já citadas, podem-se acrescentar, entre os trabalhos que melhor refletem a sua personalidade, os três tomos dos *Estudos psiquiátricos*, publicados de 1948 a 1954, e a obra intitulada *A consciência*, publicada em 1963.

F

FAIVRE *Adéodat* (?-?)

Sabemos muito pouco sobre esse predecessor de Bottex* no Hospital La Antiquaille, que trabalhou no Asilo dos Irmãos de São João de Deus antes de dirigir uma casa de saúde. A 22 de janeiro de 1838, quando dos trabalhos preparatórios da lei sobre os alienados, expôs um pertinente "Exame crítico do projeto de lei sobre o seqüestro dos alienados" diante da Sociedade de Medicina de Lyon. Esse texto, que seria publicado com a aprovação desta, foi o único desse alienista de província; mas como o autor não tinha prestígio oficial, suas "observações" nunca teriam a difusão das de Ferrus*, de Falret* e de Esquirol*.

FALRET *Jean-Pierre* (1794-1870)

Nascido em Marcilhac-sur-Célé (Lot), a 7 de prairial do ano II (26 de maio de 1794), J.-P. Falret estudou ciências humanas em Cahors, e depois começou a estudar medicina em Montpellier, que logo deixou, indo para Paris. O acaso da substituição de um colega o levou para o serviço de Pinel, que envelhecia, mas onde ficou conhecendo Esquirol*, que lhe ofereceu um emprego na sua casa de saúde da rue Buffon. Ficaria ali durante oito anos, defendeu sua tese em 1819 e três anos depois, fundou em Vanves uma casa de saúde com Félix Voisin*, que conheceu no serviço de Pinel. Em 1831, foi nomeado médico da seção dos idiotas da Salpêtrière, trocou esse serviço, em 1841, por uma seção de alienados adultos e começou um magistério clínico que teve certo sucesso. Membro da Academia de Medicina desde 1835, participou, com Esquirol e Ferrus*, dos trabalhos preparatórios da lei de 1838 sobre os alienados e fez, em 1864, em *Das doenças mentais e dos asilos de alienados*, a síntese de suas pesquisas. Cinco anos depois, deixou a Salpêtrière e dividiu o seu tempo entre a casa de Vanves e a sua aldeia natal, à qual consagrou um livreto de versos e onde morreu no ano seguinte, a 28 de outubro de 1870. Seu filho, Jules Falret*, só saberia do seu falecimento depois da capitulação de Paris.

A primeira parte da obra de Falret foi dominada por preocupações sobre as correlações entre as lesões cerebrais e a loucura, mas ele logo se decepcionou e orientou-se para as teorias psicológicas das escolas escocesa e alemã (para traduzir esses autores, recorreu a B.-A. Morel*, que lhe apresentou o seu residente, Claude Bernard) até descobrir a sua verdadeira área, a análise clínica, especialmente nas suas relações com a evolução de longa duração das doenças mentais, única maneira de evitar uma visão parcial das perturbações. Foi assim que, apesar do respeito que dedicava a seu mestre Esquirol, recusou a sua doutrina das monomanias, "essa pretensa unidade do delírio, limitado a uma idéia ou a uma única série de idéias", o que para ele era apenas desconhecimento de um delírio mais global. Suas *Lições clínicas de medicina mental*, recolhidas em um volume, foram publicadas em 1854. No mesmo ano, protestou diante da Academia de Medicina pela sua prioridade sobre Baillarger* na descrição daquilo que ele próprio chamava *loucura de dupla forma*, a futura psicose maníaco-depressiva de Kraepelin*.

Em matéria terapêutica, considerava como essencial o isolamento do doente do seu meio habitual, em asilos construídos perto das cidades e necessariamente dirigidos por médicos. Com a finalidade de facilitar a reclassificação dos doentes e evitar as recaídas fundou, em 1843, o que qualificou de "obra principal" da sua vida, uma Sociedade de Patrocínio e um asilo para os convalescentes da Salpêtrière, "intermediário entre o hospício e a sociedade", a partir do modelo do que já existia para os prisioneiros liberados. Cazauvielh* enunciara o princípio desses estabelecimentos três anos antes no seu livro sobre o suicídio.

O serviço de Falret inspiraria várias obras ao pintor Amand Gautier, colega do seu externo Paul Gachet* (o amigo de van Gogh): *Uma demenciada; Uma princesa da Salpêtrière* e *As loucas da Salpêtrière*, tela que foi muito considerada no Salão de 1857.

Bibliografia: ODIER (B.), "Les sociétés de patronage d'aliénés guéris et convalescents au XIXe siècle", tese de medicina, Paris, Pitié-Salpêtrière, 1982.

FALRET *Jules*-Philippe-Joseph (1824-1902)

Jules Falret nasceu a 17 de abril de 1824, na casa de saúde de Vanves que seu pai fundara dois anos antes e onde ele mesmo se tornou médico-assistente no fim de sua residência. Em 1867, foi nomeado médico no Hospital Bicêtre e, em 1884, sucedeu a Moreau de Tours*, na Salpêtrière. Com a morte de Félix Voisin*, pediu a Cotard* que viesse ajudá-lo em Vanves e, depois do falecimento prematuro deste, Arnaud* fez a substituição. Falret deixou a Salpêtrière em 1897 e faleceu em maio de 1902, no estabelecimento onde nascera.

Seus contemporâneos o descrevem como um personagem culto, discreto e amável, inimigo de honras e de publicidade. Uma sólida amizade o ligou a Lasègue* e principalmente a Morel*, ambos alunos de Jean-Pierre Falret*, que sempre foi acusado de ter dominado o filho com seu caráter autoritário.

Em 1853, J. Falret dedicou sua tese a "Investigações sobre a loucura paralítica e as diversas paralisias gerais". Voltou em 1878 a esse tema, percebendo as suas variedades clínicas, prelúdio a um desmembramento da afecção. Escreveu sobre epilepsia, sobre *A loucura circular ou loucura de formas alternadas* (1879), termo já proposto por Delaye* em 1860, sobre a responsabilidade dos alienados e sobre os delírios crônicos de perseguição, dos quais descreveu, em 1877, com Lasègue, uma forma particular, *A loucura a dois ou loucura comunicada.*

No fim de sua vida reuniu, em três volumes, esses trabalhos esparsos. Só os dois primeiros foram publicados, *Estudos clínicos sobre as doenças mentais e nervosas* (1889) e *Os alienados e os asilos de alienados* (1890); o terceiro reuniria as suas lições clínicas.

DE FARIA *José Custódio* (1756-1819)

Nascido em 30 de maio de 1756 em Candolim de Bardes, localidade próxima de Goa, capital das Índias portuguesas, originário, como afirmava, da casta dos brâmanes, José Custódio de Faria chegou com 15 anos a Lisboa, onde fez estudos que terminou em Roma. Ordenado padre em 1780, doutor em teologia, voltou a Portugal, onde ficou alguns anos. "Grande, magro e escuro, falando francês muito mal", segundo as palavras de Louis Figuier, instalou-se em 1788 em Paris, participou do movimento revolucionário, e em 1811 se tornou professor de filosofia em Marselha, de onde foi transferido para Nîmes. No mês de agosto de 1813, abriu em Paris, na rue Clichy, um curso público sobre o "*sono lúcido*", que ele provocava com o comando "Durma!", nos indivíduos aos quais ele pedia previamente que "concentrassem" a atenção ou o olhar. Adversário do mesmerismo, opunha-se a toda noção de "fluido magnético" e substituiu a expressão "magnetismo animal" por "concentração", julgando que o sono artificial dependia não do hipnotizador, mas apenas do hipnotizado. Em contrapartida, admitia que só certos indivíduos eram suscetíveis de serem adormecidos artificialmente dessa maneira, e os chamava *epoptas naturais*, "da palavra grega *epopta*, que significa aquele que vê tudo claramente". Utilizava o "sono lúcido" como sugestão terapêutica e já descrevia sem ambigüidade as suas aplicações possíveis à anestesia cirúrgica.

Em 1816, sua reputação desabou bruscamente, ao que parece em conseqüência de uma mistificação pública da qual foi vítima por parte de um ator cético, incidente amplificado pelo sucesso de uma peça de teatro de Jules Vernet, *A magnetismomania*, que ridicularizava o padre "Soporito". Faria retirou-se então da vida pública, obteve um lugar de capelão em um pensionato e se dedicou à redação de um volumoso tratado, onde estavam expostas as suas teorias, *Da causa do sono lúcido ou Estudo da natureza do homem*. A 20 de novembro de 1819, a morte interrompeu a sua obra e só seria publicado o primeiro dos quatro tomos que ele havia anunciado. Sua publicação passaria totalmente despercebida.

Entretanto, em 1884, Bernheim* (depois Gilles de La Tourette* e posteriormente Pierre Janet*) reabilitariam a doutrina do padre Faria e prestariam homenagem à sua figura de verdadeiro precursor da Escola de Nancy e do método de hipnose por sugestão. Mas já havia 40 anos que Alexandre Dumas imortalizara o seu nome em um romance: *O conde de Monte Cristo*.

Bibliografia: ALLIEZ (J.), "Les deux abbés Faria: du héros d'A. Dumas à la préhistoire de la psychothérapie", *Ann. Méd. Psy.*, 1972, t.I, 130, nº3, 373-81.

FEDERN *Paul* (1871-1950)

Neto de um rabino de Praga, Federn nasceu em Viena, onde seu pai era médico. Ele próprio se estabeleceu nessa cidade e tratava das doenças das crianças quando a leitura de *Interpretação dos sonhos*, em 1902, o levou a procurar Freud*. Alguns meses depois, foi admitido nas famosas reuniões das quartas-feiras, que antecederam a fundação da Sociedade Psicanalítica de Viena, e ele tornou-se um dos primeiros professores e pedagogos do Instituto Psicanalítico. A partir de 1924, Freud, cujo câncer bucal acabava de ser diagnosticado, confiou-lhe um certo número de funções de organização no seio da sociedade. No momento da anexação da Áustria, refugiou-se nos Estados Unidos, onde havia estado em 1914, mas em 1939 um dos seus dois filhos seria detido pelos nazistas (em Buchenwald, ficaria ao lado de Bruno Bettelheim*). Atingido por um câncer, aquele que se chamava a si mesmo de apóstolo Paulo de Freud se suicidou com um tiro, a 4 de maio de 1950.

Federn publicou em 1919 *Psicologia da revolução: a sociedade sem pai* e em 1927, *O narcisismo na estrutura do ego*, mas sua contribuição mais interessante se refere certamente ao estudo da experiência interior do ego e do seu investimento, que, através dos fenômenos de despersonalização, o levou a ser um dos primeiros a interessar-se pela *Análise dos psicóticos*, à qual consagraria uma obra em 1933.

FÉRÉ *Charles*-Samson (1852-1907)

Nascido em Auffray (Seine-Inférieure) a 13 de junho de 1852, Féré começou a estudar medicina em Rouen, antes de ir para Paris. Residente de Broca* e de Guyon, ajudante de anatomia na faculdade, pensou primeiro na cirurgia, mas sua passagem pelo serviço de Charcot*, de quem se tornaria secretário e chefe de laboratório, modificou a sua orientação. Em 1882, defendeu uma tese sobre "As perturbações funcionais da visão por lesões cerebrais" e, dois anos depois, tornou-se médico alienista no Hospital Bicêtre. Morreu em 1907, ainda em atividade.

Afável, tímido, irônico e malicioso segundo alguns, "belo exemplo de personagem primário, coberto de conhecimentos anatomopatológicos, devoto do nada, escravo do materialismo... recitando o bê-a-bá da Salpêtrière sem mudar uma vírgula", segundo L. Daudet, que faria dele o *Ligottin* dos "Morticoles", o Grande Féré, como era chamado na sala de plantão, dividia as suas atividades entre a neuropatologia e a medicina mental. Ao lado de estudos sobre a afasia, o tempo de reação ou a fisiologia dos movimentos involuntários, citaremos, entre os seus trabalhos mais notáveis, *O magnetismo animal*, publicado em 1886 com Alfred Binet* — afirmação da doutrina de Charcot, retomando a descrição do pequeno e do grande hipnotismo com o apoio de diversos registros que tornavam "completamente imaginário", segundo os autores, o risco de simulação... exaltação do papel do ímã que, a partir do relatório sobre Burq*, foi aceito na Salpêtrière —, *Degenerescência e criminalidade* (1888); *Tratamento dos alienados nas famílias* (1889); *Contribuição para a história do choque moral nas crianças* (1894), onde abordava o papel indutor de certas experiências sexuais precoces na determinação dos desvios sexuais, tema que retomou em 1893 em *O instinto sexual, evolução e dissolução*. Em 1903, foi encarregado do capítulo consagrado às "Perturbações da inteligência" no *Tratado de patologia geral* de Charles Bouchard, de quem havia sido residente provisório em 1876.

FERENCZI *Sandor* (1873-1933)

Sandor Fraenkel era o seu verdadeiro nome. Nasceu em Miskolcz (Hungria), em uma família de 11 filhos. Depois de terminar seu curso de medicina em Viena em 1894, instalou-se em Budapeste, experimentou a ginecologia antes de interessar-se pela psiquiatria e pela hipnose, tornando-se perito junto à Corte de justiça. Em 1907, encontrou Freud*, com quem teria uma sólida amizade. Em 1909, "o caro filho" acompanhou o mestre aos Estados Unidos, começou uma análise e fundou em 1913 a Associação Húngara de Psicanálise. Sua designação, em 1914, para um centro de tratamento de traumatizados seria o ponto de partida de um estudo sobre as neuroses de guerra. Em 1918, foi eleito presidente da Associação Psicanalítica Internacional, ocupou esse posto durante dois anos, e em 1928 permaneceu um longo tempo nos Estados Unidos. Morreu em Budapeste de uma anemia perniciosa em maio de 1933.

Devemos a Ferenczi diversos trabalhos sobre a psicologia da criança, tais como *Os estágios do desenvolvimento do sentido de realidade* e *A análise das crianças através da análise dos adultos*. Foi ele que, em 1909, propôs o termo de *introjeção* (por simetria com *projeção*), para designar um mecanismo de defesa do ego, mas sua obra mais original é certamente *Thalassa — Psicanálise das origens da vida sexual*, cuja redação, começada em 1914, só seria acabada dez anos depois. Ferenczi afirmava uma teoria global da sexualidade, na qual via uma espécie de movimento regressivo de volta ao útero, representando, segundo ele, o mar primordial, fonte de toda vida.

Vivo, espontâneo, inventivo, Ferenczi foi descrito também como sujeito a preocupações hipocondríacas e a uma insaciável necessidade neurótica de amor e segurança. Talvez deva-se ver nisso a razão das suas concepções terapêuticas particulares; depois de defender, em um primeiro tempo, a necessidade de um método "ativo" tendendo a proibir ao doente a maioria das satisfações elementares, orientou-se, a partir de 1927, para uma terapêutica gratificadora, dita de "relaxamento", destinada a devolver ao paciente, se preciso sob forma de carícias e beijos, o amor de que fora privado durante a infância. Essa posição deveria comprometer gravemente, durante os seus últimos anos, as suas relações com Freud.

FERRAND *Jacques* (1575?-?)

Ferrand nasceu em Agen por volta de 1575. Doutor em direito e em medicina, clinicou em sua cidade natal e depois em Castelnaudary e em Toulouse, onde publicou em 1610 um *Tratado da essência e da cura do amor ou da melancolia erótica*; obra muito pouco médica, escrita com muito humor e liberdade de linguagem. De uma grande erudição, Ferrand atribuía a paixão amorosa a alguma doença do corpo e do espírito e depositava toda a confiança no poder terapêutico dos filtros e misturas, com muitas referências aos autores da Antigüidade grega e romana. O *Tratado*, um tanto expurgado, seria reeditado em 1623, sob o título *Da doença de amor ou melancolia erótica, discurso curioso que ensina a conhecer a essência, as causas, os sinais e os remédios desse mal fantástico* e teria uma edição inglesa em 1640.

FERRUS *Guillaume*-Marie-André (1784-1861)

Ferrus nasceu a 2 de setembro de 1784, em Château-Queyras, perto de Briançon, em uma família piemontesa abastada, instalada há muito tempo no Dauphiné, e que seria arruinada pela Revolução Francesa. O jovem Guillaume foi então confiado a um tio materno, André Fantin, médico do hospital de Briançon, que faria o sobrinho, já aos 14 anos, freqüentar o seu serviço, e o enviaria em 1799 para Paris. Ali, defendeu uma tese a 11 de pluvioso do ano XII (31 de janeiro de 1804). Sem recursos, aceitou um lugar de cirurgião de 3ª classe em um regimento de caçadores da cavalaria, em formação em Versalhes, e recebeu o batismo de fogo em Austerlitz. Foi condecorado com a Legião de Honra por Napoleão em Wagram, voltou da retirada da Rússia com alguns artelhos congelados, retomou o trabalho como médico do imperador durante os Cem Dias e renunciou à carreira militar depois de Waterloo. Seu velho amigo Rostan* o apresentou a Pinel*, e este lhe propôs um cargo de adjunto no seu serviço. Em 1826, Ferrus sucedeu a Pariset no Hospital Bicêtre, onde fez reformas: mandou que os doentes demolissem as velhas "celas" insalubres, criou em 1828 uma escola para os "idiotas", iniciou em 1833 um curso reservado aos médicos e, partidário convicto do trabalho terapêutico, obteve da administração a criação da *fazenda Sainte-Anne*, onde os convalescentes e doentes tranqüilos do seu serviço encontravam atividades diversas na criação de animais, no alvejamento de tecidos ou na limpeza de roupas de lã. A fazenda, edificada em um terreno dependente da doação de Ana da Áustria ao Hospital de Val-de-Grâce (daí o seu nome) teve a sua existência ameaçada depois da partida de Ferrus, e foi nesse local que em 1865 foi construído o atual Hospital Sainte-Anne. Com efeito, em 1835, Ferrus foi nomeado inspetor geral dos Asilos de Alienados, função à qual se acrescentou, em 1842, a de inspetor do serviço médico das Casas Centrais; assim, ele não teria mais nenhuma atividade hospitalar. Em 1847, estava entre os membros fundadores da Sociedade Médico-Psicológica, cuja primeira sessão presidiu, a 26 de abril de 1852. Em 1859, um acidente vascular lhe deixou uma discreta hemiplegia e o obrigou a abandonar suas atividades. Mas participou ainda das sessões das sociedades eruditas. Morreu a 23 de março de 1861, de uma hemorragia cerebral.

De caráter bem-humorado, crítico e tolerante, Ferrus tinha uma concepção organicista da loucura, que se encontra exposta no texto das suas *Lições clínicas*, que foram publicadas na *Gazette Médicale*. Distinguia entre as doenças mentais as que provinham da "debilidade" das faculdades intelectuais e as que provinham de sua "perversão" ou de sua "aberração". Suas duplas funções de inspetor dos asilos e das Casas Centrais o obrigariam, posteriormente, a dedicar uma parte importante de sua atividade à visita às instituições hospitalares e penitenciárias, gênero de trabalho pelo qual ele tinha sem dúvida uma certa atração, pois antes de tomar o seu lugar em Bicêtre, começara a fazer uma pesquisa pessoal sobre os diversos asilos da França e da Grã-Bretanha. Suas conclusões e seus projetos sobre as reformas a fazer foram expostos, em 1834 (ano em que foi eleito para a Academia de Medicina) em um livro vendido "em benefício dos pobres": *Dos alienados. Considerações: 1º sobre o estado das casas que lhes são destinadas, tanto na França quanto na Inglaterra; 2º sobre o regime higiênico e moral ao qual esses doentes devem ser submetidos; 3º sobre algumas questões de medicina legal e de legislação relativas ao seu estado civil*. Esse estudo constituiu uma das bases essenciais dos trabalhos preparatórios da lei de 30 de junho de 1838. *Dos prisioneiros, do aprisionamento e das prisões* (1850) e *Da expatriação penitenciária* (1853), que o completam, expõem as idéias de Ferrus sobre a criminologia e sobre a reforma dos locais de detenção.

VON FEUCHTERSLEBEN *Ernst* (barão) (1806-1849)

Filho de um alto funcionário austríaco, Feuchtersleben nasceu em Viena a 29 de abril de 1806. Depois de receber uma formação científica na Academia Santa Teresa, começou estudos de medicina em sua cidade natal, onde faria toda a sua carreira. Diplomado em 1833, publicou em 1838 *A higiene da alma* e dois anos depois tornou-se secretário da jovem Sociedade de Medicina. Em 1844, tomou a iniciativa de inaugurar em Viena o primeiro curso sobre doenças mentais. No ano seguinte, tornou-se decano da Faculdade de Medicina e em 1848, depois dos acontecimentos políticos que perturbaram a Áustria, recusou o ministério da Instrução Pública, contentando-se com um subsecretariado de Estado, do qual pediu demissão alguns meses depois. Morreu em Viena a 3 de setembro de 1849.

A higiene da alma, traduzida em várias línguas, teria 40 edições em 25 anos, o que fez a fama de Feuchtersleben. Considerando que a existência devia ser um combate sem trégua, destinado a evitar a eclosão dos germes da loucura que cada homem teria em si, estudou as relações entre a alma e o corpo, em uma perspectiva ainda completamente impregnada das especulações do romantismo alemão. Para citar apenas os seus trabalhos de interesse psiquiátrico, mencionaremos ainda as *Questões judiciárias a propósito da loucura* (1845) e um *Manual de psicologia médica*, publicado no mesmo ano. Também é a ele que se atribui a paternidade da palavra "psicose", em seu sentido primeiro muito global de doença do espírito, por oposição às neuroses, que designavam então afecções dos nervos sem lesão detectável e nas quais as perturbações mentais eram consideradas como inconstantes.

Há também um outro aspecto da personalidade de Feuchtersleben. É a sua obra literária, poética e filosófica, que o poeta Frédéric Hebbel editou em sete volumes, publicados entre 1851 e 1853.

FLECHSIG *Paul* (1847-1929)

Flechsig nasceu em Zwickau (Saxônia), a 29 de junho de 1847. Estudou medicina em Leipzig, defendeu uma tese em 1870 sobre "A meningite epidêmica", serviu como cirurgião militar durante a guerra franco-alemã e depois voltou a Leipzig como assistente do neurofisiologista Karl Ludwig. Em 1877, foi nomeado professor sem cátedra de psiquiatria e, a partir de 1882, consagrou-se à nova clínica universitária de doenças mentais, onde teria Bekhterev* e Oscar Vogt entre seus alunos, e o presidente Schreber* entre seus pacientes. Morreu em Leipzig a 22 de julho de 1929.

Doutor em medicina, em ciências e em filosofia, Flechsig fez parte, como Meynert* e Wernicke*, da escola psiquiátrica organicista alemã, que procurava explicar a vida psicológica normal e patológica exclusivamente em termos de estruturas cerebrais, e cuja orientação a obra *O cérebro e a alma*, que Flechsig publicou em 1896, ilustra perfeitamente.

FLOURNOY *Théodore* (1854-1920)

Médico, filósofo e psicólogo, Flournoy nasceu em uma velha família calvinista de Genebra. Experiente nos métodos de psicologia experimental que estudou em 1878-79 com Wundt* em Leipzig, recebeu em 1891 a cátedra de psicologia, criada para ele na Faculdade de Ciências de Genebra. Freqüentou também a Sociedade de Estudos Psíquicos da cidade, que se ocupava de fenômenos espíritas e parapsicológicos, que estavam em grande moda na época. Foi assim que em 1894 interessou-se pela jovem médium do Valais, Catherine-Élise Müller, que fez certas "revelações" que o impressionaram. Durante cinco anos, iria estudá-la e a tornaria célebre sob o nome de Hélène Smith, pseudônimo da "heroína" do livro que publicou em 1900, *Das Índias ao planeta Marte, estudo sobre um caso de sonambulismo com glossolalia*. Durante seus transes, Hélène Smith assumia duas reencarnações, a de Maria Antonieta e a de uma jovem hindu do século XV. Exibia um conhecimento detalhado do planeta Marte e seus habitantes, cuja língua falava e escrevia. É verdade que em 1853, graças às sessões espíritas, Victor Hugo já tivera um breve contato (mas em francês) com um certo Tyatafia, habitante de Júpiter... Admiradores espíritas e cientistas detratores se opunham e Flournoy demonstrou que sua médium encontrava, realmente, em lembranças da infância, o material dos seus "romances da imaginação subliminar", expressão de desejos profundos recalcados. Posteriormente, descobriria graças a dois lingüistas, Ferdinand de Saussure e Victor Henry, que o suposto "hindu" e o "marciano" tinham sua origem nos rudimentos de húngaro e de sânscrito que a médium conhecia.

Flournoy foi acusado de não ter levado em conta a dimensão erótica contida na sua relação transferencial com Élise Müller, relação que não tinha nenhuma intenção terapêutica; mas depois da publicação do livro, Hélène-Élise romperia tanto com os meios espíritas quanto com Flournoy. Dotada de uma renda confortável por uma rica americana, abandonou todo trabalho assalariado e recolheu a sua dupla personalidade em um isolamento quase completo, para dedicar-se a uma atividade pictural mística. Ao morrer, em 1929, legou sua obra ao Museu de arte e história de Genebra, mas a intervenção de herdeiros húngaros impediu que esse desejo fosse cumprido.

Quanto a Flournoy, faria em 1903 uma resenha entusiástica da *Interpretação dos sonhos*, revelando essa obra aos leitores francófonos. Membro, em 1907, do Círculo Freud* de Zurique, ministrou durante alguns anos um curso sobre a psicanálise na Universidade de Genebra. Morreu em 1920.

Bibliografia: *Des Indes à la planète Mars*, reedição Seuil, 1983 (com um prefácio de Marina Yaguello).

FODÉRÉ *François*-Emmanuel (1764-1835)

Nascido em Saint-Jean-de-Mauricienne em janeiro ou fevereiro de 1764, Fodéré obteve seu diploma de doutor em medicina em abril de 1787 em Turim. Partiu para Paris, a fim de aperfeiçoar-se durante três anos, esteve em Londres, e voltando à Savóia foi nomeado médico-jurado do ducado de Aosta. Em 1791, publicou em Turim um *Tratado do bócio e do cretinismo*, mas engajou-se no ano seguinte nas tropas francesas que acabavam de entrar na Savóia. Ao acaso de um acantonamento em Marselha, foi alojado na casa do doutor Moulard, decano do antigo Colégio de Medicina. A 7 de fevereiro de 1793, casou-se com a filha deste, tornando-se assim primo de Julie e de Désirée Clary, cujas alianças reais ele aparentemente não explorou para fins pessoais. Designado para o Hospício de Alienados de Marselha, deixou esse posto em 1796 pelo de professor de física e de química experimental na Escola Central de Saúde de Nice, e publicou em 1798 a primeira edição em três tomos do seu *Tratado de medicina legal* (que teria seis volumes em 1815, por ocasião da terceira e última edição). Em 1804, voltou a exercer a profissão em Marselha, mas em 1814 foi nomeado por concurso como titular da cátedra de medicina legal de Estrasburgo, cujo equipamento hospitalar achou ainda mais deplorável do que o de Marselha — daí talvez o lugar que ocupou, posteriormente, na sua obra, o problema da organização material dos asilos. Em 1817, seriam publicados os dois grossos volumes do *Tratado do delírio aplicado à medicina, à moral e à legislação*. Fodéré publicaria ainda, em 1829, *Ensaio teórico e prático de pneumatologia humana, ou pesquisas sobre a natureza, as causas e o tratamento das flatulências e de diversas vesânias, tais como o êxtase, o sonambulismo, a magiamania e outras...* e em 1832, *Ensaio médico-legal sobre as diversas espécies de loucura verdadeira, simulada e raciocinada... sobre seus efeitos atenuantes ou justificantes diante dos tribunais...* Estava quase cego, havia vários anos, quando morreu a 4 de fevereiro de 1835.

Para Fodéré, existia um "princípio vital", próximo do "pneuma" dos autores antigos, encarregado de transmitir aos diversos órgãos, provavelmente por meio dos vasos sangüíneos, o conjunto das impressões recebidas. A loucura supunha uma predisposição hereditária e talvez desencadeada seja por causas "afetivas", seja por causas "orgânicas", que alterariam as reações normais da economia de "partida" do princípio vital. Nessa perspectiva, o delírio era "um estado de doença onde não há liberdade", pois o espírito, enganado pelas impressões falsas que recebe, não pode "retificar seus julgamentos" e Fodéré, assimilando-o ao sonho, considera-o como "um sono dos sentidos externos e uma vigília dos sentidos internos".

Mas foram principalmente os problemas de medicina legal que parecem ter detido a sua atenção, em uma época em que a legislação começava a se preocupar com a responsabilidade dos alienados em matéria penal, e acabava de introduzir a noção de circunstâncias atenuantes. Foi a esse tema que foi consagrado, em parte, o *Ensaio médico-legal*, publicado três anos antes de seu falecimento.

FOREL *Auguste*-Henri (1848-1931)

Auguste Forel nasceu em Morges, no cantão de Vaud, a 1º de setembro de 1848. Espírito culto e passional, estudou em Zurique e em Viena, depois tornou-se assistente na clínica psiquiátrica de Munique, onde durante cinco anos familiarizou-se com a anatomia do sistema nervoso junto a von Gudden*. Dedicou sua tese, em 1877, ao "Estudo da região subtalâmica", zona da base do cérebro mal descrita até então, e à qual Déjerine* daria o nome de *campo de Forel*. Em 1878, o falecimento de Hitzig o levou à direção da Clínica Psiquiátrica Universitária de Halle. No ano seguinte, tornou-se professor de psiquiatria em Zurique e diretor da Clínica do Hospital Burghölzli, cujo renome começou a construir, tendo entre seus alunos Adolf Meyer* e Eugène Bleuler*. (Lembre-se que foi Bleuler que, desde 1898, sucederia a Forel, quando este decidiu prematuramente renunciar à sua cátedra, continuando com seus trabalhos pessoais.) Morreu a 26 de julho de 1931. Segundo sua última vontade, seu filho leu publicamente o seu testamento filósofico, enquanto se desenrolava a cerimônia de sua cremação.

A carreira psiquiátrica de Forel se orientou para diversos pólos de interesse: a luta antialcoolismo em 1886, depois da cura de um bebedor que ele próprio considerara como incurável. O terapeuta mais afortunado era um vizinho, o sapateiro Bosshardt, que declarou a Forel que seu sucesso vinha do fato de que ele próprio não bebia. Forel tornou-se então um abstêmio total, fundou a ordem dos *Bons Templários*, destinada a fornecer ajuda moral aos alcoolistas, prefigurando os atuais movimentos de bebedores curados; obteve a criação do asilo especializado de Ellikon, e arrastou seus jovens colegas do Burghölzli para a sua cruzada contra o álcool.

Em 1887, abordou o problema da hipnose. Foi iniciar-se em Nancy, com Bernheim* e Liébeault*, cujas idéias introduziu em Zurique, admitindo, como ele, a identidade da hipnose e da sugestão, e o papel maior da relação afetiva que se estabelecia entre o paciente e o hipnotizador. Organizou no Burghölzli serviços de consultas externas, no qual tratava tanto das afecções físicas quanto das perturbações psíquicas, e até aplicava a hipnose ao pessoal da clínica que desejasse, para tentar melhorar ao mesmo tempo as condições de repouso e a disponibilidade dos enfermeiros. Devemos-lhe, além disso, a publicação do *Zeitschrift für Hypnotismus* e do *Journal de Neurologie et de Psychiatrie*, que criou com Oscar Vogt.

Tomou parte na reforma do código penal suíço, exigiu a reforma dos asilos, combateu pela abolição da prostituição e publicou sobre esse tema, em 1905, *Questões sexuais expostas aos adultos cultos*, que teria traduções em uma quinzena de línguas e seria seguido, em 1907, de um panfleto publicado em Lausanne, *O papel da hipocrisia, da estupidez e da ignorância na moral contemporânea*.

Suas últimas obras tiveram um cunho mais filosófico: *A alma e o sistema nervoso*, publicada em 1916, e *O caminho da cultura*, publicado em 1924. Também houve uma outra área em que Forel conquistou um renome mundial: o estudo das formigas, cujo universo descobriu com a idade de sete anos, e às quais dedicaria muitos trabalhos ao longo de sua existência, desde *As formigas da Suíça* (1874), até os cinco tomos do *Mundo social das formigas* (1921-23).

FORSTER *Thomas* Ignatius Maria (1789-1860)

Espírito brilhante e universal, astrônomo, naturalista, músico, literato, poeta, amigo de Shelley, Thomas Forster nasceu em Londres, a 9 de novembro de 1789. Iniciado muito jovem por um tio nos rudimentos da astronomia, da mecânica e da aerostação, descobriu um cometa em 1819, publicou em 1823 *Pesquisas sobre os fenômenos atmosféricos*, foi admitido na Academia Real de Astronomia e em 1831 atingiu, em balão, a altitude de 1.800 metros. Um estudo sobre as migrações das andorinhas, que teria seis edições, lhe abriu as portas da Sociedade de Lineu. Estudou direito durante algum tempo em Cambridge, fundou a Sociedade dos Amigos dos Animais, compôs peças para violino, publicou em inglês, francês, alemão, italiano e até em grego (sabia 7 ou 8 línguas) textos sobre os assuntos mais diversos, *Reflexões sobre os licores espirituosos*, uma edição de Catulo, canções alemãs, antologias de poemas e *Observações sobre a influência da atmosfera sobre as doenças e particularmente sobre a loucura*... Viajou para o estrangeiro e acabou fixando-se em Bruges. Morreu em Bruxelas, a 2 de fevereiro de 1860.

Mas Forster foi também um discípulo de Gall*, cujas obras descobriu na juventude. Quando, a partir de 1813, Spurzheim* residiu na Grã-Bretanha, estudou com ele a anatomia e a fisiologia do cérebro, contribuiu para divulgar as suas teorias, acompanhou-o a Edimburgo em 1815, e voltando a Londres em 1816, publicou no *Panphleteer* "um esboço sobre o sistema de Gall e de Spurzheim", seguido de um ensaio de aplicação da organologia cerebral à educação. É a ele que se deve a palavra *frenologia*.

FOSSATI *Giovanni*-Antonio-Lorenzo (1786-1874)

Nascido a 30 de abril de 1786 em Novare (Lombardia), Fossati estudou medicina em Pavia, onde se tornou doutor em cirurgia em 1807 e doutor em medicina no ano seguinte. Instalando-se em Milão, levou uma vida medíocre até obter um posto de assistente no Hospital Civil. Seus sentimentos nacionalistas, sua hostilidade pelos austríacos, que ocupavam a cidade desde 1814, a detenção do seu mestre e protetor Giovanni Rasori o levaram, em 1820, a procurar refúgio em Paris. Ali, ficou conhecendo Franz Gall*, de quem se tornaria discípulo e amigo, a tal ponto que este o encarregaria de fazer a sua autópsia e de pesar e medir o seu cérebro (1.358 gramas), que o seu sobrinho, o doutor Fortina, confiaria depois a Broca*... Fez parte, em 1823, dos fundadores da Sociedade Frenológica, que presidiria por várias vezes, escreveu para a *Enciclopédia moderna* de Courtin os verbetes "Encéfalo", "Loucura" e "Organologia" e, autorizado por Carlos X a exercer sua profissão na França, abriu um consultório em Paris, tornando-se além disso médico do Teatro Italiano.

Em 1836, publicou uma tradução francesa do pequeno *Manual de frenologia* de G. Combe*. Como o Vaticano pôs essa obra no Índex, isso facilitou a sua promoção. Seu *Manual prático frenológico* foi publicado em 1845, seguido em 1869 das *Questões filosóficas, sociais e políticas, tratadas segundo os princípios da fisiologia do cérebro.*

A evacuação da Lombardia pelos austríacos em 1859 depois da batalha de Solferino lhe permitiu fazer, em 1865, uma última viagem à Itália, durante a qual pronunciou em Milão uma conferência-defesa em favor da sua cara frenologia, "excessivamente negligenciada e até combatida". Um primeiro acidente vascular cerebral em 1870 lhe deixou dificuldades de linguagem, e faleceu a 20 de dezembro de 1874 em um quadro de demência arteriopática. Seu corpo embalsamado foi sepultado na Itália, depois que seu sobrinho Fortina fez uma moldagem da cabeça, "que ainda apresentava belos desenvolvimentos dos órgãos anteriores do cérebro".

FOURNIER Jean-*Alfred* (1832-1914)

A existência de Alfred Fournier se desenrolou inteiramente em Paris, onde nasceu a 12 de maio de 1832. Em 1854, foi residente dos Hôpitaux e toda a sua carreira se orientaria a partir da sua passagem pelo serviço dos "venéreos" de Philippe Ricord no Hospital do Midi. Professor em 1863, médico dos Hôpitaux em 1867, chefe de serviço no Hospital Lourcine em 1868, assumiu em 1879 a cátedra de Clínica das Doenças Cutâneas e Sifilíticas, criada para ele no Hospital Saint-Louis. No mesmo ano, foi eleito para a Academia de Medicina. Morreu em Paris, a 25 de dezembro de 1914.

Fournier não foi alienista, mas o lugar desse especialista em sífilis na corrente de pensamento psiquiátrico está longe de ser desprezível. Em 1875, proclamou em vão a origem sifilítica do tabe. Em 1878, sugeriu, mais prudentemente, a existência de uma pseudoparalisia geral sifilítica. No ano seguinte, publicou *A sífilis do cérebro* e reafirmou em 1894, diante da Academia de Medicina, *As relações que existem entre a sífilis e a paralisia geral.* A oposição dos neurologistas e dos alienistas a essa teoria foi quase unânime. A idéia levaria anos para impor-se e seria preciso esperar o aparecimento, em 1906, das reações sorológicas de Bordet-Wassermann, e até, em 1913, a demonstração, por Noguchi* e Moore, da existência do treponema no cérebro dos paralíticos gerais, para varrer as últimas resistências. A doença de Bayle*, esse velho modelo anatomoclínico, também se tornou modelo etiológico.

Entretanto, a vitória teve uma outra face. A incredulidade deu lugar a uma fé cega. "As doenças do sistema nervoso são a varíola", afirmou nesse início de século um professor de clínica médica parisiense, ex-aluno de Charcot*. O prestígio de Alfred Fournier faria triunfar a idéia de *heredossífilis*, enquanto seu filho Edmond (colega de estudos do "heredo" Léon Daudet) continuaria a batalha com *A heredossífilis de segunda geração*. Causa quase exclusiva de todos os retardos, de todos os desequilíbrios, de todas as perversões, e daquilo que ainda não era chamado de psicoses da criança, tal como a demência precocíssima de Sante de Sanctis* (1905) ou a demência de Heller (1909), o treponema parental, substituindo a "degenerescência" que ele explicava, de certo modo, ocuparia durante várias décadas a totalidade do campo da psiquiatria infantil.

FOVEAU (de COURMELLES) *François*-Victor (1862-1943)

Foi a pequena comuna de Courmelles, na região de Aisne, onde ele nasceu, que inspirou a François Foveau o "enobrecimento" do seu nome. Licenciado em ciências físicas em 1883, em ciências naturais em 1885, em direito em 1888, doutor em medicina no mesmo ano, instalou-se em Paris. Sua formação científica fez dele um dos pioneiros da eletricidade médica, e depois da radiografia, desde a descoberta de Roentgen em 1895. Conferencista, polígrafo divulgador, polemista elegante, inventor, publicou alguns manuais, ministrou um curso livre de eletroterapia na Escola prática da Faculdade de Medicina em 1893 e apresentou-se, sem sucesso, no concurso para professor no ano seguinte. Foi externo de Luys* no Hospital La Charité em 1887. Teve até a ocasião de apresentar ali o célebre Gabrielle, um dos famosos histéricos do serviço, a J.-K. Huysmans, que o evocaria na sua obra *Là-Bas*. Em 1889, também foi vice-presidente do Congresso Magnético Internacional. Teria sido a saudade da psiquiatria que lhe inspiraria em 1890 *O hipnotismo* "com 42 vinhetas" e *O magnetismo diante da lei* ou ainda *Como se defender contra a neurastenia, o alcoolismo, a loucura* (1900-1902)?

FOVILLE *Achille*-Louis (1799-1878)

Foville (ou de Foville) nasceu a 6 de agosto de 1799, em uma família originária de Fauville, na região de Caux. Estudou em Paris, foi admitido em 1820 na residência (teria como mestres na Salpêtrière Pinel*, Esquirol*, Ferrus*, e Rostan*) e defendeu sua tese em 1824. No ano seguinte, Esquirol obteve a sua nomeação como médico-chefe no Asilo de Saint-Yon (Seine-Inférieure) que acabava de ser aberto e assumiu, além disso, a cátedra de fisiologia na Escola de Medicina de Rouen, que deixou para Parchappe* em 1835, por razões de saúde. Restabeleceu-se no Sul da França e em 1837 embarcou como naturalista, por três anos, no séquito do príncipe de Joinville, com destino à África e aos Estados Unidos. Suas relações com a família real lhe permitiram, em dezembro de 1840, obter a sucessão de Esquirol no Hospital de Charenton, ao passo que se esperava a nomeação de Calmeil*. Mas essas relações também causariam a sua demissão em 1848. Instalou-se então em Paris e era um dos clínicos mais afamados, quando em 1869 Jean-Baptiste Delaye*, mais velho que ele dez anos, que conhecera durante sua residência com Esquirol, lhe propôs substituí-lo à frente da casa de saúde Saint-Cyprien, que fundara em Toulouse em 1828. Assim, aos 70 anos, Foville partiu para Toulouse, onde faleceu a 22 de julho de 1878, oito meses antes de Delaye.

A obra de Foville, dispersa em diversas monografias, destinadas à Academia de Ciências e à Academia de Medicina — pois, curiosamente para a época, ele nunca solicitou a sua admissão na Sociedade Médico-Psicológica — se refere principalmente à anatomia do sistema nervoso central, e em 1844 iniciou a publicação de um *Tratado completo da anatomia, da fisiologia e da patologia do sistema nervoso cérebro-espinhal*, do qual só a primeira parte, a anatômica, seria publicada. Assim, não é estranho que ele tivesse, sobre a patologia mental, uma concepção mais organicista, que se encontra exposta nos artigos "Alienação mental", "Epilepsia", "Histeria", "Mania ou Neuroses", que redigiu entre 1829 e 1836, para o *Dicionário de medicina e de cirurgia práticas*, em 15 volumes.

Seu filho, também chamado Achille (1813-1887), faria uma carreira de alienista em Maréville, Dôle, Châlons-sur-Marne e Quatre-Mares, o asilo de mulheres contíguo ao de Saint-Yon, onde ele crescera.

FOWLER *Orson*-Squire (1809-1887)

Fowler nos parece constituir o melhor exemplo de uma frenologia com fins exclusivamente lucrativos. Nascido em 11 de outubro de 1809 no Estado de Nova York, educado em Massachusetts, desprovido de qualquer formação particular, apaixonou-se, com seu irmão Lorenzo, pela teoria de Gall*. Juntos, publicaram em 1837 *A frenologia demonstrada, ilustrada e aplicada*, que teria cerca de trinta edições, e lançaram em 1840 o *Almanaque Frenológico*, seguido dois anos depois do *Jornal Americano de Frenologia*.

Em 1863, Lorenzo partiu para a Grã-Bretanha, enquanto Orson se fixava em Boston, onde continuou a difundir com sucesso a sua abundante produção junto a um amplo público. Cubi y Soler*, tocado pela graça frenológica, não hesitou em consultá-lo.

FRASER *John* (1845-1925)

Tendo se tornado órfão muito jovem, John Fraser, nascido em Thornhill, em Dumfriesshire, um dos condados mais pobres da Escócia, foi ajudado por um tio para que pudesse fazer seus estudos de medicina em Edimburgo. Depois de diplomado, encontrou emprego em Murthly, um asilo de alienados do distrito de Perth, e posteriormente no asilo do distrito de Fife, então dirigido pelo doutor John Batty Tuke, cuja filha desposaria.

Dinâmico, afável, esportivo, praticando golfe e tênis, adquiriria prestígio na área institucional. Investido de funções oficiais a partir de 1877, na comissão encarregada dos problemas de alienação, mostrou-se muito empreendedor e desenvolveu na Escócia o "*boarding out*", sistema de alojamento externo, inspirado pelo modelo de Gheel. Também defendeu a introdução do pessoal feminino na enfermagem nos serviços destinados aos homens e, preocupado com os problemas de segurança, instalou em vários asilos brigadas antifogo, formadas por funcionários e doentes.

Depois de sua aposentadoria em 1910, continuou a trabalhar em obras de caridade e principalmente na Sociedade de Prevenção aos Maus-Tratos a Crianças. Morreu em Edimburgo, no seu 80º ano, em virtude de um banal acidente de bonde.

FREEMAN *Walter* (1895-1972)

Freeman era neurologista e nasceu a 4 de novembro de 1895 em Filadélfia, em uma família de médicos. Fazia um curso de engenharia em Yale, quando uma febre tifóide o levou a mudar de orientação. Diplomado pela Universidade da Pensilvânia em 1920, foi aperfeiçoar-se em neurologia e psiquiatria na Salpêtrière e na Clínica Psiquiátrica de Roma, antes de fixar-se em Washington, onde se tornaria professor de neurologia na Universidade George Washington.

Interessado nos tratamentos biológicos das doenças mentais, lutou para que os pacientes psiquiátricos fossem admitidos nos hospitais gerais. Assim, desde as primeiras publicações de Egas Moniz*, sentiu-se fascinado pela psicocirurgia. A 14 de setembro de 1936, com James Watt, realizou a primeira lobotomia praticada nos Estados Unidos. Mas seu nome ficaria ligado principalmente à *lobotomia transorbital*, imaginada em 1937 pelo italiano A.M. Fiamberti, e que ele divulgaria nos Estados Unidos a partir de 1945. Essa técnica apresentava a inquietante particularidade de abordar os lobos frontais através do teto da órbita, perfurado com a ajuda de um "leucótomo transorbital" (substituído depois por um "*orbitoclasta*" mais sólido), que o seu próprio usuário comparava com um furador de gelo. Depois que o instrumento penetrava no cérebro, graças a alguns movimentos de rotação, às vezes substituídos por algumas marteladas, só restava imprimir-lhe pequenos deslocamentos pendulares, para seccionar as vias nervosas. A grande "vantagem" desse método (pelo menos para o operador) era a sua simplicidade e rapidez... Em 3.600 intervenções psicocirúrgicas que praticou, Freeman disse ter utilizado 3.000 vezes o método transorbital. Essa notável atividade faria com que fosse admitido em 1948 na Academia de Ciências de Lisboa, onde Egas Moniz em pessoa lhe entregou uma medalha comemorativa. Hoje, Freeman é tido como responsável pelo "crescimento dramático" da psicocirurgia nos Estados Unidos, onde, segundo o Instituto de Saúde Mental, um terço das intervenções praticadas entre 1946 e 1951 teriam utilizado essa técnica cega que, felizmente, não teve sucesso fora do território americano...

Freeman relatou sua experiência em uma obra, *Psicocirurgia*, publicada em 1942 com Watts, revista em 1950. Escreveu também um estudo sobre a personalidade dos psiquiatras, publicado em 1968, precedendo uma série de comunicações sobre o índice elevado de suicídios, observado nessa categoria profissional. Sua última publicação, em dezembro de 1971, seria consagrada ao *Suicídio após lobotomia pré-frontal*. Morreria no ano seguinte, a 31 de maio de 1972, suportando corajosamente uma quase cegueira e as dores de metástases cancerosas.

FREUD *Anna* (1895-1982)

Anna era a mais jovem dos seis filhos de Freud, a única que, a partir de 1912, permaneceria junto aos pais. Entre 1914 e 1920, exerceu funções de professora primária, começou a traduzir artigos ingleses de psicanálise e iniciou em 1918 uma análise com seu pai. O câncer deste em 1923 a fez renunciar a um projeto de se mudar para Berlim e começou a tratar de crianças, tarefa essencial à qual dedicaria a sua existência, a partir de então.

Secretária do Instituto de Formação Psicanalítica de Viena em 1925, abriu com Dorothy Burlingham* uma primeira creche para crianças perturbadas e começou a opor-se a Melanie Klein*, líder da escola inglesa. A situação se agravou mais ainda com a publicação, em 1927, de seu livro *O tratamento psicanalítico de crianças*. Ao contrário de M. Klein, Anna Freud recusava, quanto às crianças, a idéia de neurose de transferência, julgando que a fragilidade do seu supereu impedia qualquer exploração do Édipo, para evitar a deterioração das suas relações com os pais, e pensava que a terapia das crianças devia ser mantida em uma dinâmica "pedagógica". Nomeada em 1927 como secretária geral da Associação Internacional de Psicanálise, mostrou-se muito preocupada com o problema da formação dos analistas e com a análise "profana", praticada por não-médicos, o que evidentemente era o seu caso.

Em 1937, publicou *O eu e os mecanismos de defesa*, trabalhou ainda em Viena na "Jackson Nursery", e ocorreu então o *Anschluss*: a 12 de março de 1938, Hitler invadiu a Áustria. Já no dia 15, a polícia deu buscas na casa de Freud. No dia 22, Anna foi detida durante algumas horas pela Gestapo. No dia 4 de junho, pôde enfim deixar Viena com seu pai, encontrando refúgio em Londres, em Maresfield Gardens, nº20. Foi nesse bairro de Hamstead que, desde 1940, ela reassumiu suas atividades com Dorothy Burlingham, na Hampstead Nursery, que, depois do fim das hostilidades, seria substituída pela Hampstead Clinic. Sempre ativa, promoveu, nos anos 1960, ciclos de conferências sobre a criança e o direito na Universidade de Yale e publicou em 1965 *Infância normal e patológica*. Morreu em Londres em 1982, tendo abandonado desde 1970 as suas responsabilidades na Hampstead Clinic, denominada, depois de sua morte, "Centro Anna Freud".

FREUD Schlomo-*Sigmund*-Salomon (1856-1939)

Freud nasceu a 6 de maio de 1856 em Freiberg (atualmente Pribor), na Morávia Oriental, onde seu pai, Jacó, teve provavelmente um comércio de lãs. Filho mais velho de um terceiro casamento, Sigmund tinha cinco irmãs, dois irmãos e dois irmãos consangüíneos. As crianças receberam uma educação judaica tradicional, mas é preciso fazer algumas observações sobre a constelação familiar, pois alguns viram nela uma das fontes da teoria do Édipo: quando Sigmund nasceu, seu pai tinha 41 anos, a mãe 21 e Emanuel, o mais velho dos irmãos consangüíneos, com 22 anos, já tinha um filho.

Em 1859, a família foi instalar-se em Leipzig e no ano seguinte em Viena. Em 1873, Freud matriculou-se na Faculdade de Medicina, obteve em 1875 uma bolsa que lhe permitiu trabalhar em Trieste, no Instituto de Zoologia de Carl Claus, e depois no Instituto de Fisiologia de Ernst von Brücke*, onde se ligou a Breuer* e se dedicou a trabalhos de neurofisiologia. Obteve o diploma em 1881 e no ano seguinte deixou o laboratório de von Brücke para trabalhar no Hospital Geral de Viena, no serviço de Nothnagel e de Meynert*. Em 1885, foi nomeado *Privat Dozent* de neurologia, e, com o apoio de von Brücke e de Meynert, recebeu uma bolsa de estudos para Paris. Chegou lá em outubro, com uma carta de recomendação de Benedikt* para Charcot*. Deixou Salpêtrière em fevereiro de 1886, inaugurou um consultório em Viena em abril e, a 13 de outubro, casou-se com Martha Bernays, originária de Hamburgo, que conhecera em 1882 e com quem teria seis filhos. Em 1889, fez uma breve viagem a Paris, por ocasião do I Congresso Internacional de Hipnotismo, aproveitou para visitar Liébeault* e Bernheim*, e em 1891 instalou-se no célebre apartamento do nº19 da rua Berggasse. Começou a ter uma certa notoriedade em matéria de histeria, publicou em 1893 *O mecanismo psíquico dos fenômenos histéricos*, "comunicação preliminar" aos *Estudos sobre a histeria* de 1895, e pode-se dizer que, a partir de 1896, destacou-se totalmente da neurologia, para consagrar-se às "doenças dos nervos", fazendo ao mesmo tempo a sua "auto-análise", cuja evolução é possível seguir através da correspondência que manteve com um otorrinolaringologista berlinense, Wilhelm Fliess (1858-1928), pai de teorias curiosas sobre a periodicidade e as relações entre a mucosa nasal e os órgãos genitais.

Em 1897, a assembléia dos professores, com um relatório favorável de Nothnagel e de Krafft-Ebing*, propôs o título de professor-extraordinário a Freud, mas sua nomeação só seria ratificada por Francisco José a 5 de março de 1902, ano em que se iniciaram, com Adler*, Kahane, Reitler e Stekel*, as reuniões da Sociedade Psicológica das Quartas-Feiras, modesto ponto de partida do Movimento Psicanalítico Internacional, que se oficializaria em 1908 com a criação da Sociedade Psicanalítica de Viena e a realização do Congresso de Salzburgo.

A partir de então, a vida de Freud se confundiu com a do movimento que lançara: em 1907, recebeu Jung* e Binswanger*, que criaram em Zurique a primeira "filial" estrangeira. Em 1909, ocorreram a publicação do *Jahrbuch für Psychoanalytische und Psychopathologische Forschungen*, primeira revista de psicanálise, e a viagem para a Clark University de Worcester, nos Estados Unidos, em companhia de Jung e de Ferenczi*. Segundo Freud, isso foi "o fim do isolamento", ainda que a recepção de suas teorias tenha sido muito menos desfavorável do que se afirmou durante tanto tempo. Entretanto, sobrevieram cisões com os primeiros fiéis, iniciadas em 1896 pela disputa com Breuer: 1911, ruptura com Adler; 1912, com Stekel; 1913, com Jung; 1926, com Otto Rank*.

Depois da guerra, Freud foi nomeado, em 1920, professor-ordinário, mas em 1923 foi atingido por um câncer no maxilar superior direito, que necessitaria de cerca de 30 intervenções e o uso doloroso de próteses, que prejudicariam o fim da sua existência. A 12 de março de 1938, os nazistas invadiram a Áustria. No dia 22, sua filha Anna ficou presa durante algumas horas. A 4 de junho, graças às negociações de Jones* e de Marie Bonaparte*, Freud foi autorizado a deixar Viena. Encontrou refúgio em Londres, onde faleceu a 23 de setembro do ano seguinte, no apartamento do seu filho mais novo, Ernst. Foi cremado no cemitério de Golden Green.

Só podemos dar aqui uma visão panorâmica muito superficial de uma obra complexa, que se iniciou junto a Carl Claus, com pesquisas sobre as gônadas da enguia, continuou junto a von Brücke com estudos *Sobre a estrutura dos elementos do sistema nervoso*, prolongou-se com trabalhos clínicos sobre as hemiplegias infantis, a afasia e a cocaína, antes de tomar, a partir de 1895, a sua orientação definitiva, iniciada dez anos antes.

Efetivamente, 1895 foi o ano do *Projeto para uma psicologia científica*, nova e pouco hábil tentativa de correlação entre o psicológico e o fisiológico, inspirada pela filosofia de Herbart e pela psicofísica de Fechner, mas foi também o ano da publicação dos *Estudos sobre a histeria*. Na verdade, foi o problema da histeria que, através de Charcot, Breuer e Anna O.*, e talvez também através da leitura de *O automatismo psicológico* de P. Janet* (1889), introduziu Freud no caminho de suas descobertas posteriores.

Em 1896, propôs uma teoria geral das neuroses, opondo as *neuroses* propriamente ditas (neurastenia e neurose de angústia), cuja origem se encontrava na vida sexual atual do doente, às *psiconeuroses* (histeria e neurose obsessiva) ligadas a um traumatismo sexual — real ou fantasístico — datando da primeira infância. Depois, aplicou aos sonhos e aos "atos falhos", realizações simbólicas de desejos inconscientes, o modelo teórico que imaginou para a histeria (*A interpretação dos sonhos* (1900) e *Psicopatologia da vida cotidiana* (1904)).

Progressivamente, elaborou-se um vasto sistema psicológico que, pouco a pouco, ultrapassou o individual para abordar os campos da religião, da cultura, da arte e da filosofia, e cujas principais etapas foram marcadas por *Três ensaios sobre a teoria da sexualidade* (1905), *Totem e tabu* (1912), *Introdução à metapsicologia* (1915), *Além do princípio do prazer* (1920), *O eu e o isso* (1923), *Inibição, sintoma e angústia* (1926), *O futuro de uma ilusão* (1927) e *Mal-estar na civilização* (1930).

Entre os conceitos essenciais que Freud desenvolveu ou precisou, vamos mencionar: as noções de *recalque* (expulsão para fora do campo de consciência de pulsões proibidas, mas que conservam um potencial energético, já percebida por Herbart e Carter*), de *transferência* ("relação afetiva — positiva ou negativa — do paciente com a pessoa do analista", que pode ser ao mesmo tempo "o motor do trabalho analítico" ou "o instrumento principal da resistência") ou ainda de *libido* ("energia dos instintos sexuais" que se encontra na base dos estágios do desenvolvimento que a criança atravessa durante a sua maturação). Cada uma dessas etapas corresponde à predominância de uma zona erógena — sucessivamente oral, anal, fálica e genital — determinando um tipo particular de relação objetal, que se encontrará nas perversões sexuais do adulto.

Em 1900, em *A interpretação dos sonhos*, Freud propôs uma diferenciação em três níveis do aparelho psíquico, o Consciente, o Pré-Consciente e o Inconsciente, constituindo a primeira tópica. A partir de 1920, elaborou outra concepção (*segunda tópica*), recorrendo às noções de *isso* (tomada por empréstimo a Groddeck*), de *eu* e de *supereu*. Ao passo que o isso representa antes de tudo "as pulsões emanadas da organização somática", o supereu corresponde à interiorização das pressões parentais e sociais, e o eu desempenha o papel de intermediário entre o isso e o mundo exterior.

Quanto ao *complexo de Édipo*, "conjunto organizado de desejos amorosos e hostis que a criança experimenta em relação aos pais" (Laplanche e Pontalis), surgindo por ocasião da fase fálica, entre 3 e 5 anos, reativado no momento da puberdade, constitui a base da teoria freudiana da estruturação da personalidade, assim como o "núcleo central das neuroses" e o "eixo de referência da psicopatologia psicanalítica".

G

GABRIEL *Georges*-François-Marie (1775-1842?)

Sabemos muito pouco sobre a vida de Gabriel, pintor de retratos, desenhista e litógrafo. Nasceu em Paris em 1775 e faleceu em 1836, talvez em 1842 ou 1846. Admirador de Lavater*, apaixonou-se pelas expressões da fisionomia humana: angústia, tristeza, crime, loucura. Exerceu também o seu talento durante os acontecimentos da Revolução e nos processos criminais. Assim, Esquirol* o encarregou, por volta de 1818, de contribuir para o estudo dos doentes mentais, pedindo-lhe que desenhasse "mais de 200 alienados, com essa intenção". Cerca de 70 desses desenhos, de uma grande expressividade, chegaram até nós e pode-se pensar que Ambroise Tardieu se inspirou nos esboços de Gabriel para gravar certas pranchas do tratado de Esquirol.

GACHET *Paul*-Ferdinand (1828-1909)

Não vamos detalhar aqui a vida do último médico de Van Gogh, também pintor sob o pseudônimo de Paul van Ryssel (nome flamengo de Lille, sua cidade natal), mas apenas lembrar que, tendo sido externo de J.-P. Falret* na Salpêtrière, Gachet dedicou sua tese a um "Estudo sobre a melancolia", e a defendeu em 1858 na Faculdade de Montpellier.

GALL *Franz*-Josef (1758-1828)

Nascido em Tiefenbrunn, perto de Pforzheim (ducado de Baden), a 9 de abril de 1758, F.J. Gall era o sexto ou sétimo filho de uma família de dez. Estudou medicina em Estrasburgo de 1774 a 1781, completou sua formação em Viena, onde se tornou doutor em 1785, e começou nessa cidade uma carreira de clínico aparentemente brilhante. Entretanto, o que o preocupava era o conhecimento das funções das diferentes partes do cérebro e suas relações com as tendências do homem. Assim, consagrou-se ao estudo da anatomia cerebral e, em 1796, começou a difundir as teorias cranioscópicas que o tornariam célebre. Com ajuda de um notável preparador, Niklas, inaugurou em Viena demonstrações públicas de anatomia e recebeu em 1800 a colaboração de Spurzheim*. Mas essa "doutrina da cabeça" inquietava o poder, que via nela algo que poderia "solapar os alicerces da religião e propagar o materialismo", e em janeiro de 1802, apesar de proteções oficiais, Gall foi obrigado a interromper o seu magistério. Em 1805, realizou com Spurzheim e Niklas uma "turnê" de conferências pelas cidades universitárias alemãs, antes de chegar em novembro de 1807 com seus dois colaboradores a Paris, onde se fixou. A 15 de janeiro de 1808, retomou os cursos públicos no Ateneu, apresentou a 14 de março, no Institut de France, uma monografia, *Investigações sobre o sistema nervoso em geral e sobre o do cérebro em particular*, redigido com Spurzheim, ao mesmo tempo em que exercia uma importante atividade de clínico, tratando de algumas celebridades: Benjamin Constant, Stendhal e a duquesa de Abrantes, chamado para compor juntas médicas por médicos do nível de Esquirol*, Broussais* ou Larrey... De 1810 a 1819, continuou a publicação dos quatro tomos da *Anatomia e fisiologia do sistema nervoso em geral e do cérebro em particular, com observações sobre a possibilidade de reconhecer várias disposições intelectuais e morais do homem e dos animais pela configuração de* *suas cabeças*. Em 1812, indispôs-se com Spurzheim, que partiu a fim de propagar suas idéias na Inglaterra. Naturalizado francês em 1819, Gall tentou em vão ser eleito para a Academia de Ciências. Em 1823, esteve na Inglaterra, voltou decepcionado e quando, em 1825, retomou o ensino no anfiteatro da rue Saint-Victor, o interesse pela cranioscopia diminuíra e o público tornou-se raro. Morreu a 22 de agosto de 1828 e, a seu pedido, teve um sepultamento lcigo no cemitério Père-Lachaise.

Temos tendência a ver em Franz Gall apenas a imagem fantasista do pai da frenologia e das "bossas do crânio". Entretanto, esse foi somente um aspecto de uma obra que, através da monografia de 1808, o tratado da *Anatomia e fisiologia do sistema nervoso*, ou os seis volumes *Sobre as funções do cérebro e sobre as de cada uma de suas partes* (1825), se revela muito mais digna de interesse.

Na base da sua doutrina, encontra-se um conhecimento original da anatomia cerebral. Partindo da idéia (correta) de que a medula espinhal é o elemento primitivo do sistema nervoso, e de que a compreensão da organização do cérebro supõe uma dissecção ascendente, remontando da medula para o encéfalo, dilacerando progressivamente os feixes nervosos, para chegar até o manto cortical dos hemisférios cerebrais, que ele estudava por desdobramento das circunvoluções, Gall chamou a atenção para o córtex, então negligenciado, e mostrou a sua unidade e a sua continuidade, enfatizando a sua importância maior nas espécies animais mais evoluídas. A partir disso, elaborou-se uma teoria que qualificaríamos de psicofisiológica, e segundo a qual o cérebro, órgão de todas as inclinações, de todos os sentimentos e de todas as faculdades, é composto de tantos órgãos particulares quantos são as inclinações, sentimentos e faculdades, enquanto a forma do crânio, estreitamente moldada sobre a forma do seu conteúdo, permite detectar essas funções pela palpação e pela mensuração.

Gall reuniu então muitas observações de homens de gênio e de imbecis, de alienados e de criminosos, visitando escolas, asilos e prisões, museus e gabinetes de anatomia, medindo tanto bustos de personagens ilustres quanto cabeças de supliciados, encontrando na teoria, então em moda, das "monomanias" de Esquirol um argumento de peso para defender a hipótese da autonomia funcional dos territórios cerebrais. Passando enfim de uma teoria das localizações para um procedimento semiológico, estabeleceu um mapa das 27 faculdades fundamentais que acreditou discernir, e criou uma "ciência" nova, a *cranioscopia* (o termo *frenologia* seria proposto depois pelo inglês Forster*), que permitia, por assim dizer, "ler o caráter do indivíduo" através das saliências e depressões da sua abóboda craniana.

Apesar de uma certa retomada, ligada às posições favoráveis de Broussais (secretário geral da Sociedade Frenológica de Paris, fundada a 14 de janeiro de 1831) e de Bouillaud, pode-se dizer que a partir de 1850 a doutrina de Gall não interessava mais ao público médico europeu. Duraria mais tempo nos Estados Unidos, onde o aspecto pragmático de suas aplicações alimentaria até 1911 o *American Journal of Phrenology*, mas além da cranioscopia, é no campo da metodologia anatômica e da reabilitação do papel do córtex cerebral que se deve ver a contribuição original do seu autor.

GALTON *Francis* (Sir) (1822-1911)

Nascido a 16 de fevereiro em Birmingham em uma família quaker, neto de Erasmus Darwin* por parte de mãe, Francis Galton foi um personagem de muitos talentos: começou seus estudos de medicina em 1839 em Birmingham, continuou-os em Londres e em Cambridge, empreendeu a subida do Nilo e a exploração do Sudoeste da África, que relatou em um livro publicado em 1853, *Tropical South Africa*. Admitido na Real Sociedade Geográfica, elaborou a teoria dos *anticiclones* (a palavra se deve a ele), e a partir de 1865 consagrou-se a pesquisas sobre as leis da hereditariedade. Criou em Londres um laboratório de antropometria, pensou já em 1893 na utilização das impressões digitais como meio de identificação e fundou uma Sociedade de Eugenia, destinada ao estudo dos meios de melhorar as raças. Mas ao mesmo tempo interessou-se pela psicologia experimental, e em 1879 propôs, na *Antecâmara da consciência* o primeiro *teste de associação verbal* que, retomado 25 anos depois por C.G. Jung*, se tornaria o ancestral dos testes projetivos, modo novo de abordagem do inconsciente.

Recebeu um título de nobreza em 1909. Sir Francis Galton morreu a 17 de janeiro de 1911.

GANNOUCHKINE *Petr*-Borisovitch (1875-1933)

Filho de um médico de Riazan, aluno de Pavlov* e de Serbsky*, Gannouchkine, diplomado em 1898 pela Universidade de Moscou, foi aperfeiçoar-se na psiquiatria em Munique, com Kraepelin*. Em 1904, apresentou um estudo sobre a paranóia aguda, freqüentou em 1905-06 os serviços do Hospital Sainte-Anne e da Salpêtrière, em Paris, antes de trabalhar no Hospital Psiquiátrico Alexeiev. Membro do soviete médico junto ao comissariado de saúde pública, foi designado em 1918 como professor de psiquiatria na Universidade de Moscou (seria o primeiro professor de medicina nomeado pelo novo regime.)

Destaca-se em sua obra o artigo "A volúpia, a crueldade e a religião", publicado em 1902, nos *Annales Médico-Psychologiques*, expediente que se usava às vezes para evitar a censura czarista. Mas seu trabalho mais notável foi *Clinica psicopatii*, cuja correção terminou algumas semanas antes de sua morte, ocorrida a 23 de fevereiro de 1933, quando ainda estava em atividade. Essa obra pouco conhecida no Ocidente teve muita influência na URSS.

GANSER *Sigbert*-Johann-Maria (1853-1923?)

Nascido a 24 de janeiro de 1853 em Dresden, Ganser começou seus estudos na clínica do doutor Rinecker de Würzburg, estabelecimento curiosamente especializado nas afecções cutâneas, mentais e genitais. Continuou a estudar em Estrasburgo e Munique, onde defendeu uma tese em 1876, sob a orientação de von Gudden*. Em 1886, era médico-assistente na divisão psiquiátrica do Hospital Julius de Würzburg mas, nomeado *Privat Dozent*, retomou a clínica universitária de Munique em 1889, onde demonstrou qualidades de organizador, especialmente no campo do tratamento dos alcoolistas e da terapia em ambiente familiar. Sua carreira de anátomo-histologista do sistema nervoso em Munique o levaria a colaborar com Forel*, Nissl*, von Monakow, e Kraepelin*, três anos mais novo que ele, e que assumiu em 1903 a cátedra de psiquiatria.

Em 1893, Ganser publicou um artigo, "A respeito de certos sintomas da histeria e da relação entre histeria e alcoolismo", que de algum modo preparava duas conferências, pronunciadas a 23 de outubro de 1897 em Halle e a 25 de outubro de 1902 diante do 8º Congresso de Psiquiatras e Neurologistas da Alemanha Central, que lhe garantiram um lugar na história da histeria. A primeira, "A respeito de um estado particular da histeria", foi publicada em 1898; mas foi na segunda, "Contribuição para a teoria do estado crepuscular histérico", que ele desenvolveu a sua concepção de *histerische Dammerzustand*, uma síndrome já observada em 1888 por Moeli em ambiente carcerário, e que implicava uma perturbação do tempo e do espaço, dificuldades de compreensão, alucinações várias, uma amnésia no período da perturbação crepuscular e principalmente respostas que "*iam na direção*" da pergunta, sem serem totalmente exatas.

Posteriormente, Jung*, e em especial Bleuler* recuperariam esse quadro clínico para a esquizofrenia, enquanto o problema das neuroses de guerra, da responsabilidade jurídica e do discurso sem nexo, com o qual ela era tão freqüentemente confundida, contribuiriam para abafar essa pequena síndrome, que entretanto continua a ser uma referência indispensável na clínica da histeria.

D.F. ALLEN

Bibliografia: ALLEN (D.F.), "Petite note pour Ganser de Dresde (1853-1931)", *L'Évolution Psychiatrique*, 58, I, 1993, 231-5.

GARNIER *Paul*-Émile (1848-1905)

Paul Garnier nasceu em Chérac (Charente-Inférieure) a 28 de abril de 1848. Durante seus estudos de medicina em Paris, foi aluno de Magnan* no Hospital Sainte-Anne e de Legrand du Saulle* na enfermaria especial da polícia e, em 1877, dedicou sua tese às "Idéias de grandeza no delírio de perseguição". Nomeado médico-inspetor-adjunto dos Asilos de Alienados em 1881, tornou-se, dois anos depois, adjunto de Legrand du Saulle no Dépôt "essa encruzilhada da loucura parisiense", como ele o chamava, e lhe sucedeu em 1886. Não deixaria mais esse cargo, e instaurou em 1900 apresentações públicas semanais de doentes, as célebres "sextas-feiras do Dépôt", reservadas a um auditório de médicos e juristas que também freqüentavam o curso de medicina legal psiquiátrica, que a faculdade o encarregou de fazer no Instituto Médico-Legal.

Garnier morreu subitamente, em atividade, a 17 de março de 1905.

Além de uma obra publicada em 1890, *A loucura em Paris*, na qual fez a síntese da sua experiência, e da sua colaboração para o *Tratado de terapêutica das doenças mentais e nervosas* de Cololian (1901), é em publicações esparsas que devemos procurar os seus trabalhos que, por causa das funções de Garnier, tratam principalmente dos problemas médico-legais, como por exemplo os causados pelo alcoolismo, pelo morfinismo, os delitos sexuais ou a simulação. A esse respeito, parece que a lei de 27 de maio de 1885, que decidira enviar para além-mar os condenados recidivistas, fez com que aumentasse muito, na época, o número de delinqüentes que alegavam perturbações mentais, para escapar à deportação para a Guiana. Garnier debateu longamente o assunto em um artigo publicado em fevereiro de 1888, nos *Annales d'Hygiène et de Médecine Légal*.

No Congresso de medicina legal de Paris em 1889, escolheu como tema de comunicação "O criminoso instintivo e os direitos da defesa social". Depois de discutir os papéis respectivos da "degenerescência hereditária" e da influência do ambiente social na origem da criminalidade, concluiu que o lugar desses indivíduos não era nem a prisão, pois eram "incapazes de avaliar as conseqüências morais de uma penalidade", nem o asilo, que devia ser "um hospital de tratamento e não uma prisão". E foi um dos primeiros na França a exigir a criação de asilos de segurança destinados aos alienados criminosos e aos doentes perigosos.

GASTALDY Jean-Baptiste-*Joseph* (1741-1806)

Neto de Jean-Baptiste Gastaldy, autor de uma *Dissertatio de somnambulis* e de uma monografia sobre a nostalgia, e que foi professor na Faculdade de Medicina de Avignon, Joseph Gastaldy era originário de uma família nobre do Condado Venasco. Ao terminar seus estudos em Montpellier, tornou-se professor da Faculdade de Avignon e médico do hospital de sua cidade natal, mas os acontecimentos revolucionários o obrigaram, em 1790, a ir para Paris e depois para a Inglaterra, onde sua qualidade de médico do duque de Cumberland, irmão do rei, lhe garantiu a melhor recepção. Sua filha casou-se com Méhul, compositor da corte; a instauração do Consulado tornou possível sua volta à França.

Foi nomeado médico-chefe da Casa de Charenton, onde reinava François de Coulmier, diretor de vanguarda, pioneiro do teatro terapêutico, que não hesitava em montar, no seu estabelecimento, peças de teatro do seu pensionista, o marquês de Sade. A cólera dos alienistas foi grande e Royer-Collard*, em 1803, obteria do Ministro do Interior a proibição desse "escândalo", para retomar a expressão de Esquirol*, mas Gastaldy aparentemente não tomou parte na polêmica. Pode-se até supor que esse *bon vivant* que "passava os dias à mesa, as noites no jogo e as manhãs na cama" não detestava essas distrações. Depois de um primeiro ataque de apoplexia em 1805, foi atingido de novo a 20 de dezembro de 1806, "enquanto se servia pela terceira vez de um excelente prato de salmão, que um acaso funesto, nessa circunstância, pôs diante dele".

Dois dias depois, desaparecia esse médico epicurista que, graças ao "uso dos meios morais habilmente combinados conseguiu devolver a razão a um grande número de desafortunados, considerados até então como incuráveis", segundo o *Almanaque dos gas-*

trônomos do seu amigo Grimod de La Reynière. É verdade que esses meios lhe eram familiares havia muito tempo, pois fora clínico do Hospício dos Insensatos de Avignon, administrado por de Broutet*.

GATIAN de CLÉRAMBAULT *Gaétan*-Henri-Alfred-Édouard-Léon-Marie (1872-1934)

Descendente em linha direta de Louvois por sua mãe, Gaétan Gatian de Clérambault, filho de uma antiga família da Touraine, nasceu a 2 de julho de 1872 em Bourges, onde seu pai era funcionário da administração. Muito talentoso para o desenho, freqüentou a Escola de Artes Decorativas, mas orientou-se para o direito, de acordo com uma longa tradição familiar. Entretanto, ao acabar a sua licenciatura, decidiu-se pela medicina e logo pela psiquiatria. Nomeado para a residência dos Asiles de la Seine em 1898, apresentou sua tese no ano seguinte e, em 1905, obteve o posto de médico-adjunto da enfermaria especial da polícia, onde já tinha sido residente de Garnier*. Tornou-se médico-chefe em 1921, com a morte de Dupré*, e marcaria essa função com a sua forte personalidade, até um certo dia de novembro de 1934, quando se suicidou com um tiro no seu pavilhão de Montrouge, em circunstâncias que sugeriam um episódio de melancolia nesse celibatário independente, que suportava mal o infortúnio de uma catarata operada alguns meses antes.

Evocamos, a propósito de Lasègue*, que foi o seu primeiro médico, a criação da enfermaria especial da polícia, mas Clérambault foi certamente aquele cujo nome se ligou mais indissoluvelmente, da maneira mais brilhante, a essa instituição que, durante quase 30 anos, foi o centro da sua única atividade. Lugar exíguo de passagem e triagem (mais de dois mil casos em média transitavam então a cada ano nos seus vinte leitos), constituía um posto de observação privilegiado, mas necessariamente limitado no tempo, o que tinha como inconveniente impedir uma visão "longitudinal" da patologia mental. Certas posições doutrinárias de Clérambault, sem dúvida, se ressentem desse fato.

Autor de estudos diversos sobre as manifestações psíquicas da epilepsia, sobre as formas clínicas da embriaguez aguda ou sobre os delírios passionais, marcou principalmente a clínica psiquiátrica com suas descrições da *erotomania* e da síndrome do *automatismo* mental.

Pintou um quadro clínico minucioso da erotomania, "ilusão delirante de ser amado", com três fases: esperança, desencanto e ódio. Chamou-se de *doença de Clérambault* a erotomania "pura", raríssima, se é que ela tem uma real autonomia.

A partir de 1920, dedicou-se à descrição das *psicoses com base no automatismo*, a respeito das quais distinguia um "pequeno automatismo", feito de intuições abstratas, "de bloqueios" do pensamento, "de um desfile mudo das lembranças", "impostos" ao indivíduo. A este sucede o "grande automatismo", impressão de que os atos são "comentados", sensação complexa de "adivinhação", "de eco", de "antecipação do pensamento". Esse automatismo, "*a síndrome S*", precede as alucinações verdadeiras, das quais o delírio, nessa perspectiva, não é mais do que uma conseqüência, aliás inconstante.

Efetivamente, Clérambault se opunha à toda interpretação psicológica da psicose, vendo apenas, na origem da síndrome de automatismo mental, um hipotético processo orgânico resultante de um "sofrimento" parcial dos neurônios cerebrais. Essa teorização mecanicista, o "*dogma*" da École du Dépôt, como foi chamada, logo criticada e totalmente abandonada hoje, não deve fazer esquecer o gênio da observação, a qualidade e a precisão das análises clínicas que todos aqueles que a freqüentaram concordam em reconhecer em Clérambault.

Enfim, devemos dizer uma palavra sobre o seu outro interesse, a sua paixão pelo estudo do "drapeado" nas vestes dos povos mediterrâneos, ao qual dedicou um curso na Escola de Belas-Artes, deixando cerca de 20.000 documentos fotográficos sobre esse tema para o Museu do Trocadéro.

GAUPP *Robert* (1870-1953)

Nascido a 3 de outubro de 1870 em Neuenburg (Würtemberg), Gaupp estudou medicina em Tübingen, em Genebra e em Estrasburgo. Depois do seu doutorado (1894), entrou para a clínica neuropsiquiátrica de Breslau, dirigida por Wernicke*. Em 1900, Kraepelin* o chamou para Heidelberg. Em 1901, adquiriu o título de *Dozent*, apresentando uma monografia sobre a *dipsomania*. Em 1904, acompanhou Kraepelin a Munique e em 1906 tornou-se professor-ordinário na cátedra de Tübingen, que ocuparia até 1936. Morreu a 30 de agosto de 1953.

Gaupp foi o iniciador da abordagem pluridimensional na psiquiatria alemã. Ao mesmo tempo discípulo de Wernicke e de Kraepelin, familiarizado com as tendências localizacionistas e nosológicas, percebeu os limites destas e tentou completá-las com a dimensão biográfica. Estabeleceu assim uma ponte com o pensamento psicodinâmico. Essa orientação para a biografia certamente foi animada pelas experiências que fez em Tübingen: enquanto que, em Breslau, achava-se essencialmente diante de uma população pobre, na qual o alcoolismo constituía o problema psiquiátrico mais importante, o ambiente burguês de Tübingen deixava ver os seus problemas psíquicos em um contexto muito mais complexo e mais impregnado de elementos biográficos. Assim, a finalidade da sua obra tornou-se "o desatar de todos os fios que conduzem a personalidade sadia à doença". Já em 1906, demonstrou que a histeria não era uma doença, como se acreditava até então, mas uma reação da personalidade. O desenvolvimento mais completo do seu pensamento se expressou em suas publicações sobre a paranóia, das quais as mais célebres tratam do caso do mestre-escola Wagner que, em um estado delirante paranóico, matara a família e uma série de outras pessoas: *Sobre a psicologia do assassinato em massa* (1914); *O caso Wagner* (1920); *A obra dramática do paranóico Wagner* (1921). Gaupp deduziu a paranóia a partir da personalidade e dos conflitos psicossociais, e apresentou o resumo de seus pontos de vista em um artigo básico, publicado em 1942.

Essas concepções introduziram um novo modo de pensamento na psiquiatria, que foi percebido e completado pela obra de Kretschsmer*.

Já em 1907, Gaupp publicara uma *Psicologia da criança* e fundara em 1921 o primeiro serviço de psiquiatria infantil e juvenil em uma clínica universitária alemã.

P. BERNER

GEORGET *Étienne*-Jean (1795-1828)

Georget era o décimo quinto de dezoito irmãos. A família era abastada. O pai era proprietário do moinho do Castelo de Chabrecy em Vernon-sur-Brenne, nos arredores de Vouvray (Indre-et-Loire), onde Étienne nasceu, a 9 de agosto de 1795. Freqüentou o Hospital Geral de Tours, e em 1815 foi nomeado residente dos Hôpitaux de Paris. Depois de um ano passado no Hospital Saint-Louis, chegou até Esquirol*, na Salpêtrière, obteve em 1819 o prêmio que este acabara de instituir, com uma monografia sobre "As aberturas de corpo dos alienados" e em fevereiro seguinte, defendeu a sua tese "Dissertação sobre as causas da loucura", prelúdio à obra que faria o seu renome, *Da loucura. Considerações sobre essa doença; sua sede e seus sintomas...* publicada em 1820. Em 1821, publicou os dois tomos, *Da fisiologia do sistema nervoso e especialmente do cérebro*, e em 1823, *Da hipocondria e da histeria*, aos quais se deve acrescentar um certo número de artigos em revistas sobre os aspectos médico-legais da responsabilidade dos alienados, e sua participação na fundação dos *Archives Générales de Médecine*. No ano de 1823, foi eleito para a Academia de Medicina, como adjunto-residente. Tinha 28 anos. Mas já sentia os primeiro sintomas da tuberculose pulmonar que o levaria cinco anos depois, a 14 de maio de 1828.

Da loucura tem para nós o interesse de apresentar as posições doutrinárias dos alienistas franceses em fins do primeiro quarto do século XIX. Georget, mesmo lembrando as classificações de Pinel e de Esquirol, criticava a noção de "*demência aguda*", proposta por seu mestre para designar uma ausência "*acidental*" e transitória do entendimento. Sugeria que essa denominação fosse substituída pelo termo de "*estupidez*", a fim de evitar qualquer ambigüidade com o de "*demência*", já aplicado às fraquezas irreversíveis do intelecto, e significar claramente que as duas afecções pertenciam a "*gêneros*" diferentes.

Entretanto, seu objetivo era principalmente "procurar fixar a sede" (da loucura) e "remontar até a fonte das desordens produzidas". Insistia na separação do campo da loucura em duas partes bem distintas: de um lado, as perturbações mentais puramente sintomáticas que sobrevêm ao longo de certas afecções orgânicas, das quais elas são apenas a conseqüência "indireta e simpática"; do outro, o que pertence propriamente à alienação mental, "afecção idiopática do cérebro", de natureza ainda desconhecida, mas "direta e essencial". Dois anos depois, a tese de Bayle* iniciaria a longa pesquisa dessa "natureza desconhecida" no rumo da causalidade orgânica. Com seu amigo Rostan*, Georget se dedicou a estudos sobre o sonambulismo, mas o resultado das experiências de "clarividência" às quais eles submeteram as duas "sumidades magnéticas" e histero-mistificadoras, Pétronille "moça de muito espírito que via admiravelmente pela nuca" e Braguette, viúva Brouillard, que "via pela fronte", não acrescenta nada à glória dos dois pesquisadores.

GESELL *Arnold*-Lucius (1880-1961)

Gesell começou sua carreira como professor primário e depois como diretor de Colégio no Wisconsin, ao mesmo tempo em que estudava psicologia na Clark University (Massachusetts), sob a direção de Stanley Hall*, estudos que concluiu em 1906 com uma tese sobre as manifestações do ciúme segundo a idade dos indivíduos. Em 1908, iniciou-se, junto a Terman* em Los Angeles, no problema do desenvolvimento da criança, que doravante ocuparia toda a sua existência. A preparação do seu primeiro livro, *A criança normal e a educação primária*, publicado em 1912, o convenceu da necessidade de estudar medicina. Terminaria o curso em 1915 em Yale, onde foi nomeado professor-assistente e onde se desenrolaria a partir de então toda a sua carreira, na cátedra de higiene da criança. Aposentou-se em 1948, mas continuou a trabalhar como assistente de pesquisa no Instituto Gesell de desenvolvimento da criança, organização particular, fundada em sua honra em 1950. Morreu a 29 de maio de 1961.

Muito apegado à noção de morfogênese, Gesell tinha uma atitude monista. Considerando como inseparáveis o desenvolvimento do corpo e o da psique, insistia no interesse de chegar a uma melhor compreensão da evolução dos comportamentos. Nessa perspectiva, proporia que se estudasse o movimento, reflexo comportamental do estado psíquico, pela utilização do cinema, que permitia fixar e analisar a dinâmica e a maturação das atitudes.

Já em 1925, publicou *O desenvolvimento da criança na idade pré-escolar*, ilustrado com 200 fotografias, que seria seguido, em 1934, de um *Atlas do comportamento infantil*, reunindo 3.200 clichês tirados de seqüências filmadas. Publicaria depois *Os cinco primeiros anos da vida* (1940); *A criança de cinco a dez anos* (1943); *A criança de dez a quinze anos* (1946) e *Do décimo ao décimo sexto ano* (1956). Citaremos ainda *A criança pequena na civilização moderna* (1943) e *A embriologia do comportamento* (1945).

A escala do desenvolvimento que ele elaborou permite calcular um quociente de desenvolvimento (QD) na criança de 4 semanas a 60 meses.

GILLES DE LA TOURETTE *Georges* (1857-1904)

Gilles de La Tourette nasceu em Saint-Gervais-les-Trois-Clochers (Vienne), em uma família de médicos do Poitou. Foi em Poitiers que começou seus estudos de medicina, antes de chegar, em 1876, a Paris. Recebido na residência em 1882, no serviço de Charcot* em 1884 e de Brouardel no ano seguinte, chefe de Clínica de Charcot de 1887 a 1889, foi nomeado médico dos Hôpitaux em 1893 e em 1894 professor suplente da cátedra de Clínica das Doenças do Sistema Nervoso na Salpêtrière, onde Raymond* acabava de substituir Charcot. Morreu em 1904, deixando o seu nome a uma afecção rara, *a doença dos tiques convulsivos*.

Gilles de La Tourette foi o último fiel, aquele que além da morte de Charcot continuou sendo o único guardião do dogma da Salpêtrière, cujo catecismo ele continuou a recitar nos dois últimos volumes do *Tratado clínico e terapêutico da histeria, segundo o ensino da Salpêtrière*, que publicou em 1895, dois anos depois da morte do mestre. Quase toda a sua obra está impregnada por essa visão da histeria, quer se trate de trabalhos médicos puros, *O hipnotismo e os estados análogos do ponto de vista médico* (1887); *Tratado de histeria* (1893); *Pesquisas sobre a mutação na histeria*, ou de estudos médico-históricos: *O manuscrito da irmã Joana dos Anjos* (1886), relatando o caso das Ursulinas de Loudun; *O processo de feitiçaria de Gaufridi* (1900), ou da série de artigos que redigiu sobre *a loucura no teatro*. Mas escapa a essa preocupação o estudo elogioso que consagrou em 1884 ao seu concidadão do Poitou, Théophraste Renaudot.

GIRARD DE CAILLEUX Jacques-*Henri* (1814-1884)

Henri Girard, nascido em Lyon a 9 de março de 1814, estudou medicina nessa cidade, mas defendeu sua tese em Paris em 1836. Voltando a Lyon, concorreu a um cargo no Hospício da Antiquaille e a 20 de junho de 1840 foi nomeado médico-chefe e diretor do Asilo de Alienados de Auxerre, posto criado em aplicação da nova lei sobre os alienados de 30 de junho de 1838. Ficaria ali durante 20 anos e, adotando as concepções de Pinel*, Esquirol* e Ferrus*, tentaria impor as idéias novas junto às instâncias departamentais, para obter a transformação do velho hospício geral de alienados de Yonne e poder aplicar o isolamento, a classificação metódica, a vida em comum e o trabalho dos alienados, de acordo com os princípios do "tratamento moral" que dominava essa primeira metade do século XIX. Detalhou seus projetos em uma série de publicações: *Planos e estudos referentes às construções projetadas de Auxerre* (1843); *Da organização e da administração dos estabelecimentos de alienados* (1843); *Nota relativa às principais condições que devem oferecer os sanitários nos asilos de alienados* (1845); *Asilo de alienados de Auxerre: seção dos doentes tranqüilos e dos melancólicos* (1846); *Enfermarias, cisterna e lavanderia* (1847); *Das principais condições que devem oferecer os banheiros nos asilos de alienados* (1848); *Da construção, da organização e da direção dos asilos de alienados* (1848). Apesar de algumas dificuldades locais e das habituais objeções e adiamentos administrativos, os trabalhos solicitados começaram em 1844.

Em 1850, produziu-se um acontecimento essencial para Girard: Haussmann foi nomeado prefeito de Yonne, breve etapa no caminho que o levaria três anos depois à Prefeitura do Sena. Haussmann e Girard se entendiam às mil maravilhas: dinamismo, gosto pela ordem, rigor administrativo, ambição social. Seu encontro teria uma influência determinante sobre a organização asilar. Haussmann compreendia o interesse — coletivo e pessoal — das realizações em curso e apoiava ativamente os pedidos de Girard, de modo que em 1858 podia-se considerar acabado o asilo "modelo" de Auxerre, "emanação primeira da lei de 1838" (Delasiauve), alinhando simetricamente os locais de hospitalização — os homens de um lado e as mulheres do outro — de cada lado dos prédios da administração e dos serviços gerais. Enfim, segundo as idéias de Esquirol, era a realização concreta dos projetos de Parchappe*.

Parchappe era um teórico, Girard era um realizador. Haussmann se lembraria disso.

Era o ano de 1860. Havia sete anos, o barão Haussmann era prefeito do Sena. Lançou seu plano de assistência psiquiátrica e criou o cargo de inspetor geral do serviço de alienados do Sena para "Girard de Cailleux" (Haussmann acabava de obter para ele "a inofensiva concessão que ele solicitava" há tanto tempo, a oficialização do nome nobre que ele se atribuíra depois do seu casamento...). Logo no ano seguinte, Girard de Cailleux propôs um programa audacioso: construção de uma dezena de asilos nos subúrbios de Paris, aos quais se acrescentaram, no local da fazenda Sainte-Anne, perto da Barreira do Inferno, um "Escritório central de admissão" e um "asilo clínico" destinado ao ensino. Em 1867, Sainte-Anne abriu suas portas, seguido de Ville-Évrard em 1868 e de Perray-Vaucluse em 1869.

"Sabemos", observa ironicamente Hersilie Rouy* em suas memórias, "que o imperador Napoleão III não podia viver sem o seu barão, sempre ladeado pelo seu doutor." O rompimento desse trio estava próximo: no começo de 1870, a oposição obteve a destituição do barão. A 4 de setembro, o Império foi derrubado, a 1º de outubro, o posto de inspetor geral dos Asiles de la Seine foi suprimido e o doutor foi aconselhado a aposentar-se. Em 1875, aceitou a direção do asilo de Marsens, no cantão de Friburgo, e retirou-se três anos depois, para Avenières, na região de Isère, onde morreu a 22 de outubro de 1884.

Bibliografia: BLEANDONU (G.) e LE GAUFEY (G.), "Naissance des asiles d'aliénés (Auxerre-Paris)", *Annales ESC*, 1975, I, 93-121.

GODDARD *Henry*-H. (1866-1957)

É a esse psicólogo americano que se deve a introdução dos métodos psicométricos nos Estados Unidos, onde eles teriam um desenvolvimento considerável. Em 1906, instalou na Vineland Training School (Nova Jersey) um laboratório consagrado ao estudo do retardo intelectual, estudo para o qual utilizou, dois anos depois, a versão 1905 do teste de Binet* e Simon*. Publicou sucessivamente em 1910 e 1911 a tradução inglesa das revisões 1908 e 1911 dessa escala de inteligência, que seria posteriormente adaptada por Lewis Terman*.

GOERING *Matthias*-Heinrich (1879-1945)

Matthias Goering era primo do Reichmarschall Goering. Nasceu a 5 de abril de 1879 em Wuppertal-Eberfeld, era doutor em direito pela Universidade de Freiburg-im-Breisgau (1900) e doutor em medicina pela de Bonn (1907). Ex-assistente de Kraepelin, interessou-se pela hipnose e pela psicoterapia adleriana, instalou-se em 1923 em Wuppertal como neuropsiquiatra e, como era de se esperar, aderiu ao Partido Nacional-Socialista desde 1º de maio de 1933. Em 1934, a Sociedade Médica de Psicoterapia de que ele fazia parte desde 1928 se transformou em Sociedade "Alemã" e ele tornou-se o seu presidente. Dois anos depois, a sociedade deu origem ao Instituto Alemão de Pesquisas Psicológicas e de Psicoterapia, cuja direção lhe foi confiada. Reunindo médicos e psicólogos "arianos", absorvendo as estruturas do antigo Instituto Psicanalítico de Berlim, a nova organização tinha como finalidade realizar uma espécie de síntese dos diversos sistemas da psicologia médica para elaborar uma "nova psicoterapia alemã da alma". O posto de subdiretor foi confiado a Johannes Heinrich Schultz*, futuro pai do relaxamento e do treinamento autógeno. Com a esperança de "salvar" a psicanálise, vários freudianos aceitaram integrar-se à associação: Felix Böhm, Harold Schutz-Henke, Karl Müller-Braunschweig, John Rittmeister (que seria guilhotinado a 13 de maio de 1943 em Berlin-Plötzensee, por causa de suas relações com "a orquestra vermelha").

O *Goering Institut* dividia assim as suas atividades entre terapêutica e pesquisas sobre a fisiologia dos povos e "as leis do desenvolvimento da personalidade humana e das coletividades", a fim de facilitar a integração harmoniosa dos indivíduos à sociedade. A partir de 1939, focalizaria os seus trabalhos sobre a conduta da guerra: as "neuroses" dos combatentes, a homossexualidade no exército, a aptidão para a ofensiva e para o comando, as conseqüências psicológicas dos ataques aéreos sobre a população. Essas atividades eram facilitadas pelo aspecto afável e pela barba branca de Matthias Goering, dito "Papi", patriota da velha escola, pietista luterano convicto, que aliás os testemunhos concordam em descrever como um personagem até gentil e tímido, excelente administrador de uma organização regiamente subvencionada, que gozava de uma posição privilegiada junto às instâncias dirigentes do partido e declarada "de importância estratégica".

O instituto seria destruído em abril de 1945, no momento da queda de Berlim. De uma fidelidade sem limites ao nacional-socialismo, seu diretor, aprisionado pelos russos, morreu de tifo no mês de julho seguinte, em um campo de detenção. Em 1949, Müller-Braunschweig e Schutz-Hencke estariam entre os fundadores, na jovem RFA, da Sociedade Alemã de Psicoterapia e de Psicologia Profunda que se abriu em Brunswick.

Bibliografia: COCKS (G.), *La psychothérapie sous le IIIe Reich*, Paris, Les Belles Lettres, 1987.

GRAF *Herbert* (1903-1973)

Herbert Graf, diretor de teatro, não era outro senão o pequeno Hans das *Cinco psicanálises*, cujo caso foi publicado pela primeira vez em 1909 sob o título "Análise da fobia de um menino de cinco anos". Filho de Max Graf, musicólogo amigo de Freud* e de Olga Hönig, analisanda de Freud, nasceu em Viena a 10 de abril de 1903. Deixou a Alemanha nazista para refugiar-se nos Estados Unidos, onde dirigiu peças em Filadélfia e no Metropolitan de Nova York. Voltando à Europa, dirigiria a partir de 1960 a Ópera de Zurique e depois o Grande Teatro de Genebra, cidade onde morreu a 5 de abril de 1973.

GRASSET *Joseph* (1849-1918)

Grasset nasceu em Montpellier a 18 de março de 1849, e foi nessa cidade, da qual seria conselheiro municipal de 1908 a 1912, que se desenrolou a sua carreira. Em 1871, foi residente dos Hôpitaux, chefe de clínica em 1873, professor em 1875 e assumiu em 1881 a cátedra de terapêutica, que abandonou cinco anos depois pela de clínica médica. Em 1909, era professor de patologia geral e inaugurou o seu magistério com uma lição sobre a *Medicina vitalista e a fisiopatologia clínica*, na pura linha de pensamento do seu compatriota Barthez. Aposentou-se em 1914, mas a declaração de guerra logo o levou a tomar a direção do Centro Neurológico da 16ª Região Militar. Morreu em sua cidade natal, a 7 de julho de 1918, pouco depois de um dos seus filhos, morto a bordo de um avião de caça.

Ao lado de uma obra neurológica abundante e variada, devemos a Grasset muitos trabalhos psiquiátricos, que podemos agrupar em três pólos: hipnotismo, ocultismo e responsabilidade dos alienados.

Em 1884, começou a ocupar-se da histeria e da hipnose, mas só 20 anos depois foi publicada a sua obra essencial sobre esse tema: *O hipnotismo e a sugestão* (1903). Certamente, a distância da capital contribuiu para manter Grasset longe das lutas passionais de Charcot* e de Bernheim*, e lhe permitiu conservar uma atitude crítica e moderada. Imaginou uma "teoria dos dois psiquismos", próxima das posições da Escola de Nancy: existiria um "*psiquismo superior*", que ele chamava de *centro O*, sede do eu livre e responsável, e um "*psiquismo inferior*", espécie de "*polígono*" dos centros automáticos superiores, ponto de chegada das impressões sensoriais e ponto de partida das transmissões motoras. No estado de vigília, haveria coordenação dessas diferentes instâncias, ao passo que a hipnose corresponderia a uma liberação do psiquismo inferior, cujo "polígono, emancipado do seu próprio centro O, vai obedecer a um centro O estranho", o do hipnotizador. Essa teoria, de espírito jacksoniano*, ignora a terapêutica sugestiva em estado de vigília e as diversas possibilidades da psicoterapia, mas o mesmo esquema lhe permitiu propor, em *O espiritismo diante da ciência* (1904), e em *O ocultismo de ontem e de hoje* (1907), uma abordagem objetiva dos fenômenos das mesas giratórias, das varetas divinatórias e dos transes dos médiuns. Enfim, na perspectiva vizinha de um cérebro divisível em "departamentos distintos dos quais um pode estar doente, ficando um outro normal", se situam as suas idéias sobre os *Problemas fisiopatológicos da responsabilidade* (1905), que ele difundiu em um artigo célebre da *Revue des Deux Mondes* de 15 de fevereiro de 1906, "*Semiloucos e semi-responsáveis*", para os quais pedia a criação de asilos especializados, em uma carta pública de 1912, dirigida ao ministro da Justiça.

GRIESINGER *Wilhelm* (1817-1868)

A carreira de Griesinger, nascido em Stuttgart a 29 de julho de 1817, foi bastante confusa. Começou seus estudos de medicina em 1834 em Tübingen, continuou-os em Zurique e terminou-os em 1838 — com apenas 21 anos — com uma tese sobre a difteria. Depois de uma breve permanência em Paris, instalou-se no ano seguinte em Freidrichshafen, solicitou pouco depois um lugar de assistente no Asilo de Alienados de Winnenthal (Württemberg), ficou dois anos ali e em 1843 tornou-se assistente de seu ex-condiscípulo do ginásio de Stuttgart, Karl Wunderlich, em Tübingen, onde foi sucessivamente *Privat Dozent* e depois professor sem cátedra (1847). Em 1849, foi professor-titular em Kiel e quando em maio de 1850 partiu para o Cairo, ofereceram-lhe ao mesmo tempo as funções de diretor do Conselho de Saúde e de médico particular do quediva Abbas-Pacha. Em 1852, voltou à Alemanha. Nomeado em 1854 para a cátedra de clínica médica de Tübingen, liberada pela nomeação de Wunderlich para Leipzig, ocupou-se simultaneamente do Hospital dos "Idiotas" de Mariaberg. Em 1860, aceitou a cátedra de clínica médica de Zurique e a direção da clínica psiquiátrica universitária do Hospital Burghölzli, que lhe foi associada e da qual foi o primeiro titular. Essas novas funções lhe permitiram começar um magistério oficial de psiquiatria, que continuaria em Berlim, na cátedra de clínica médica, vaga em 1865 com a aposentadoria de Romberg. Morreu a 26 de outubro de 1868.

No meio do século XIX, Griesinger se situa em um momento-chave da psiquiatria alemã, quando uma psiquiatria que se pode qualificar de "romântica", representada por homens como Heinroth*, Reil* ou Ideler*, foi substituída por uma psiquiatria "universitária", positivista, procurando apoiar-se nos progressos das ciências fundamentais. Aos 28 anos, publicou um tratado de psiquiatria, *Die Pathologie und Therapie der psychischen Krankheiten* (1845), que até 1871 teria várias edições, das quais uma em língua francesa em 1865, e que se situa historicamente na encruzilhada dessas correntes diferentes, mesmo que se tenha tendência a ver no seu autor um representante exclusivo da nova corrente organicista. Sem dúvida, ele afirmava que a doença mental se devia a um funcionamento mórbido do cérebro e que, embora freqüentemente a anatomia patológica não encontrasse a lesão em questão, "ela é, todavia, universalmente admitida, por razões fisiológicas", mas também admitia o papel dos conflitos internos e do "*recalque*" (*Verdrängung*) das idéias e dos sentimentos, noção aparentemente tomada por empréstimo às teorias dinâmicas associacionistas do filósofo Johann Friedrich Herbart (cuja influência inconfessada sobre Freud* se afirmou, aliás). Griesinger defendia a idéia da analogia entre o sonho e as perturbações mentais, permitindo o reaparecimento de sentimentos recalcados. Oposto a toda terapêutica violenta, acreditava na utilidade, em matéria de psiquiatria, de agir tanto sobre o psiquismo quanto sobre o corpo.

Independentemente dos seus trabalhos teóricos, contribuiu muito para a organização e o melhoramento dos estabelecimentos de alienados na Alemanha. A Prússia lhe deve a abolição da contenção, assim como a introdução do uso da perícia médico-legal para os criminosos.

GRODDECK *Georg*-Walther (1866-1934)

Groddeck nasceu a 13 de outubro de 1866 em Bad-Kösen (Prússia). Seu pai, Karl Groddeck, exerceu a medicina em Baden-Baden, antes de instalar-se em Berlim, onde ele próprio estudou medicina na Academia Militar. Diplomado em 1889, serviu no Exército até 1897, e tornou-se então assistente no sanatório de Ernst Schweninger, médico pessoal de Bismarck e adepto não-conformista de um método terapêutico a base de massagens, hidroterapia e domínio autoritário sobre o paciente. Em 1900, Groddeck abriu em Baden-Baden, com sua irmã Lina, a sua própria casa de saúde, onde aplicava os princípios do seu mestre. Publicou em 1913 *Nasamecu* (do latim *Natura sanat, medicus curat*, "a natureza cura, o médico trata"), ao mesmo tempo homenagem a Schweininger e crítica acerba à psicanálise, que entretanto conhecia mal; mas, em 1917, retratou-se em uma carta a Freud* e, a partir de então, ambos se aproximariam a tal ponto que em 1919 Freud, apesar das reservas dos seus fiéis, apoiou a admissão de Groddeck na Sociedade Psicanalítica de Berlim. Só no ano seguinte eles se encontraram pela primeira vez, no Congresso Internacional de Psicanálise de Haia. Em 1923, Groddeck, radicalizando a velha teoria de Carus* sobre o inconsciente, publicou sob forma literária *Cartas psicanalíticas a uma amiga*, *O livro d'isso*, termo que Freud adotou imediatamente, para designar, na sua segunda tópica, o pólo pulsional da personalidade, oposto ao eu e ao supereu. A partir de 1926, seus caminhos divergiram novamente, sem que houvesse entretanto uma ruptura. Em 1933, adotando uma atitude que contrastava com certas posições meio racistas de *Nasamecu*, Groddeck se opôs ao anti-semitismo nazista e preferiu ir para a Suíça. Morreu no ano seguinte de uma afecção coronariana em Knonau, perto de Zurique.

"Analista selvagem", como qualificava a si próprio em 1920 diante dos congressistas de Haia, Groddeck, muitas vezes omitido pelos discípulos mais ortodoxos, foi, com Ferenczi*, o filho rebelde mas querido de Freud, Ferenczi a quem iria unir-se por uma sólida simpatia e que Freud encaminhou-lhe em 1921, para tratar uma insuficiência renal. Efetivamente, Groddeck, no seu sanatório, permitia-se aplicar o método psicanalítico a autênticos doentes somáticos, muitas vezes abandonados pela medicina oficial. Para ele, o isso dirigia não só a nossa vida consciente e nossas ações, mas também as nossas tendências para os acidentes e para as doenças, posição que ia muito além da atitude psicossomática, na medida em que Groddeck considerava que toda afecção, mesmo a mais orgânica, era apenas o produto da função "simbolizante" do isso. Um dos seus últimos textos se intitula *O ser humano como símbolo* (1933). Era essa simbólica que cabia ao terapeuta decifrar, e Groddeck situava a relação médico-paciente no próprio centro de qualquer procedimento terapêutico. Certamente, não é por acaso que encontramos essa preocupação na base da obra de Michaël Balint* que, precisamente, foi analisado por Ferenczi e teve assim a ocasião de freqüentar Groddeck.

Bibliografia: CHEMOUNI (J.), *Georg Groddeck, psychanalyse de l'imaginaire*, Paris, Payot, 1984.

GROSS *Otto* (1877-1920)

Gross nasceu a 17 de março de 1877 em Feldbach, pequena cidade de Estíria (Áustria), próxima de Graz, onde seu pai ensinava criminologia e ele próprio acabou seu curso de medicina em 1899. Navegou então, durante algum tempo, como médico da linha Hamburgo-América do Sul e começou a usar cocaína e opiáceos, o que lhe valeu, em 1902, um primeiro tratamento de desintoxicação em Zurique, quando se tornou assistente de Anton na clínica universitária neuropsiquiátrica de Graz. Foi nomeado *Privat Dozent* em 1906 e foi trabalhar com Kraepelin* em Munique. Freqüentava os meios artísticos e anarquistas, levava uma vida complicada, entre a esposa e duas amantes, interessou-se pela psicanálise e submeteu-se em 1908 a um segundo tratamento no Hospital Burghölzli. Freud* redigiu o seu certificado de admissão e seu tratamento foi confiado a Jung*. Gross distanciou-se então da psiquiatria universitária, publicou artigos de inspiração psicanalítica e revolucionária e foi acusado, em 1911, de incitação ao suicídio. Passou uma terceira temporada em uma clínica vienense. Em 1913, instalou-se em Berlim, mas considerado como anarquista perigoso, foi reconduzido à fronteira, antes de ser internado em Viena e depois em Troppau (Silésia). Liberado em julho de 1914, trabalhou em diversos hospitais, foi novamente hospitalizado em 1916, colaborou em revistas de vanguarda. Em fevereiro de 1920, foi recolhido em uma rua de Berlim e levado ao hospital, onde morreu dois dias depois.

Essa trajetória caótica não impediu uma produção científica interessante, concentrada no período de 1901-09. É nas discussões sobre a demência precoce, que alimentavam então a psiquiatria de língua alemã, que se situa a sua contribuição mais original. Em um artigo sobre a "Desintegração das representações", publicado em 1902 no *Monatschrift für Psychiatrie und Neurologie*, retomou o conceito de *sejunctio* elaborado por Wernicke*, para significar a alteração das conexões cerebrais "responsáveis" pelas manifestações psicopatológicas e tentou situá-lo em relação aos processos de clivagem de Freud e Bleuler*. Em 1904, afastando-se de Stransky*, que insistia no papel dos fatores afetivos, proporia substituir o termo *dementia praecox* por *dementia sejunctiva*, contribuindo assim para abrir caminho para a dissociação esquizofrênica bleuleriana.

Bibliografia: TURNHEIM (M.), "Otto Gross et la psychiatrie allemande", monografia CES Psychiatrie, Paris, Créteil, 1988-89.

VON GUDDEN Johann-*Bernhard*-Aloy (1824-1886)

Nascido em Clèves a 7 de junho de 1824, von Gudden estudou em Bonn, Berlim e Halle, onde defendeu uma tese em 1848. Tentado primeiramente pela dermatologia, orientou-se logo para as doenças nervosas, e em 1849 tornou-se médico do Asilo de Siegburg, então dirigido por Maximilian Jacobi* e trabalhou depois em Illenau, sob a direção de Roller. Em 1855, assumiu a direção do Asilo de Wernerk, primeiro estabelecimento alemão onde eram aplicados os princípios da não-contenção, que ele ficou conhecendo em contato com Jacobi.

Em novembro de 1869, encarregou-se da Clínica Universitária do Hospital Burghölzli em Zurique, onde ensinou psiquiatria. Depois, com a morte de Solbrigs em 1872, ocupou a direção do Asilo de Alta Baviera, em Gaversee, e a cátedra de psiquiatria de Munique. Recebeu um título de nobreza e o governo bávaro lhe confiou o tratamento de Luís II, "o rei louco", e a 11 de junho de 1886, decidiu transferir o seu paciente do Castelo de Neuschwanstein para o Castelo de Berg, transformado em asilo de luxo. Dois dias depois, durante um passeio no lago de Starnberg, foi morto por seu real paciente, um gigante de 1,90m, que se suicidou por afogamento logo em seguida.

Se devemos principalmente a von Gudden trabalhos neurológicos sobre a motilidade e a sensibilidade oculares e o desenvolvimento do crânio, ele também contribuiu ativamente, a partir de 1870, para a publicação dos *Archives de Psychiatrie*. Entre seus alunos, estava Émile Kraepelin*, do qual um dos filhos de von Gudden (que deixou 13 filhos), se tornaria assistente.

GUIRAUD *Paul*-Louis-Émile (1882-1974)

Filho único de viticultores da região de Minervois, Guiraud nasceu a 4 de agosto de 1882, em Cessenon (Hérault). Inicialmente inclinado para a engenharia florestal, dirigiu-se para a medicina. Residente em Montpellier em 1904, aluno de Ritti* em Charenton em 1907, foi admitido no ano seguinte entre os médicos dos asilos. Depois de passar por Tours, Toulouse (onde fez amizade com Maurice Dide*) e Saint-Dizier, chegou, em 1923, ao Departamento do Sena: Ville-Évrad, Villejuif, o Hospital Sainte-Anne enfim, em 1933, onde ficou até a sua aposentadoria em 1952. Mas, durante alguns anos ainda, continuaria a freqüentar regularmente o seu laboratório e a sua biblioteca. Morreu em Paris a 21 de abril de 1974, aos 92 anos.

O problema das relações entre o cérebro e a vida psíquica dominou uma obra de mais de 170 títulos, dos quais uma centena foi publicada nos *Annales Médico-Psychologiques*. Pode-se classificá-los em três categorias: os estudos clínicos, os estudos anatomo-patológicos, os estudos de psicofisiologia geral. Como muitos alienistas da sua geração, Guiraud foi marcado pelas seqüelas neuropsiquiátricas da epidemia de encefalite letárgica, que grassou de 1917 a 1920, e cujas lesões subcorticais características o neurologista vienense Constantin foi o primeiro a descrever. Assim, na *Psiquiatria do médico clínico* (1922), insistiu, com Dide, no dinamismo da vida instintiva, essa "*thymhormia*" cujo ponto de partida ele fixou nas estruturas básicas do cérebro. Se a *Psiquiatria clínica* publicada em 1956 foi uma retomada muito descritiva do livro de Dide e Guiraud de 1922, a *Psiquiatria geral* (1950) representa a demonstração das suas concepções neurobiológicas, centradas segundo as palavras de Henry Ey* "na idéia de certa forma obsessiva do monismo psicobiológico", fruto da sua experiência, das suas observações e pesquisas de laboratório. No momento de sua morte, Guiraud se dedicava à redação de uma obra de síntese, *Sistema nervoso e atividade psíquica*, na qual voltava à noção neuropsicológica de *vivido psíquico global*, um dos pontos-chave da sua reflexão.

GUISLAIN *Joseph* (1797-1860)

Guislain nasceu a 2 de fevereiro de 1797 em Gand. Depois de pensar em fazer carreira como arquiteto ou engenheiro, começou a estudar medicina na Escola de Escaut, e depois na recém-criada Universidade de Gand, quando em 1821 a Comissão de Vigilância dos Hospitais de Amsterdã instituiu um prêmio por concurso para um trabalho sobre "os meios, tanto psicológicos quanto físicos, que foram propostos para curar os alienados". Guislain apresentou em 1823 uma primeira monografia que não foi recebida, mas em 1825 ganhou o concurso e seu trabalho, que tinha então dois volumes, foi editado em 1826, às expensas da Comissão médica. Era o *Tratado sobre a alienação mental e sobre os hospícios de alienados*, obra de juventude "em que dominam os sentimentos generosos" (Brierre de Boismont*), e muito documentada, que valeu ao seu autor um prestígio suficiente para que fosse nomeado, em 1828, médico-chefe dos estabelecimentos de alienados de Gand. Em 1838, pesquisou nos hospitais italianos, o que produziu uma *Carta médica sobre a Itália*, e em 1840 nos hospitais dos Países Baixos. Foi encarregado do ensino, na Universidade de Gand, da fisiologia comparada, completado no seu serviço por um curso de clínica das doenças mentais, que constituiria a matéria dos três volumes das suas *Lições orais*, publicadas em 1852. Era então uma personalidade de renome, clínico muito procurado, comissário-inspetor dos asilos da Bélgica, membro do Conselho Superior do Ensino em Bruxelas. Morreu a 1º de abril de 1860, em conseqüência de uma hérnia estrangulada.

Guislain foi ao mesmo tempo teórico e reformador. Teórico, manteve-se muito perto de Esquirol* e não deixaria de influenciar Griesinger* e Morel*. O essencial de suas idéias está contido no *Tratado das frenopatias* (1833), termo pelo qual ele substituiu a denominação muito vaga de loucura. Via na dor moral ou *frenalgia* a causa essencial de toda doença mental, estando os diferentes sintomas ligados à organização física e intelectual prévia do doente, e propunha uma nosologia em seis classes, onde se vê pela primeira vez uma tentativa de isolamento das psicoses delirantes primitivas, conceito que teria um sucesso crescente na segunda metade do século.

Reformador das estruturas hospitalares, "de temperamento bom e expansivo", segundo Morel*, que o conheceu em 1845, Guislain lutou durante toda a vida pelo melhoramento do destino dos alienados, propondo um plano de organização dos asilos completado por pequenas colônias familiares e por explorações agrícolas, a fim de facilitar a "reeducação" moral e física progressiva dos doentes.

Aquele que foi chamado "Pinel* da Bélgica" legou aos hospícios leigos de sua cidade a soma de 50.000 francos, a sua biblioteca e a sua coleção de quadros, destinada a ser exposta no Hospício Guislain, estabelecimento modelo de alienados, construído em 1855 em Gand, segundo suas indicações.

GULL *William*-Withey (Sir) (1816-1890)

Citamos aqui esse professor de clínica, britânico originário de Colchester (Essex), médico do Guy's Hospital de Londres e da rainha Vitória, apenas para lembrar que, no momento em que Lasègue* descrevia em 1873 a "anorexia histérica", W. Gull descrevia a *anorexia nervosa*, nome que a doença conservou nos países de língua inglesa, ao passo que na França, a fim de diferenciá-la da "grande neurose", então em moda, Huchard propôs chamá-la de "anorexia mental". Também descreveu, sob o nome de *estado cretinóide em adultos* o que denominamos hoje "mixedema adquirido do adulto".

H

HAINDORF *Alexander* (1782-1862)

Representante da corrente romântica alemã, Haindorf foi autor de *Ensaio de patologia e terapia das doenças do espírito e do entendimento*, obra puramente especulativa, publicada em 1810 e cujo interesse foi ter sido o primeiro Tratado de Psiquiatria em língua alemã. Haindorf também foi o primeiro a ensinar essa disciplina em ambiente universitário, em Heidelberg, já em 1811.

HALL Granville-*Stanley* (1844-1924)

Nascido a 1º de fevereiro de 1844 em Ashfield (Massachusetts) em uma família muito religiosa, Stanley Hall se destinava primeiramente ao sacerdócio. Entrou para o seminário da União teológica de Nova York em 1867, mas, mudando de orientação, embarcou no ano seguinte para a Alemanha e passou dois anos em Bonn, em contato com meios filosóficos e teológicos. Essa circunstância fortuita faria dele um correspondente de guerra de vários jornais americanos durante o conflito franco-prussiano. Voltando aos Estados Unidos, ensinou de 1872 a 1876 literatura e filosofia em um colégio, preparando ao mesmo tempo um doutorado de filosofia em Harvard. Partiu novamente para a Alemanha em 1878, freqüentou em Leipzig o Instituto de Psicologia Experimental de Wundt*, e quando voltou, em 1880, ensinou pedagogia em Harvard. Dois anos depois, assumiu a organização do laboratório de psicologia experimental da Universidade Johns Hopkins, onde se tornou professor de psicologia e de pedagogia em 1883. Em outubro de 1889, ofereceram-lhe a presidência da Universidade Clark em Worcester (Massachusetts), cuja pedra fundamental fora assentada dois anos antes pelo mecenas Jonas Gilman Clark. Foi essa função oficial que permitiu a Stanley Hall — e a James Jackson Putnam, então professor de neurologia em Harvard — convidar Freud* para uma série de "cinco conferências sobre a psicanálise", por ocasião do vigésimo aniversário da Universidade Clark. Sabemos que, depois de muita hesitação, Freud, acompanhado de Jung* e Ferenczi*, embarcaria a 21 de agosto de 1909 em Bremen para a sua única viagem aos Estados Unidos. Stanley Hall aposentou-se em 1919, e morreu cinco anos depois, legando uma parte de sua fortuna à universidade, para fundar uma cátedra de psicologia genética. Deixou diversos trabalhos sobre a psicologia da criança e do adolescente, e uma antologia de lembranças, *A vida e as confissões de um psicólogo*, publicada em 1923. Foi fundador, em 1887, do *American Journal of Psychology*.

HAMILTON *Max* (1912-1988)

Hamilton nasceu em fevereiro de 1912 em Offenburg (Hesse). Logo no início da guerra, seus pais foram para a Inglaterra, e foi em Londres que ele obteve o seu diploma de médico em 1934. Mobilizado durante a Segunda Guerra Mundial no serviço de saúde da Royal Air Force, orientou-se depois para a psiquiatria no Maudsley* Hospital e nos serviços londrinos da University College e do King's College. Nomeado professor de psiquiatria na Universidade de Leeds, ficaria ali até a sua aposentadoria em 1977.

O nome de Hamilton está ligado aos métodos quantitativos na psicopatologia: caloroso, cheio de humor, amante de matemática e estatística, elaborou em 1959 uma escala de avaliação da ansiedade, seguida, um ano depois, por uma escala da depressão. Em 1961, publicou as *Conferências sobre a metodologia da pesquisa médica*. Morreu, em agosto de 1988, de uma crise cardíaca.

HASLAM *John* (1764-1844)

John Haslam nasceu em Londres em 1764. Formou-se no United Borough Hospital e em Edimburgo; tornou-se depois farmacêutico do Hospital Bethleem, cujo médico era então Thomas Monro. Nesse estabelecimento, familiarizou-se com os problemas da doença mental, mas, envolvido no escândalo do célebre William Norris*, teve que abandonar as suas funções. Recebeu o título de doutor em medicina pela Universidade de Aberdeen em 1816. Estabeleceu-se em Londres, onde morreu a 20 de julho de 1844.

Entre as suas obras, citaremos *Observações sobre a loucura, acompanhadas de notas práticas sobre a doença e de um resumo dos aspectos observados na dissecção* (1798), reeditado em 1809 sob o título *Observações sobre a loucura e a melancolia*. Nele, fez um primeiro esboço de descrição da paralisia geral, que seria completada por Bayle* em 1822. Mencionaremos ainda as *Considerações sobre o tratamento moral dos alienados*, publicadas em 1817, e *Da contenção e da coerção*, publicado em 1833.

HEINROTH *Johann-Christian-* Friedrich-August (1773-1842)

Heinroth nasceu em Leipzig a 17 de janeiro de 1773. Depois de estudar medicina em Viena e em Paris, onde foi aluno de Pinel* (ficaria muito ligado a Esquirol*, seu contemporâneo exato), voltou à cidade natal. Nomeado em 1812 titular da cátedra de doenças mentais criada para ele, faria toda a sua carreira em Leipzig, onde morreu a 16 de fevereiro de 1843.

Entre as obras que consagrou à patologia mental, citaremos um *Manual de saúde mental* (1823), um *Guia terapêutico para uso dos jovens alienistas* (1825) e os *Fundamentos de medicina criminal* (1832). Devemos-lhe também alguns romances e contos populares, publicados sob o pseudônimo de Treumand Wellentreter.

Heinroth pertence à corrente médica romântica alemã, que via nas paixões a causa essencial da loucura, mas, muito marcado por sua austera formação luterana, utilizava uma terminologia e referências religiosas que fizeram com que suas posições teóricas (o *Tratado das perturbações da vida da alma* (1818) é um bom exemplo) fossem ridicularizadas. Entretanto, se substituirmos pela noção de "culpabilidade" aquilo que ele qualificava de "pecado", muitas de suas idéias tomam uma dimensão curiosamente moderna. Heinroth distingue três níveis nos processos psicológicos, entre os quais uma "consciência moral" (*Gewisse*) que tem a sua origem em um "Sobre-nós" (*Über-Uns*) que, a despeito de suas conotações religiosas, não deixa de prefigurar o "supereu" (*Über-Ich*) freudiano.

HERPIN *Théodore* (1799-1865)

Théodore Herpin foi chamado Herpin de Genebra, mas na verdade nasceu em Lyon, em uma família francesa. Passou a juventude na Suíça, terminou seu curso de medicina em Paris, em 1822, e confirmou o seu diploma em Genebra, onde seria membro do Conselho de Saúde de 1831 a 1845, membro do Conselho de Instrução Pública de 1834 a 1847 e vice-presidente da Faculdade de Medicina e do Conselho de Saúde de 1845 a 1847. Em 1853, instalou-se em Paris, onde trabalhou até sua morte, a 17 de julho de 1865.

O nome de Herpin está ligado à epilepsia, à qual dedicou duas obras importantes, *Do prognóstico e do tratamento curativo da epilepsia*, publicado em 1852, e *Dos acessos incompletos de epilepsia*, livro póstumo publicado em 1867 por Auguste Voisin*.

Naquela época, desprovida de medicações anticonvulsivantes ativas (os brometos só seriam utilizados a partir dos anos 1860), Herpin foi praticamente o único a afirmar que a epilepsia era uma afecção curável na maioria dos casos, com a condição de ser tratada logo no início, o que supunha que se soubesse reconhecê-la até em seus *incidentes ligeiros* e seus sintomas atípicos. Foi essa idéia que inspirou seu último trabalho, análise clínica notável das manifestações "ligeiras" que os epilépticos podem experimentar "nos intervalos de seus grandes acessos", manifestações que constituem autênticos "ataques reduzidos a seus sintomas iniciais" e cuja *identidade* com o início dos ataques de Grande Mal nesses mesmos doentes ele afirmava.

Em outra área, Herpin foi o autor de um estudo sobre as *Novas relações a estabelecer entre clientes e médicos*, publicado em 1864 na *União Médica*.

HERVÉ *ver* RONGER *Florimond*

HESNARD *Angelo*-Louis-Marie (1886-1969)

Foi em Pontivy (Morbihan) que Hesnard nasceu a 22 de maio de 1886, em uma família de magistrados de origem bretã. Foi admitido em 1905 na Escola de Saúde Naval de Bordeaux, tornou-se assistente de Régis* na clínica psiquiátrica e, depois de algumas viagens, foi designado em 1917 para Bizerte. Encarregado do ensino na Escola de Saúde Naval e na Faculdade de Medicina de Bordeaux de 1920 a 1924, foi posteriormente nomeado médico-chefe do serviço de neuropsiquiatria do Hospital Marítimo Sainte-Anne em Toulon. Diretor do Serviço de Saúde da Marinha na Argélia em 1940, inspetor geral do Serviço de Saúde da Marinha na África em 1943, aposentou-se em 1944 no posto de médico-geral. Em 1964, deixou Toulon e fixou-se em Nantes. Morreu a 17 de abril de 1969 no Hospital Marítimo de Rochefort.

Independentemente dessa carreira militar, Hesnard, não sem ambigüidade, é considerado na França como pioneiro da psicanálise, à qual dedicaria muitos trabalhos durante meio século. De fato, já em 1913, descobriu os primeiros livros de Freud*, graças a seu irmão Oswald, que era professor de alemão, e publicou no mesmo ano, com Régis, uma série de três artigos em *L'Encéphale* sobre "A doutrina de Freud e de sua escola", seguidos em 1914 de *A psicanálise das neuroses e das psicoses*, primeira obra importante em língua francesa sobre o assunto. A guerra veio interromper brutalmente essa corrente de idéias, mas em 1923 Hesnard retomou o mesmo tema no Congresso de Alienistas de Besançon. No ano seguinte, publicou *As psiconeuroses e as fronteiras da loucura*, e depois *A vida e a morte dos instintos* em 1926, ano em que participou da fundação da Sociedade Psicanalítica de Paris. Citaremos ainda, entre os trabalhos que consagrou à psicanálise durante meio século, *O indivíduo e o sexo* (1927); *Psicologia homossexual* (1929); *Tratado de sexologia normal e patológica*, com um prefácio de Édouard Toulouse* (1933); *Freud na sociedade do pós-guerra* (1947); *O universo mórbido do erro* (1949); *Moral sem pecado* (1954); *A obra de Freud e sua importância para o mundo moderno* (1960); *Psicologia do crime* (1963), onde a orientação psicanalítica se mistura a considerações fenomenológicas, *De Freud a Lacan*, obra póstuma publicada dois anos depois da morte do autor.

HEUYER *Georges*-Jean-Baptiste (1884-1977)

Heuyer, criador da neuropsiquiatria infantil francesa, nasceu em 30 de janeiro de 1884 em Pacy-sur-Eure, em uma família de origem alsaciana. Com o desaparecimento prematuro do pai, veterinário, sua mãe e ele passariam necessidades. Aluno interno no liceu de Évreux, onde seu responsável, o médico-diretor do asilo de Navarre, o familiarizou com a psiquiatria, bedel no liceu Chaptal para pagar seus estudos, foi nomeado em 1909 para a residência nos Hôpitaux de Paris. Foi aluno de Dieulafoy e de Déjerine*, e terminou sua residência junto a Dupré*, depois de um ano passado na Bulgária com a missão da Cruz Vermelha. Em 1914 defendeu sua tese "Crianças anormais e delinqüência juvenil". Depois da guerra foi clínico de Dupré, que substituiu a partir de 1921, até a nomeação de Claude* para a cátedra de doenças mentais. Muito aberto às idéias novas, acolheu no Hospital Sainte-Anne Eugénie Sokolnicka*, realizando assim em um serviço parisiense a primeira simbiose da clínica e da psicanálise. Em 1923, foi médico dos Hôpitaux.

Teria sido a lembrança dolorosa de uma juventude "que não foi alegre" que o orientou definitivamente para a assistência à infância? Em 1925, obteve, no seio do Amparo à Infância e à Adolescência, a criação, no Hospital de Vaugirard, de uma clínica anexa de neuropsiquiatria infantil, logo transferida para o Hospital das Crianças Enfermas, antes de implantar-se definitivamente na Salpêtrière. Cercou-se de uma equipe de pediatras, psicólogos, assistentes sociais, professores, reeducadores da linguagem e da motricidade e obteve a colaboração de Sophie Morgenstern*, cuja obra sobre a psiquiatria infantil prefaciou. Em 1937, presidiu em Paris o primeiro Congresso Internacional de Neuropsiquiatria Infantil, que consagrou a sua autoridade mundial no assunto, e em 1948 foi o primeiro titular da cátedra recém-criada dessa disciplina.

Paralelamente a essas atividades, a partir do falecimento de Dupré em 1921, foi médico-adjunto da Enfermaria Especial da Polícia e em 1934 sucedeu a Clérambault*. A partir de 1953, lecionou no Instituto de Criminologia, entrou em 1957 para a Academia de Medicina, e colaborou na fundação da Clínica Dupré de Sceaux, destinada aos estudantes atingidos por problemas mentais. Faleceu a 27 de outubro de 1977.

As numerosas publicações de Georges Heuyer se referem à neurologia pediátrica, à psiquiatria infantil e à criminologia, tratando das conseqüências neuropsiquiátricas da encefalite epidêmica de 1917-20, do retardo mental, das perturbações do caráter e da linguagem (devemos-lhe a criação do diploma de ortofonista), da toxicomania por anfetaminas nos adolescentes, e das psicoses infanto-juvenis. Suas referências teóricas evoluiriam progressivamente, do papel da hereditariedade ao do ambiente. Conservava uma distância crítica em relação ao papel terapêutico da psicanálise, que para ele tinha interesse principalmente no plano da investigação. Vamos citar, entre seus trabalhos, *Pesquisa sobre a delinqüência juvenil* (1942); *Pesquisa sobre o prognóstico das perturbações do caráter na criança* (1950); *Introdução à psiquiatria infantil* (1952); *A delinqüência juvenil* (1969). Em 1973, publicaria ainda *Psicoses coletivas e suicídios coletivos*. Tinha então 89 anos.

Bibliografia: THORIN (I.) "Georges Heuyer, une vie au service de l'enfance en difficulté", dissertação DES psiquiatria, Rouen, 1994.

Irmão HILARION *ver* TISSOT *Joseph*

HILL Robert-*Gardiner* (1811-1878)

Gardiner Hill nasceu a 26 de fevereiro de 1811 em Louth (Lincolnshire), e desde a idade de 14 anos foi aprendiz de um cirurgião local. Aperfeiçoou seus conhecimentos nos hospitais de Edimburgo e tornou-se membro do Colégio de Cirurgiões dessa cidade em 1834. Em julho do ano seguinte, foi nomeado residente do Asilo de Alienados de Lincoln, onde prosseguiria a obra de liberalização iniciada por Charlesworth*, cujo papel inovador ele tenderia, infelizmente, a omitir. De qualquer forma, Hill deve ser considerado um dos precursores imediatos de John Conolly*. Em 1839, publicou *Abolição total da contenção no tratamento dos insensatos*, afirmando que "em locais adaptados, com um número suficiente de funcionários competentes, a contenção nunca é necessária, nunca é justificável, e é sempre prejudicial". Alguns meses depois, associou-se a um colega para criar em Lincoln um asilo particular, que deixou em 1853, para dirigir em Londres, no bairro de Old Brompton, um estabelecimento do mesmo tipo, reservado à clientela feminina. Publicaria ainda em 1857 uma *Breve história da abolição completa da contenção médica no tratamento dos insensatos e dos sucessos do sistema de "não-contenção"*, e em 1870 *A loucura, seu passado e seu presente*. Morreu em Londres, a 30 de março de 1878.

HIRSCHFELD *Magnus* (1868-1935)

Nascido a 14 de maio de 1868 em Kolberg (Pomerânia), Hirschfeld começou em Estrasburgo, em 1888, um curso de medicina que continuou em Munique, Heidelberg e Berlim. Depois de passar pelos EUA e pela África do Norte, assumiu em 1894 a direção médica de um sanatório em Magdeburgo, instalou-se em 1896 como clínico em Berlim-Charlottenburgo, para especializar-se, a partir de 1919, nas afecções nervosas e psíquicas. Diante da ascensão do anti-semitismo, refugiou-se em 1933 na França e morreu em Nice a 14 de maio de 1935.

Como Krafft-Ebing* e Havelock-Ellis*, Hirschfeld se situa entre os médicos que, na segunda metade do século XIX, militaram por uma abordagem nova no estudo dos comportamentos sexuais, livre de a prioris éticos. Orientou-se mais especialmente para o problema da homossexualidade, propondo uma reforma da legislação repressiva alemã. De 1899 a 1925, editou um *Anuário dos Estados Sexuais Intermediários*, fundou em 1908 a primeira *Revue des Connaissances Sexuelles* e em 1918 o Instituto Berlinense para o Conhecimento Sexual. Publicou em 1910 *O terceiro sexo* e *Os travestis*; em 1914, *A homossexualidade do homem e da mulher*; e em 1917, um importante *Tratado de patologia sexual*. Foi, com Auguste Forel* e Havelock-Ellis, presidente da Liga Mundial para a Reforma Sexual.

HOCHE *Alfred*-Erich (1865-1943)

Aluno, em Heidelberg, do neurologista Wilhelm Erb, assistente de Fürstner na Clínica Psiquiátrica de Freiburg e depois na de Estrasburgo, filho de um pastor, Hoche nasceu a 1º de outubro de 1865 em Wildenhain-bei-Torgau (Saxônia). Ocupou durante trinta anos a cátedra de psiquiatria de Freiburg, para onde voltou em 1902. Seus trabalhos se dividem entre a neurologia e a psiquiatria, e seu *Manual de psiquiatria legal* teve três edições.

Austero e taciturno, exerceu seu espírito crítico tanto contra a psicanálise, que qualificava de "interessante aberração cultural", quanto contra a nosologia kraepeliniana, que acusava de estabelecer uma demarcação demasiado rigorosa entre as diferentes psicoses, ou contra a tendência "localizacionista" de autores como Meynert*, Wernicke* ou Luys*. Em um texto de 1912, opunha a essas posições a noção de "complexos sintomáticos" pouco numerosos em suas modalidades expressivas e não-específicas de uma etiologia qualquer, aproximando-se assim da noção de "reação exógena" de Bonhoeffer*.

Hoche foi acusado de ter escrito em 1920, com o jurista Karl Binding, um texto sobre "o extermínio de vidas sem valor", a *Vernichtung lebensunwerten Lebens*, cuja aplicação a certos doentes mentais considerados incuráveis, 20 anos depois, na Alemanha nazista, é conhecida. Entretanto, parece que Hoche nunca simpatizou particularmente com o III Reich: casado com uma israelita, pediu demissão de suas funções logo que Hitler chegou ao poder, e retirou-se para Baden-Baden, onde morreu a 16 de maio de 1943, provavelmente por suicídio.

HOFER *Johannes* (?-?)

Filho de um pastor de Mulhouse, Hofer foi diplomado em 1689 como doutor da Universidade de Basiléia e voltou para trabalhar no hospital de sua cidade natal, da qual seria burgomestre de 1716 a 1748. Em 1688, apresentou uma monografia, *Dissertatio medica de Nostalgia oder Heimwehe*. Nela, tratava do *Heimweh*, a "saudade do país", patologia já conhecida sob apelações diversas, como o "*mal de corazón*" dos soldados espanhóis que combatiam em Flandres durante a Guerra dos Trinta Anos, mas que Hofer teve o mérito de descrever minuciosamente: ansiedade, perda do sono e do apetite, enfraquecimento, desespero, devaneios dolorosos. Esse ancestral das nossas depressões reativas atinge os indivíduos afastados do seu país, de sua família ou seu ambiente habitual, como militares, estudantes e trabalhadores. Assim, Hofer propôs denominá-lo com o termo de *nostalgia*, do grego *nostos* (volta) e *algos* (dor).

A *Dissertatio* teve um suceso imediato, tanto no mundo médico quanto nos salões. Entretanto, a palavra alemã *Heimweh*, afrancesada como *Hemvé*, perduraria durante muito tempo e só em 1763, com a *Nosologia methodica* de Boissier de Sauvages*, voltaria a aparecer o vocábulo *nostalgia*, que teria o seu maior sucesso na época romântica.

HOMBURGER *August* (1873-1930)

Originário de Frankfurt, Homburger começou uma carreira de neurofisiologista e de neuropatologista, quando um livro dedicado aos psicóticos criminosos, que publicou em 1912, marcou a sua mudança de orientação. No mesmo ano, foi nomeado *Privat Dozent* da Universidade de Heidelberg, onde Nissl* o encarregaria, em 1917, de organizar consultas externas, destinadas aos militares atingidos por manifestações somáticas atribuíveis a reações de tipo "histérico".

Em 1926, publicou as *Lições de psicopatologia da infância*, nas quais, retomando e desenvolvendo o seu ensino universitário, inventariou as diversas teorias psicológicas, psiquiátricas, psicanalíticas, ambientais e educativas, insistindo na importância da interdisciplinaridade no tratamento dos doentes. Publicada um ano depois da *Neuropsichiatria Infantile* de Sante de Sanctis*, essa obra constituiu por muito tempo uma referência maior na Alemanha, e fez de Homburger um pioneiro em um campo até então pouco explorado. Em um artigo publicado dois anos depois sobre "O perigo de supervalorizar o conceito de psicoterapia", ele se oporia à tendência dos psicoterapeutas de isolar-se do resto da medicina. Morreu a 29 de junho de 1930.

HUARTE DE SAN JUAN *Juan* (1530-1588)

Médico espanhol, nascido por volta de 1530 em Saint-Jean-Pied-de-Port, morto em fins de 1588 ou no início de 1589, Huarte publicou em 1575 o *Examen de ingenios para las ciencias —Exame dos espíritos para as ciências, onde se mostram as diferentes aptidões que se encontram entre os homens, assim como o gênero de estudo que convém em particular a cada um deles.*

Em 1594, foi publicada a edição revista. A principal finalidade de Huarte parece ter sido de ordem essencialmente pedagógica. Tratava-se de examinar que temperamento convinha a que gênero de estudos: retórica, teologia e filosofia, medicina, arte militar. Na verdade, não se explicariam os problemas que ele teve com a Inquisição, se se tratasse apenas disso (o Índex espanhol de 1583 proibia o livro enquanto não fosse corrigido), nem o imenso sucesso dessa obra (24 edições francesas, de 1580 a 1675, sete edições italianas, seis edições inglesas, três edições latinas, uma edição holandesa. Na Alemanha, Lessing a traduziu em 1752.) A verdade é que esse tipo de obra era fascinante, pois relacionava a alma com o corpo e levantava a questão das relações da fisiologia e do pensamento. A liberdade humana estaria assim em perigo? Na realidade, Huarte mostrava que a alma não podia agir imediatamente sobre o corpo. Só podia agir transformando as condições do corpo, transformando os temperamentos. Isso não era uma restrição à liberdade de Deus. O próprio Cristo era Deus inserido em um vivente específico. A partir do momento em que o Espírito se encarnou, submeteu-se às leis da fisiologia. Deus não podia eximir-se de usar das leis que deu à Natureza. O pensamento de Huarte se situa em uma tradição "médico-filosófica" que parte de Hipócrates (*Ares, águas, lugares, regime*), Aristóteles (*Problema XXX*), Galeno. A influência de Huarte ainda se fez sentir no século XIX: Moreau de Tours* o citava freqüentemente.

J. PIGEAUD

Bibliografia: última edição espanhola por Esteban Torre, Madri, 1977. As três traduções francesas são as de G. Chappuis, Lyon, 1580; Vion Dalibray, Paris, 1645; Savinien d'Alquié, 1672. É fundamental o livro de M. de Iriarte, *El doctor Huarte de San Juan y su examen de ingenios, Contribucion a la historia de la psicologia diferencial*, Madri, 1948, 3ª ed. Cf. também, em francês: G.Pérouse, *L'examen... sa diffusion et son influence en France au XVIe et XVIIe siècles*, Paris, 1910, e J. Pigeaud, "Fatalisme des tempéraments et liberté spirituelle dans l'Examen...", in *Littérature, Médecine et Société*, n.1, 1979, Universidade de Nantes.

HUG-HELLMUTH VON HUGENSTEIN *Hermine* (1871-1924)

Filha de um oficial do exército austro-húngaro, cuja família foi arruinada pela bancarrota de 1873, Hermine Hug perdeu a mãe quando tinha doze anos. Inicialmente, foi professora primária. Depois, defendeu em Viena uma tese de doutorado sobre a radioatividade, voltou ao ensino e em 1907 começou uma análise. Com 36 anos, desprovida de feminilidade, educada em um ambiente de sólidas tradições anti-semitas, escolheu como terapeuta Isidor Sadger, um discípulo de Freud* que era ao mesmo tempo médico da sua família e um misógino obcecado pela tese da predominância da sexualidade, a ponto de ter-se tornado fanático. A situação era, no mínimo, patogênica. Entretanto, em 1913, Hermine foi admitida na Sociedade Vienense de Psicanálise, então agitada pelas dissidências de Adler* e de Jung*. O dogmatismo e a rigidez da nova recruta foram bem acolhidos, e Freud lhe confiou logo uma seção de psicanálise de crianças na revista *Imago*. Esse assunto tabu se confundia então com um tratamento educativo, que não podia ser abordado diretamente pela comunicação verbal, mas através de atividades como o brinquedo ou o desenho. Precedendo Anna Freud* e Mélanie Klein* nesse caminho, Hermine Hug-Hellmuth foi assim, entre 1913 e 1920, pioneira da psicanálise infantil.

Mas havia Rolf. Nascido em 1906, era filho natural de Antonina, irmã mais velha de Hermine. Apesar das disposições testamentárias de sua mãe, falecida em 1915, e da violenta rivalidade entre as duas irmãs, o jovem, depois de diversas vicissitudes, acabou por ser confiado, aos 13 anos, à sua tia, que se dedicou a exercer sobre ele uma espécie de tirania interpretativa, criando um insuportável clima de tensão. Na noite de 8 para 9 de setembro de 1924, Rolf, procurando roubar-lhe dinheiro, estrangulou a "Tia Hermine", para impedi-la de gritar. O escândalo atingiu a comunidade psicanalítica vienense inteira.

A obra maior de Hermine Hug-Hellmuth é o *Diário de uma jovem adolescente de onze a quatorze anos e meio*. Prefaciado por Freud, esse texto foi apresentado em 1919 ao público como o *verdadeiro* diário de uma *verdadeira* adolescente. Clara Malraux publicou em 1928 uma adaptação francesa, reeditada em 1975, sob o título *Journal psychanalytique d'une petite fille*. Trabalhos recentes demonstraram que esse documento, de uma bela qualidade literária, é na realidade uma falsificação, inteiramente fabricada por Hermine von Hug-Hellmut a partir das suas verdadeiras lembranças da infância...

E. ROUDINESCO

Bibliografia: Hermine von HUG-HELLMUTH, *Essais psychanalytiques. Destins et écrits d'une pionnière de la psychanalyse des enfants*. Apresentações e tradução de Dominique Soulrenie, Jacques de Rider, Yvette Tourne. Paris, Payot, 1991. Hermine von HUG-HELLMUTH, *Journal psychanalytique d'une petite fille*, Paris, Denoël, 1988.

HUSS *Magnus* (1807-1890)

Filho de um pastor luterano, terceiro de cinco irmãos, Magnus Huss nasceu a 22 de outubro de 1807 em Medelpad, pequeno porto do Norte da Suécia. O ambiente era austero, e em 1824 o jovem partiu para estudar medicina na Universidade de Upsala, que deixou em 1827, indo para o Instituto Médico-Cirúrgico Karolinska de Estocolmo. Diplomado em 1835, depois de restabelecer-se de uma febre tifóide, fez uma viagem de aperfeiçoamento de dois anos, que o levou a Berlim, Halle, Praga, Leipzig, Viena, Zurique, Heidelberg e Paris. Voltando à Suécia em 1839, tornou-se médico-adjunto e depois médico-chefe no hospital Seraphim de Upsala, ao mesmo tempo em que ensinava no Karolinska de Estocolmo. Nos anos 1845-52 fez novas viagens de estudos na Alemanha, na Bélgica e na França. Em 1849, a publicação do seu livro *Alcoholismus chronicus eller chronisk Alkoholssjukdom* fez dele o "inventor" e apóstolo do antialcoolismo. Um artigo polêmico, difundido em 1853 em cem mil exemplares, iria contribuir, dois anos depois, para que se adotassem na Suécia medidas draconianas quanto à venda de bebidas alcoólicas. Sua ação prosseguiu em 1882, com *O alcoolismo e suas conseqüências sobre o indivíduo, a família, a comuna e o país* e em 1888, preconizou a criação de hospitais especializados no tratamento dos alcoolistas, aos quais pensava aplicar o método hipnótico.

Além disso, sendo médico pessoal do rei Oscar I e membro do Parlamento, mostrou-se um ardente defensor de uma União dos Estados nórdicos. Também apaixonado por botânica, retirou-se para uma fazenda nos arredores de Estocolmo, onde organizava reuniões de preces. Faleceu a 22 de abril de 1890.

Alcoholismus chronicus, que receberia em 1854 o prêmio Monthyon, concedido na França pela Academia de Ciências, é uma obra de clínico. O conceito desenvolvido por Huss repousa na repercussão "nervosa" da intoxicação progressiva, quer esta se expresse por sintomas somáticos quer por sintomas psíquicos: paralisias, anestesias, convulsões, furor maníaco ou perturbações comportamentais. Entretanto, exclui o *delirium tremens*, isolado em 1813 por Sutton*, e que ele relaciona com o alcoolismo agudo.

HUSSON *Henri-Marie* (1772-1853)

A primeira vocação de Husson, nascido em Reims a 25 de maio de 1772, foi a cirurgia, e participou na qualidade de auxiliar das campanhas da Bélgica e da Holanda. Admitido em 1794 na Escola de Saúde de Paris, amigo de Bichat, de Bretonneau e de Burdin*, defendeu uma tese em 1800, tornou-se em 1804 membro da Sociedade Central da Vacina e, em 1806 médico-adjunto na Santa Casa, da qual seria médico-chefe em 1813, depois de uma passagem pela Salpêtrière. Acumulou essas funções a partir de 1809 com a de médico do Colégio Louis-le-Grand, o que lhe valeu um suntuoso apartamento funcional, onde tinha um consultório e que conservaria até o fim da vida. Discípulo convicto de Broussais*, protegido de Corvisart, freqüentador da Corte, médico pessoal da princesa Elisa Bonaparte, teve a insigne honra, na sua qualidade de "*envachinateur*" oficial, de inocular o rei de Roma em 1811. A Restauração não interrompeu a sua glória e, em fevereiro de 1842, entrou para a Academia Real de Medicina, fundada dois meses antes por Luís XVIII.

Infelizmente, apaixonou-se pelo magnetismo. Em 1826, a academia o designou como relator de uma comissão encarregada de julgar esse problema. Os dois relatórios que redigiu em 1826 e em 1831 foram tão elogiosos que não se ousou publicá-los. É verdade que fora escolhido como demonstrador o inenarrável Dupotet*, que publicaria em Boston uma tradução inglesa do relatório de 1831. As conseqüências foram tais que em 1837 a Academia designou uma nova comissão. O relator, dessa vez, foi Dubois d'Amiens*, que concluiu que "nenhuma prova foi dada sobre a existência de um estado particular dito estado de sonambulismo magnético", enterrando definitivamente os relatórios Husson. Este, tornando-se médico clínico de Luís Filipe, presidiria a honorável Assembléia em 1839. Morreu a 11 de abril de 1853 de um "entupimento do pulmão" (embolia?).

Bibliografia: HUSSON (O.), "Henri-Marie Husson et le magnétisme animal", tese de medicina, Paris-Salpêtrière, 1984.

I

IDELER *Karl*-Wilhelm (1795-1860)

Nascido a 25 de outubro de 1795 em Bentwisch (Brandemburgo), Karl Ideler começou a estudar medicina em 1811 no "Friedrich Wilhelm Institut" de Berlim, participou, como cirurgião, do fim das campanhas antinapoleônicas (entrou em Paris em 1815, com o I Regimento da Guarda), defendeu em 1820 uma tese sobre o "princípio ativo" que circula nos nervos, e instalou-se como clínico em Rathenow (Brandemburgo). Em 1828, assumiu a seção de alienados do Hospital da Caridade em Berlim, participou do ensino da psiquiatria e em 1840 foi nomeado professor na Universidade e diretor da clínica psiquiátrica, funções que ocupou até a sua morte, em 29 de julho de 1860.

Ideler publicou muitas obras, mas seu trabalho mais importante é certamente o *Grundrisse der Seelenheilkunde (Princípios de psicoterapia)*, publicado em 1835. Retomando as teorias animistas de Stahl (1660-1734), via nas "paixões" (e mais particularmente nas paixões sexuais insatisfeitas) a causa de muitas disfunções da mente, e afirmava que o delírio tinha as suas origens na primeira infância, mas era passível de um tratamento de ordem psicológica, a tal ponto que só se pode pensar na influência "oculta" da corrente psiquiátrica romântica alemã, representada por homens como Ideler, Reil* ou Heinroth*, na elaboração do pensamento freudiano.

ISHAQ IBN IMRÂN (século IX d.C.)

Sabemos pouco sobre a vida de Ishaq Ibn Imrân. De origem iraquiana, talvez nascido em Bagdá, foi nessa cidade, então capital do Islã e onde os primeiros hospitais forneciam um ensino clínico, que ele se iniciou na medicina, antes de ser chamado a Kairuan pelo último soberano da dinastia dos Aghlabidas. Esse personagem desequilibrado e cruel não podia suportar o caráter independente de Ishaq. Em conseqüência de desentendimentos, este foi aprisionado e depois enforcado. Diz-se até que, a despeito da lei corânica, seu cadáver, abandonado na forca, não teve sepultura. Ignora-se o ano dessa execução, mas sabe-se, todavia, que Ishaq ainda estava vivo em 904.

O mundo árabe dos séculos X e XI teve uma idade de ouro. Graças a uma febre de traduções, favorecida pelo califa, assistiu-se a uma transferência, para a civilização islâmica, do patrimônio da Antigüidade. Foi em meio a essa efervescência cultural que Ishaq Ibn Imrân compôs em Bagdá uma obra cuja maior parte se perdeu. Felizmente, resta-nos o *Kitab El Malikhulia*, a mais antiga monografia sobre a melancolia que chegou até nós. Durante muito tempo, pensou-se que seu autor fosse Constantino o Africano, monge de Monte Cassino, que no fim do século XI fez uma tradução mais ou menos exata da obra (*De Melancholia*), que atribuiu a si próprio.

Bibliografia: BOUBAKEUR (R.), "Kitab el Malikhulia ou monographie de la mélancolie d'Ishaq Ibn Imrân", tese de medicina, Paris-Pitié-Salpêtrière, 1979 (com uma tradução pessoal do texto integral).

ITARD *Jean*-Marc-Gaspard (1774-1838)

Itard nasceu a 25 de abril de 1774 em Oraison, burgo da região dos Baixos Alpes, e não a 4 de abril de 1774 em Riez, como indica o seu túmulo no cemitério de Montparnasse em Paris, nem em 1775 (como queria Bousquet no seu elogio histórico).

Filho de um padeiro e neto de um marceneiro, era o terceiro filho, único sobrevivente de cinco, todos mortos quando crianças. Aos oito anos, foi confiado ao seu tio paterno, Jean-François, padre prebendado da catedral de Riez, para ser instruído no colégio do seminário. Terminou seus estudos sob a direção do padre Isnardy, amigo do seu tio, na instituição dos Oratorianos de Marselha, e depois voltou a Riez, onde passou ainda dois anos junto ao tio (1790-91). Antes de participar da gestão dos negócios da família, que haviam prosperado, fez um estágio em um banco de Marselha (1792). A mobilização total de 1793 orientou a sua vida para a carreira médica, de modo inesperado.

Para evitar a sua convocação, seu pai e seu tio Jean-François o recomendaram a Vincent Arnoux, originário de Oraison e diretor do Hospital Militar de Toulon, transferido para Solliès-Pont. Como tantos jovens estudantes, seminaristas ou padres que formariam a maior parte dos oficiais de saúde do Exército em 1793, foi designado para um posto de cirurgião de terceira classe. Depois que Toulon foi retomada dos ingleses (dezembro de 1793) pelo exército Dugommier, no qual se distinguiu um jovem oficial de artilharia chamado Napoleão Bonaparte, o hospital militar foi repatriado. O célebre Dominique Larrey foi para Toulon a fim de preparar a expedição da Córsega — que finalmente não aconteceu. Foi lá que Itard encontrou esse ilustre cirurgião; ele o seguiria quando de sua volta a Paris em 1796, mas só seria oficialmente nomeado para o Hospital de Val-de-Grâce a 10 de maio de 1798, como cirurgião de terceira classe. Por concurso, obteve a posição de segunda classe a 3 de junho de 1803. Defendeu sua tese quinze dias depois, 19 de junho, "Dissertação sobre o pneumotórax ou as congestões gasosas que se formam no peito". Pediu demissão do serviço de saúde do Exército a 8 de fevereiro de 1805, recebendo transferência para o posto de cirurgião-auxiliar do 11º Regimento de Linha de Utrecht.

Enquanto isso, sua amizade com o padre Sicard lhe permitiu ser nomeado a 31 de dezembro de 1800 para o cargo de médico da Instituição Nacional dos Surdos-Mudos, sediada quase em frente ao Val-de-Grâce. Ali, tornou-se célebre pelo tratamento moral de Victor*, criança selvagem do Aveyron, cujos resultados ele registrou em dois relatórios, *Da educação de um homem selvagem, etc.* (1801); *Relatório para Sua Excelência o ministro do Interior sobre os novos desenvolvimentos do estado atual do selvagem do Aveyron* (1807). Esses dois textos constituem o mais minucioso relato que tenha chegado até nós de um tratamento moral segundo o espírito médico-filosófico de Pinel*, de quem Itard era então discípulo entusiasta, ao lado de Esquirol*.

Depois de dar baixa no Exército, Itard dividiu a sua vida profissional entre um consultório de medicina geral e a Instituição dos Surdos-Mudos. Publicou muitos artigos, sobretudo para o *Dicionário de medicina*, fez muitas comunicações, preparou o material para o seu volumoso *Tratado das doenças do ouvido e da audição* (1821), anotou com seu amigo Esquirol a tradução francesa da *Medicina legal relativa aos alienados e aos surdos-mudos* de Hoffbauer (1828). À custa de observações, acabou por isolar um grupo autônomo entre os jovens surdos-mudos: o "mutismo produzido pela lesão das funções intelectuais" (1828), descrevendo com finura o que se chamam hoje psicoses sem linguagem e desarmonias evolutivas. Assim, foi o fundador, ignorado mas real, da pedopsiquiatria moderna, pelas reflexões que lhe inspiraram os diagnósticos diferenciais das doenças da audição e pelos tratamentos médico-filosóficos que ele propôs, dos quais o seu empenho junto ao "selvagem do Aveyron", exemplar até em seus fracassos, foi o protótipo e cujo testamento seriam os conselhos que ele ofereceu em 1837 a Édouard Seguin*, a respeito da educação de uma criança idiota.

Apaixonado por horticultura e por relojoaria, às quais dedicava o seu lazer, trabalhador obstinado e escrupuloso, tinha um soberbo estilo literário. Em 1814, recebeu a Legião de Honra, em janeiro de 1822 fez parte do primeiro grupo de membros eleitos da nova Academia de Medicina. Nessa época, sua saúde se deteriorou e se acirraram as dores ósseas, que não o deixariam mais e atormentariam o seu caráter já inquieto. Os progressos da sua doença (mal de Pott ou espondilartrite anquilosante?) acabaram tornando para ele "todo possível impossível", segundo o seu amigo Bousquet; teve que interromper suas atividades por muitas vezes durante vários meses, ao longo dos seus últimos anos. Morreu a 5 de julho de 1838 em sua casa de campo do parque de Beauséjour em Passy. Viveu celibatário, mas teve a alegria de ter perto de si, no fim da vida, seu primo Paulin Silbert, estudante de medicina em Paris.

TL. GINESTE

Bibliografia: GINESTE (T.), *Victor de l'Aveyron, dernier enfant sauvage, premier enfant fou*, Paris, Le Sycomore, 1981.

J

JACKSON John-*Hughlings* (1835-1911)

Jackson nasceu a 4 de abril de 1835 em Providence Green, perto de York. Começou a estudar medicina em York e terminou seus estudos no Saint-Bartholomew's Hospital de Londres, e em 1862 foi nomeado médico do novo Hospital Nacional para Doenças Nervosas de Queen Square, onde os trabalhos que realizou, especialmente sobre epilepsia, fariam dele um dos fundadores da Escola Inglesa de Neurologia.

Hughlings Jackson em nenhum momento fez uma obra de psiquiatra, mas, marcado pelas idéias evolucionistas do seu mestre Thomas Laycock, professor em York, e do filósofo Herbert Spencer, elaborou uma teoria global da integração hierarquizada dos níveis de organização dos centros nervosos, visão sintética genial, que se revelaria particularmente fecunda na compreensão dos sintomas neurológicos, mas também serviria de modelo, no campo da psiquiatria, para as teorias de Henri Claude* e principalmente para as concepções organodinamistas do seu aluno Henri Ey*.

JACOBI *Karl*-Wigand-Maximilian (1775-1858)

Filho do filósofo espiritualista F.H. Jacobi, Karl Jacobi, nascido a 10 de abril de 1775 em Düsseldorf, começou a estudar medicina em 1793 em Iena (onde conheceu Goethe), continuou seus estudos em Göttingen, Edimburgo e Londres, obtendo o seu diploma em 1797 na Universidade de Erfurt. Exerceu sua profissão em diversos lugares, antes de ser nomeado, em 1816, conselheiro médico da Prússia renana em Düsseldorf, o que o levou, em 1820, a estudar a construção de um asilo provincial em Siegburg, perto de Bonn.

O estabelecimento abriu suas portas a 1º de janeiro de 1825 e Jacobi assumiria a sua direção até sua morte, a 18 de maio de 1858.

Seduzido pelas idéias dos Tuke* relativas ao tratamento dos doentes mentais, traduziu para o alemão a *Descrição do retiro*, antes de visitar, em 1834, esse célebre estabelecimento de York. No mesmo ano, publicou em Berlim uma obra sobre a *Construção dos asilos de alienados*, cuja tradução inglesa de 1841 seria prefaciada por Samuel Tuke*. Em 1844, publicou em Leipzig *Principais formas das perturbações mentais*. De maneira um tanto abusiva, foi chamado de "Esquirol da Alemanha".

JAIME VI da ESCÓCIA (*JAIME I da INGLATERRA*) (1566-1625)

Nascido a 19 de junho de 1566 no Castelo de Edimburgo e tornando-se rei da Escócia um ano depois, com a abdicação de sua mãe, Maria Stuart, foi sagrado rei da Inglaterra depois do falecimento de Elisabeth I, a 24 de março de 1603. Jaime I "pertence" à história da psiquiatria por dois motivos: como autor, em 1587, da *Demonologia em forma de diálogo*, pequeno livro em que defendia a teoria "melancólica" da possessão diabólica, pela qual se interessara com Edward Jorden, e como paciente, cuja observação Turquet de Mayerne* nos deixou. Em 1613, o rei foi "acometido de melancolia" com vômitos, diarréia e coloração vermelha da urina, associação de sintomas relacionada então com uma porfiria familiar, que afetaria outros membros da dinastia inglesa. Morreu a 5 de março de 1625.

JANET *Pierre*-Marie-Félix (1859-1947)

Nascido a 30 de maio de 1859 em Paris, Janet passou a infância em Bourg-la-Reine. Seu pai foi redator do Código de jurisprudência Dalloz, mas o elemento importante da família era o tio Paul, professor de filosofia na Sorbonne, que teria um papel determinante na orientação do sobrinho. Em 1879, Janet foi admitido na Escola Normal Superior (na mesma turma que Durkheim e um ano depois de Bergson). Professor de filosofia em 1882, ensinou durante alguns meses no Liceu de Châteauroux, antes de ser nomeado, em fevereiro de 1883, para o Liceu do Havre. Ficaria lá até 1889, e, procurando um tema para sua tese de filosofia, freqüentou os serviços dos doutores Bigert e Powilewicz, que lhe apresentaram as suas primeiras pacientes, Léonie, Marie-Rose e Lucie. A 30 de novembro de 1885, relatou suas primeiras experiências sobre a hipnose e o sonambulismo em uma nota que seu tio apresentou à Sociedade de Psicologia Fisiológica. Charcot* presidia a sessão e descobriu o nome de Pierre Janet.

A 21 de junho de 1889, Janet defendeu sua tese de filosofia sobre "O automatismo psicológico. Ensaio sobre as formas inferiores da atividade humana". Nomeado para Paris, participou dois meses depois do I Congresso Internacional de Hipnotismo e em novembro começou seus estudos de medicina, freqüentando os serviços de J. Falret*, Séglas*, e principalmente o de Charcot, que criou para ele o laboratório de psicologia experimental da Salpêtrière e presidiu a banca de sua tese "Contribuição para o estudo dos acidentes mentais das histéricas", a 29 de julho de 1893. A 15 de agosto, Charcot faleceu. Raymond*, que lhe sucedeu, manteve o posto de Janet, mas com a sua morte em 1910, Janet se desentendeu com Déjerine* e o "laboratório" foi refugiar-se no serviço vizinho de Nageotte, mais preocupado com histologia do que com psicologia experimental.

Entretanto, Janet continuou a ensinar filosofia no colégio Rollin, e depois no Liceu Condorcet, que deixou em 1897 para assumir a cátedra de psicologia experimental da Sorbonne, e enfim a de Théodule Ribot no Collège de France, onde, graças ao apoio de Bergson, foi preferido a Alfred Binet*, em 1902. Aposentou-se em 1935, mas continuou a prática médica e até 1942 deu consultas no Hospital Sainte-Anne. Muitos lutos familiares entristeceram os seus últimos anos e morreu subitamente em Paris, a 27 de fevereiro de 1947. Dividiu a sua existência entre atividades múltiplas de ensino e de pesquisa, de clientela e de viagens ao estrangeiro, para conferências, particularmente no Novo Mundo, que percorreu por várias vezes, de Boston a Buenos Aires e de Nova York à Cidade do México, sem abandonar sua paixão pela botânica e a coleta de espécies raras, destinadas ao seu herbário.

Foi por ocasião dos seus primeiros trabalhos no Havre sobre o sonambulismo e o hipnotismo que Janet elaborou a teoria do *automatismo psicológico* total ou parcial, para explicar os comportamentos amnésicos que se observam nos estados de desdobramento da personalidade, expressão de sintomas essencialmente histéricos emanados de *idéias fixas subconscientes*, por sua vez desenvolvidas a partir de acontecimentos vividos traumatizantes, cuja reprodução é representada pelos "ataques". Esclareceu suas idéias em 1892, no *Estado mental das histéricas, os acidentes mentais*, com um prefácio de Charcot, insistindo na noção de "campo de consciência" e do seu "estreitamento" nos doentes, por causa de sua *fraqueza psicológica*.

Essa noção de fraqueza psicológica o conduziu, a partir de 1901, à análise descritiva da outra "grande neurose", construída "sobre o modelo da epilepsia e da histeria", "*a psicastenia*" (termo que criou para substituir o de neurastenia) e que foi objeto de uma obra importante, *As obsessões e a psicastenia*, publicada em 1903.

O déficit básico afeta a "função do real", por rebaixamento da *tensão psicológica*, que permite a emergência das idéias obsessivas, cujo caráter consciente se opõe às idéias fixas subconscientes da histérica.

A partir de 1909, Janet empreendeu no Collège de France uma síntese das suas teorias, cujo primeiro esboço foi *Da angústia ao êxtase*, publicado em 1926. Sistema extremamente complexo, cuja infra-estrutura é representada pelas *tendências* constitutivas do espírito (termo que preferia ao de instintos, para designar as "disposições para a ação").

As principais terapêuticas de Janet, expostas em 1919 em *As medicações psicológicas* e depois em 1923 em *A medicina psicológica*, decorrem das suas teorias energéticas: utilização da sugestão e da hipnose para pesquisar e modificar as lembranças patogênicas, balanço das *economias psicológicas*, permitindo escolher entre as terapêuticas estimulantes, ou inversamente os métodos de economia à base de sono e repouso.

Não se pode falar de Janet sem evocar o seu conflito com Freud*. No Congresso Internacional de Medicina de Londres em 1913, Janet criticou severamente as doutrinas psicanalíticas, em particular o que se refere à simbólica dos sonhos e à origem sexual das neuroses, reivindicando com um fervor que não lhe era habitual a prioridade da descoberta do método catártico, que ele considerava como o desenvolvimento natural da sua própria teoria das idéias fixas subconscientes. Quando, 25 anos depois, o genro de Janet, Édouard Pichon*, tentaria organizar em Viena um encontro entre os dois, Freud se recusaria a receber o velho adversário.

Bibliografia: GIRARD (R.), "Pierre Janet, la psychopathologie et la psychothérapie des névroses", *Confrontations Psychiatriques*, II, 1973, 55-82.

JASPERS *Karl* (1883-1969)

Nascido em Oldenburg, no noroeste da Alemanha, a 23 de fevereiro de 1883, Jaspers começou a estudar direito em 1901 em Freiburg, para obedecer ao desejo do pai, mas já no ano seguinte iniciou um curso de medicina em Berlim, que continuou em Göttingen e acabou em 1908 em Heidelberg. Ali, até 1915, seria assistente na clínica psiquiátrica. Encarregado, a partir de 1913, de um curso de psicologia na Faculdade de Letras, mudou de orientação, e em 1921 obteve a cátedra de filosofia da universidade. Mas seu casamento em 1910 com Gertrud Mayer, irmã do filósofo judeu Ernst Mayer, fez com que ele fosse demitido pelo governo nacional-socialista. Seu posto lhe seria devolvido em 1945, mas em 1948 aceitou uma cátedra de filosofia na Basiléia. Morreu nessa cidade a 26 de fevereiro de 1969, aos 86 anos. Sofrera desde a infância de uma dilatação dos brônquios com insuficiência cardíaca, o que lhe valera um prognóstico de morte precoce...

Autor, em 1932, de uma monumental *Filosofia*, muito influenciado por Kierkegaard, Nietzsche e Max Weber, Jaspers se destacou mais como filósofo do que como médico. Suas preocupações evoluíram progressivamente para um pensamento mais político, o que produziria *A culpa alemã* (1946), *Origem e sentido da história* (1949) e *A bomba atômica e o futuro do homem* (1958).

Mas também publicou, em 1913, uma *Psicopatologia geral*, na qual propôs uma abordagem fenomenológica da doença mental, apegando-se mais à compreensão das relações significativas do eu patológico com o mundo, do que à compreensão das causas.

JELLIFFE Smith-*Ely* (1866 1945)

Jelliffe nasceu a 27 de outubro de 1866 em Nova York, em uma família originária de Connecticut. Depois de estudar engenharia no Instituto Politécnico de Brooklyn, orientou-se para a medicina, passando um ano na Europa, particularmente em Viena e Munique, onde se ligou a Kraepelin*. Quando voltou, instalou-se em Nova York. Em 1894, foi encarregado do ensino de matéria médica na Universidade de Colúmbia e começou a interessar-se por patologia nervosa. Tornando-se redator-chefe do *Journal of Nervous and Mental Disease* em 1902, publicou um certo número de trabalhos de neurologia e, a partir de 1908, dedicou-se mais à psiquiatria e à psicanálise, que lhe parecia um meio de compreender o papel do psiquismo na causa das doenças somáticas. Em 1911, fundou com Abraham Brill* a *Psychoanalytical Review*, primeiro periódico de língua inglesa consagrado à psicanálise. Mas não deixou de ensinar farmacologia e microscopia no Colégio de Farmácia de Colúmbia, e patologia mental na Fordham University, antes de aposentar-se em 1939.

Lingüista e bibliófilo, formou uma importante biblioteca abrangendo campos tão variados quanto a psiquiatria, a psicanálise, a matemática, a botânica e a literatura. Legou-a a uma instituição alguns anos antes de sua morte, que ocorreu a 25 de setembro de 1945.

JOÃO DE DEUS, SÃO (1495-1550)

Originário de Portugal, Jean Ciudad passou sua infância na Espanha, engajou-se no Exército e, ao que parece, levou uma existência errante na África e na Península Ibérica, antes de chegar a Granada, onde a tradição afirma que ele teve a revelação da sua verdadeira vocação (depois de ser confinado como insensato?). De qualquer forma, em 1537 ou em 1540, fundou nessa cidade um estabelecimento para tratamentos e lançou as bases de uma ordem hospitalar, que em 1571 seria oficialmente colocada por Pio V sob a regra de Santo Agostinho. A nova congregação, que se dedicava aos doentes do corpo e do espírito, ultrapassou rapidamente as fronteiras da Espanha. Já no início do século XVII, possuía hospitais na Itália, na Alemanha e na França, onde Henrique IV lhe concedeu em 1602 cartas patentes, para permitir a criação de novas "Caridades", depois que, no ano anterior, Maria de Médicis favoreceu a edificação da Casa do Faubourg Saint-Germain. Charenton permaneceu certamente na França como o exemplo mais ilustre dessas fundações.

Aquele que foi chamado durante a vida de João de Deus morreu em 1550 e seria canonizado em 1690.

JOFFROY *Alix* (1844-1908)

Joffroy nasceu em Stainville (Meuse) a 16 de dezembro de 1844. Nomeado residente dos Hôpitaux de Paris em 1868, aluno de Vulpian, de Duchenne de Boulogne e de Charcot*, publicou com este uma série de monografias sobre o papel trófico das células motoras da medula e do bulbo, antes de defender uma tese em 1873 sobre a "Paquimeningite cervical crônica". Médico dos Hôpitaux em 1879, dirigiu um serviço no Hospital La Pitié e depois no Hospital das Crianças Enfermas. Professor universitário em 1880, sucedeu a Benjamin Ball* em 1893 na cátedra de clínica das doenças mentais e do encéfalo, e lutou para tornar obrigatório um estágio de psiquiatria no currículo dos estudos de medicina. Além disso, a partir de 1904, ministrou um curso de medicina legal psiquiátrica no Instituto de Medicina Legal da Universidade de Paris. A 6 de julho de 1899, presidiu na Escola de Medicina a primeira sessão da Sociedade de Neurologia, e nove anos depois exerceu a mesma função por ocasião do nascimento da Sociedade de Psiquiatria. Morreu subitamente em Paris, alguns meses depois, a 24 de novembro de 1908.

"Neurologista completamente calvo e completamente erudito", para retomar a expressão de Julien Besançon, Joffroy dedicou muitos trabalhos às afecções orgânicas do sistema nervoso, o que explica certamente o seu interesse, na psiquiatria, pelas afecções onde existisse uma implicação orgânica. Nessa perspectiva, devemos-lhe trabalhos sobre as relações das doenças mentais com o álcool e a sífilis, e, ao lado da heredo-sífilis então muito em moda, reservou um lugar para o heredo-alcoolismo. Mas sempre se oporia resolutamente à tese do seu "mestre" Alfred Fournier* sobre a origem sifilítica da paralisia geral, afirmando ainda em 1905 que a paralisia geral e a sífilis eram duas afecções de "natureza diferente", "tendo cada uma a sua individualidade e a sua essência".

Bibliografia: TIBERGHIEN (D.), "Entre Ball et Ballet, Alix Joffroy, sa vie, ses travaux". Tese de medicina, Lille, 1995.

JOFRE *Juan*-Gilaberto (1350-1417)

Nascido em 1350 em Valência, Juan Jofre entrou aos 25 anos para a ordem dos Irmãos das Mercês, consagrada ao resgate dos prisioneiros de guerra e dos escravos, o que foi ocasião, para ele, de descobrir os métodos filantrópicos de assistência aos alienados praticados no Islã. A tradição relata que, em 1409, tendo assistido em uma rua de Valência ao linchamento de um louco, ele suscitou um vasto movimento de solidariedade que, com o apoio do soberano Martinho I de Aragão, "*el humano*", permitiria a abertura nessa cidade, no ano seguinte, do Hospital dos Santos Mártires Inocentes, destinado aos doentes do espírito. De concepção liberal, empregando, no momento de sua fundação, sete médicos assalariados (só o nome de Guillén Pedrera chegou até nós), administrado por um comitê de dez comerciantes, o estabelecimento, destruído por um incêndio, seria reconstruído em 1545 e funcionaria durante quatro séculos.

O padre Jofre morreu em 1417, mas sob sua inspiração surgiriam seis criações idênticas na Espanha antes do fim do século XV: Saragoça (1425), Sevilha e Valladolid (1436), Palma (1456), Toledo (1480) e Barcelona (1481).

Bibliografia: RUMBAUT, "The first psychiatric Hospital of the western world", *American Journal of Psychiatry*, 1972, 10, 1305-09.

JONES Alfred-*Ernest* (1879-1958)

Nascido em Gowerton (Glamorgan) a 1º de janeiro de 1879, esse puro galês estudou na Universidade de Cardiff, onde obteve o seu diploma em 1903, depois de uma passagem pelo University College de Londres. Exerceu uma atividade hospitalar durante alguns anos, mas descobriu os primeiro trabalhos de Freud* e desde 1906, iniciou-se na prática psicanalítica. Em 1907, seguiu o curso de Kraepelin* em Munique e, voltando, ficou conhecendo Jung*, através de Bleuler. Jung o apresentou a Freud. Em 1908, publicou o seu primeiro texto sobre a *racionalização* no congresso de Salzburgo. No mesmo ano, deixou a Inglaterra e foi para Toronto, onde lhe ofereceram a direção de uma clínica psiquiátrica e depois um cargo de professor associado de psiquiatria. Voltou a Londres em 1913 e a partir de então dedicou-se exclusivamente à psicanálise. Logo fundou a Associação Londrina de Psicanálise, que em 1919 tornou-se a Associação Britânica, cuja presidência exerceria até 1944. Em 1920, lançou o *Jornal Internacional de Psicanálise*, órgão oficial da Associação Psicanalítica Internacional, que presidiu de 1920 a 1924 e de 1939 a 1949. Em 1925, convidou Melanie Klein* para fazer em Londres uma série de conferências, e em 1938 empenhou-se, com Marie Bonaparte, para obter dos nazistas o visto de emigração de Freud. Morreu em Londres, a 11 de fevereiro de 1958, no University College Hospital, onde tinha sido estudante. Suas cinzas repousam no crematório de Golden Green, não longe das de Freud.

Além do papel importante que teve na difusão da psicanálise nos países anglo-saxônicos, Jones celebrizou-se principalmente pela monumental *Vida e obra de Sigmund Freud* em três volumes, que publicou de 1953 a 1957. Mas não devemos esquecer seus outros trabalhos, sobre as fases pré-genitais do desenvolvimento, a teoria dos instintos ou a contribuição da psicanálise para a compreen são do folclore, da religião e da sociologia. E também vamos lembrar o seu tratado de xadrez e o seu manual de patinação artística, esporte em que tinha um excelente desempenho.

JORDEN *Edward* (1569-1632)

Originário de Kent, Jorden obteve seu título de doutor em Pádua e exerceu sua profissão em Londres, onde foi admitido em 1597 no Royal College of Physicians. Foi depois para Bath, onde morreu a 7 de janeiro de 1632. Durante os anos de sua atividade em Londres, conquistou a confiança de Jaime I*, que o encarregou de examinar uma jovem possuída pelo demônio. Ela lhe confessaria que seus sintomas eram produto de simulações, e essa observação produziu um pequeno livro, *Breve observação sobre uma doença chamada sufocação da mãe (histeria)... onde se mostra que diversas ações estranhas do cor po humano, atribuídas ao Maligno, têm uma origem natural*, publicado em Londres em 1603.

JUNG *Carl-Gustav* (1875-1961)

Jung nasceu a 26 de julho de 1875 em Kesswill, aldeia do cantão de Turgóvia, onde seu pai era reitor da Igreja Reformada. Seu avô paterno, médico originário de Mannheim, se refugiara na Suíça em 1819, depois de incidentes políticos, e se tornara reitor da Universidade de Basiléia, enquanto o avô materno, o teólogo protestante Samuel Preiswerk, assim como diversos membros da família, se interessavam muito por espiritismo e parapsicologia.

Em 1895, Jung começou seus estudos de medicina em Basiléia, e tornou-se em 1900 assistente de Bleuler* no Hospital Burghölzli. Em 1902, defendeu uma tese sobre "A psicologia e a patologia dos fenômenos ocultos", pelos quais havia começado a interessar-se a propósito do caso de uma jovem médium, sua prima Hélène Preiswerk. Passou o inverno de 1902-03 junto a Pierre Janet* e voltou para o serviço de Bleuler, onde permaneceria até 1909. Nomeado *Privat Dozent* em 1905, começou a ensinar em Zurique, quando em fevereiro de 1907 ficou conhecendo Freud*. Sua promoção no movimento psicanalítico foi rápida: em 1908, foi redator-chefe do *Jahrbuch für psychopathologische und psychoanalytische Forschungen*, em 1909, Stanley Hall* o convidou, com Freud e Ferenczi*, para fazer uma série de conferências na Clark University e, em 1910, foi presidente da Associação Psicanalítica Internacional. Já em 1911, entretanto, surgiram os primeiros mal-entendidos com Freud. Em outubro de 1913, a ruptura foi definitivamente consumada: Jung abandonou a redação do *Jahrbuch*, demitiu-se de suas funções na Associação Psicanalítica e alguns meses depois renunciou também ao seu posto de *Privat Dozent* para dedicar-se à sua clientela particular.

Os seis anos que se seguiram corresponderam para ele a uma verdadeira crise interior, uma "viagem através do inconsciente" (Ellenberger*), exploração do "mundo obscuro" que se encontra nele, e que permitiria a elaboração da sua própria doutrina. Depois da guerra, fez uma série de viagens: Magreb, Saara, Estados Unidos, Novo México, Quênia, Índias e Sri Lanka, de onde trouxe grande quantidade de documentos etnográficos. Em 1930, foi eleito presidente honorário da Sociedade Alemã de Psicoterapia, cujo presidente em atividade era Ernst Kretschner*, que pediu demissão em 1933, logo que Hitler chegou ao poder. Jung recebeu então a presidência da nova Sociedade Internacional de Psicoterapia, que foi integrada, em 1936, a um vasto Instituto Alemão de Pesquisas Psicológicas e de Psicoterapia, dirigido por Matthias Goering*. Essas "más companhias" fariam com que Jung, durante 20 anos, fosse acusado de atividades pró-nazistas e anti-semitas.

Desde 1933, foi professor na Escola Politécnica de Zurique. Em 1935, fundou a Sociedade Suíça de Psicologia Clínica e a 15 de outubro de 1943 foi nomeado professor de psicologia médica na Universidade da Basiléia, função que teve que abandonar alguns meses depois, por razões de saúde. Morreu a 6 de junho de 1961, na sua propriedade de Küsnacht, nas margens do lago de Zurique, região onde se instalara em 1908, e da qual recebera o título de cidadão honorário por ocasião do seu 85º aniversário.

Jung se tornou conhecido em 1906, com os seus *Estudos sobre as associações verbais*, processo imaginado em 1879 por Galton*, utilizado por Wundt* e por Kraepelin*, e que Bleuler o encarregou de estudar no Burghölzli, no âmbito da sua teoria da esquizofrenia. No ano seguinte, publicou a *Psicologia da demência precoce*, uma das primeiras aplicações da "psicologia das profundezas" a uma doença psicótica. Nesse momento, começou o seu breve período psicanalítico. Sem dúvida, Freud depositava muitas esperanças na adesão de Jung, cujas nacionalidade e origem deveriam permitir que a psicanálise saísse do estreito círculo vienense judaico. Mas rapidamente, o recém-chegado adotou posições teóricas que só podiam resultar na exclusão, tentando "uma transposição dos fatos analíticos para o modo abstrato, impessoal, sem levar em conta a história do indivíduo, posição com a qual ele pretendia evitar o reconhecimento da sexualidade infantil e do complexo de Édipo, ao mesmo tempo que a necessidade da análise da infância" (Freud). Em 1913, o "príncipe herdeiro" não pertencia mais ao movimento freudiano.

Pouco a pouco, Jung elaborou uma nova *Psicologia analítica*, cujos princípios essenciais, já enunciados em 1921 em *Os tipos psicológicos*, iriam enriquecer-se e complicar-se progressivamente ao longo das obras: *A energética da alma* (1928); *O homem à descoberta de sua alma. Metamorfoses da alma e seus símbolos* (1950). Através de uma análise histórica erudita das obras de intelectuais, filósofos, teólogos, opunha *introversão* e *extroversão*, duas visões do mundo que superam a simples psicologia individual. À noção freudiana de inconsciente "pessoal" acrescentou a de *inconsciente coletivo*, povoado de *imagens arquetípicas*, espécie de linguagem simbólica universal, cuja expressão se encontra nos mitos de todos os povos e de todos os tempos. Quanto à edificação da personalidade, esta é a conseqüência de um processo de *individuação*, constituído de metamorfoses sucessivas, que podem estender-se pela existência inteira. Se admitia os tratamentos de Freud e Adler*, Jung propunha também uma terapêutica específica, o método *sintético hermenêutico*, utilizando amplamente a análise dos sonhos, negando o papel positivo da transferência e reclamando uma colaboração ativa do paciente e do terapeuta, destinada a tornar o primeiro rapidamente consciente das suas dificuldades.

É impossível, em poucas linhas, expor ainda que superficialmente a riqueza e a complexidade dessa obra, visando a universalidade dos conhecimentos, plena de referências históricas, simbólicas, mitológicas e culturais, e que por isso foi acusada de misticismo nebuloso.

Desde 1948, existe em Zurique um Instituto C.G. Jung, fundado por personalidades suíças, inglesas e americanas, e que continua a oferecer o ensino das teorias e métodos junguianos de psicologia analítica.

K

KAHLBAUM *Karl*-Ludwig (1828-1899)

Kahlbaum nasceu em Dresden a 28 de dezembro de 1828. Estudou medicina em Königsberg, Würzburg e Leipzig, e obteve o seu diploma em Berlim em 1854. Assistente em um asilo da Prússia Oriental, depois *Privat Dozent* da Universidade de Königsberg, foi designado a partir de 1866 para o Sanatório Psiquiátrico de Görlitz (Silésia), do qual se tornou diretor e onde morreu a 15 de abril de 1899.

A obra de Kahlbaum é essencialmente descritiva e classificatória. Em 1863, publicou uma *Classificação das doenças mentais* que, ainda marcada pela influência de Griesinger*, começava a se afastar dos critérios anatomopatológicos, para voltar a um procedimento etiopatogênico mais flexível, prefigurando a obra de Kraepelin*.

Nela, descreveu sumariamente uma doença mental nova, terminando rapidamente em demência e só aparecendo no momento da puberdade. Daí o nome de *hebefrenia* (loucura da juventude), que propôs. Em 1871, seu aluno e colaborador Edward Hecker (1843-1900) tentou precisar o quadro clínico dessa afecção que "se manifesta por alternativas ou uma sucessão de acessos de mania e de melancolia, e caminha rapidamente para a demência", e da qual Kahlbaum isolou em 1884 uma forma atenuada e curável, pseudopsicopática, a *heboidofrenia*. A primeira visão de conjunto sobre esse tema é certamente a tese de um aluno de Kraepelin, Léon Daraszkiewicz, médico-adjunto da Clínica de Doenças Mentais e Nervosas de Dorpat (Estônia), intitulada *Da hebefrenia, particularmente em suas formas graves*. O nome de Kahlbaum também ficou ligado à *catatonia* ou "loucura de tensão" (*Spannungirresein*), estado de "estupor", acompanhado de sintomas psicomotores muito específicos, à qual dedicou em 1874 uma notável monografia. A hebefrenia e a catatonia deveriam ser, posteriormente, reagrupadas por Kraepelin no âmbito da demência precoce.

KATSARAS *Michel* (1860-1939)

Nascido em 1860 em Symi (Dodecaneso), M. Katsaras terminou seu curso de medicina na Faculdade de Atenas em 1880 e partiu para Paris, a fim de iniciar-se na neurologia e na psiquiatria junto a Charcot*. De 1883 a 1893, ensinou essas disciplinas em Atenas, como professor concursado, antes de ser nomeado, em 1893, primeiro professor-titular da cátedra de neurologia e de psiquiatria. Ocupou esse posto até a sua aposentadoria, em 1930, dirigindo, a partir de 1904, a Clínica Universitária Eginition em Atenas.

De orientação organicista, publicou entre 1899 e 1901 o primeiro *Tratado de psiquiatria e de neurologia* em francês e em grego.

C. SYNODINOU

KANNER *Léo* (1894-1981)

Nascido a 13 de junho de 1894 na comunidade judaica de Klekotow, cidade do Império Austro-Húngaro próxima da fronteira russa, Kanner terminou em Berlim, em 1921, o curso de medicina, interrompido pela guerra, e tornou-se assistente no Hospital da Caridade, mantendo ao mesmo tempo uma atividade particular como cardiologista. Em 1924, a crise econômica o levou a emigrar para os Estados Unidos. Encontrou trabalho como médico-assistente no Hospital de

Yankton (Dakota do Sul), e conta-se que ele aperfeiçoou o seu inglês com a prática assídua das palavras cruzadas do *New York Herald Tribune*... Seu primeiro artigo, dedicado à "Paralisia geral entre os índios da América do Norte", foi publicado em 1926. Em 1927, chegou ao Johns Hopkins Hospital de Baltimore, para trabalhar com Adolph Meyer*, que lhe confiou, em 1930, o serviço de psiquiatria infantil anexo ao serviço universitário de pediatria. Não tendo nenhuma formação específica nesse campo, começou a estudar a literatura mundial sobre esse tema (sabia cerca de seis línguas), de modo que em 1935 publicou um manual de *Psiquiatria da criança*, que teria reedições até 1972 e seria traduzido em espanhol, italiano, português e japonês. A partir de 1933, foi professor associado de psiquiatria, mas só teria acesso à cátedra de psiquiatria infantil em 1955, dois anos antes de sua aposentadoria. Morreu a 3 de abril de 1981 em Sykesville, Maryland.

Se Kanner publicou mais de 200 artigos, seu nome ficou ligado ao *autismo infantil precoce*, do qual ele fez a primeira descrição em 1943, a partir de onze observações. Depois de defender a origem psicogênica da afecção, considerada como uma manifestação muito precoce da esquizofrenia, voltaria, a partir de 1958, a uma posição biológica e genética, criticando violentamente as concepções psicanalíticas de Bettelheim*. São menos conhecidos os numerosos serviços que prestou para ajudar os republicanos espanhóis e os médicos judeus refugiados nos Estados Unidos com o advento do nazismo.

KAUDERS *Otto* (1893-1949)

Diplomado em Viena em 1920, Kauders integrou a equipe de Wagner von Jauregg* e trabalhou sobre o impaludismo e a encefalite letárgica, que von Economo acabava de descrever. Com P. Schilder*, publicou uma obra sobre a hipnose que teria uma tradução inglesa. *Privat Dozent* em 1932, foi chamado em 1935 para dirigir a clínica neuropsiquiátrica da Universidade de Graz. Suas sólidas convicções cristãs causaram a sua demissão, quando as tropas hitleristas entraram na Áustria. Foi então acolhido pela Universidade Católica de Washington, mas a partir de 1939 voltou a instalar-se em uma clínica particular em Viena. Restabelecido em suas funções em Graz em 1945, sucedeu a Pötzl em 1946 na Clínica Universitária de Viena. Pôde então retomar os seus trabalhos sobre a psicopatologia, as relações entre a psique e o sistema vegetativo e sobre os problemas de higiene mental que sempre o preocuparam.

KERNER Andrea-*Justinus* (1786-1862)

Médico ocultista, filósofo, poeta romântico da escola suábia, Kerner nasceu a 18 de setembro de 1786 em Ludwigsburg (Würtemberg), onde seu pai era bailio. Diplomado pela Universidade de Tübingen em 1808, instalou-se na pequena cidade de Welheim e obteve em 1819 um emprego de médico oficial em Weinsberg, também em Würtemberg. Divertido, culto, hospitaleiro, recebia em sua casa visitantes de meios muito diversos, mas o aparecimento, a partir de 1851, de problemas de visão, seguidos do falecimento de sua mulher em 1854, o mergulharam em uma certa renúncia depressiva. Morreu a 21 de fevereiro de 1862, de seqüelas de uma gripe.

Por várias razões, Justinus Kerner pertence à história da psiquiatria: defensor do magnetismo animal, foi ao primeiro a redigir, em 1856, um estudo biográfico preciso sobre Mesmer*. Em 1829, tornou-se conhecido com a publicação de *A vidente de Prevorst*, dedicado à observação de Friedericke Hauffe (1801-29), ilustre paciente sua, que passou os dois últimos anos de sua existência em um estado de "transe magnético", cuja natureza histérica parece evidente. Em 1857 enfim, editou *Klecksographien*, curiosa antologia de desenhos obtidos a partir de manchas de tinta e de poemas inspirados por estas, passatempo que imaginou depois que sua visão se deteriorou e que, 60 anos depois, contribuiria para sugerir a Rorschach* as pesquisas que dariam origem ao psicodiagnóstico. Além disso, devemos a Kerner a primeira descrição clínica de uma toxi-infecção microbiana de origem alimentar, que se chamaria mais tarde botulismo.

KERR *John Glasgow* (1824-1901)

Foi uma curiosa trajetória que levou esse filho de fazendeiros de Ohio a criar na China o primeiro "refúgio" destinado a acolher doentes mentais.

Descendente de imigrantes escoceses e irlandeses, tinha seis anos quando seu pai morreu. Educado na Virgínia por um tio, estudou medicina na Universidade da Transilvânia e depois no Medical College Jefferson em Filadélfia. Diplomado em 1847, voltou a instalar-se em Ohio, quando, por ocasião de uma conferência sobre as condições de vida reinantes na China, sentiu-se emocionado a ponto de partir para lá. Aprovado pelas missões estrangeiras da Igreja presbiteriana, chegou pois a Cantão em 1854. Durante 43 anos, iria trabalhar à frente do Hospital da Sociedade Médica Missionária, dividindo o tempo entre a prática hospitalar, os dispensários, a formação de auxiliares chineses, que ainda não eram conhecidos como "médicos de pés descalços", e a tradução para o chinês de obras da medicina ocidental. Em 1892, com a ajuda de fundos pessoais e algumas doações, conseguiu adquirir um terreno em Guanz-Hou, perto de Cantão, para edificar ali um pequeno estabelecimento destinado especificamente a receber alienados, o primeiro do gênero que existiu no país. Aberto em 1898, seria mais tarde o Hospital Fong-Tsuen, e Kerr, que havia muito tempo sonhava com essa fundação, pediu demissão de suas funções em Cantão para consagrar-se inteiramente à sua nova tarefa. Morreu a 10 de abril de 1901.

KLAESI *Jakob* (1883-1980)

Nascido a 29 de maio de 1883 em Luchsingen, no cantão suíço de Glarus, Klaesi estudou medicina em Zurique, de 1903 a 1909. Depois de passar algum tempo em Kiel e Munique, no serviço de Kraepelin*, defendeu sua tese em 1912 e assumiu um posto no Hospital Burghölzli, dirigido por Bleuler*. Ficaria ali até 1923. Em 1920, foi nomeado *Privat Dozent* na Universidade de Zurique. Depois de três anos, de 1923 a 1926, passados na Basiléia, fundou uma clínica particular no castelo de Knonau, no cantão de Zurique, e em 1933 foi dirigir em Berna a clínica universitária de Waldau. Titular da cátedra de psiquiatria em 1936, decano da Faculdade de Medicina de 1938 a 1940, reitor da Universidade de Berna em 1950-51, aposentou-se em 1953. Escritor nas horas vagas, autor de uma antologia de sonetos e de um poema dramático sobre Jesus Cristo, continuaria a dirigir a clínica de Knonau, onde morreu a 17 de agosto de 1980.

O nome de Klaesi está ligado à descoberta da *sonoterapia*. Certamente, a noção de antagonismo entre sono e perturbações mentais é muito antiga. Retomando essa idéia, um psiquiatra sueco, Wetterstrand, preconizava, em 1890, um sono prolongado "hipnótico". Em 1901, o médico missionário O. Wolff, diretor do asilo de Asfurieh na Síria, imaginou um tratamento com Trional. Mas foi a colocação no mercado do Somnifène, um novo barbitúrico utilizável por via parenteral, que em 1921 deu a idéia a Klaesi de tratar a esquizofrenia com um sono controlado, mantido durante seis a dez dias. O sucesso do método foi imediato, principalmente nos países de língua alemã, mas a ocorrência de acidentes levaria Cloetta, professor de farmacologia em Zurique, a propor em 1930 uma mistura hipnógena menos tóxica do que o Somnifène utilizado isoladamente.

KLEIN *Melanie*, nascida REIZES (1882-1960)

Melanie Klein nasceu a 30 de março de 1882, em Viena, onde seu pai, Moritz Reizes, era médico. Sua família paterna era originária de um meio judaico polonês muito severo, e a mãe era filha de um rabino mais liberal de Burgenland (Hungria). Desde muito cedo, a jovem pensou em uma carreira médica, mas seus estudos foram prematuramente interrompidos por seu casamento com um primo, engenheiro químico, Arthur Stephan Klein. Até 1919, o casal viveu em Budapeste, onde Melanie Klein descobriu a obra de Freud* e começou em 1916 uma análise com Sándor Ferenczi, que percebeu as suas aptidões particulares para a análise de crianças. Em 1919, M. Klein leu diante da Sociedade Húngara de Psicanálise a sua primeira comunicação sobre "O desenvolvimento da criança". Depois, partiu para a Suécia, onde seu marido trabalhava, e em 1921 chegou a Berlim por convite de Karl Abraham*, com quem ela continuaria a sua formação até a morte deste em 1925. Trabalhou na Sociedade Berlinense de Psicanálise e foi ali, a propósito do seu primeiro paciente, uma criança de três anos, que ela começou a elaborar uma nova técnica de tratamento, a partir do jogo e sua interpretação simbólica. Em 1925, Ernest Jones* a convidou para fazer, diante da Sociedade Britânica de Psicanálise, uma série de seis conferências sobre o desenvolvimento psicológico da criança. Em 1926, voltou a Londres com seu filho mais novo, que ela confiou, para psicoterapia, a Winnicott*. Seu divórcio ocorreria dois anos depois, e em 1934 adquiriu a nacionalidade britânica. Morreu em Londres, a 22 de setembro de 1960. Sua filha, Melitta Schnideberg, também faria uma carreira de analista.

Melanie Klein representa a aplicação do tratamento freudiano à criança pequena, que ela pensava ser capaz de suportar o processo psicanalítico, desde que sob um modo de abordagem diferente do inconsciente. Seu método e a teorização correspondente causariam nos anos 1930 controvérsias apaixonadas no seio do grupo freudiano ortodoxo e principalmente com Anna Freud*, conflitos que ainda não estão totalmente resolvidos.

Entre as obras de Melanie Klein, citaremos: *Psicanálise da criança* (1932); *Contribuição para a psicanálise* (1948); *Inveja e gratidão* (1957) e *Relato de uma psicanálise de criança* (publicado um ano depois de sua morte).

KLIPPEL *Maurice* (1858-1942)

Médico, filósofo, poeta, historiador, romancista, esse alsaciano de Mulhouse, nascido a 30 de maio de 1858, abordou todos os gêneros. Médico residente em Paris em 1884, médico dos Hôpitaux em 1896, encarregado de um curso de clínica anexo à faculdade, foi nomeado em 1902 para a direção de um serviço de medicina geral em Tenon, onde ficou até sua aposentadoria em 1924.

Clínico antes de tudo, dispensando com ironia a ajuda do laboratório, esse discípulo de Benjamin Ball* tinha uma visão essencialmente neurológica e organicista da patologia mental, como mostram as suas publicações sobre o "delírio hepático", sobre as formas anatômicas das demências do adulto e do velho, entre as quais foi o primeiro, com seu residente Jean Lhermitte, a distinguir nitidamente, em 1905, as demências vasculares da demência senil, ou ainda sobre a anatomopatologia e a patogenia da demência precoce, "síndrome cuja lesão é unicamente neuroepitelial". Devemos-lhe uma classificação biológica das neuroses e das psicoses baseada nos modos de reação do organismo. Muito interessado em paralisia geral, à qual consagrou cerca de 40 monografias, entre as quais o relatório para o Congresso de Bruxelas em 1903, não aceitava a origem sifilítica exclusiva da doença, à qual atribuía etiologias diversas.

A evolução do organismo e a doença, publicado em 1921, resume o conjunto de suas concepções. Vamos citar ainda *Filosofia e poesia* (1921); *A medicina grega em suas relações com a filosofia* (1937); (seguido em 1941 de *A medicina dos modernos em suas relações com a filosofia*; *História e imaginação*; *Os noivos de Alexandria* e *A vida aventurosa de Joana I, rainha de Nápoles*. Sua última obra, *O juramento imortal* é um poema sobre a Suíça, publicado em 1942 em Lausanne, nessa região do Vaud onde ele encontrara um refúgio tranqüilo. Faleceu em Vevey, a 20 de julho de 1942.

KONORSKI *Jerzy* (1903-1943)

Nascido na Polônia, Konorski estudou medicina em Varsóvia, onde defendeu uma tese em 1929. Sua carreira foi consagrada ao estudo dos reflexos condicionados, que considerava como a única abordagem experimental científica que permitia compreender os fenômenos psíquicos do animal e do homem. Já em 1928, distinguia do condicionamento pavloviano "clássico" aquilo que seria chamado condicionamento "operante", depois dos trabalhos de Skinner. De 1931 a 1933, Konorski trabalhou no laboratório de Pavlov* em Leningrado, antes de criar em Varsóvia o seu próprio laboratório que, destruído durante a guerra, seria restabelecido no interior do Instituto Nencki de Biologia Experimental.

Citaremos as suas obras *Reflexos condicionados e organização neuronal* e *Mecanismos da aprendizagem.*

KORSAKOV *Sergei* Sergeievitch (1854-1900)

Korsakov nasceu a 3 de fevereiro de 1854 em Gous-Khroustalnyi (governo de Vladimir), em uma família lituana que chegara à Rússia em fins do século XVIII. Terminou seu curso de medicina em 1875 e em 1887 Alexis Kojevnikov, professor de neurologia, lhe confiou a responsabilidade da Clínica Universitária de Psiquiatria que acabava de abrir em Moscou. Familiarizado com os textos de William Tuke* e de John Conolly*, aplicou imediatamente os princípios da não-contenção, que já tivera a ocasião de praticar em 1881 na clínica particular de A.F. Bekker, mas o ano de 1887 foi principalmente aquele em que publicou uma monografia sobre "Os distúrbios da esfera psíquica na paralisia alcoólica e suas relações com as perturbações psíquicas da polineurite não-alcoólica", que imortalizaria o seu nome. De fato, dez anos depois, no 12º Congresso Internacional de Medicina de Moscou, foi proposto que se chamasse de "doença de Korsakov" — nome que conservou até hoje — essa entidade clínica cuja descrição ele completara em 1891, em um segundo trabalho sobre "Uma forma de doença mental contínua com polineurite múltipla degenerativa".

A partir de 1892, foi professor na Universidade de Moscou. Vamos citar seu "Curso de psiquiatria" (1893), sua descrição clínica da demência precoce, que ele chamou *disnóia*, e seu trabalho sobre "O repouso absoluto no tratamento das psicoses" (1900). Suas teorias sobre a organização da assistência aos doentes mentais foram a base da reforma das instituições psiquiátricas na Rússia, em fins do século passado. Devemos-lhe a fundação moscovita de neuropatologia e de psiquiatria, e a iniciativa da criação do primeiro jornal russo de neuropatologia e de psiquiatria, que só começaria a circular um ano depois do seu falecimento, ocorrido em Moscou a 14 de janeiro de 1900. Em 1949, seu nome seria dado à clínica psiquiátrica do Instituto de Medicina Setchenov* de Moscou.

KRAEPELIN *Emil* (1856-1926)

Kraepelin nasceu a 15 de fevereiro de 1856 em Neustrelitz (Mecklemburgo), mas foi em Würzburg que começou a estudar medicina. Em 1876, passou algum tempo em Leipzig, no laboratório de psicologia experimental de Wilhelm Wundt*, o que decidiu a orientação da sua carreira. Dois anos depois defendeu em Munique a sua tese "Lugar da psicologia na psiquiatria", diante de uma banca presidida por von Gudden*, de quem seria assistente durante quatro anos, antes de voltar para Leipzig, no serviço de Flechsig*. Nomeado em 1886 professor de psiquiatria da Universidade de Dorpat (Estônia), deixou esse posto em 1890, ao que parece depois de um incidente com o czar Alexandre III, e chegou a Heildelberg, onde teve entre os seus colaboradores Gustav Aschaffenburg* e o histopatologista Alois Alzheimer*, que iria acompanhá-lo a Munique. Foi nessa cidade que Kraepelin assumiu em 1903 a cátedra de psiquiatria e dirigiu a nova clínica universitária, a Königlische Psychiatrische Klinik, que iria adquirir, com o trabalho de Kraepelin, um renome internacional. Mas naquele momento ele partiu quase imediatamente para Java, com seu irmão mais velho Karl, diretor do Museu de História Natural de Hamburgo, em uma missão que duraria quatro meses. Desejava estudar no asilo de Buitenzorg, perto de Batávia (atual Jacarta), a incidência na população indígena da patologia mental observada na Europa e saber se a demência precoce era universal ou não. Nessa ocasião, criou o termo de *psiquiatria comparada* para designar o que seria depois a etnopsiquiatria. Sob seus auspícios, a clínica universitária de Munique tornou-se em 1918 Instituto Alemão de Pesquisas Psiquiátricas, cuja existência, comprometida pela crise econômica do pós-guerra, seria salva graças ao apoio financeiro da Fundação Rockefeller, alguns meses antes da morte de Kraepelin, a 7 de outubro de 1926.

Kraepelin foi considerado uma personalidade reservada, meticulosa, respeitando a ordem e a autoridade, grande admirador de Bismarck. O gosto pela classificação, que a sua obra psiquiátrica demonstra, se repetia na sua paixão pela botânica. A cada ano, organizava com seus assistentes uma excursão a pé aos arredores de Munique, chamada familiarmente de "marcha catatônica" pelos seus participantes. Amante da música e da literatura, foi autor de poemas, publicados após sua morte.

Kraepelin foi formado na escola organicista e neuropatológica alemã do século XIX, cujo espírito formalista correspondia bem ao seu caráter lógico e rigoroso. O essencial de sua obra está contido nas oito edições do *Tratado de psiquiatria*, que seriam publicadas de 1883 a 1915, e nas quais, distanciando-se dos critérios essencialmente sintomáticos dos seus predecessores, propôs classificações sucessivas e permanentemente completadas das doenças mentais, baseadas nas noções de evolução e de estado terminal.

É a Kraepelin que se deve o conceito de *demência precoce*, ao qual ele conferia uma unidade e uma extensão particulares, agrupando sob essa denominação três tipos clínicos principais, a *catatonia*, isolada de 1863 a 1874 por Kahlbaum*, a *hebefrenia*, descrita em 1871 por Hecker, e uma forma delirante que ele qualificava de *paranóide*. Essa entidade nova, muito nitidamente definida já na sexta edição do *Tratado* (1899), teria rapidamente um grande sucesso no mundo psiquiátrico e abriria caminho para a esquizofrenia de Bleuler*. A noção de delírio paranóide o levou assim a limitar definitivamente o vasto conceito de *paranóia* a um sistema delirante restrito, "duradouro e impossível de atingir, que se instaura com uma conservação completa da clareza e da ordem no pensamento, no querer e na ação".

Foi também ele que definiu a *psicose maníaco-depressiva*, até então fragmentada em um certo número de formas clínicas independentes; mas em nenhum momento preocupou-se com hipóteses psicopatológicas e limitava-se a considerações descritivas e classificatórias, vendo nessas afecções psicoses de causa "*endógena*", cuja origem deveria ser procurada na organização interna predisponente da personalidade.

Freqüentemente, Kraepelin foi oposto a Freud*. Entretanto, mais do que oposta, a contribuição de ambos, nascidos no mesmo ano e cujo gênio era tão diferente, aparece como complementar: Freud é a escuta do mundo interior da neurose; Kraepelin é o olhar classificatório lançado sobre a psicose; Freud representa o advento da psiquiatria dinâmica do século XX, enquanto Kraepelin realiza a indispensável síntese das análises semiológicas do século XIX e fornece um sistema de referência nosográfica homogêneo, rapidamente adotado pelo conjunto das escolas psiquiátricas ocidentais, e ainda largamente utilizado, a despeito das neoclassificações da moda.

VON KRAFFT-EBING *Richard* Fridolin Joseph (Barão) (1840-1902)

Krafft-Ebing nasceu em Mannheim a 14 de agosto de 1840. Durante seus estudos em Heidelberg, foi enviado a Zurique por ocasião de uma epidemia de tifo. Essa permanência forçada ali o levou a descobrir, no Hospital Burghölzli, as aulas de Griesinger*, que teriam uma influência determinante na orientação da sua carreira. Em 1863, defendeu uma tese sobre os estados delirantes e assumiu um posto de assistente no Asilo de Illenau (ducado de Baden), onde ficou quatro anos, antes de instalar-se em Baden-Baden. Depois da guerra de 1870, foi nomeado professor de psiquiatria na Universidade de Estrasburgo; deixou esse cargo três anos depois para ocupar a cátedra de psiquiatria de Graz, ao mesmo tempo que a direção do asilo anexo de Feldhof. Em 1889, assumiu a sucessão de Max Leidesdorf* na Clínica Psiquiátrica Universitária, ligada ao Asilo de Viena, e depois, em 1892, a de Meynert*, vinculada ao Hospital Geral. Aposentou-se em 1902 em Graz, onde morreu de uma nefrite a 22 de dezembro do mesmo ano.

Ao lado de trabalhos de psiquiatria médico-legal e de um *Manual de psiquiatria*, publicado em 1879, Krafft-Ebing ficou célebre principalmente pela sua *Psychopathia Sexualis*, publicada em 1886. Nesse trabalho, foi o primeiro a se dedicar a uma pesquisa científica completa sobre as anomalias sexuais, para as quais propôs diversas classificações ao longo das sucessivas reedições, antes de decidir-se por uma divisão em duas grandes categorias, que se tornaram clássicas, embora muitas vezes sejam atribuídas a Freud*: as anomalias segundo o objeto e as anomalias segundo a finalidade. É a ele que devemos os termos de sadismo e masoquismo, que propôs em lembrança do "divino marquês" e de Leopold von Sacher Masoch, que ele possivelmente conheceu, pois este viveu na Áustria na mesma época que Krafft-Ebing.

KRETSCHMER *Ernst* (1888-1964)

Filho de um pastor de aldeia, autor de algumas obras de teologia e de psicologia, Kretschmer nasceu a 8 de outubro de 1888, em uma família de Würtemberg que tinha alguns médicos e teólogos entre seus membros. Estudou medicina em Tübingen, tornou-se em 1913 assistente na clínica neurológica, foi designado como médico militar para um serviço que reunia as "histerias de guerra", e em 1926 obteve a cátedra de psiquiatria de Marburg. Publicou em 1929 *Os homens geniais*, onde defendia o papel positivo da mistura de raças, teoria que o pôs em conflito, alguns anos depois, com o regime nacional-socialista, e o levou a pedir demissão, em 1933, da Sociedade Alemã de Psicoterapia, que presidia havia sete anos. Apoiado depois da guerra pelas autoridades francesas e americanas, desempenhou um papel importante na reconstrução das faculdades de Marburg e de Tübingen, onde morreu em 1964, sempre em atividade.

Devemos a Kretschmer a descrição, em 1918, sob o nome de *delírio de relação dos sensitivos*, de um tipo reacional interpretativo, de evolução em geral benigna, supondo uma disposição caracterial astênica particular, mas que também leva a enfatizar a dimensão dinâmica reacional de certas modalidades psicopáticas. Posteriormente, ele se engajaria na pesquisa das correlações existentes entre a morfologia dos indivíduos e as grandes psicoses "endógenas". Em sua obra, publicada em 1921, *A estrutura do corpo e o caráter*, opôs ao "ciclotímico", brevilíneo, predisposto à psicose maníaco-depressiva, o "esquizotímico" longilíneo e astênico, mais exposto à esquizofrenia, e o atlético "*viscoso*" e pouco reativo, esquema que conserva um certo valor estatístico, mas que comporta muitas exceções para constituir a prova indiscutível de uma desordem biológica.

KUTNER *Eugénie* *ver* SOKOLNICKA

L

LACAN *Jacques*, Marie, Émile (1901-1981)

Jacques Lacan nasceu a 13 de abril de 1901, em uma família de tradição burguesa, herdeira pelo lado materno da fábrica de vinagres Dessaux em Orléans. Admitido em 1927 na residência dos Hôpitaux Psychiatriques do departamento do Sena, foi principalmente influenciado por Gatian de Clérambault*, que Lacan chamou, em seus *Écrits*, em 1966, de "seu único mestre na psiquiatria". Em 1932, defendeu uma tese, "Da psicose paranóica em suas relações com a personalidade", sobre um caso de paranóia feminina (o caso Aimée), tornou-se chefe de clínica de Henri Claude* e integrou-se ao movimento intelectual da época, em especial os surrealistas. Freqüentaria depois Georges Bataille e o Colégio de Sociologia, assim como o grupo Recherches Philosophiques, que se reunia em torno de Alexandre Koyré. Foi a freqüência ao seminário de Alexandre Kojève, a partir de 1933, na École Pratique des Hautes Études, que lhe permitiria iniciar-se na dialética hegeliana e dar uma estrutura filosófica ao freudismo.

Em 1932, começou com Rudolph Loewenstein* uma análise didática que prosseguiria até 1938. Nomeado médico dos Hôpitaux Psychiatriques em 1934, nunca assumiria um posto, mas em 1936, em Marienbad, participou pela primeira vez de um congresso da Associação Psicanalítica Internacional (IPA, 1910), pronunciando uma conferência sobre o *estádio do espelho*, que não seria publicada, e cujo conteúdo ele retomaria por ocasião do congresso da IPA de Zurique, em 1949.

Em 1938, tornando-se membro titular da Sociedade Psicanalítica de Paris (SPP), redigiu a pedido de Henri Wallon e de Lucien Febvre um longo artigo sobre a família, onde começava a realizar uma síntese entre os conceitos freudianos, a tradição da psiquiatria francesa e a fenomenologia hegeliana. A partir de 1950, elaborou sua obra, baseando-se nos trabalhos de Claude Lévi-Strauss e da lingüística saussuriana. Tinha muitos alunos em formação e estava a ponto de ocupar um lugar de mestre fundador. Mudou de vida: depois de divorciar-se de sua primeira mulher, com quem tinha três filhos, casou-se com Sylvia Maklès, primeira mulher de Georges Bataille, heroína do filme de Jean Renoir *Une partie de campagne*, com a qual já tinha uma filha, Judith.

Em 1953, a SPP atravessou um conflito a respeito da criação de um novo instituto de psicanálise. Os partidários de uma ordem médica, representados por Sacha Nacht, se opuseram aos partidários de uma abertura da psicanálise para a universidade e para o seu exercício por não-médicos. Jacques Lacan, nessa crise, já era contestado pela sua prática psicanalítica de "sessões de duração variável", ditas "sessões curtas". Quando Daniel Lagache, Françoise Dolto* e Juliette Favez-Boutonier deixaram a SPP para fundar a Sociedade Francesa de Psicanálise (SFP, 1953-63), Lacan os acompanhou.

Uma nova crise ocorreu no seio da SFP, a propósito da sua técnica. Apesar de uma negociação entre a IPA e os representantes da SFP e dos esforços de Serge Leclaire*, uma nova cisão se produziu no inverno de 1963, o que levaria Lacan a uma ruptura definitiva com a ortodoxia freudiana. Em junho de 1964, fundou a Escola Freudiana de Paris (EFP, 1964-80), que teria uma vida breve. Seria dissolvida em janeiro de 1980. Jacques

Lacan morreu em Paris a 9 de setembro de 1981.

Sua obra é considerável. Alem dos *Écrits*, onde estão reunidos 34 artigos redigidos entre 1936 e 1966, existem os 26 volumes do seu seminário (em curso de publicação pelo seu genro Jacques-Alain Miller), que registram o seu magistério oral, desenvolvido entre 1953 e 1979, primeiro no Hospital Sainte-Anne, depois na École Normale Supérieure, a convite de Louis Althusser, e enfim na Faculdade de Direito do Panthéon, no âmbito da École Pratique des Hautes Études.

Sua contribuição essencial começou em 1936, no Congresso de Marienbad, com a noção de "estádio do espelho", tomada por empréstimo a Henri Wallon: "fase de constituição do ser humano, que se situa entre os 6º e 18º meses; a criança, ainda em estado de impotência e incoordenação motora, antecipa imaginariamente a apreensão e o domínio da sua unidade corporal. Essa unificação imaginária se efetua pela identificação com a imagem do semelhante como forma total. Ela se ilustra e se atualiza pela experiência concreta em que a criança percebe a sua própria imagem no espelho. " (Laplanche e Pontalis, *Vocabulário de psicanálise*, 1967).

Aparece depois a noção do simbólico, que faz do inconsciente uma estrutura de linguagem, e depois a de *foraclusão*, tomada por empréstimo a Edouard Pichon*, que define a rejeição para fora do universo do sujeito de um significante primordial, retornando no real. Esse mecanismo estaria, segundo Lacan, na origem do fenômeno psicótico.

Dotado de uma grande independência de espírito e de um estilo barroco, Lacan contribuiu para um aprofundamento essencial das teses freudianas. Foi acusado de ter algebrizado o inconsciente e utilizado um vocabulário rebuscado, que levou alguns de seus discípulos a utilizarem um jargão de seita.

P. GODEFROY

Bibliografia: ROUDINESCO (E.), *Jacques Lacan. Esquisse d'une vie, histoire d'un système de pensée*, Paris, Fayard, 1993.

LADAME *Charles* (1871-1949)

Nascido em Locle, no cantão de Neuchâtel, Ladame estudou em Lausanne, e depois de duas estadias na Suíça alemã, como médico-adjunto em Saint-Pirminsberg de 1905 a 1924, fixou-se em Genebra, onde seria professor de psiquiatria e diretor da Clínica Universitária de Bel-Air.

A obra psiquiátrica de Ladame é marcada principalmente pelo seu gosto pela anatomia patológica. Estudou a sífilis cerebral, a histopatologia das psicoses e a topografia das lesões do cérebro senil. Charles Ladame, presidente da Sociedade dos Médicos Alienistas suíços, era filho de Louis Ladame*, presidente da Sociedade de Neurologia. Foi dos primeiros a interessar-se pela arte psicopatológica. A coleção de obras de doentes mentais que acumulou, comprada por Dubuffet, constituiu uma das bases do museu de Arte Bruta de Genebra. Devemos ainda a Ladame uma antologia de poemas, *Infantis*, publicado nas edições da Suíça romanche. Ao perder a visão, após ter perdido a audição, aposentou-se em 1938.

LADAME Paul-*Louis* (1842-1919)

Louis Ladame nasceu a 15 de junho de 1842 em Neuchâtel, onde seu pai era professor de física e química. Começou a estudar medicina em 1861 em Zurique, onde foi aluno de Griesinger*, transferindo-se para Würzburg, Berna e finalmente para Paris, onde foi aluno de Lasègue*, concluindo o curso em 1866, com uma tese sobre os tumores do cerebro. Instalou-se como clínico em Locle, no cantão de Neuchâtel, onde ficaria até 1878. Trabalhou então em orfanatos durante vários anos, antes de consagrar-se definitivamente à neurologia e à psiquiatria, disciplinas que ensinaria a partir de 1884, durante um quarto de século, na Faculdade de Medicina de Genebra.

Os trabalhos de Ladame tratam de temas muito diversos: assistência às crianças abandonadas e anormais, responsabilidade penal dos alienados e antropologia criminal, alcoolismo, sexualidade, hipnotismo... Fez parte, em 1886, dos primeiros colaboradores da *Revue de l'Hypnotisme Expérimental et Thé-*

rapeutique, assunto ao qual dedicara uma obra já em 1881, *A neurose hipnótica ou o magnetismo desvelado.*

LAFONTAINE *Charles*-Léonard (1803-1888?)

É pela leitura das suas *Memórias* que conhecemos o itinerário desse caixeiro-viajante do magnetismo, nascido em março de 1803, em Vendôme, no seio de "uma das mais antigas e mais nobres famílias de França"(?) arruinada pela revolução(?). Sentiu o despertar de sua vocação em Bruxelas, onde foi "introduzido de maneira traidora" em uma sessão de hipnotismo por um amigo. Depois da iniciação, começou uma viagem triunfal, que se iniciou na Prefeitura de Mons, por ocasião de uma sessão de caridade, e o conduziria através da França, da Inglaterra, da Irlanda, da Itália e da Suíça, para divulgar os benefícios de um método inspirado no marquês de Puységur*. Autor de *A arte de magnetizar* (1847), que teria várias edições, diretor e redator do jornal *Le Magnétiseur*, Lafontaine deve ainda ser citado pelo papel que desempenhou involuntariamente, em uma sessão pública em Manchester, em novembro de 1841, na orientação das pesquisas de Braid* sobre o hipnotismo. Os dois volumes das *Memórias de um magnetizador, seguidas do exame frenológico do autor pelo doutor Castle* foram publicados em 1867 e ignoramos a continuação de sua carreira e o ano exato de sua morte.

LAFORGUE *René* (1894-1962)

Os 25 primeiros anos da vida de René Laforgue, nascido a 5 de novembro de 1894 em Thann, na Alsácia anexada pela Alemanha, foram impregnados de cultura germânica. Essa circunstância histórica favoreceria mais tarde os seus contatos precoces com os meios psicanalíticos vienenses e contribuiria para fazer dele um personagem central no nascimento do movimento psicanalítico francês. Seu pai era gravador, depois a família teria um pequeno comércio. O caráter rebelde do jovem René provocou a sua passagem por várias escolas: aos doze anos, deixou o colégio de Thann para ir para Forbach; no ano seguinte, estava interno no colégio de Sasbach (região de Baden), reputado por sua disciplina; depois foi para Freiburg-im-Breisgau e finalmente para Berlim, onde começou a estudar medicina. Foi acolhido pela família do fisiologista Franz Oppenheimer, o que lhe permitiu freqüentar a *intelligentsia* da capital. Em 1913, entrou em contato com a obra de Freud*, ao ler a *Interpretação dos sonhos*. Participou da guerra como médico auxiliar no exército imperial, e depois de ser residente durante algum tempo no Asilo de Alienados de Hoerdt (Baixo-Reno), terminou seus estudos em Estrasburgo em 1922, com uma tese sobre "A afetividade dos esquizofrênicos do ponto de vista psicanalítico".

O ano de 1922 foi também a data do seu primeiro casamento e da sua chegada a Paris, onde graças à Sociedade de Teosofia foi apresentado a René Allendy* e aos meios literários e, por seu intermédio, a Eugénie Sokolnicka*. Então, tudo se acelerou na sua vida.

1923: René Laforgue, que assumiu o primeiro consultório hospitalar francês de psicanálise, no serviço de Claude* no Hospital Sainte-Anne, iniciou uma correspondência regular com Freud, que ficou conhecendo no ano seguinte, por ocasião do Congresso de Psicanálise de Salzburgo.

1924: Laforgue começou, com Madame Sokolnicka, uma análise que seria controlada por Ferenczi*, Hanns Sachs*, Otto Rank* e Eitingon*, e publicou *A psicanálise e as neuroses* com René Allendy.

1925: Laforgue conseguiu que Freud se encarregasse da análise de Marie Bonaparte* e fundou com Hesnard*, Codet*, Minkowski*, F. Minkowska, Shiff*, Pichon* e Allendy, o "Groupe de l'Evolution Psychiatrique".

1926: Fundação da Sociedade Psicanalítica de Paris, cuja presidência assumiu até 1930, cercado de Eugénie Sokolnicka, de Marie Bonaparte e dos doutores Allendy, Borel, Hesnard, Loewenstein*, Parcheminey* e Pichon. Fundação da *Revue Française de Psychanalyse*, órgão da jovem sociedade. Laforgue participou ativamente da vida desses grupos até a Segunda Guerra Mundial, mas depois retirou-se progressivamente, esteve longo tempo no Marrocos com sua segunda esposa e em 1953 pediu demissão da

Sociedade Psicanalítica de Paris, então em crise. Em 1956, voltou para a França e dividiu-se entre Paris e o sul. Morreu na capital, a 6 de março de 1962. A *Revue Française de Psychanalyse*, que ele fundara, não lhe consagraria nenhum artigo necrológico...

A obra psicanalítica de René Laforgue é muito diversa: ao lado de trabalhos de divulgação e de análises biográficas (Baudelaire, J.-J. Rousseau, Talleyrand), devemos-lhe interessantes posições teóricas sobre a "transferência", a "neurose familiar", assim como relatórios clínicos originais sobre a "esquizonóia" e a "esquizofrenia", à qual ele já consagrara a sua tese.

Bibliografia: POÏVET (M.-O), (sobrinha-neta de R. Laforgue), "René Laforgue. Sa place originale dans la naissance du mouvement psychanalytique français", tese de medicina, Paris VI, 1978.

LAIGNEL-LAVASTINE Paul-Marie-*Maxime* (1875-1953)

Filho de um vereador da Prefeitura de Évreux, onde nasceu a 12 de setembro de 1875, Laignel-Lavastine foi admitido na residência de Paris em 1898. Médico dos Hôpitaux em 1907, professor em 1910, terminou a guerra como chefe do Centro de Psiconeuroses do Governo Militar de Paris e recebeu um serviço no Hospital de La Pitié, depois de sua desmobilização. Professor de história da medicina em 1931, eleito para a Academia de Medicina em 1936, esse ex-aluno de Gilbert Ballet* logo se interessou pela psiquiatria, mas só em 1939 a sua chegada ao Hospital Sainte-Anne como sucessor de Henri Claude* na cátedra de Clínica das Doenças Mentais o consagrou oficialmente nessa disciplina. Atingido pelo limite de idade, aposentou-se em 1942. Morreu 11 anos depois, de uma crise cardíaca.

Cortês, elegante e mundano, Laignel-Lavastine desenvolveu suas atividades em três direções: a psiquiatria, a criminologia e a história da medicina. Na psiquiatria, suas concepções eram organicistas. Via nos sistemas vegetativo e neuroendócrino a origem essencial das perturbações mentais, como mostram a sua tese "Investigações sobre o plexo solar" (1903), prelúdio a um volumoso ensaio de "Patologia simpática" (1924) e suas "Conferências de simpatologia clínica" (1929). Essa visão da patogenia não lhe sobreviveria. Atribui-se a ele a criação, em 1908, do termo *endócrino-psiquiatria*, em um livro sobre as *Perturbações psíquicas por perturbação das secreções internas*.

Professor no Instituto de Criminologia de Paris, devemos-lhe um *Compêndio de criminologia*, síntese do seu magistério. Independentemente de muitos artigos, seu gosto pela história se expressou, em 1930, em *Os doentes do espírito e seus médicos, do século XVI ao século XIX*, escrito com Jean Vinchon*, e na organização de uma monumental *História geral da medicina*, obra coletiva em três tomos, publicada a partir de 1936.

Bibliografia: ALLIO (G.), "Laignel-Lavastine, un psychiatre sympathique", tese de medicina, Caen, 1993.

LAING *Ronald*-David (1927-1989)

Depois de concluir seu curso de medicina na sua cidade natal, Ronald Laing, escocês de Glasgow, foi trabalhar na Tavistock Clinic, estabelecimento criado nos anos 1920 por Crichton-Miller e cuja orientação psicologizante e sociologizante era vista, nos hospitais muito ortodoxos de Bethleem e Maudsley, como produto de "um bando de charlatães que falam de sexo para mulheres desocupadas da boa sociedade, e não sabem nada mais de psiquiatria" (H. V. Dicks).

À luz das teorias culturalistas e antropológicas americanas, Laing e Aaron Esterson, em *Equilíbrio mental, a loucura e a família* (1964), apresentavam a doença mental como uma estratégia particular, inventada pelo indivíduo, para escapar a uma situação insuportável, e reduziam a função da família e da sociedade a um papel de repressão da sexualidade e de todo impulso para a espiritualidade. Com Cooper*, fundaram pois em 1965 a *Philadelphia Association*, "instituição antipsiquiátrica", destinada a oferecer aos doentes psicóticos lugares de acolhimento, onde pudessem ser "acompanhados" em seu esforço para reconstituir o seu "eu autêntico". O mais célebre desses "lares" seria Kingsley Hall, centro histórico do movimento operário inglês, situado no East End londrino. Confrontado com a hostilidade da vizinhança, Kingsley Hall fecharia suas portas em 1970. Em cinco anos, 119 pessoas passaram por ali. O filme *Family Life* de Ken Loach (1971) conservou para o grande público uma imagem desse período heróico. Laing ainda escreveria *O eu dividido* (1970); *A voz da experiência* (1982); *Sabedoria, desrazão e loucura* (1986). Morreu em 1989 em Saint-Tropez.

LALLEMAND Claude-*François* (1790-1853)

Nascido a 26 de outubro de 1790, Lallemand era filho de um fabricante de espelhos de Metz. Foi um aluno medíocre e indisciplinado, mas naqueles tempos de guerras napoleônicas, as carreiras evoluíam rapidamente e em 1808 tornou-se auxiliar de cirurgião no Exército. Tinha encontrado o seu caminho. Preparador de Dupuytren em 1811, conseguiu o segundo lugar no concurso para a residência dos Hôpitaux de Paris dois anos depois, e defendeu uma tese em 1818. No ano seguinte, Dupuytren e Marjolin conseguiram que ele ocupasse uma das cátedras de clínica externa de Montpellier, ao que parece para fazer oposição a Delpech, titular da outra cátedra. A recepção foi fria, mas Lallemand soube impor-se tão bem, que em 1831 foi elevado ao Decanato. Não podendo obter os créditos que desejava para modernizar a faculdade, pediu demissão desse cargo alguns meses depois. Em 1844, sua eleição para a Academia de Ciências o levou a mudar-se para Paris. Médico de personagens ilustres, consagrou-se a partir de então a trabalhos científicos, psicológicos e filosóficos. Morreu a 23 de julho de 1853, de uma cardiopatia, em Marselha, no sul onde esperava descansar.

Se Lallemand é citado aqui, é porque, sendo grande admirador de Gall*, interessou-se pelas funções do encéfalo e suas "relações com as necessidades, os instintos, as paixões e as faculdades intelectuais". E também porque foi autor de uma suma em três volumes, publicados em 1836 e em 1842, sobre *As perdas seminais involuntárias*, vasto conjunto heterogêneo, certamente influenciado por seus trabalhos anteriores dedicados às afecções urogenitais, mas em que figuram também muitas observações de ansiosos, psicastênicos, fóbicos e hipocondríacos, reunidas em uma visão etiopatogênica, que persistiu de Tissot* até o início do século XX. Devemos-lhe ainda um volume de "sociologia" sobre *A educação física* (1842) e outro sobre *A educação* (1852). Esse conjunto de trabalhos valeu a esse cirurgião estar, em 1852, entre os 35 membros fundadores da Sociedade Médico-Psicológica.

Não poderíamos omitir o seu texto mais curioso, *O haxixe*, publicado em 1843 sob o pseudônimo transparente de *Germanos*, devaneio futurista sobre o mundo em 1943, supostamente provocado pelo efeito da *Cannabis*, e que anuncia a generalização da hélice e da propulsão elétrica dos navios, o canal transoceânico do Panamá, a abertura do istmo de Suez e de um túnel sob os Alpes, a perda da hegemonia inglesa em proveito dos Estados Unidos e a emancipação da mulher. Júlio Verne o teria admirado.

Bibliografia: DULIEU (L.), "Claude François Lallemand", *Rev. Hist. Sc.*, 1975, XXVIII/2, 125-138.

LASÈGUE Ernest-*Charles* (1816-1883)

Charles Lasègue nasceu em Paris a 5 de setembro de 1816. Licenciado em letras aos 22 anos, destinava-se ao ensino e obteve em outubro de 1838 — graças certamente ao apoio de Victor Cousin, seu ex-professor na Sorbonne — um emprego de professor auxiliar de filosofia no Liceu Louis-le-Grand, que ocuparia durante dois anos. Tinha entre seus alunos o jovem Charles Baudelaire e entre seus colegas Claude Bernard, que o levou para a Salpêtrière, no serviço de J.-P. Falret*, de quem era residente. Ali, Lasègue descobriu a psiquiatria e a 4 de outubro de 1839 inscreveu-se na Faculdade de Medicina. Em 1844-45, publicou com Morel*, nos *Annales Médico-Psychologiques* uma série de artigos sobre os representantes da Escola Psíquica Alemã, pela qual Falret se interessava então: Heinroth*, Langermann, Ideler* e Stahl, a quem dedicou em 1846 a sua tese, cuja banca teve como presidente Trousseau. Em janeiro de 1847, onze meses apenas depois do seu diploma, tentou o concurso para professor. Teria sucesso nele em 1853, mas enquanto isso foi enviado em missão para estudar a epidemia de cólera que grassava no sul da Rússia. Aproveitou para documentar-se ali sobre a organização dos asilos, e ao voltar em 1848, foi nomeado inspetor geral adjunto dos estabelecimentos de alienados, sob a direção de Ferrus* e de Parchappe*, posto que abandonou em 1850 pelo de "médico da polícia para os alienados". Esse "depósito municipal de alienados" ainda era muito pouco diferenciado, mas constituiu o embrião da futura "Enfermaria Especial", que só adquiriu sua autonomia a 28 de fevereiro de 1872, através de uma circular que a dotava enfim de um pessoal administrativo e médico distinto, e convidava os agentes da autoridade "a encaminhar para lá, para fins de exame, todos os indivíduos presumidamente atingidos de alienação mental". Lasègue foi o seu primeiro médico-chefe. Seu adjunto Legrand du Saulle* lhe sucederia, após sua morte.

Chefe de clínica de Trousseau desde 1852 (sem nunca ter feito o concurso para a residência), Lasègue foi nomeado dois anos depois médico dos Hôpitaux de Paris. Exerceu sucessivamente nos hospitais de Lourcine, La Salpêtrière, Saint-Antoine, Necker (onde a partir de 1862 deu um curso de clínica de doenças mentais), La Pitié, onde ocupou em 1869 a cátedra de clínica médica. Eleito para a Academia de Medicina em 1876, morreu a 20 de março de 1883 de complicações de diabete.

Lasègue foi descrito como um personagem culto e espirituoso, de palavra elegante e fácil, dotado de uma certa tendência para a fantasia e o anticonformismo. Sua carreira hospitalar foi a de um internista a quem se devem muitas publicações referentes às diferentes áreas da patologia médica, mas foi o "Depósito" que, durante 23 anos, constituiu o campo de suas investigações psiquiátricas.

Sua referência teórica é somática: para ele, a alienação mental "é inteiramente o efeito orgânico de certos estados mórbidos do cérebro". Em 1852, foi o primeiro a isolar o *delírio de perseguição* (do qual a *loucura a dois*, que ele descreveria 25 anos depois com J. Falret*, constitui uma variante particular), evoluindo progressivamente a partir de fenômenos interpretativos para uma construção alucinatória essencialmente auditiva, "transmissão operada entre a idéia de si e a idéia de um outro". No seu tratado de 1872, Legrand du Saulle retomaria essa entidade, que seria um dos eixos da nosologia de Magnan*, o "delírio crônico de evolução sistematizada".

A própria clientela do Depósito confrontava permanentemente Lasègue com as perturbações mentais do alcoolismo, ao qual ele dedicou algumas publicações. A mais conhecida, *O delírio alcoólico não é um delírio, mas um sonho* (1881) é dedicada ao *delirium tremens*, cujo imaginário visual opera sem transição "a passagem do delírio durante o sono para o sonho acordado", segundo um mecanismo radicalmente oposto ao que ele descreveu no delírio de perseguição.

Foi ele também que forneceu, em 1873, com sua descrição da *anorexia histérica*, a referência clínica básica para os trabalhos posteriores sobre a anorexia mental.

Vamos citar finalmente os estudos, que em sua qualidade de perito consagrou a problemas médico-legais, tais como o *exibicionismo* (1877) e o *roubo nas lojas* (1880).

Um ano depois de sua morte, seria reunido em dois volumes o essencial dos seus *Estudos médicos*.

LAUTARD *Jean-Baptiste* (1760-1855)

Nascido em 1760 em Puget-Théniers, pequena comuna do departamento de Alpes-Maritimes, na órbita do reino da Sardenha, Lautard começou tardiamente um curso de medicina em Montpellier, e em Turim defendeu uma tese latina, *De mania*, em 1808. Desde 1802 foi diretor da Casa de Alienados de Marselha, o velho asilo Saint-Lazare, função que exerceria até a demolição do estabelecimento em 1838. Ensinou também medicina legal na escola secundária de medicina da cidade, da qual seria diretor em 1817.

Autor de diversas comunicações sobre a mania, a melancolia e o magnetismo animal, Lautard publicou, em 1840, *A casa de loucos de Marselha, ensaio histórico e estatístico sobre esse estabelecimento desde sua fun-*

dação em 1699 até 1837. Certamente um "ensaio histórico", mas no qual estudava as questões com que se preocupava então a jovem psiquiatria: etiologia, tratamentos, prognóstico, capacidade dos alienados, disposição dos locais, nesse período de 1802-37, que ele viveu e que foi justamente marcado na França por um vácuo legislativo e institucional, no que se refere aos doentes mentais. Adversário da contenção, admirador das escolas inglesa, escocesa e italiana, ironizava Pinel* e fazia parte dos clínicos que, longe dos centros em que se constituía a psiquiatria em marcha, tiveram que se contentar em administrar o melhor possível o triste espaço asilar que lhes era confiado.

LAVATER *Johann-Gaspar* Christian (Reverendo) (1741-1801)

Lavater nasceu em Zurique a 15 de novembro de 1741 e morreu na mesma cidade a 12 de janeiro de 1801, em conseqüência de um ferimento que recebeu quando da tomada da cidade pelas tropas francesas. Era um ministro do culto protestante, amigo de Goethe e correspondente de Cagliostro, autor de muitos relatos filosóficos e religiosos (*Opiniões sobre a eternidade. Confissões. Novas messíadas*) e se ele figura neste dicionário é porque suas preocupações espiritualistas o levaram à idéia de que algo do caráter do homem pode ser apreendido através da forma do seu corpo, principalmente através do estudo da morfologia do crânio, "visivelmente modelada sobre a massa das substâncias que ele encerra".

Sobre esse tema, deixou-nos os quatro volumes dos seus *Physiognomische Fragmente zur Beförderung der Menschenkenntnis und Menschenliebe*, publicados de 1775 a 1778, que teriam uma tradução francesa sob o título de *Éssai sur la physionomie ou l'art de connaître les hommes*.

Lavater se situa na corrente de pensamento morfopsicológico que, de Cardan a Porta e de Gall* a Kretschmer* e Sheldon, tentava descobrir o moral pelo físico e chegar ao conhecimento psicológico pelo estudo do invólucro corporal.

Mas Lavater também foi um admirador apaixonado de Mesmer*, e seu proselitismo faria muito pela difusão na Suíça do magnetismo animal, no qual via uma emanação benéfica de natureza divina, revelada a alguns eleitos.

LECLAIRE *Serge* (1924-1994)

Liebschutz era o seu verdadeiro nome. Serge Leclaire nasceu em Estrasburgo, em uma família judia agnóstica, mas que respeitava as festas e tradições. Durante seus estudos no Liceu Fustel-de-Coulanges, encontrou Wladimir Granoff, que se tornaria psicanalista como ele. Desde os acordos de Munique, seu pai, fundador de uma fábrica de tecelagem, deixou a Alsácia com toda a família, para uma longa viagem que o conduziu a Marselha. Ali, obteve documentos falsos com o nome de Leclaire. Com a Liberação, adotou legalmente esse nome, que depois seria usado por seu filho.

Este ficou conhecendo um monge hindu que lhe falou da psicanálise e lhe aconselhou que procurasse Françoise Dolto*. Durante três anos, fez um tratamento com objetivo didático no divã de Jacques Lacan*, ao mesmo tempo em que estabelecia laços estreitos com os analistas da terceira geração francesa, no interior da Sociedade Psicanalítica de Paris (SPP, fundada em 1926). Discípulo de um mestre que admirava sem servilismo nem submissão, seria o primeiro lacaniano da história. Em 1953, foi nomeado para a residência dos Hôpitaux Psychiatriques de la Seine, enquanto se anunciava a primeira cisão da história do movimento psicanalítico francês. Leclaire seguiu a corrente dita "liberal" e "universitária" representada por Daniel Lagache, Françoise Dolto e Jacques Lacan, e participou assim da criação da Sociedade Francesa de Psicanálise (SFP, 1953-63), da qual foi inicialmente secretário e depois presidente, e entre 1961 e 1965, com o status de membro a título pessoal da International Psychoanalytical Association (IPA).

Com Granoff e François Perrier, lutaria pela integração da SFP à IPA. A ele coube a tarefa principal da negociação secreta com a direção da Internacional freudiana, que recusava não o lacanismo como doutrina, mas a técnica psicanalítica transgressora inaugurada por Lacan, fundada sobre a noção de "sessão de duração variável", também chamada "sessão curta".

Em 1963, a política que adotou resultou, todavia, na ruptura definitiva entre o lacanismo e a ortodoxia freudiana. Desesperado com esse fracasso, seguiu Lacan na criação da Escola Freudiana de Paris (EFP, 1964-81), cujos estatutos redigiu em parte. Durante 30 anos tentaria unificar a comunidade psicanalítica francesa, sempre ameaçada por dispersões, cisões e conflitos.

Depois de ter sido o iniciador, em 1969, do primeiro departamento de ensino da psicanálise na Universidade (Vincennes, Paris-VIII), também seria em 1983 o único clínico de envergadura a ousar enfrentar o risco do "tratamento a distância" pela televisão, com o programa *Psy-show*. Quando essa experiência se revelou excessivamente vulgar e marcada com uma tonalidade perversa, ele a abandonou. Em 1989, pela última vez, dispôs-se a trabalhar pelo seu sonho de unificação, criando uma Associação por uma Instância dos Psicanalistas (APUI), destinada a preservar a psicanálise dos desvios para as terapias corporais, a hipnose e o ocultismo.

Na linha direta do magistério lacaniano, Serge Leclaire soube continuar sendo um clínico de estrito rigor freudiano e um dos raros psicanalistas franceses a saber "escrever casos", como mostra a sua obra inaugural, *Psicanalisar* (1968), na qual é exposta pela primeira vez a história de uma neurose (o homem do licorne) segundo a concepção lacaniana do significante.

Bibliografia: E. ROUDINESCO, *História da psicanálise na França*, vol.II, Rio de Janeiro, Jorge Zahar, 1988.

LEGRAIN Paul-*Maurice* (1860-1939)

Legrain nasceu a 20 de março de 1860, na Ile Saint-Louis. Eugène, seu pai, era aluno de Carpeaux. Começou a estudar medicina em Paris, foi externo em Lille, voltou a Paris em 1883 como residente dos Asilos do Departamento do Sena, e defendeu sua tese "Do delírio nos degenerados", em 1886. De 1887 a 1891, foi médico-adjunto no Sena, antes de ser nomeado em março de 1892 médico-chefe em Ville-Evrard da então Casa Especial de Saúde, reservada aos "pensionistas" pagantes. Mas, como bom discípulo do seu mestre Magnan*, interessou-se principalmente pelos alcoolistas e em 1897, graças a uma permutação de serviços, encarregou-se da seção "especial", criada para eles em 1894 por Marandon de Montyel*. Ao longo de sua carreira, seria um apóstolo da cruzada antialcoólica. A França, devemos confessar, não progredira muito nesse campo, se fosse comparada a outros países, na maioria protestantes. Certamente, a derrota de 1870 e a Comuna encontraram na embriaguez um bode expiatório para os infortúnios franceses e uma Sociedade Francesa de Temperança (SFT) nasceu em 1872, mas era elitista e, naquele fim de século, começava a esgotar-se. Legrain reanimaria o combate.

Em 1894, apresentou ao Congresso da Liga de Moralidade Pública em Lyon um relatório impressionante, "Degenerescência e alcoolismo", no qual sugeria medidas semelhantes à proibição americana e pedia a multiplicação dos asilos "especiais" para bebedores. No mesmo ano, fundou com Magnan e Sérieux* a União Francesa Antialcoólica (UFA), que teve um sucesso rápido: em 1899, tinha 20 mil sócios, editou um jornal mensal, *O Álcool*, organizou conferências, abriu na rue Saint-Bernard, nº43, um "restaurante de temperança", sob a inspiração de Madame Legrain, e criou em vários portos as "casas do marinheiro", seguindo o mesmo modelo. O declínio se iniciou em 1901, acelerado por conflitos pessoais. Legrain foi excluído em 1903, e em 1905, a UFA "abstêmia" foi absorvida pela velha SFT, simplesmente "temperante", para constituir a Liga Nacional contra o Alcoolismo (LNCA). Legrain, abstêmio total, recusou essa concessão e lançou uma revista, *Annales Anti-alcooliques*, que pôs a serviço da ordem internacional dos Bons Templários, fundada em Nova York em 1852, e que Forel* já introduzira na Suíça.

Designado para Villejuif em 1912, ficaria ali até a sua aposentadoria em 1924, que não interrompeu a sua militância. Em 1928, aceitou uma aproximação com a LNCA, fez conferências em sua sede do Boulevard Saint Germain nº14 e foi nomeado administrador do Escritório dos Frutos, que ela criou. Presidiria as sessões dos seus dois congressos nacionais de 1929 e de 1939, este algumas semanas antes de seu falecimento, ocorrido a 19 de maio.

Vamos citar, entre suas múltiplas obras e publicações, *As loucuras de eclipse* (1910), *Causas psicológicas do alcoolismo* (1920), e *Os grandes narcóticos sociais* (1923). De 1926 até a sua morte, presidiu a Sociedade de Grafologia.

Bibliografia: FOURRÉ (M.), "Paul-Maurice Legrain et le problème de l'alcoolisme", monografia CES psiquiatria, Caen, 1990.

LEGRAND DU SAULLE *Henri* (1830-1886)

Legrand du Saulle era filho de um capitão dos Dragões. Nasceu a 16 de abril de 1830 em Dijon, onde começou os seus estudos. Em 1850, foi residente de Dumesnil no Asilo Departamental da Côte-d'Or, que deixou pelo serviço de Morel* em Saint-Yon (Sena Inferior). No fim de 1852, assumiu um lugar junto a Calmeil no Hospital de Charenton, e ao mesmo tempo fez cursos na Faculdade de Direito. Depois de dedicar a sua tese, em 1856, à "Monomania incendiária", trabalhou durante alguns anos como médico assistente sazonal em Contrexéville, antes de ser nomeado perito junto aos tribunais em 1863. Quatro anos depois, ofereceram-lhe a sucessão de Prosper Lucas* no Hospital Bicêtre, onde se ligou a Jules Falret*, recém-promovido como ele. Em abril de 1868, tornou-se médico-adjunto de Lasègue no "Depósito" da polícia, "primeira clínica cerebral da Europa", como ele o chamava. Ele lhe sucederia em 1883 nas funções de médico-chefe. Já em 1878, deixara Bicêtre para substituir Delasiauve* na Salpêtrière. Morreu a 5 de maio de 1886, de complicações de diabete, afecção à qual dedicara, dois anos antes, uma série de artigos na *Gazette des Hôpitaux*.

Legrand du Saulle foi autor de muitas publicações sobre temas psiquiátricos médico-legais, principalmente nos *Annales Médico-Psychologiques*. Vamos citar as que se referem à *epilepsia*, seus aspectos clínicos e seu tratamento pelo brometo de potássio em altas doses, esse "pão cotidiano do doente", do qual se fez apologista. Vamos mencionar também o vasto panorama descritivo que consagrou em 1871 ao *Delírio das perseguições*, trabalho essencialmente clínico, sem pretensões patogênicas, completado por um apêndice sobre *O estado mental dos habitantes de Paris durante os acontecimentos de 1870-1871*, acontecimentos aos quais assistiu, tanto em Bicêtre, onde eram reunidos os doentes de varíola, quanto no Depósito da polícia, onde os *communards* toleravam a sua presença, ao passo que Lasègue era indesejável. Devemos-lhe ainda um importante *Tratado de medicina legal e de jurisprudência médica*, publicado em 1874.

Em outra área, Legrand du Saulle foi um dos primeiros, em 1863, a interessar-se pela *Aplicação da fotografia ao estudo das doenças mentais*. Foi por sua sugestão que se erigiu a estátua de Pinel*, obra do escultor Ludovic Durand, parente de J. Falret, inicialmente destinada ao Hospital Sainte-Anne e que, inaugurada com grande pompa a 13 de julho de 1885, oficializou diante da Salpêtrière a glória republicana do ilustre alienista.

LEGRAS *Arthur*-Benjamin (1838-1918)

Por ser habitualmente esquecido, fazemos questão de lembrar a existência desse médico-chefe da enfermaria especial da polícia, que sucedeu em 1905 a Paul Garnier*, de quem era adjunto havia 20 anos, antes de ser ele próprio substituído, em 1913, por seu adjunto Ernest Dupré*. Ex-residente dos Hôpitaux de Paris, (1862), nomeado inspetor dos Asiles de la Seine depois da guerra de 1870, Legras, que exercia a medicina geral, presidiu em 1909 a Sociedade Médico-Psicológica e no ano seguinte a Sociedade de Medicina Mental, da qual foi um dos fundadores. Aos 80 anos, morreu em Paris, a 20 de junho de 1918.

LEIDESDORF *Max* (1818-1889)

Originário de Viena, onde estudou, Leidesdorf esteve na Alemanha, na França, na Grã-Bretanha e na Rússia. Ocupou inicialmente um posto de médico em um asilo de alienados de São Petersburgo, e voltando a Viena dirigiu, a partir de 1860, uma casa de saúde particular, ao mesmo tempo em que ensinava psiquiatria na universidade, onde foi nomeado professor em 1866. É a ele que se deve a criação, em Viena, de duas clínicas de ensino de patologia mental, uma ligada ao asilo de que se tornou diretor em 1875, e a outra ligada ao Hospital Geral, que seria confiada a Meynert*. Também por sua iniciativa seria fechada a *Narrenturm* de Viena, a "Torre dos loucos", de sinistra memória. Como perito, foi encarregado, em 1876, de examinar na Turquia o sultão Murad V. Este seria destituído como louco, apesar das conclusões favoráveis do seu relatório.

Leidesdorf via nas afecções do espírito a conseqüência de estados de excitação do cérebro e das meninges, responsáveis por processos que ele qualificava de "formativos" e "destrutivos". Deixou um *Tratado das doenças mentais*, cujas perspectivas organicistas e hereditárias repousam, em parte, sobre as teorias de Meynert.

LÉLUT *Louis-Francisque* (1804-1877)

Nascido a 15 de abril de 1804 em Gy (Haute-Saône), em uma família de médicos, Lélut foi estudar em Paris. Residente dos Hôpitaux em 1823, aluno de Ferrus*, foi nomeado médico em 1831 do Hospital Bicêtre, que deixou em 1840 pela Salpêtrière, assumindo ao mesmo tempo a responsabilidade médica do "depósito dos condenados" na prisão de La Roquette. Em 1844, entrou para a Academia de Ciências Morais e Políticas e, em 1863, para a Academia de Medicina. Foi também membro do Conselho de Higiene Pública e de Salubridade, membro do Conselho de Instrução Pública e, a partir de 1854, inspetor geral do ensino. A essas funções, devem-se acrescentar as suas atividades políticas: "Empenhado principalmente no estudo das doenças mentais", escreve um cronista da época, "a sua especialidade o fez parecer útil para uma assembléia política, aos olhos dos eleitores da Haute-Saône". Deputado à Assembléia Constituinte em 1848, Lelut apoiou primeiramente o general Cavaignac, e depois aderiu ao príncipe Luís-Napoleão. Reeleito em 1849 para a Assembléia Legislativa e para o Corpo Legislativo em 1852 e 1857, derrotado nas eleições de 1863, sempre fez parte da maioria oportunista. Foi talvez a multiplicidade dessas tarefas que o obrigava a supervisionar o seu serviço às sete horas da manhã... serviço muito pouco procurado pelos estudantes. Demitiu-se em 1861 das suas funções na Salpêtrière. Atingido por uma afecção neurológica, retirou-se em 1870 para a sua região natal, onde morreu a 25 de janeiro de 1877.

Em 1836, Lélut publicou as suas *Induções sobre o valor das alterações do encéfalo no delírio agudo e na loucura*. Via nas lesões do cérebro dos alienados mais conseqüências do que causas da doença. Foi nessa mesma perspectiva que refutou o sistema de Gall*, em uma série de obras: *O que é a frenologia?* (1836); *Refutação da organologia-frenológica de Gall e de seus sucessores* (1843); e *A frenologia, sua história, seu sistema e sua condenação*. Em 1836, publicou *Do demônio de Sócrates*, obra curiosa, reeditada em 1856, na qual, mesmo prestando homenagem a Sócrates, "primeira cabeça da filosofia", julgava que este "apresentou, talvez durante 40 anos", alucinações, "caráter incontestável de alienação mental". Em 1846, em *O amuleto de Pascal*, chegou às mesmas conclusões a propósito do autor das *Provinciales*.

Enfim, as funções de Lélut na prisão de La Roquette o levaram a considerar como indispensável o exame mental dos detidos, muitas vezes irresponsáveis. Em contrapartida, mostrou-se favorável à "prisão celular ou individual", que defendeu na tribuna da Câmara. Em uma área bem diferente, devemos-lhe uma antologia de versos pomposos, compostos em honra dos exércitos da Convenção e de Bonaparte, "em uma época em que nada lhe parecia suportável, a não ser as modestas ocupações de um versejador"...

LEPOIS *Charles* (ou PISO *Carolus*) (1563-1633)

Filho de Nicolas Lepois, Charles Lepois também era originário de Nancy. Aos treze anos, seu pai o enviou a Paris, para estudar no colégio de Navarra. Aprovado como mestre em artes em 1581, começou seus estudos médicos, que continuaria em Pádua. Doutor da Universidade de Paris em 1598, foi nomeado por Carlos III Decano da jovem Faculdade de Medicina de Pont-à-Mousson, onde publicou em 1618 *Selectiorum observatiorum et consiliorum de praetervisis hactenus morbis*... Foi médico do sucessor de Carlos III, Henrique II da Lorena. Morreu em Nancy em 1633, durante uma epidemia de peste.

Charles Lepois foi o primeiro médico a afirmar sem ambigüidade que era errôneo atribuir ao útero a origem dos sintomas histéricos. Do mesmo modo que na epilepsia, via na histeria uma afecção cerebral idiopática, hipótese que o levou naturalmente a afirmar que "os sintomas histéricos são quase todos comuns aos homens e às mulheres", e que não havia nenhuma razão para que o sexo masculino fosse imune a essa doença, idéia discretamente sugerida outrora por Galeno e Areteu da Capadócia, mas que ainda levaria dois séculos e meio para impor-se.

LEPOIS (ou PISO) *Nicolas* (1527-1587)

Nascido em Nancy, aluno em Paris de Jacques Dubois (Sylvius), galenista ortodoxo que se oporia violentamente às posições anatômicas revolucionárias de Vésale, Nicolas Lepois voltou à sua cidade natal para exercer a medicina. Em 1578, sucedeu ao seu irmão Antoine no cargo de primeiro médico do duque Carlos III da Lorena. Morreu no mês de agosto de 1587.

Conhece-se apenas uma obra sua, *Do conhecimento e do tratamento das doenças internas do corpo humano*, suma das leituras e experiências do autor, que consagrou vários capítulos à exposição das diferentes doenças mentais. Tinha uma opinião moderada sobre a "loucura demoníaca", em uma época em que as fogueiras do tristemente célebre juiz de Nancy, Nicolas Rémy, começavam a arder na Lorena. Deve-se notar que esse trabalho, sem originalidade particular, teve quatro edições entre 1580 e 1766.

LEURET *François* (1797-1851)

Leuret nasceu a 12 de nivoso do ano VI (30 de dezembro de 1797) em Nancy. Foi para Paris em 1816 para estudar medicina. Sua vocação era mal vista pelo pai, que lhe negou ajuda financeira, frustrado por não ter nele o seu sucessor na padaria da família. Para sobreviver, engajou-se em 1817 na legião da Meurthe, então baseada em Saint-Denis, o que lhe permitiu seguir o ensino de Esquirol* na Salpêtrière. Ligou-se a Trélat*, que em 1820 conseguiu que ele fosse reformado e obteve para ele um posto de externo junto a Royer-Collard* no Hospital de Charenton. Um ano depois, sucedeu a Trélat como residente de Esquirol e, em 1826, defendeu uma tese, "Ensaio sobre a alteração do sangue". Pensava em instalar-se em Nancy, mas voltou a Paris e em 1828, com as recomendações de Rostan* e de Trélat (que seria salvo da prisão de Clairvaux por Leuret), substituiu Georget* na Casa de Saúde de Esquirol, que lhe confiou ao mesmo tempo a chefia de redação dos *Annales d'Hygiène Publique et de Médecine Légale*, recém-criados pela iniciativa de Parent du Châtelet (1790-1836). Depois, assumiu a direção médica "com brilhantes vantagens", da Casa de Saúde de Gros Caillou, na rue Saint-Dominique-Saint-Germain e em 1836 um posto de médico-chefe no Hospital Bicêtre. A partir de 1847, a saúde de Leuret declinou. Partiu para Toulon, para repousar na casa do cirurgião Jules Cloquet, passou três anos na Lorena com a família e tentou recomeçar a trabalhar. Mas queria morrer na sua cidade natal e voltou a Nancy no fim de dezembro de 1850, acompanhado do fiel Trélat. Morreu a 6 de janeiro de 1851, "de uma dupla afecção do coração e do fígado".

Interessando-se durante algum tempo pela frenologia, Leuret seguiu o ensino de Spurzheim*. Entretanto, já em 1836, demoliu o sistema de Gall* na resenha que fez para a *Gazette Médicale* do *Novo manual de frenologia* de George Combe*, e na sua irônica *História de uma cabeça frenológica*. Em 1840, a publicação do *Tratamento moral da loucura*, obra que retomava e desenvolvia as suas posições terapêuticas, o tornaria *persona non grata* entre os alienistas franceses do século XIX. Via no doente mental um ser que se enganava e que era necessário reconduzir ao caminho certo por todos os meios, inclusive o sofrimento moral e físico, meios entre os quais a ducha e os jatos d'água tinham um lugar importante. Esses métodos de intimidação, de "revulsão moral", valeriam a Leuret muitas inimizades, ódios e sarcasmos (cujo tom foi dado pela obra de Esprit Blanche*, *Do estado atual do tratamento da loucura na França*), e mais ainda porque Leuret teve o mau gosto de publicar os seus fracassos e porque seu caráter íntegro e sombrio não se prestava a concessões. Talvez também ele fosse um bode expiatório, carregando o sentimento de culpa de adversários que, em sua maioria, utilizavam mais hipocritamente, e a título de sanção, os mesmos processos, que nas suas mãos eram "parte essencial de um tratamento metódico", enquanto não eram mais que "torturas corporais" nas mãos de Leuret, que ignorava as considerações filantrópicas "de uma única direção" e recomendava aos médicos — mesmo que sua reputação sofresse com isso — que não pensassem nem em si mesmos, nem nos assistentes, mas apenas no bem do doente...

Homem de esquerda, preocupado com o problema do pauperismo, redigiu em 1836, para os *Annales d'Hygiène*, um relatório "Sobre os indigentes da cidade de Paris" e encarregou-se, no mesmo ano, de prefaciar e publicar "Da prostituição na cidade de Paris", obra póstuma de Parent du Châtelet, cujas *Monografias de higiene pública* também reuniu em um volume.

Leuret tem um lugar entre os anatomofisiologistas do sistema nervoso: em 1839 foi publicado o primeiro tomo da sua *Anatomia comparada do sistema nervoso em suas relações com a inteligência*, na qual descreveu particularmente, com precisão, *o sulco de Rolando*, percebido oito anos antes pelo anatomista de Turim. O segundo tomo, inacabado, seria completado e editado em 1858 por Pierre Gratiolet (1815-65).

Bibliografia: GUILLOUF, (V). "François Leuret (1797-1851): un mal-aimé de la psychiatrie", tese de medicina, Caen, 1995.

LÉVY-VALENSI *Joseph* (1879-1943)

Nascido a 28 de outubro de 1879 em Marselha, onde seus pais eram comerciantes de tecidos e onde começou a estudar medicina, Lévy-Valensi chegou a Paris em 1899. Saindo de sua residência com Roger, Nageotte, Gilbert Ballet* e Raymond, em cujo serviço ligou-se a Henri Claude*, então jovem professor e de quem ele próprio seria adjunto durante 13 anos no Hospital Sainte-Anne, assumiu um lugar de chefe de clínica de Déjerine*. Depois da guerra, durante a qual recebeu um ferimento que lhe deixou inválida a mão direita, foi nomeado médico dos Hôpitaux em 1921. Trabalhou sucessivamente nos hospitais de Brévannes, Ambroise-Paré, na Santa Casa e enfim na Salpêtrière, para onde foi designado em 1938, antes de voltar ao Exército, por ocasião da declaração de guerra. Professor de neuropsiquiatria desde 1929, assumiu em 1940 a cátedra de história da medicina. As leis do governo de Vichy sobre os judeus o proibiram de ensinar, o que não impediu o conselho da faculdade de promovê-lo à cátedra de doenças mentais em 1942, com a partida de Laignel-Lavastine*. Impedido de dar aulas, encontrou refúgio na "zona livre" (que logo seria ocupada), em Marselha primeiramente, e depois em Nice, onde foi preso a 15 de setembro de 1943, durante uma diligência policial. Transferido para o campo de Drancy, foi deportado a 20 de novembro para Auschwitz onde, depois de três dias de viagem, foi imediatamente enviado para a câmara de gás.

Tímido e modesto, de uma grande erudição, Lévy-Valensi deixou uma obra que trata de neurologia, psiquiatria e história da medicina. Sua tese sobre "O corpo caloso" (1910) foi seguida de trabalhos sobre o líquido cefalorraquidiano (com Nageotte), *As vertigens* (1925) e um *Manual de diagnóstico neurológico*. Escreveu também um *Manual de psiquiatria* (1926), reeditado em 1939 e em 1948, *Os delírios* (1932), *Os estados ansiosos*, publicados com Claude em 1938. Seu gosto pela história o levaria dos convulsionários para o espiritismo, da psicopatologia dos Bourbon para os regicidas e de Théophraste Renaudot para Charlotte Corday. Devemos mencionar também alguns poemas de esperança e liberdade, compostos no campo de Drancy, e que chegaram até nós.

LIÉBEAULT Ambroise-*Auguste* (1823-1904)

Auguste Liébeault era o décimo segundo filho de uma família de camponeses de Favières, aldeia da Meurthe onde nasceu a 16 de setembro de 1823. Estudou em Estrasburgo, defendeu uma tese de cirurgia sobre "As desarticulações fêmoro-tibiais", mas interessou-se logo no início da sua residência pelo magnetismo, que descobriu em 1848, lendo o famoso relatório de Husson* que a Academia não ousara publicar. Assim, quando se instalou em Pont-Saint-Vincent nos arredores de Nancy, seus sucessos de clínico o levaram a tratar gratuitamente dos pacientes que concordassem em submeter-se ao sono artificial, o que lhe fazia, simultaneamente, aperfeiçoar os seus conhecimentos e adquirir uma sólida reputação de charlatão junto aos seus colegas. Deixando de ter qualquer clientela durante dois anos, aproveitou o tempo para publicar em 1866 *Do sono e dos estados análogos considerados principalmente do ponto de vista da ação do moral sobre o físico*, e retomou depois a sua atividade em Nancy. Entretanto, só em 1882 Bernheim*, intrigado com a fama local da *Clínica do Doutor Liébeault*, foi pessoalmente julgar os seus resultados. Cético convertido, introduziu a prática do hipnotismo em seu serviço universitário. O nome de Liébeault se tornou célebre.

Foi também em 1882 que Charcot* apresentou na Academia de Ciências uma comunicação "Sobre os diversos estados nervosos determinados pela hipnotização nas histéricas". Vinte anos de polêmicas se seguiriam. Enquanto que, para Charcot, a histeria era a condição *sine qua non* da hipnose, Liébeault — e depois Bernheim — afirmavam que o sono "artificial" era da mesma natureza que o sono natural, ambos supondo uma concentração da atenção na idéia de adormecimento (Liébeault obtinha geralmente essa "concentração" pelo processo do padre Faria*: fixação do olhar e injunção repetida da ordem de dormir). Quanto aos sucessos terapêuticos, o motor essencial era a *sugestão*, que, independente de qualquer "fraqueza" do sistema nervoso e de qualquer "histeria", permitia mobilizar a atenção do paciente para tal parte do seu corpo doente. No estrangeiro, as teorias de Nancy conquistaram adeptos rapidamente. Entre estes, podemos citar Albert Moll na Alemanha, Krafft-Ebing* na Áustria, Lloyd-Tuckey na Inglaterra, Morton-Prince nos Estados Unidos, Bekhterev* na Rússia, Otto Wetterstrand na Suécia, que utilizava um método original de sono prolongado, prelúdio da "sonoterapia" química de Otto Wolff (1898) e de Jakob Klaesi* (1922), van Eeden nos Países Baixos, que com van Renterghem fundou em Amsterdã um "Instituto Liébeault", Auguste Forel*, que foi iniciar-se na Lorena na prática do hipnotismo, que aplicaria nos funcionários da Clínica Universitária de Zurique, e Freud*, que em 1889 passou várias semanas em Nancy e viu "o velho e comovente Liébeault no trabalho, junto às pobres mulheres e aos filhos da população proletária". A 25 de maio de 1891, ocorreu a apoteose: Dumont-Pallier* presidiu, na "modesta clínica" de Liébeault na rue de Bellevue, uma "manifestação", organizada por inspiração de Lloyd-Tuckey e de van Renterghem, em honra do "Sábio de Nancy", a quem se entregou a inevitável imagem de bronze *Davi, vencedor de Golias*. Nessa ocasião, foi criado um "Prêmio Liébeault", destinado a recompensar as pesquisas sobre o hipnotismo.

Em 1904, morreu aquele que, por suas qualidades de teórico crítico e prático, foi o inspirador da "Escola de Nancy".

LIÉGEOIS *Jules*-Joseph (1833-1908)

Nascido em Damvillers na Meuse, professor de direito administrativo na Faculdade de Nancy, Liégeois é, com Liébeault*, Bernheim*, e Beaunis* um dos quatro pilares da Escola Hipnótica de Nancy, à qual ele deu a sua dimensão jurídica. Desde 1884, apresentou à Academia de Ciências Morais e Políticas e à Academia Lorena de Stanislas uma comunicação sobre "A sugestão hipnótica em suas relações com o direito civil e o direito criminal", seguida em 1889 de uma volumosa obra, *Da sugestão e do sonambulismo em suas relações com a jurisprudência*, nas quais abordava o problema do ato criminoso cometido por um indivíduo em estado de hipnose e cuja responsabilidade só podia, segundo ele, ser imputada ao hipnotizador. Liégeois se mostrou como um campeão do hipnotismo a distância, tanto no tempo quanto no espaço, não hesitando em utilizar o telefone para sugerir aos seus pacientes atos delituosos imprudentes e até criminosos, que provocariam inúmeras críticas. Prefigurando debates que ocorreriam três quartos de século mais tarde, recusou à justiça o "direito de aniquilar a vontade do acusado, suprimindo o seu livre-arbítrio".

Liégeois estaria, em 1886, entre os primeiros colaboradores da *Revue de l'Hypnotisme Expérimental et Thérapeutique*, e em 1889 e 1900 entre os vice-presidentes dos dois primeiros congressos internacionais de hipnotismo.

LIVI *Carlo* (1823-1877)

Originário de Prato (Toscana), Livi, depois de estudar em Florença e Pisa, passaria a maior parte de sua carreira em Siena. Chegando ali em 1858, dirigiu o asilo e o ensino de higiene e de medicina legal na universidade. Um grave conflito com o conselho de administração do hospital o obrigou em 1873 a renunciar às suas funções e a partir para Reggio nell'Emilia, onde teve como adjunto Augusto Tamburini*. Também foi titular da cátedra de medicina legal de Módena.

Devemos-lhe a criação da *Revista Experimental de Freniatria e de Medicina Legal*. Morreu em Livorno a 4 de julho de 1877.

LOEWENSTEIN *Rudolph* (1898-1976)

Nascido em uma família judia de Lodz, cidade industrial da Polônia que então fazia parte do império dos czares, Loewenstein passou, ao longo de sua vida, por um certo número de migrações, que o obrigaram a retomar, por diversas vezes, os seus estudos de medicina na Polônia, em Zurique, em Berlim (onde foi analisado por Hanns Sachs*) e em Paris, onde, graças à intervenção de Marie Bonaparte*, obteve rapidamente a sua naturalização e onde Laforgue* financiou a sua instalação. Mobilizado em 1939, chegou a Genebra em 1941. Foi acolhido por R. de Saussure*, enquanto esperava a sua partida para os Estados Unidos, no ano seguinte. Naturalizado americano, fixou-se definitivamente em Nova York, depois de recomeçar outra vez os seus estudos.

Quando Loewenstein chegou à França em 1925, Eugénie Sokolnicka*, que chegara quatro anos antes, era a única representante do movimento psicanalítico. Ambos formariam a maior parte dos analistas da primeira geração, da qual nasceria, a 4 de novembro de 1926, a Sociedade Parisiense de Psicanálise (SPP). Laforgue e Pichon* foram analisados por E. Sokolnicka; Borel, Parcheminey*, Codet* e de Saussure por Loewenstein, que teria posteriormente entre os seus analisandos Michel Cénac*, Jacques Lacan*, Daniel Lagache, John Leuba, Pierre Mâle, Sacha Nacht e Paul Schiff, sem esquecer Pedro da Grécia, o filho da "Princesa".

Sedutor, casado várias vezes, professor brilhante, "Rudi" ilustrou-se como teórico. A 20 de junho de 1928, apresentou à III Conferência dos Psicanalistas de Língua Francesa em Paris uma comunicação importante sobre a *técnica psicanalítica*, completada dois anos depois diante da SPP por uma exposição consagrada ao "Tato na técnica psicanalítica". Sua instalação em Nova York lhe permitiria, até o fim de sua carreira, desempenhar um papel de relevo no seio da Associação Psicanalítica Internacional.

LOMBROSO *Cesare*-Ezechio-Marco (1836-1909)

Lombroso nasceu em uma família da burguesia israelita de Verona e dividiu o seu estudo da medicina entre Pádua, Viena (onde começou o seu interesse pela psiquiatria) e Pavia, onde defendeu uma tese em 1858 sobre "O cretinismo na Lombardia".

Em 1859, começaram as lutas da Itália pela sua independência. Lombroso engajou-se no exército piemontês e serviria como oficial do corpo de saúde até 1866, o que não o impediu de abrir, em 1863-64, um curso livre de "Clínica das doenças mentais e de antropologia" em Pavia, onde, em 1866, assumiu o serviço dos alienados do Hospital Civil. No ano seguinte, foi oficialmente encarregado do ensino da patologia mental e em 1871 tomou a direção do Asilo de Pesaro. Voltando a Pavia, foi nomeado em 1874 professor de medicina legal e de higiene pública, cátedra que abandonou dois anos depois pela de Turim, onde se fixou definitivamente. Médico das prisões, inspetor dos asilos do Piemonte, sucedeu em 1890 a Morselli* à frente da Clínica Psiquiátrica e acrescentou ao ensino da medicina legal o da patologia mental.

Engajado desde muito tempo na política de esquerda, militou no Partido Socialista e foi eleito vereador em Turim em 1902, renunciando dois anos depois. Morreu em 1909, a 19 de outubro, de uma afecção coronária.

Entusiasta e polemista, ingênuo e paradoxal, autor de cerca de 600 publicações, Lombroso ligou seu nome ao nascimento da antropologia criminal, da qual é considerado fundador ao lado de Enrico Ferri, e que ele "descobriu" em 1870, observando, na abertura do crânio de um condenado, a existência de uma "fossa occipital mediana", que dava ao cerebelo um aspecto trilobado, "como o dos roedores, dos lêmures e dos macacos inferiores". Foi o ponto de partida de uma teoria morfológica e genética da criminologia reduzida a fatos biológicos, herdeira da frenologia de Gall* e prelúdio à biotipologia de Sheldon, que deu à moral burguesa da época a ilusão de possuir bases racionais e científicas. Seu equivalente na psiquiatria foi representado pelas teorias da degenerescência de Magnan*, por exemplo, e sua versão mais recente por certas hipóteses "cromossômicas" recentes.

Durante anos, Lombroso acumulou desordenadamente notas, objetos e documentos, indo da tatuagem aos grafitos murais e das curiosidades teratológicas às cabeças de supliciados, que reuniu em um vasto Museu de Psiquiatria e de Antropologia Criminal, inaugurado em 1892, no prédio do Instituto de Medicina Legal de Turim ("O Museu" conserva ainda em um vidro a cabeça do seu fundador, que exigiu que seu cadáver fosse destinado à dissecção, para que não o acusassem de ter limitado as suas experiências às camadas mais desfavorecidas da população...). Em 1876, foram publicados os três tomos de *L'Uomo delinquente* (curiosamente traduzido em francês, em 1887, como "L'homme criminel"), que teriam um sucesso internacional, seguidos de *A mulher criminosa; Os anarquistas* e *O delito político*, mas também de curtas crônicas jornalísticas como "As degenerescências das dinastias", "A psicologia dos miliardários" e "O delito em bicicleta"...

Em 1880, Cesare Lombroso fundou os *Arquivos de Psiquiatria, de Antropologia Criminal e de Ciências Penais*, em 1885 organizou em Roma o I Congresso de Antropologia Criminal, durante o qual o francês Alphonse Bertillon (1851-1914) lançou as bases da identificação antropométrica dos criminosos.

Esses trabalhos de medicina legal e penitenciária não devem fazer-nos esquecer os outros aspectos da sua obra: trabalhos de higiene sanitária, durante o período militar da sua carreira, pesquisas sobre a pelagra, doença carencial então muito comum no Norte da Itália e que, em uma atmosfera de polêmica violenta, ele atribuía ao consumo de milho fermentado (a descoberta da vitamina PP viria, em 1925, demolir essa hipótese), ou ainda o seu interesse, durante os últimos vinte anos de sua vida, pelos problemas de hipnose e de espiritismo, aos quais consagrou um livro publicado em 1909.

Bibliografia: BELIER (A.), "Cesare Lombroso — Sa vie, son œuvre et sa contribution à la naissance de la criminologie", tese de medicina, Paris-Ouest, 1979.

LONDE Joseph-*Albert* (1858-1917)

A fotografia a serviço da patologia mental, inaugurada por Diamond*, teve o seu apogeu com o laboratório criado na Salpêtrière pelo "temperamento visual" de Charcot*. Nascido em La Ciotat durante uma das mudanças do seu pai, engenheiro do PLM, membro desde 1879 da Sociedade Francesa de Fotografia, Londe entrou, em 1880, na qualidade de químico, no serviço de Charcot, que lhe confiou, dois anos depois, a direção do seu serviço fotográfico. "A placa fotográfica é a verdadeira retina do cientista", afirmava ele, enquanto a histeria estava no auge e Charcot descrevia, analisava, classificava as suas manifestações, para as necessidades do ensino e da posteridade, e empreendia, de certa forma, a formação de um conservatório iconográfico da dramaturgia histérica. Assim, era preciso ter um equipamento adequado e Londe trabalhou para isso. Retomando os trabalhos de Marey e de Muybridge, imaginou diversos aparelhos "fotoelétricos" com seis, nove e doze objetivas, com intervalos de pose e durações de exposição variáveis. Interessou-se pela microfotografia e pelo registro cronográfico das perturbações da marcha de origem neurológica. Mais inovador ainda, construiu em 1891 uma câmara leve e dupla, que permitia fotografar o doente fora do estúdio, ancestral, por sua concepção, da Rolleiflex que só apareceria em 1929.

Paralelamente, publicou diversas obras técnicas, mas é principalmente nas obras de Charcot ou na *Nova iconografia da Salpêtrière* que devemos procurar os seus clichês. Paul Richer* os utilizou, redesenhando-os para ilustrar alguns de seus livros.

Com a morte de Charcot, Londe continuou a colaborar com Raymond*, mas desde 1896 orientou-se para o novo serviço de radiologia da Salpêtrière, antes de retirar-se, no início dos anos 1900, para o castelo de Réau, em Breuil-en-Brie (Seine-et-Marne), onde morreu a 11 de setembro de 1917. Teve entre seus colaboradores a célebre "Blanche" Wittmann*, enfim libertada das suas personalidades múltiplas...

LONG *Constance* Ellen (?-1923)

Inglesa originária de Reading, diplomada em 1896 pela Escola de Medicina para Mulheres, fundada em Londres por Sophie Jexa-Blake em 1874, presidente da Associação das Médicas Diplomadas, Constance Long foi a primeira a divulgar no seu país os trabalhos de Carl-Gustav Jung*. Enquanto era assistente no Royal Free Hospital e em um centro de reeducação cirúrgica, manifestou interesse pelos problemas psicológicos e iniciou-se na prática da sugestão hipnótica, sob a direção de Lloyd-Tuckey. Assim, participou em 1912 das discussões sobre o sono, na reunião anual da British Medical Association, antes de ser atraída para as pesquisas da Escola Psicanalítica de Zurique.

Devemos-lhe a tradução de um certo número de artigos de Jung, que seriam editados em um volume de *Textos escolhidos de psicologia analítica*, o primeiro a ser publicado no Reino Unido sobre esse tema. Seu renome aumentou com *A psicologia da fantasia*, obra original publicada em 1920, mas que não ultrapassou os limites do Reino Unido. Morreu a 16 de fevereiro de 1923, de pneumonia, durante uma estada em Nova York.

DE LOUYER-VILLERMAY *Jean-Baptiste* (1775-1837)

Filho de um advogado de Rennes, teria começado a estudar medicina nessa cidade. Apesar de sua pouca idade, foi responsável por um serviço de cirurgia no Hospital Militar de Rennes. Durante algum tempo, esteve preso por ter facilitado a evasão de rebeldes da Vendéia feridos. Com a abertura das Escolas de Saúde, foi para Paris, seguiu o ensino de Pinel* e defendeu em 1802 a sua tese *Pesquisas históricas e médicas sobre a hipocondria, isolada pela observação e a análise, da histeria e da melancolia*. Ela seria a base de um *Tratado das doenças nervosas ou vapores, e particularmente da histeria e da hipocondria*, em dois volumes, publicado em 1806 e reeditado dez anos depois. Eleito em 1821 como membro da Academia de Medicina, que presidiu em 1836, "esse homem tão frágil, tão sensível, tão distante daquilo que a escola chama de constituição apoplética" (Pariset), sucumbiria entretanto a essa afecção a 19 de dezembro de 1837, a menos que se tratasse de uma ruptura de aneurisma.

LUCAS *Prosper*-Jean-Aimé (1808-1885)

Lucas nasceu a 4 de novembro de 1808, em uma família abastada de Saint-Brieuc (Côtes-du-Nord). Depois de cursar ciências humanas deixou a Bretanha para estudar em Paris. Concluiu seu curso em 1833, com uma tese defendida diante de uma banca presidida por Desgenettes: "Da imitação contagiosa ou da propagação simpática das neuroses e das monomanias". Dois anos antes, apaixonado pelas questões pedagógicas e sociais, publicara uma obra, *Da liberdade do ensino*, que foi premiada unanimemente pelas Sociedades da Moral Cristã, dos Métodos e do Ensino e principalmente pela Sociedade para a Instrução Elementar, que reunia os liberais de todas as tendências. Em 1847 e 1850, foram publicados os dois tomos do *Tratado filosófico e fisiológico da hereditariedade natural nos estados de saúde e de doença*. Apesar da parte ativa que tomou nos acontecimentos de 1848, os eleitores lhe recusaram, por duas vezes, um mandato de deputado e renunciou à política. Data dessa época a sua amizade com Ulysse Trélat*.

Não dispomos de muitas informações sobre os vinte anos seguintes. Talvez, suas posições tenham prejudicado a sua carreira hospitalar. De qualquer forma, em 1864, sucedeu a Marcé* no seu serviço no Hospital Bicêtre e em 1867 assumiu um serviço no Asilo Sainte-Anne, que acabava de abrir as suas portas. Ali, teve como colega o seu primeiro residente de Bicêtre, Valentin Magnan*. Com Bouchereau* e Dagonet*, tentou fundar um ensino clínico, cujo início foi retardado pela guerra e pela administração até março de 1873. Os cursos, proibidos no ano seguinte pelo prefeito do departamento do Sena, por pressão de uma campanha na imprensa, organizada por *Le Figaro*, que denunciava a exibição de loucos, só seriam retomados em 1873. Três anos depois, Prosper Lucas se aposentou. Entretanto, em 1882, mantendo as vantagens da sua aposentadoria, aceitou o posto de médico-diretor do Hospital de Mans, antes de se retirar para Mennecy, perto de Corbeil (Seine-et-Oise), onde morreu a 2 de abril de 1885.

As lições clínicas de P. Lucas nunca foram publicadas e sua obra psiquiátrica está inteiramente contida nas 500 páginas do *Tratado filosófico...* Distinguia a *ineidade*, que representava "o que há de originalidade, de imaginação e de liberdade da vida na geração mediata" da *hereditariedade*, que representava "o que há de repetição e de memória da vida", dividida em hereditariedade de similitude e hereditariedade de metamorfose. Obra complexa, às vezes um pouco escolástica, demonstrando grande erudição, abriria para Darwin (que, na *Origem das espécies* presta homenagem ao seu autor) o caminho da seleção natural e da evolução das espécies, e para Morel* e Magnan o caminho da degenerescência; Lombroso* e Théodule Ribot tirariam desse livro a noção de hereditariedade mórbida.

Bibliografia: TREHIOU (Ch.), "Prosper Lucas - Inspirateur mal connu des théoriciens de la dégénérescence", tese de medicina, Caen 1993.

LUGARO *Ernesto* (1870-1940)

Nascido a 25 de outubro de 1870 em Palermo, Lugaro começou sua carreira na Clínica Psiquiátrica de Florença, dirigida por Eugenio Tanzi*, com quem colaborou em 1904 na redação do seu *Tratado*. Depois, seria professor de neuropsiquiatria em Sassari, Messina, Módena, e Turim, onde terminou a sua carreira.

Resolutamente positivista, tinha uma concepção muito organicista da psiquiatria, baseada em seus trabalhos de histologia sobre o neurônio, como a sua teoria sobre a base endócrina do temperamento. Em um artigo publicado em 1904, propunha até um tratamento cirúrgico da "loucura moral", devida, segundo ele, a perturbações da função tireoidiana. A "endócrino-psiquiatria", cara a Laignel-Lavastine*, estava então na moda. Vamos citar ainda *Os fenômenos do pensamento* (1902); *A propósito das pseudo-alucinações* (1903); e *Os problemas da psiquiatria de hoje* (1907). Morreu em fevereiro de 1940 em Salò, às margens do lago de Guarda, onde falecera o seu mestre e amigo Tanzi.

LUNIER *Ludger*-Jules-Joseph (1822-1885)

Lunier nasceu a 19 de março de 1822, em Savigny (Indre-et-Loire), a alguns quilômetros de Tours. Estudou em Paris, foi admitido em 1844 na residência dos Hôpitaux e logo teve seu nome conhecido, graças ao seu tio Baillarger*, que acabava de fundar os *Annales Médico-Psychologiques*, e lhe confiou a seção de crítica das revistas francesas e estrangeiras. Em 1849, defendeu uma tese, "Pesquisas sobre a paralisia geral progressiva". Baillarger obteve então para ele um emprego de médico-adjunto na Casa de Saúde de Ivry, que dirigia com Moreau de Tours*, e em 1851 Lunier foi nomeado médico-chefe do Asilo de Niort. Deixou-o em 1854, indo para o de Blois. Dez anos depois, substituiu Antelme, que acabava de morrer, na inspeção geral do serviço de alienados e no serviço sanitário das prisões. Teve como colegas Parchappe* e Constans, que não era alienista. O cerco de Paris foi, para Lunier, a ocasião de um estágio cirúrgico ao lado de Ricord, mas em 1883, ficou sabendo pelo *Diário Oficial* que fora destituído do seu lugar de inspetor. Mas ofereciam-lhe uma compensação, nomeando-o "inspetor geral da primeira infância", e a 22 de maio de 1883 a Academia de Medicina lhe abriu as suas portas, honra que ambicionava havia muito tempo. Morreu de pneumonia a 5 de setembro de 1885.

Enfatizou-se muito a natureza conciliadora de Lunier, que muitas vezes era útil, diante do caráter autoritário de Parchappe. Seus detratores lhe atribuíram uma banal atitude de aceitação para com o poder oficial, como um correspondente contestatário de *La Lanterne*, que, em 1879, escreveu: "É um homem benevolente, até demasiado benevolente. Com seus longos cabelos brancos, suas costeletas brancas, sua gravata branca flutuante, seus óculos dourados, tem uma espécie de ar seráfico. É um homem que não quer ofender ninguém que seja importante, principalmente nenhuma opinião ou doutrina oficial. Está sempre cheio de respeito pelas autoridades constituídas e pelas coisas estabelecidas, inclusive o culto... " Entretanto, parece que as razões políticas não foram estranhas à sua exoneração em 1883.

Entre os trabalhos puramente médicos de Lunier, citaremos as suas *Pesquisas sobre algumas deformações do crânio observadas no departamento de Deux-Sèvres* (1852), as pesquisas sobre o cretinismo e suas publicações médico-legais, como a interessante análise que dedicou, em 1849, ao sargento Bertrand, cujas façanhas necrofílicas alimentaram as crônicas da época, e a propósito de quem ele introduziu uma dimensão psiquiátrica, que escapara totalmente aos juízes e peritos. Mas Lunier é conhecido principalmente por seus estudos sobre a assistência aos doentes mentais e a legislação referente a eles, especialmente pelo *Relatório ao sr. ministro do Interior sobre o serviço de alienados em 1874*, que redigiu com seus colegas Constans e Dumesnil, e que dava um panorama da situação dos estabelecimentos franceses de alienados, 35 anos depois da promulgação da lei de 1838.

Ativo propagandista da luta antialcoólica, Lunier foi um dos fundadores da Sociedade de Temperança e, na área corporativa, participou da criação da Associação de Previdência dos Médicos Alienistas e da Associação Geral dos Médicos da França.

LUYS *Jules*-Bernard (1828-1897)

Luys nasceu a 17 de agosto de 1828 em Paris, onde fez todos os seus estudos. Residente dos Hôpitaux em 1853, iniciou-se na histologia no laboratório de Charles Robin, que foi um dos promotores na França dessa disciplina, e defendeu em 1857 uma tese de histopatologia. Nomeado por concurso, em 1862, como médico dos Hôpitaux, seria chefe de serviço, sucessivamente, na Salpêtrière e no Hospital de La Charité, dirigindo também, a partir de 1864, a Casa de Saúde de Ivry, que fundara com Esquirol*. Em 1877, foi eleito para a seção de anatomia-fisiologia da Academia de Medicina. Criou em 1881, com Benjamin Ball*, a primeira revista *L'Encéphale*, que circularia até 1888. Atingido pelo limite de idade, aposentou-se em 1893, mas continuou a fazer muitas comunicações à Sociedade de Biologia até sua morte, ocorrida subitamente em Divonne-les-Bains (Ain), a 21 de agosto de 1897.

Não nos deteremos na parte neurológica da obra de Luys, que entretanto é a única válida. Vamos lembrar apenas que ele foi autor de múltiplos trabalhos de anatomia normal e patológica do sistema nervoso, para os quais recorreu amplamente à fotografia, procedimento ainda novo na época (citaremos como exemplo os dois tomos da sua *Icono-*

grafia fotográfica dos centros nervosos, publicada em 1873, as *Pesquisas sobre a estrutura do córtex cerebral segundo o método microfotográfico* (1883) e a sua descrição, em 1886, de duas pequenas formações cinzentas da base do encéfalo, até então desconhecidas, os *corpos de Luys*).

Seu interesse pelo estudo das funções cerebrais o levou a propor uma classificação anatomofuncional das doenças mentais em dois grupos: as psicopatias ligadas a lesões orgânicas progressivas e as psicopatias causadas por perturbações circulatórias passageiras.

Mas Luys também foi o exemplo caricatural, levado ao extremo, da paixão sem limites, do fascínio sem crítica que a histeria podia exercer, naquele último quarto do século XIX, sobre espíritos aparentemente habituados a uma objetividade mais rigorosa. Para ele como para Charcot* e Dumont-Pallier*, a investigação de 1876 sobre a metaloterapia de Burq* parecia ter desempenhado um papel revelador. Protegido por uma fé cândida nas suas "pesquisas", imaginou, com o doutor Gérard Encausse, mais conhecido nos meios ocultistas sob o nome de "Mago Papus" e diretor do seu laboratório de hipnologia, incríveis experiências, cujos resultados ele relatou minuciosamente para algumas sociedades eruditas: "Fenômenos produzidos pela ação dos medicamentos a distância" (*Revue de l'Hypnotisme* 1886), "Da visibilidade pelos indivíduos em estado de hipnotismo, dos eflúvios emanados pelos seres vivos" (Sociedade de Biologia, 1892), "Do armazenamento de certas atividades cerebrais em uma coroa imantada" (Sociedade de Biologia, 1894). Organizou em seu serviço de La Charité sessões públicas, freqüentadas pela alta sociedade parisiense e reportadas pela grande imprensa, freqüentemente com ironia e às vezes até mesmo na seção de espetáculos. Alguns, como E. Lepelletier, cronista do *Gil-Blas*, se mostraram severos para com essas "Folias clínicas", sucursais das Folias Dramáticas, ótimas para divertir "parisienses decadentes e mundanas neuróticas", "auditório elegante e pedante", que "se atropela nas experiências do doutor Luys, para que este lhes brutalize a imaginação".

Léon Daudet, que foi estudante em La Charité, nos conta como "o papai Luys", imune a qualquer idéia de mistificação, "ficava imperturbável" diante dos seus "sujeitos", Ester, Sara e as outras, que "combinavam as suas representações com oito dias de antecedência" e que ele mantinha no seu serviço permitindo-lhes "todos os seus caprichos, deixando-as transformarem os seus leitos de hospital em penteadeiras sobrecarregadas de fitas, guirlandas e penduricalhos".

Mas todos, mesmo os mais críticos, concordavam em comprovar "a convicção profunda, a total boa-fé" desse homem afável e cordial, que "gostava de boa companhia, de boa comida, de música e de recepções", mas cujo "estudo dos medicamentos a distância lhe tirou uma parte da reputação que ele levara 10 anos para conquistar" (M. Baudouin).

Bibliografia: ESCALARD (B.), "Un méconnu de l'histérie, Jules Luys (1828-1897)", tese de medicina, Caen, 1983.

M

MACARIO *Maurice*-Martin-Antonin (1811-1898)

Macario era originário de Barbania (Piemonte). Estudou em Paris, foi aluno de Piorry (autor em 1828 de um *Tratado da percussão mediata*) no Hospital de La Pitié, e depois de F. Voisin* e Leuret* no Hospital Bicêtre, e entrou em 1842 como residente de Archambault* no Asilo de Maréville (Meurthe).

Em janeiro de 1843, defendeu uma tese sobre o "Tratamento da loucura", não teve sucesso no concurso, aberto no mês de setembro seguinte, para um lugar de médico em Bicêtre (o escolhido seria Delasiauve*) e aceitou um emprego de médico no estabelecimento hidroterápico Serin, perto de Lyon. Em 1859, deixaria essa função para assumir a direção de um estabelecimento semelhante em Nice. Morreu nessa cidade a 2 de julho de 1898.

Devemos a Macario os *Estudos clínicos sobre a demonomania* (1843), contra a qual, na qualidade de discípulo de Leuret, propunha lutar através de um tratamento moral enérgico. Com Piorry, tivera a ocasião de estudar paralisias histéricas, que explicava por uma atonia dos "cordões" nervosos; consagrou diversos artigos ao problema das alucinações, do sono, do sonho e do sonambulismo, e nos deixou um relato da sua experiência pessoal com o haxixe, cujos efeitos experimentou na casa de Moreau de Tours*, na presença de Cerise* e de Baillarger*.

MAGNAN Jacques-Joseph-*Valentin* (1835-1916)

Valentin Magnan nasceu a 16 de março de 1835 em Perpignan. Começou seus estudos de medicina em Montpellier, foi admitido em 1858 na residência dos Hôpitaux de Lyon, teve no Hospital L'Antiquaille os seus primeiros contatos com os serviços de alienados, e em 1863 foi nomeado para a residência dos Hôpitaux de Paris. Aluno de Marcé* e de Prosper Lucas* no Hospital Bicêtre, de Baillarger* e de J. -P. Falret na Salpêtrière, defendeu em 1866 uma tese, "Da lesão anatômica da paralisia geral". Em 1867, foi designado para o escritório de admissões do Hospital Sainte-Anne, que acabava de abrir as suas portas. Faria nele toda a sua carreira, com seus colegas Dagonet*, Bouchereau* e Prosper Lucas, ministrou em 1873 um curso clínico, que passou no início por algumas vicissitudes administrativas. Em 1877, Benjamin Ball* foi preferido a ele para a cátedra de doenças mentais e do encéfalo, recentemente criada. Eleito em 1893 para a Academia de Medicina, deixou em 1912 o seu serviço hospitalar e retirou-se para a Casa de Saúde do Castelo de Suresnes, que fundara em 1875. Morreu em Paris a 27 de setembro de 1916.

O problema do alcoolismo "provedor mais ativo dos hospitais e dos asilos", preocupou Magnan durante a sua existência profissional. Desde 1864, descreveu para a *União médica* os acidentes determinados pelo licor de absinto, toxicomania muito na moda, à qual o seu mestre Marcé dedicou a sua última publicação, alguns meses antes. Em 1874, publicou um tratado *Do alcoolismo* e em 1912, ano de sua aposentadoria, recapitulou, com Fillassier, a estatística dos bebedores que tinham passado pelo escritório de admissão durante os 45 anos da sua atividade, preconizando a criação de *asilos especiais* para o tratamento de doentes intemperantes.

Entretanto, a parte mais original da obra de Magnan trata da classificação das doenças mentais que o preocuparam a partir de 1881. Ao que ele chamava de *estados mistos* — entre a patologia geral e a psiquiatria, em virtude do seu suporte "orgânico" (como partidário e amigo de Charcot* classificava assim a histeria) — opôs a área das *psicoses* ou loucura propriamente dita. Nessa segunda categoria, isolou a *loucura dos degenerados* (lembre-se que foi aluno de Prosper Lucas, que em 1850 publicou o *Tratado filosófico da hereditariedade natural*), apanágio dos *hereditários-degenerados*, grupo que, ao lado dos idiotas e dos imbecis, comportava os *degenerados superiores*, alvo da loucura degenerativa, e especialmente da sua forma mais específica, a dos *delírios súbitos* — primeiro aparecimento, no palco nosológico, da noção de "*bouffée* delirante".

Quanto aos indivíduos que não apresentavam estigmas evidentes de degenerescência, sua tara latente os predispunha, todavia, a acidentes como a loucura intermitente ou o *delírio crônico sistematizado*, último aperfeiçoamento do delírio de perseguição de Lasègue*, cujo rigor de organização Magnan opunha ao polimorfismo dos estados precedentes.

Enfim, no plano terapêutico, insurgiu-se, logo que chegou a Sainte-Anne, contra o uso da camisa-de-força, que substituiu pelo *maillot*, antes de preconizar, a partir de 1878, o método de não-contenção e a supressão do isolamento celular, e depois, em 1897, a *clinoterapia* ou repouso prolongado no leito (Marc Stephane, seu antigo pensionista, o acusava de prescrever o "abatimento perpétuo"), única maneira, segundo ele, de proporcionar ao cérebro o repouso necessário, mas de aplicação nem sempre evidente no caso dos doentes agitados.

MAIMÔNIDES (Moisés Ben Maimón) (1135-1204)

Moisés Ben Maimón nasceu em uma família de rabinos e dignitários de Córdoba. As perseguições dos almôadas obrigaram a sua família a deixar Córdoba. Em 1148, foram para o Sul da Andaluzia. Dez anos depois, refugiaram-se em Fez e chegaram ao Cairo em 1165, onde Maimônides se tornaria médico da corte e grande rabino da comunidade judaica do Egito.

Filósofo talmudista de renome, amigo de Averróis, Maimônides também deixou uma importante obra médica, escrita em árabe e posteriormente traduzida para o hebraico. Entrando em 1198 para o serviço do filho mais velho do sultão Saladim, o emir El Afdhal, que sofria de perturbações provavelmente de natureza maníaco-depressiva, dedicou-lhe dois dos seus livros, o *Tratado sobre a conservação da saúde* e o *Discurso sobre a explicação das crises*, para "ajudá-lo a suportar e a tratar os seus ataques de melancolia". As referências etiopatogênicas seguiam a mais pura tradição humoral de Hipócrates e de Galeno. No que se refere à terapêutica, Maimônides, partidário do "justo equilíbrio" entre o corpo e o espírito, propunha um tratamento moral *avant la lettre*, essencialmente higiênico e dietético, a base de distrações: esportes, música, gastronomia, e "tudo o que pudesse alegrar o coração".

Falecido em El Fustât, bairro do velho Cairo, em 1204, Maimônides, "a águia da Sinagoga", como o apelidaram os cristãos, seria inumado nas margens do lago de Tiberíades.

MAPOTHER *Edward* (1881-1940)

Mapother, nascido a 12 de julho de 1881 em Dublin, era filho de Edward Dillon Mapother, professor de anatomia e presidente do Colégio Real de Cirurgia da Irlanda. Depois de estudar na Inglaterra, no University College, e de receber uma formação neurológica que influenciaria o seu olhar sobre a psiquiatria, tornou-se em 1908 assistente em Long Grove, asilo do condado de Londres aberto em Epsom no ano precedente. Mobilizado em 1914, encontrou em 1919 Frederick Mott* no Maudsley* Hospital, ainda ocupado por pacientes "neurológicos" que dependiam do Ministério dos Ex-Combatentes, o que o auxiliava no estudo das perturbações psíquicas de origem orgânica. Em janeiro de 1923, o Maudsley Hospital foi oficialmente inaugurado e teve enfim o destino psiquiátrico desejado por seu "criador"; Mapother foi o seu primeiro médico-diretor. No ano anterior, fez uma viagem de estudos pelo continente: Munique, o Hospital Burghölzli, Colônia, Amsterdã, Utrecht. Desejava organizar o estabelecimento segundo o modelo kraepeliniano, reunindo um serviço universitário de ensino e um centro de pesquisas comparável ao *Forschungsanstalt* de Munique.

Em 1924, o Maudsley Hospital foi autorizado a conceder o diploma de especialista em psiquiatria, mas seria preciso esperar até novembro de 1936 para que uma cátedra de psiquiatria fosse oficialmente criada, a primeira do Reino Unido. Foi atribuída conjuntamente a Mapother e a Golla, sucessor de Mott à frente do laboratório de anatomia patológica, pois o Maudsley conservava uma orientação muito organicista e "científica", que o opunha às concepções psicogenéticas e sociogenéticas da Tavistock Clinic, de onde sairiam certos contestatários do movimento antipsiquiátrico inglês de Laing* e Cooper*.

MARANDON DE MONTYEL *Evariste* Jean Bruno (1851-1908)

Marandon de Montyel nasceu a 4 de dezembro de 1851, em Fort-de-France, onde seu pai era funcionário público. Aprovado como bacharel em Bordeaux, foi durante um ano aluno na Escola de Medicina Naval de Toulon, antes de inscrever-se, em 1871, na Faculdade de Montpellier, onde defendeu uma tese em 1876, "Estudo médico-legal sobre um caso de loucura epiléptica". Foi residente no Asilo de Alienados de Montauban e orientou-se para a psiquiatria. Depois de trabalhar em vários locais na província, foi nomeado em janeiro de 1888 médico-chefe em Ville-Evrard (Neuilly-sur-Marne). Doente, aposentou-se em abril de 1907 e morreu um ano depois, a 20 de março de 1908, provavelmente de uma afecção do sistema nervoso, que limitara progressivamente a sua locomoção e tornara a sua caligrafia ilegível. Considerando que "as mulheres são nos asilos, mais ainda do que em outros lugares, um terrível elemento de discórdia", ele se casou, entretanto, em 1897...

Marandon de Montyel não deixou nenhuma obra de conjunto, mas sendo um "escrivômano", como definia a si mesmo, publicou de 1875 a 1906 mais de 200 artigos nos *Annales Médico-Psychologiques*, no *Encéphale* e nos *Archives de Neurologie*. Em matéria de clínica, suas idéias concordavam com a tradição francesa do momento: hereditariedade, degenerescência, recusa da demência precoce, que ele deixava para a escola alemã, "para conservar intacta essa grande descoberta da psiquiatria francesa que é o delírio sistematizado progressivo" (de Magnan*). Foi no campo das instituições que ele expandiu o seu espírito liberal e contestador: abolição do sistema dos asilos-casernas fechados, que demonstraram a sua ineficácia terapêutica, criação de vilas-bairros "agrupadas em aldeias abertas de alienados", de asilos especiais para epilépticos e para alcoolistas (para estes, foi o primeiro na França, em 1894, a reservar no seu serviço uma seção de 74 leitos, que depois seria retomada por Legrain*), supressão das medidas de repressão, liberalização das visitas de família e das licenças, aumento do número de guardas para a segurança dos doentes, supressão, para o pessoal médico, da promoção por tempo de serviço, o que só produzia preguiça e esterilidade...

Cáustico, incômodo, pouco inclinado a seguir a opinião da maioria e tentar conseguir a simpatia dos colegas, Marandon de Montyel estava muito à frente do seu tempo.

Bibliografia: GAUFFENY (N.), "Marandon de Montyel ou la contradiction de la médecine aliéniste", dissertação CES de psiquiatria, Lille, 1986.

MARC *Charles*-Chrétien-Henri (1771-1840)

Marc nasceu em Amsterdã a 4 de novembro de 1771, de pai alemão e mãe holandesa. Tinha um ano quando seus pais se instalaram no Havre, de onde partiram em 1781 para a Alemanha. Três anos depois, o menino entrou para o colégio de Schepfenthal na Saxônia, onde o latim era usado como língua viva. Na Universidade de Iena, começou os seus estudos de medicina, que terminaria em 1792 em Erlangen (Baviera), onde seu pai fora nomeado conselheiro de Finanças, com uma tese sobre uma afecção espasmódica rara.

Depois de um estágio de aperfeiçoamento nos Hôpitaux de Viena, chegou a Paris por volta de 1795, onde se fixou definitivamente em 1798, depois da morte do pai. Membro fundador, com Cabanis e Pinel*, da Sociedade Médica de Emulação, naturalizou-se e confirmou o seu diploma na França em 1811, com uma nova tese sobre a simulação, "*Fragmenta quodam de morborum simulatione*". Dez anos depois, foi recebido na Academia de Medicina e quando, em 1830, Luís-Filipe chegou ao trono, Marc foi promovido ao posto de primeiro médico do rei-cidadão. Seu primeiro ato oficial seria proceder, com Pasquier e Marjolin, à autópsia do príncipe de Condé. Membro do Conselho Superior de Saúde, membro do Conselho de Salubridade, "cientista medíocre, mas bravo e modesto homem" (P. Delaunay), morreu subitamente a 12 de janeiro de 1840.

Em 1826, realizou-se na Academia de Medicina um debate sobre o magnetismo animal. Tomando o exemplo da Prússia, da Dinamarca e da Rússia, Marc reivindicou a criação de uma comissão permanente de estudos. Itard* fez parte desta e o seu relator foi Husson*, cujas conclusões entusiastas seriam demolidas em 1837 por Dubois*, mas foi através da perícia médico-legal que Marc foi levado a interessar-se pela patologia mental. Em 1829, participou com Esquirol* da redação dos *Annales d'Hygiène Publique et de Médecine Légale*. Principalmente, foi autor de um tratado, *Da loucura considerada em suas relações com a alienação*, em dois volumes publicados alguns meses depois de seu falecimento, no qual expunha em que termos o perito deveria considerar os problemas de responsabilidade dos alienados em matéria penal. Essa obra constituiu um marco importante na história da medicina legal na França, em uma época em que os magistrados eram pouco preparados para aceitar, por parte dos alienistas, as distinções "metafísicas" e as sutilezas de espírito "imaginadas pelos inovadores", como disse o promotor em 1826, no processo de uma homicida, Henriette Cornier, ao reprovar os conceitos de Marc, que defendia a tese da monomania, recentemente desenvolvida por Esquirol.

MARCÉ, *Louis*-Victor (1828-1864)

Marcé nasceu a 3 de junho de 1828 em Paris, onde seu pai, funcionário público, se instalara, vindo de Nantes, para procurar em vão o sucesso literário. Seu falecimento em 1834 deixou a família em situação financeira difícil, e a viúva voltou a Nantes, onde um tio, o doutor Marcé, ensinava na Escola de Medicina. Louis-Victor começou ali os seus estudos, foi nomeado em 1852 para a residência em Paris e, estimulado por Velpeau, pensou em fazer uma carreira de cirurgião. Entretanto, desposou a filha do químico Théophile Pelouze e entrou para a Casa de Saúde de Ivry, onde Baillarger* e Moreau de Tours* lhe ofereceram um lugar. Aprovado em primeiro lugar no concurso para professor, na mesma turma de Charcot*, Potain e Vulpian, assumiu a responsabilidade médica pela fazenda de Sainte-Anne e passou para o Hospital Bicêtre em 1863. Valentin Magnan* era seu residente, quando Marcé foi levado pela doença em agosto de 1864. Tinha apenas 36 anos.

Em alguns anos, de 1856 a 1864, Marcé conquistou um lugar de relevo entre os jovens alienistas. Adversário das teorias psicológicas, partidário da escola anatomoclínica, redigiu em 1856 uma *Dissertação sobre algumas observações de fisiologia patológica tendendo a demonstrar a existência de um princípio coordenador da escrita, e suas relações com o princípio coordenador da palavra*, seguida de diversas publicações sobre a *Loucura puerperal*. Suas aulas na Escola Prática eram muito freqüentadas e em 1862 foi publicado o seu *Tratado prático das doenças mentais*, que ele próprio apresentou não como uma obra original, mas como um livro didático. Seus últimos trabalhos, *Sobre o valor dos escritos dos alienados...* (1863) e *A ação tóxica da essência de absinto* (1864) inspirariam a Magnan as suas pesquisas posteriores sobre o absintismo e a cegueira verbal.

MARCHAND *Léon* (1873-1976)

Nascido a 6 de maio de 1873 em Creil (Oise), Léon Marchand morreu 103 anos depois em Paris, a 22 de junho de 1976. Externo dos Hôpitaux de Paris em 1895, foi com a perspectiva muito concreta de uma certa independência material que ele se apresentou em 1897 à residência dos Asilos do Departamento do Sena. Ao acaso, escolheu o serviço de Toulouse*, que chegara a Villejuif, e a partir de então a sua carreira foi definitivamente traçada. Aprovado no concurso para médico dos Asiles em 1901, trabalhou em Bailleul, Blois, Charenton, onde sucedeu a Ritti* em 1909, Villejuif (1925), e enfim no Hospital Sainte-Anne, onde continuaria até 1959, no laboratório de anatomia patológica, que criou no Hospital Henri Rousselle* em 1923. Até 1962, encarregou-se de um serviço de consultas para epilépticos.

Com efeito, a epilepsia e a anatomia patológica sempre estiveram no centro de suas preocupações sobre o papel dos fatores orgânicos cerebrais na psiquiatria, preocupações que se apresentam em cerca de 700 publicações, desde a sua tese, "Pulso e temperatura nos acessos epilépticos, as vertigens epilépticas e os ataques histero-epilépticos" (1898), até a monografia *Observações biológicas*, entregue em 1975 aos *Annales Médico-Psychologiques*!... Citaremos entre os trabalhos mais importantes *As encefalites psicóticas*, com A. Courtois (1935), *Doenças mentais. Estudos anatomobiológicos* (1939), *Epilepsias, suas formas clínicas, seus tratamentos*, com J. de Ajuriaguerra* (1948), *Definição, critérios e limites da atual esquizofrenia* (1958).

Marchand, para retomar as suas próprias palavras, gozava do "privilégio de ter recebido um patrimônio genético que lhe transmitiu a aptidão para a longevidade intelectual". Grande praticante de esporte na juventude, amante de música clássica e de arte lírica, pianista e pintor até o fim da vida, ainda exibiu em 1974 uma paisagem da região de Creuse, pintada alguns meses antes, ao mesmo tempo em que se queixava vigorosamente de uma certa lentidão gestual, que não o deixava mais interpretar Bach...

MARCHANT *Gérard* (1813-1881)

Nascido em Saint-Béat (Haute-Garonne) a 11 de março de 1813, colega de residência de Baillarger* no Hospital de Charenton, Marchant, que defendeu sua tese em Paris em 1842, sobre o *cretinismo* nos Pireneus, chegou em 1844, na qualidade de médico-adjunto, à seção de alienados do Hospício de La Grave em Toulouse. J.-B. Delaye era o médico-chefe, e ambos começaram a estudar um *Programa para a construção de um asilo de alienados no departamento de Haute-Garonne*, que apresentaram em 1848. O novo estabelecimento seria edificado em Braqueville, no subúrbio de Toulouse, e Gérard Marchant seria o seu diretor, com a partida de Delaye. A 18 de junho de 1881, foi atingido por uma bala na nuca, atirada à queima-roupa por um doente do seu serviço, um oficial que sofria de delírio de perseguição. Morreu três dias depois e seria sepultado, a seu pedido, no hospital que desde então tem o seu nome.

MARIE *Auguste*-Armand (1865-1934)

Originário de Voirin (Isère), Auguste Marie começou a estudar direito e medicina em Grenoble, em 1885, mas, admitido em 1888 na residência dos Asiles de la Seine, foi em Paris que, em 1890, defendeu sua tese sobre os sinais oculares da paralisia geral. Médico-chefe em Villejuif em 1900, ferido na cabeça durante a Grande Guerra e desmobilizado, sucedeu a Magnan no setor de admissões do Hospital Sainte-Anne, onde ficou até a sua aposentadoria em 1930. Morreu a 20 de julho de 1934.

Seus centros de interesse foram muito diversificados: de 1910 a 1912, dirigiu a publicação dos três tomos de um volumoso *Tratado internacional de psicologia patológica* e publicou em 1928 um livro sobre *A psicanálise e os novos métodos de investigação do inconsciente*. Apaixonado pela produção artística dos doentes mentais, organizou em Sainte-Anne exposições sobre esse tema, ao qual dedicou várias publicações desde os anos 1910.

Fundador de uma sociedade de amparo aos pacientes egressos dos asilos, foi também o primeiro na França a aplicar a malarioterapia de Wagner von Jauregg*. Mas é conhecido principalmente como um apóstolo da assistência familiar aos doentes mentais. Em 1892, obteve do Ministério do Interior a autorização, para o departamento do Sena, de realizar a tentativa de uma colônia familiar, segundo o modelo de Gheel e do *boarding-out-system* escocês. Assim, foi criado em Dun/Auron, perto de Bourges, um centro onde seriam acolhidos em famílias hospedeiras pacientes estabilizados, mas incapazes de autonomia social, prelúdio à abertura, dez anos depois, de Ainay-le-Château (Allier) e posteriormente de Chezal-Benoït (Cher).

DE MATOS *Júlio*-Xavier (1856-1922)

Nascido a 26 de janeiro de 1856 em Lisboa, J. de Matos concluiu seu curso de medicina nessa cidade em 1880, com uma tese sobre a "Patologia das alucinações". Obteve um posto de assistente de Antônio Sena* no Hospital Conde de Ferreira, na cidade do Porto, assumindo depois a sua direção médica até 1911, ano de sua nomeação para o Asilo Miguel Bombarda* de Lisboa, durante o qual também se encarregou da recém criada cátedra de clínica psiquiátrica da Faculdade e do ensino da psiquiatria médico-legal. Morreu em Lisboa a 12 de abril de 1922, de tuberculose pulmonar. Membro da Sociedade de Ciências Médicas, e da Academia de Ciências de Lisboa, Júlio de Matos foi o líder da reforma da assistência psiquiátrica portuguesa de 1896. Deve-se a ele a criação do novo estabelecimento para alienados de Lisboa que tem o seu nome.

Suas publicações psiquiátricas têm como tema *As alucinações e as ilusões* (1892), *A paranóia* (1898), *Estudos clínicos e médico-legais sobre a loucura* (1899), *A alienação diante dos tribunais*, estudo em três volumes, publicado de 1902 a 1907. Seu *Manual de doenças mentais*, publicado em 1884, teve grande repercussão tanto no Brasil quanto em Portugal. Discípulo de Auguste Comte, dirigiu com Miguel Artur e Ricardo Jorge a revista *Positivisme*.

MAUDSLEY *Henry* (1835-1918)

Maudsley nasceu em Rome, pequena localidade dos arredores de Settle (Yorkshire), a 5 de fevereiro de 1835. Estudou na Universidade de Londres, onde obteve em 1856 o diploma de bacharel em medicina, com uma medalha de ouro de cirurgia, e o seu doutorado no ano seguinte. Sua designação como médico residente para o Asilo de Alienados de Manchester o desviou da sua vocação cirúrgica inicial, mas sempre conservaria uma visão muito "somática" da doença mental, que considerava como um fracasso dos processos nervosos de adaptação, posição que se expressava particularmente no seu livro *Fisiologia e patologia do espírito*, publicado em 1867. Médico do West London Hospital, membro do Colégio Real de Medicina de Londres, professor de medicina legal no Univesity College, aposentou-se em 1903 e conheceria então a celebridade.

Com efeito, alguns anos antes, as autoridades do condado de Londres, tomando consciência do arcaísmo do tratamento dos doentes mentais, se pronunciaram pela criação de um estabelecimento capaz de um trabalho terapêutico mais eficiente. A primeira conseqüência disso foi a abertura, no Claybury Asylum, de um laboratório central, que foi confiado a Frederick Mott*. Essa medida não satisfazia Mott, que seduzido pelo modelo da clínica universitária de Kraepelin*, que ele conhecia, insistia na utilidade de cuidados precoces, prestados em um estabelecimento que não tivesse o clima de um asilo. Persuadiu Maudsley a aderir ao seu ponto de vista. Em 1908, este, não tendo descendência, aceitou deixar em testamento 30 mil libras esterlinas, destinadas a essa criação. Tradicionalmente, nenhuma administração tem pressa, quando se trata de tomar medidas necessárias. Assim, foi preciso que Maudsley ameaçasse anular a sua doação, para que o novo hospital fosse autorizado a sair do papel em 1913. Em fins de 1914, estava terminado e o laboratório de Mott foi transferido para lá em 1916, mas as circunstâncias fizeram com que o estabelecimento se dedicasse às neuroses de guerra. Oficialmente inaugurado em janeiro de 1923, o Maudsley Hospital pôde enfim consagrar-se à sua missão inicial: o acolhimento aos pacientes que viessem espontaneamente procurar tratamento. Essa solução era tão nova na Inglaterra quanto na França, onde, em Toulouse, no mesmo momento, abria-se o Hospital Henri-Rousselle*.

Henry Maudsley tinha falecido cinco anos antes, a 23 de janeiro de 1918.

MAYER-GROSS *William* (1889-1961)

Willy Mayer-Gross era originário de Bingen (Renânia). Estudou em Kiel, Munique e Heidelberg, onde defendeu uma tese em 1913 sobre a "Fenomenologia da felicidade patológica", antes de tornar-se assistente na clínica psiquiátrica. Retomou seu lugar depois da guerra e foi diretor-adjunto, encarregado de cursos e depois professor associado em 1929. Em 1932, assumiu a cátedra de psiquiatria de Groningen, mas suas origens judaicas o levaram a deixar a Alemanha hitlerista. Em 1933, encontrou um posto no Maudsley Hospital de Londres, onde introduziu os tratamentos com insulina. Naturalizou-se, adotou o prenome de William e em 1939 foi nomeado diretor de pesquisas no Asilo Real de Crichton, no condado rural de Dumfries (Escócia). Ficou ali até a sua aposentadoria em 1955, mas encarregou-se então do Departamento de Psiquiatria Experimental, recentemente criado em Birmingham. Morreu nessa cidade, de uma coronarite, a 15 de fevereiro de 1961.

Desde 1951, era membro titular do Colégio Real de Medicina e conselheiro da OMS. Propuseram-lhe a direção do laboratório de psicofarmacologia da Universidade de Heidelberg.

Ao lado de trabalhos consagrados às repercussões psicológicas das afecções orgânicas e biológicas cerebrais, certamente é a sua análise fenomenológica dos estados oniróides (*Die Oneiroide Erlebnissform*), publicada em 1924 e inspirada pela psicologia estrutural de Karl Jaspers* (que conheceu no serviço de Nissl* em Heidelberg), que constitui a contribuição mais original de Mayer-Gross. Na mesma perspectiva, devemos-lhe uma notável análise do pensamento esquizofrênico, gigantesca suma clínica publicada em 1932, no *Tratado* de Bumke.

Bibliografia: LEWIS (A.), "William Mayer-Gross", *Confrontations Psychiatriques*, 1973, II, 109-25.

MEAD *Edward* (1819-1883)

Nascido a 21 de março de 1819 em Leeds (Inglaterra), Mead tinha doze anos quando sua família fixou-se em Illinois. Em 1841, diplomou-se pelo Colégio de Medicina de Cincinnati e, depois de um ano na Europa, instalou-se num subúrbio de Chicago. Começou a militar no seio de um movimento de opinião que, desde 1829, reivindicava a abertura de um asilo de alienados em Illinois. Foi justamente nesse momento (1847), que Dorothea Dix* obteve a criação desse hospital em Jacksonville. Mead estava na lista dos candidatos a médico-chefe, quando lhe objetaram que um homem da sua altura (media 1, 60m) não conseguiria impor-se aos alienados!... Decepcionado, abriu em Chicago um estabelecimento particular, que seria destruído por um incêndio em 1851. Em 1852, fundou em Ohio a Cincinnati Retreat e ofereceram-lhe uma cátedra de patologia mental e medicina legal, equivalente à ocupada desde 1847 por Samuel Smith em Columbus, nesse mesmo estado de Ohio, decididamente na vanguarda em matéria de psiquiatria. Infelizmente, como para Smith, suas funções teriam fim por causa de sua demissão, também em 1853. O ano de 1853 também foi aquele em que esse segundo professor de psiquiatria americano lançou o segundo periódico de psiquiatria dos Estados Unidos, o *American Psychological Journal*, que de janeiro a dezembro teria seis números, antes de desaparecer (felizmente, o *American Journal of Insanity* de Brigham*, fundado em Utica (NY) em 1844, teve melhor sorte). Em 1869, Mead fechou a Cincinnati Retreat, criou um terceiro estabelecimento em Winchester (Massachusetts) em 1872, e depois um quarto em Roxbury em 1873, que dirigiria até a sua morte acidental em um naufrágio ao largo dos Açores, em 1883, durante um cruzeiro.

VON MEDUNA *Ladislas*-Joseph (1896-1964)

Ladislas von Meduna era originário da Hungria. Depois de fazer estudos de medicina, que acabou em 1921 na Universidade Real de Budapeste, obteve em 1924 um posto de professor assistente no Instituto Interacadêmico para a Pesquisa Neurológica, e três anos depois foi nomeado professor associado de psiquiatria. A partir de 1933, ocupou o cargo de médico-chefe do serviço dos pacientes masculinos no Hospital Leopold Field de

Budapeste, mas, pouco tempo antes da entrada na guerra do seu país, emigrou para os Estados Unidos, onde terminaria a sua carreira na Escola de Medicina da Universidade de Illinois.

O nome de von Meduna está ligado à descoberta, em 1934, da convulsoterapia com metrazol, prelúdio à elaboração do eletrochoque por Cerletti* e Bini, quatro anos depois.

As bases teóricas que levaram à aplicação desse método repousavam sobre uma série de hipóteses que, todas elas, se revelariam falsas.

Von Meduna, como ex-assistente no Instituto Neurológico de Budapeste, teve ocasião de estudar a epilepsia com o professor Karl Schaffer, e pensou ter observado, no nível do córtex cerebral dos epilépticos, uma proliferação do tecido de sustentação neuroglial, contrastando com a sua rarefação no cérebro dos esquizofrênicos. Essas constatações nunca se confirmariam. Aliás, as observações dos clínicos mostravam a raridade da coexistência dessas duas afecções no mesmo doente, outra afirmação que não refletia exatamente a verdade.

Mas, naqueles anos 1930, todos estavam convencidos da existência de um antagonismo biológico entre a epilepsia e a esquizofrenia, e von Meduna chegou à idéia de que, se em um esquizofrênico conseguia-se provocar crises epilépticas, seria possível agir favoravelmente sobre os sintomas esquizofrênicos. Assim, procurou produtos convulsivantes. Pensou primeiro na cânfora injetável e, em janeiro de 1934, tratou o seu primeiro paciente com esse processo. Mas a cânfora era difícil de manejar, muito lenta para agir e inconstante em seus efeitos convulsivantes. Von Meduna recorreu então a um derivado sintético, o metrazol, que utilizaria a partir de 1935 e que, por via intravenosa, desencadeava em alguns segundos uma crise de epilepsia generalizada, com menos intercorrências do que os derivados canforados.

Permanecendo ligado à especificidade das indicações do seu método, publicou em 1937 o resumo da sua experiência em uma obra publicada em Halle *Die Konvulsionstherapie der Schizophrenie*, enquanto outros alienistas a aplicavam aos deprimidos, nos quais os resultados se mostravam mais regularmente satisfatórios.

O eletrochoque suplantaria o metrazol, mas a convulsoterapia tinha nascido. Seus fundamentos teóricos eram falsos, sua indicação na esquizofrenia não era boa, seu modo de ação permanece desconhecido; entretanto, ela prestaria serviços duradouros no tratamento das síndromes depressivas. Desacreditada há mais de 40 anos, ela continua sendo ainda, a despeito das quimioterapias modernas, o tratamento mais rapidamente eficaz da melancolia.

MELENDEZ *Lucio* (1844-1901)

Um esboço de ensino de psiquiatria apareceu na Argentina, em 1822, com Cosme Algerich, "professor de instruções cirúrgicas", substituído em 1824 por J. M. Fernandez de Agüero. Ambos difundiram as idéias de Cabanis e de Pinel* e a tese de Diego Alcorta, aluno de Algerich, "Dissertação sobre a mania aguda", defendida em 1827, representou a primeira e, durante muito tempo, a única monografia escrita nesse país sobre um assunto psiquiátrico.

Lucio Melendez é que deve ser considerado como o primeiro verdadeiro alienista argentino. Dirigiu, de 1876 a 1892, o Hospicio de las Mercedes, especialmente edificado em Buenos Aires quinze anos antes, para acolher os doentes mentais dos dois sexos, e estabeleceu em 1879 um plano de ampliação e modernização do local, que terminaria em 1885. No ano seguinte, tornou-se titular da cátedra de doenças mentais criada para ele, na qual Domingo Cabred* lhe sucederia em 1892.

MESMER *Franz*-Anton (1734-1815)

Mesmer, filho de um caçador do príncipe-bispo de Constança, nasceu em Iznang (Suábia), na margem norte do lago de Constança, em maio de 1734. O cura da aldeia obteve a sua admissão no colégio dos jesuítas da cidade, de onde ele partiu para a Universidade de Ingolstadt, para dedicar-se à teologia. Em 1759, foi para Viena, onde fez estudos de medicina, que concluiu em 1766, com uma tese particularmente obscura, "Dissertatio physico-medica de planetarum influxu". Pouco depois, seu casamento com Anna von Porsch, viúva idosa mas rica de um conselheiro da Corte, lhe trouxe bem-estar financeiro e uma propriedade suntuosa, onde se sucediam as recepções mundanas (foi na casa de Mesmer que se representou, pela primeira vez, em 1768, a ópera do jovem Mozart *Bastien und Bastienne*). Por volta de 1774, inspirado pelas teorias do padre jesuíta Maximilian Hell, diretor do Observatório de Viena, começou a provocar, com ímãs, uma "maré artificial" salutar em uma de suas pacientes, Franzel Oesterlin, mas logo substituiria esse magnetismo "mineral" pela teoria mais global do "magnetismo animal": o universo estaria cheio de um fluido sutil (já evocado na sua tese), intermediário entre o homem e o cosmo. A má repartição desse fluido seria responsável pela doença e a arte do terapeuta consistiria em canalizá-lo para chegar à cura, provocando "crises". Em 1777, o escândalo provocado pela família de uma jovem paciente de 18 anos, cravista cega e talvez histérica, Marie-Thérèse Paradies, o obrigou a deixar Viena e ir para Paris, onde chegou em fevereiro de 1778 e encontrou imediatamente um clima receptivo. Ligou-se a Charles Deslon*, médico do conde de Artois, irmão do Rei, cujo apoio junto à Corte e às sociedades eruditas esperava, e começou, "por benevolência", a tratar das damas doentes de "vapores", no ambiente musical e acolhedor dos aposentos particulares do seu palacete da Place Vendôme. A clientela aumentou, contratou um "auxiliar de toque", utilizava-se de quatro "tinas" — espécie de vastas garrafas de Leyden que supostamente concentrariam o fluido — dos quais uma era reservada aos pobres, para os quais magnetizou também uma árvore na rue de Bondy (seu discípulo A.-M.-J. de Puységur* se lembraria disso). Com ajuda de um jurista, Bergasse, e de um financista, Kornmann, criou em outubro de 1783 uma Sociedade da Harmonia que, sob segredo e em troca de pagamento, revelava aos seus membros o segredo do magnetismo, e reuniu 340 mil libras em um ano. Entretanto, a hostilidade a Mesmer se organizava. Em 1784, Luís XVI nomeou duas comissões de investigação, reunindo, de um lado, membros da Sociedade Real de Medicina, e do outro, membros da Faculdade de Medicina e da Academia de Ciências, entre os quais o astrônomo Bailly, Benjamin Franklin, Guillotin, Jussieu e Lavoisier, a fim de descobrir se o fluido alegado por Mesmer existia. As conclusões do relatório — exceto as de Jussieu — foram catastróficas: o fluido magnético animal não existia, os efeitos observados "pertencem ao toque, à imaginação posta em ação". A carreira de Mesmer estava terminada. No começo de 1785, deixou a França e esteve, provavelmente, na Suíça, na Alemanha e na Áustria, de onde foi expulso em 1793 como suspeito político. Adquiriu então a nacionalidade suíça, instalou-se em Frauenfeld, no cantão de Turgóvia, e depois voltou em 1813 a Meersburg, na margem alemã do lago de Constança. Morreu a 5 de março de 1815, a algumas léguas da sua aldeia natal.

Não se pode negar que Mesmer tinha um senso agudo de publicidade e de encenação, mas é difícil definir exatamente a sua personalidade. Era sincero? Era um charlatão? Certamente, a resposta não é unívoca. Com um temperamento desconfiado e suscetível, ele parecia oscilar entre períodos de prostração depressiva e momentos de superexcitação megalomaníaca, durante os quais acreditava-se detentor de uma descoberta crucial, de um poder mágico que, certamente, queria vender como lhe conviesse. Mas, mesmo que suas concepções tivessem um valor apenas imaginário, como suspeitaram os seus detratores, devemos admitir que elas desempenharam um papel maior no desenvolvimento posterior da psiquiatria dinâmica, e que Mesmer foi o primeiro elo de uma corrente ininterrupta que, através da hipnose de Braid* e das doutrinas de Bernheim* e de Charcot*, resultaria, voltando a Viena, na elaboração das teorias psicanalíticas.

MESNET Urbain-Antoine-*Ernest* (1825-1898)

Ernest Mesnet nasceu em Saumur, a 26 de janeiro de 1825. Em Angers, começou seus estudos de medicina, que terminou em Paris em 1852, com uma tese sobre as "Anestesias histéricas", realizada no serviço de Briquet*, de quem era residente e que lhe transmitiu o gosto pelas afecções nervosas. Depois de estabelecer-se por um breve tempo em Saumur, voltou em 1853 a Paris, onde se casou com a filha de Archambault*, diretor da casa de saúde da rue de Charonne. Trabalhou nesse estabelecimento até a sua nomeação como médico dos Hôpitaux de Paris em 1859. Sua carreira prosseguiu então no Hospital Saint-Antoine até 1885, e depois na Santa Casa, onde foi atingido pelo limite de idade em 1890. Morreu em Paris, a 13 de janeiro de 1898, de uma doença cardíaca.

Devemos a Mesnet alguns trabalhos pouco originais sobre a afasia, a loucura reumática e o delírio agudo hidrófobo, assim como a observação do *Selvagem do Var*, que vivia em estado natural na floresta de Pierrefeu, e do qual ele conseguiu aproximar-se para interrogá-lo, durante o inverno de 1864-65. Seu interesse de juventude pela histeria nunca foi abandonado e nos valeu obras como *Estudo sobre o sonambulismo considerado do ponto de vista patológico* (1860), *Do automatismo da memória e da lembrança no sonambulismo patológico; considerações médico-legais* (1874); *O sonambulismo e a fascinação* (1894). Em 1889, foi presidente de honra do Primeiro Congresso Internacional de Hipnotismo, em companhia de Charcot*, Brown-Séquard, Brouardel, Charles Richet, Azam* e Lombroso*.

MEYER *Adolf* (1866-1950)

Filho de um pastor, Adolf Meyer nasceu em 1866 em Niederwenigen, pequena cidade dos arredores de Zurique. Apesar do seu gosto pela filosofia, foi a medicina que escolheu, com uma orientação neurológica, que completaria em Viena e em Berlim, mas principalmente em Paris, junto a Déjerine* e em Londres junto a Hughlings Jackson*. Defendeu sua tese em Zurique, sobre "O cérebro anterior dos répteis", sob a orientação de Auguste Forel*, então professor de psiquiatria e médico-chefe da Clínica Universitária do Hospital Burghölzli. Percebendo que teria dificuldades para realizar as suas ambições universitárias na Suíça, Meyer emigrou para os Estados Unidos, onde chegou em 1892, abriu um consultório em Chicago e deu consultas de neurologia em um ambulatório. Em 1893, ofereceram-lhe um posto de anatomopatologista no Kankakee State Hospital (Illinois), onde ensinou neuroanatomia e neuropatologia. Mas o laboratório não lhe bastava, pois era atraído por uma concepção globalista do ser humano e de suas capacidades de adaptação. Quando de sua permanência na Inglaterra, fora seduzido pela teoria jacksoniana dos níveis de integração do sistema nervoso e pelos trabalhos do naturalista Thomas Huxley, discípulo de Darwin, sobre as reações dos organismos vivos às variações do ambiente. Nos Estados Unidos, entusiasmou-se com as concepções da jovem escola de filosofia pragmática, representada então por Charles Peirce, William James e John Dewey, de quem se tornou amigo, concepções que podemos esquematizar dizendo que elas consideravam o pensamento não mais como uma espécie de abstração que permitia ao homem procurar o absoluto, mas como uma ferramenta de adaptação, cujo funcionamento era estimulado pelas necessidades da ação. Assim, quando em 1895 Meyer deixou o Hospital Kankakee pela Universidade de Clark (Massachusetts), evoluiu da neurologia para a psicopatologia, fascinado com a significação da história pessoal dos doentes, e orientou-se para a psiquiatria. Faria do Worcester State Hospital um centro ativo de ensino. Opondo-se à concepção kraepeliniana das doenças mentais-entidades, professava que as perturbações mentais eram modos de reação inadequados a situações diversas e que o seu tratamento deveria ter como finalidade ajudar o paciente a encontrar a adaptação mais eficaz. A essa atividade integrada, deu o nome de *ergasia* (do grego "εργασια" = trabalho) e elaborou uma concepção "psicobiológica" da patologia mental, para a qual propôs o nome de *ergasiologia*.

Em 1902, Adolf Meyer se tornou diretor do Instituto de Patologia do Manhattan State Hospital de Nova York, em 1913 professor de psiquiatria na Universidade Johns Hopkins de Baltimore, e também diretor da clínica psiquiátrica anexa Henry Philipps. Sua forte personalidade atraía jovens pesquisadores, nem todos originários do Novo Mundo, como Henderson, de Edimburgo, e Gillespie, do Guy's Hospital de Londres. Confiou o laboratório de psicobiologia a John Watson, o "pai" do behaviorismo, e o primeiro serviço de psiquiatria infantil a Léo Kanner*, "pai" do autismo infantil. Adolf Meyer aposentou-se em 1941. Em 17 de março de 1950, morreu aquele que, durante meio século, dominou o ensino da patologia mental nos Estados Unidos e a quem devemos os fundamentos da psiquiatria dinâmica americana.

Bibliografia: LIDZ (Th.), "Adolf Meyer — Psychobiologie et psychiatrie dynamique", *Confrontations Psychiatriques*, II, 1973, 163-81.

MEYNERT *Theodor* (1833-1892)

Nascido em Dresden a 15 de junho de 1833, Meynert fez o curso de medicina em Viena, onde recebeu o título de doutor em 1861. Seu patrono, Karl Rokitansky, um dos criadores, com Virchow, da histopatologia, fez com que ele entrasse, como preparador, no Asilo de Alienados de Viena, e a partir de 1865 foi professor na Universidade e depois médico adjunto no asilo provincial. Professor de psiquiatria sem cátedra em 1870, tornou-se, três anos depois, professor titular e médico-chefe do serviço de psiquiatria do Hospital Geral, postos que ocuparia até o seu falecimento, a 31 de maio de 1892.

Amante da arte, da música e da literatura (em 1905 foi publicada uma antologia dos seus poemas), mas de caráter difícil, Meynert foi um dos mais puros representantes da psiquiatria organicista e associacionista, espécie de "psicologia anatômica", que foi qualificada ironicamente de "mitologia cerebral". Para ele, como escreveu o seu aluno J. Salgò, "todo fato anatômico era apenas a expressão palpável de um processo psicológico. Com seu espírito divinatório e sua fantasia de poeta, substituía por idéias psicológicas as células e as fibras nervosas; e nas formas variáveis das células, em suas posições diversas, como na direção das fibras brancas da massa cerebral, via apenas a expressão anatômica dos fatos da vida intelectual". Na área puramente clínica, publicou em 1890 o texto das suas *Conferências sobre a psiquiatria*, e é a ele que se deve a descrição da *amentia*, equivalente na nosografia alemã da nossa "confusão mental".

De maio a setembro de 1883, Freud* se ligou ao serviço hospitalar de Meynert, que lhe demonstrou simpatia e em cujo laboratório trabalhou até 1886. Posteriormente, a oposição doutrinária acarretaria uma ruptura total entre ambos.

MICHÉA *Claude*-François (1815-1882)

Nascido a 14 de março de 1815 em Seurre (Côte-d'Or), Michéa estudou medicina em Paris, defendeu em 1837 uma tese sobre as alucinações e fixou-se definitivamente na capital. Foi residente na Casa de Saúde Saint-Marcel-Sainte-Colombe, fundada em 1770, na rue de Picpus, nº10. Ali, seria médico-adjunto e depois um dos diretores. Em 1876, retirou-se para a sua Borgonha natal e morreu em Dijon a 18 de junho de 1882.

Michéa redigiu muitos trabalhos sobre temas clínicos, terapêuticos, e até biológicos, como *Investigações clínicas sobre o sangue nas neuroses*; *Sobre um caso de histeria com análise química do sangue e da urina*; *Da análise do sangue na mania* (1848). Também foi autor de um *Tratado prático, dogmático e crítico da hipocondria* (1845), afecção que considerava como "uma das numerosas espécies da monomania triste ou lipemania", conseqüência de um medo intenso da morte. Escreveu o *Delírio das sensações* (1846), obra em que expressava a idéia de que os órgãos dos sentidos eram o ponto de partida das alucinações.

Ao seu gosto pela erudição histórica, devemos ainda uma "Galeria de celebridades médicas do Renascimento" (Cornelius Agrippa, Paracelso, André Vesálio, Jean Wier*, J.B. von Helmont), publicada entre 1842 e 1846, na *Gazette Médicale*. Foi o primeiro arquivista-tesoureiro da Sociedade Médico-Psicológica.

DE MIERZEJEWSKI *Jean* (1838-1908)

Nascido a 19 de fevereiro de 1838 em Yendrscheiew (atual cidade polonesa de Jedrzejow, então sob dominação russa), membro do conselho médico do império da Rússia, professor na Faculdade Imperial de Medicina de São Petersburgo, Mierzejewski ocupou até 1906 a cátedra de doenças mentais. Ficou durante muito tempo em Paris, nos serviços de Baillarger*, de Charcot*, de Vulpian* e de Magnan*, que em 1873 o associou ao seu trabalho *Das lesões das paredes ventriculares e das partes subjacentes na paralisia geral*. Sua comunicação, *Pesquisas anatomopatológicas*, ao Congresso Internacional de Medicina Mental de Paris em 1878 foi muito comentada. Em 1883, fundou *O Mensageiro de Psiquiatria e de Neurologia de São Petersburgo* e em 1897 a Academia de Medicina o recebeu entre os seus membros correspondentes estrangeiros. Tendo ido a Paris em 1908 para assistir ao jubileu do seu amigo Magnan, morreu nessa cidade a 18 de março, de um acidente vascular cerebral, que o acometera no Hospital Sainte-Anne, três dias antes.

MINKOWSKI *Eugène* (1885-1972)

Originário de um meio judaico lituano muito ortodoxo, Minkowski nasceu em São Petersburgo a 17 de abril de 1885. Seus pais foram instalar-se em Varsóvia quando ele tinha sete anos de idade, e foi nessa cidade que ele começou seus estudos de medicina. Mas a repressão que se seguiria, em 1905, à insurreição do marechal Pilsudski acarretou o fechamento das universidades, e foi em Munique que ele obteve o seu diploma em 1909, diploma que teve que ratificar na Faculdade de Kazan, a fim de poder trabalhar na Rússia... Em 1914, a declaração de guerra o surpreendeu em Munique, para onde fora, a fim de estudar filosofia. Teve que refugiar-se em Zurique, onde Bleuler* lhe ofereceu um lugar de assistente voluntário. Não permaneceria ali. Em março de 1915, engajou-se no Exército francês, participou como médico dos combates de Somme e de Verdun, e depois do armistício fixou-se definitivamente em Paris, decisão que, pela terceira vez, o obrigou a preparar uma tese, que defendeu em 1926. Médico no Hospital Rotschild, encarregado de um serviço de consultas de psicoterapia no Hospital Henri-Rousselle*, foi um dos fundadores do grupo da *Évolution Psychiatrique*.

Referindo-se a Bleuler na sua formação psiquiátrica, discípulo de Husserl e de Bergson em suas posições filosóficas, Minkowski foi um dos principais representantes na França da corrente de pensamento fenomenológico na patologia mental, como mostram obras como *Estudo psicológico e análise fenomenológica de um caso de melancolia esquizofrênica* (1923), *A esquizofrenia*, que teve duas edições separadas por um quarto de século, em 1927 e em 1951, *O tempo vivido. Estudos fenomenológicos e psicopatológicos* (1933) e o seu *Tratado de psicopatologia*.

Eugène Minkowski faleceu em Paris, a 15 de novembro de 1972.

MITCHELL *Silas-Weir* (1829-1914)

Terceiro filho de uma família de nove, S. Weir Mitchell nasceu a 15 de fevereiro de 1829, em Filadélfia, onde seu pai, John Kearsley Mitchell, era professor de prática médica no Jefferson Medical College. Foi ali que obteve o seu diploma em 1850. Passou depois um ano na Europa, com uma de suas irmãs, ficou seduzido pelos trabalhos de Claude Bernard e do histologista Charles Robin e, voltando a Filadélfia em 1852, ajudou o pai em sua clientela. Apaixonou-se pela toxicologia e pelo estudo dos venenos. Em 1861, estourou a Guerra de Secessão, da qual participou como cirurgião. Teve ocasião de interessar-se pelos ferimentos dos nervos, aos quais dedicou uma monografia em 1864. Ensinou depois no Colégio de Medicina da sua cidade natal, trabalhando ao mesmo tempo no Hospital de Doenças Nervosas e Ortopédicas, onde ficaria durante cerca de 40 anos. Morreu a 4 de janeiro de 1914.

Weir Mitchell deixou mais de 550 publicações dedicadas à neurologia, à farmacologia e à toxicologia, e pode ser considerado como fundador da neurologia nos Estados Unidos. Se se interessou particularmente pelos fatores psicológicos de simulação e de majoração dos sintomas nas doenças do sistema nervoso, sua contribuição para a psiquiatria está representada por duas obras publicadas em 1871 e 1877: *Wear and Tear or Hints for the Overworked (O esgotamento — Sugestões para os estressados)* e *Fat and*

Blood, How to Make Them (Gordura e sangue, como fabricá-los), que conquistou fama mundial através de oito edições e das traduções francesa, alemã, italiana e russa. Retomando a opinião geral de que um bom estado físico é a condição de uma boa saúde mental, Weir Mitchell preconizava um tratamento das desordens funcionais da histeria e da neurastenia associando o repouso, o isolamento, a superalimentação, as massagens e a eletroterapia. Esse "tratamento de repouso", que podia durar meses, esteve muito na moda, nos meios femininos e desocupados, mas o seu inventor, que recusava qualquer fator sexual na origem da histeria e só tinha desconfiança em relação às "perplexidades alemãs" da psicanálise nascente, nunca parece ter considerado que uma parte do seu sucesso poderia dever-se à relação psicológica que se estabelecia entre paciente e terapeuta.

S. Weir Mitchell, que até à idade avançada continuou sendo um esportista e um pescador assíduo, produziu também uma obra literária variada, indo do ensaio psicológico ao conto de fadas... A partir de 1866, publicou — às vezes sob a forma de folhetim, no *Atlantic Monthly* — contos e romances, em que evocou a atmosfera da sua Pensilvânia natal, os acontecimentos da Guerra de Secessão que marcaram muito a sua existência: *Durante a guerra* (1885), *Roland Blake* (1886), *A cidade vermelha* (1907), e até a Revolução Francesa: *A história dos franceses* (1899). Também escreveu diversas antologias de poemas, que seriam recolhidos, no ano de sua morte, em um volume único.

MITIVIÉ *Jules*-Étienne-Frumenthal (1796-1871)

Mitivié, nascido em Castres a 1º de novembro de 1796, era sobrinho de Esquirol*. Estudou em Paris. Desde o fim de sua residência, foi trabalhar com o tio na casa de saúde da rue de Buffon, e a partir de 1827 participou com ele da fundação da Casa de Ivry. Nomeado médico da Salpêtrière em 1831, ficaria ali até 1865, ocupando-se ao mesmo tempo do estabelecimento de Ivry, onde seria auxiliado, depois do falecimento de Esquirol em dezembro de 1840, por dois alunos deste, Baillarger* e Moreau de Tours*, que se tornariam os novos proprietários em 1849. Enfraquecido pelas más condições materiais provocadas pelo cerco de Paris, morreu de pneumonia a 21 de janeiro de 1871, uma semana antes da rendição da capital.

Talvez absorvido pelas suas diversas atividades, certamente um tanto apagado pela personalidade do tio, à sombra de quem viveu durante uma parte de sua vida, Mitivié deixou poucos escritos. Sua tese, "Observações e reflexões para a história da hidrocefalia aguda na criança", defendida em 1820, contém reflexões originais sobre os extravasamentos serosos consecutivos aos tubérculos cerebrais, prelúdio à individualização da meningite tuberculosa. Devemos-lhe também, em colaboração com Leuret*, um estudo sobre *A freqüência do pulso nos alienados, considerada em suas relações com as estações, a temperatura atmosférica, as fases da lua* e uma *Nota sobre o peso do cérebro dos alienados*, de pouco interesse.

MOEBIUS *Paul*-Julius (1853-1907)

Privat Dozent de neurologia de Leipzig, Moebius descreveu um dos sinais oculares do bócio exoftálmico, publicou em 1901 um *Tratado da debilidade intelectual fisiológica da mulher*, que considerava um ser inferior, sujeito a manifestações essencialmente instintivas, definitivamente bloqueado pelo menor desenvolvimento das suas circunvoluções cerebrais, situado a meio caminho entre a criança e o homem, na escala das capacidades físicas e mentais.

Mas foi também um dos primeiros a afirmar, em 1888, em *A propósito do conceito de histeria...* a idéia de que as manifestações histéricas eram produzidas no nível do corpo por representações psicológicas. Em 1891, publicou a tradução alemã das *Lições clínicas* de Magnan* e, retomando a noção de "degenerados superiores" — entre os quais ele se situava, aliás — inventou o que se chamariam *patografias*, biografias dos grandes homens baseadas na análise de sua hereditariedade, sua constituição e sua psicopatologia, gênero médico-literário ao qual o advento da psicanálise daria um impulso particular.

MOLL *Jan*-Marius (1879-1926)

Nascido em Blumendal (Países Baixos), Moll cresceu na atmosfera do asilo de Meerenberg, onde trabalhavam seu pai e seu avô. Seu nome está ligado à psiquiatria sul-africana.

Começara a fazer estudos de embriologia na Universidade de Utrecht, quando problemas de saúde o obrigaram a mudar de clima. Partiu para Heidelberg, onde encontrou emprego junto a Nissl*, foi depois para Berna, onde trabalhou com Paul Dubois*, e orientou-se para a medicina. Foi ainda por causa do clima que decidiu ir para a África do Sul, onde se fixaria definitivamente. Em 1911, foi médico do Hospital Psiquiátrico de Westkopjies em Pretória e em 1915 chegou a Johannesburgo, onde acumulou as funções de especialista em doenças mentais e nervosas no Hospital Geral, de médico-inspetor das escolas, de conselheiro para os problemas de psiquiatria em matéria de educação e de perito junto à Corte de justiça. Em 1922, depois de uma permanência na Europa, tornou-se o primeiro professor do Departamento de Psiquiatria recém-criado na Universidade de Witwatersrand. Sua saúde, havia muito tempo deficiente, logo o obrigou a interromper o seu magistério. Morreu em 1926, aos 47 anos.

Moll contribuiu muito para o desenvolvimento da psiquiatria na África do Sul, onde difundiu os métodos terapêuticos utilizados na Europa, divulgou o recurso ao laboratório e introduziu a utilização dos métodos psicométricos, que procurou adaptar às particularidades locais, tanto no que se referia ao campo da patologia quanto ao da educação. Contribuiu assim para dar um lugar para a psiquiatria no currículo normal dos estudos médicos do seu país de adoção.

MONIZ *Egas* (1874-1955)

Antônio Caetano de Abreu Freire nasceu a 29 de novembro de 1874 em Avanca (Portugal). Foi durante sua vida de estudante que escolheu o nome que se tornaria célebre no mundo médico. Militante antimonarquista, publicou panfletos políticos sob o pseudônimo de Egas Moniz, patriota português, preceptor do rei Afonso Henriques I, que em 1147 libertou Lisboa da ocupação moura. Diplomado pela Faculdade de Medicina de Coimbra em 1902, foi aperfeiçoar-se em neurologia com Pitres* em Bordeaux, e depois em Paris com Babinski*, Pierre Marie e Déjerine*, e em 1911 foi nomeado para a cátedra criada em Lisboa para essa disciplina. Mas a monarquia acabava de ser derrubada. A jovem república portuguesa se lembrou do seu ex-militante. Egas Moniz, eleito deputado, seria ministro dos Negócios Estrangeiros, embaixador em Madri e representaria o seu país quando da Conferência de Paz em 1918. Mas não esqueceu a medicina. Publicou em 1915 um artigo sobre "As bases da psicanálise", em 1917 uma obra sobre *A neurologia de guerra* e em 1925 um estudo sobre *O padre Faria*, uma história do hipnotismo.*

Em 1926, a república portuguesa deu lugar à ditadura. A vida política de Egas Moniz terminou, mas a neurologia se interessava muito, então, pelas técnicas de investigação radiológica do sistema nervoso. Em 1918, o americano W. Dandy imaginou a ventriculografia gasosa, em 1923 o francês J. Sicard elaborou a exploração da medula espinhal por contraste iodado. Egas Moniz se consagraria à visualização dos vasos cerebrais e em 1927 publicou na Revista Neurológica, "A encefalografia arterial, sua importância na localização dos tumores cerebrais". Quatro anos depois, aplicou seu método ao estudo dos vasos pulmonares.

Mas o que o distingue na história da psiquiatria foi — excetuando-se as tentativas do suíço Burkchardt* no século XIX — a paternidade do que se tornaria a *psicocirurgia*.

Em 1935, o Congresso Internacional de Neurologia de Londres dedicou um importante relatório à fisiopatologia dos lobos frontais e às suas relações com os processos emocionais. Egas Moniz, impressionado com o fato de que em alguns doentes mentais a atividade psíquica era reduzida a preocupações que dominavam todas as outras, começou a pensar que um certo número de desordens psiquiátricas estaria relacionado à constituição de ligações interneuronais patologicamente estáveis, que ele chamou de *agrupamentos estabelecidos*. Era preciso pois tentar romper essas conexões anormais. Pensou primeiramente em uma injeção de álcool absoluto nos lobos pré-frontais, depois na seção cirúrgica das fibras nervosas que ligam esses lobos às estruturas encefálicas centrais. A idéia da *leucotomia frontal* nascera. A primeira intervenção desse tipo foi realizada em 1935, por iniciativa de Egas Moniz, pelo neurocirurgião P. Almeida Lima, e, durante a sessão do dia 5 de março de 1936 da Sociedade de Neurologia de Paris, os dois autores expuseram os seus primeiros resultados, que retomaram no mesmo ano em uma volumosa obra publicada em francês por Masson, *Tentativas operatórias no tratamento de certas psicoses*. Durante cerca de vinte anos, a psicocirurgia, com muitas variantes técnicas, teria bastante voga. Em 1949, essa descoberta, acrescentando-se à da angiografia cerebral, valeria o prêmio Nobel de fisiologia e de medicina a Antônio Caetano de Egas Moniz, que, espírito sempre curioso e eclético, publicou em 1942 uma *História das cartas de jogar*. Morreu em Lisboa a 13 de dezembro de 1955.

MONRO *Thomas* (1759-1833)

Monro nasceu em Londres, onde seu pai era médico no célebre Bethleem Hospital. Tomou a sua sucessão em 1792, mas em 1816 o "escândalo Norris*" o obrigou a renunciar às suas funções, em proveito do seu filho, Edward Thomas, tendo respondido aos seus detratores em uma brochura publicada no mesmo ano. Grande amante de arte, formou uma coleção de pinturas, desenhos, gravuras e aquarelas, que se dispersaria depois de sua morte, e deu apoio a jovens artistas, entre os quais William Turner. Faleceu a 14 de maio de 1833, em Bushley (Hertfordshire).

MOREAU *Jacques*-Joseph, dito MOREAU DE TOURS (1804-1884)

Jacques Moreau nasceu a 3 de junho de 1804 em Montrésor (Indre-et-Loire), enquanto seu pai participava das campanhas de Napoleão. Começou seus estudos em Tours, no serviço de Bretonneau (de quem se tornaria, em 1856, tio por afinidade, quando o velho mestre, aos 78 anos, se casaria em segundas núpcias com sua secretária Sophie Moreau, que tinha 19 anos), continuou-os em Paris, e em 1826 obteve um lugar de residente junto a Esquirol*, que acabava de chegar ao Hospital de Charenton. Defendeu sua tese em junho de 1830 e pouco depois partiu para a Suíça e para a Itália em companhia de um paciente do seu mestre, que em 1836, lhe propôs uma segunda viagem "terapêutica" de três anos pelo Egito, Núbia, Palestina, Síria e Ásia Menor. Desse périplo, no qual descobriria o haxixe, trouxe as *Pesquisas sobre os alienados no Oriente; Notas sobre os estabelecimentos que lhes são consagrados em Malta, no Cairo, em Esmirna, em Constantinopla*, que foram publicadas em 1843 nos *Annales Médico-Psychologiques*. Aprovado no concurso de médico-adjunto das seções de alienados dos hospícios em 1840, foi designado para o Hospital Bicêtre e alguns meses depois aceitou também, com Baillarger*, auxiliar Mitivié* na Casa de Saúde de Esquirol, que falecera. Em 1861, foi para a Salpêtrière, onde, até os 80 anos, sempre saudável, isento do limite de idade, continuou a visitar os seus pacientes com bastante regularidade. Morreu a 26 de junho de 1884.

Muito marcado pelos ensinamentos de Esquirol, e através deste, discípulo de Cabanis, Moreau de Tours dedicou sua tese à "Influência do físico relativamente à desordem das faculdades intelectuais e em particular na variedade de delírio designada pelo Sr. Esquirol pelo nome de monomania". Considerava que a loucura era uma "afecção nervosa pura e simples" e que para tratá-la o médico "não devia procurar senão na medicina comum as armas de que necessita". Assim, não admitia o tratamento moral, a propósito do qual criou-se rapidamente um conflito entre ele e Leuret*, seu colega de Bicêtre. Discordava também da virtude terapêutica do trabalho dos alienados e dos benefícios da especificidade arquitetural do asilo, "essa grande camisa de pedra", cara a Parchappe*. Era na ação dos medicamentos que entrevia possibilidades novas de tratamento e de conhecimento da doença mental. Se se interessou pela ação da datura, da beladona, do clorofórmio e do éter, foi graças à sua obra *Do haxixe e da alienação mental*, publicada em 1845, que ele passou à posteridade. Em 1837, durante a sua viagem ao Oriente, aprendeu a conhecer os efeitos do cânhamo indiano, em cuja ação via "um meio poderoso, único, de exploração em matéria de patogenia mental", esforçando-se para "difundir o seu conhecimento no público médico", prefigurando os estudos modernos sobre as "fármaco-psicoses" experimentais por alucinógenos. São conhecidas as famosas descrições das sessões do "Clube dos Haxixins", que Moreau de Tours e o pintor Boissard organizavam no palacete Lauzun. A coisa em si não era absolutamente nova, e Brierre de Boismont lembrou, no seu tratado *Das alucinações*, que em 1840, assistira pessoalmente com Esquirol, o químico Bussy e diversas personalidades, a demonstrações semelhantes na casa de um certo Ajasson de Grandsagne, mas o que nesse caso não passava de simples exibição, assumia com Moreau de Tours uma dimensão completamente diferente, pois "por esse gênero de observação que só depende da consciência ou do senso íntimo", julgava poder remontar à "fonte primitiva de todo fenômeno fundamental do delírio", ao "fato primordial" gerador de todos os outros, e considerava o delírio como sendo de natureza "não apenas análoga, mas absolutamente idêntica à do estado de sonho". Levantava assim o eterno problema das relações entre o cérebro e o pensamento em termos muito modernos, que se encontrariam no centro do organodinamismo de Henri Ey*.

Dos dois filhos de Moreau de Tours, Paul* também faria uma carreira de alienista. Quanto a Georges, seria pintor histórico, mas também procurou inspiração, ocasionalmente, em temas médicos como em *A morfina* ou *Os fascinados de La Charité*, que representa uma sessão de hipnotismo no serviço de Luys*.

Bibliografia: BOLLOTTE (G.), "Moreau de Tours", *Confrontations Psychiatriques*, 1973, II, 9-26

MOREAU *Paul*, dito MOREAU DE TOURS (1844-1908)

Filho de Jacques-Joseph Moreau, Paul Moreau seguiu o ensino do seu pai na Salpêtrière e defendeu sua tese em Paris em 1875, com um notável trabalho de psicopatologia social, *Do contágio do suicídio, a propósito da epidemia atual*. Ao longo de toda a sua vida, produziu trabalhos sobre esse tema, mas também sobre o crime em geral. Distinguiu-se inicialmente por uma obra sobre a patologia do instinto sexual e as perversões, *Das aberrações do sentido genésico* (1880), um dos primeiros estudos a tentar uma abordagem geral do conceito. Alguns anos depois, publicou *A loucura na criança* (1888), que pode ser considerado como o primeiro tratado de psiquiatria infantil, e no qual ele dava toda a dimensão do seu sentido clínico. Se podemos pensar que essa obra aborda apenas certos aspectos da psicopatologia infantil, não podemos acusar o seu autor de não ter tomado consciência disso. Com efeito, publicaria posteriormente vários textos, como *Algumas considerações médico-legais sobre os atentados cometidos por crianças* (1891) e *Da simulação de doenças mentais e nervosas em crianças* (1905), que completaram o quadro esboçado nessa obra. Também mencionaremos a sua monografia *Da loucura ciumenta*, publicada em 1877. Paul Moreau também foi autor, em 1885, de um estudo de psicologia mórbida: *Loucos e bufões. Estudo fisiológico, psicológico e histórico*, na mesma linha de pensamento do seu pai.

Eleito membro titular da Sociedade Médico-Psicológica a 15 de maio de 1877, tornou-se o seu presidente em 1895. Sucedeu a Luys* como diretor da Casa de Saúde de Ivry-sur-Seine, onde morreu a 29 de dezembro de 1908.

M. COLLÉE

MOREIRA *Juliano* (1873-1933)

Moreira nasceu e estudou na Bahia, onde defendeu sua tese em 1891 sobre "A sífilis maligna precoce". Partiu para a Europa, para completar a sua formação, principalmente nos países de língua alemã, e em 1896, depois de um trabalho sobre a intoxicação arsenical, foi nomeado professor na Universidade da Bahia. Tinha 23 anos. Em 1903, tornou-se diretor do Asilo Federal do Rio de Janeiro, do qual empreendeu uma completa reorganização: unidades separadas para as crianças e para as doenças contagiosas, serviço de cirurgia e de oftalmologia, biblioteca médica, laboratório (as primeiras punções lombares realizadas no Brasil seriam feitas ali), elevando o número de médicos do estabelecimento a trinta, para 2.300 doentes. Partidário das terapêuticas ocupacionais, fundou em 1911 o hospital-colônia do Engenho de Dentro para mulheres e em 1924 o de Jacarepaguá para homens. Foi o pai da primeira lei federal brasileira de assistência aos alienados, em 1903, que seria reformada em 1927.

As publicações científicas de Moreira se dividem entre a psiquiatria e as afecções tropicais (devemos-lhe, principalmente, um estudo feito a pedido de Hansen sobre as perturbações mentais observadas na lepra). Em 1904, obteve a cátedra de psiquiatria do Rio de Janeiro. Amigo e grande admirador de Kraepelin*, introduziria no Brasil as teorias do mestre, em um país até então muito ligado às tradições da escola francesa, e onde até hoje, na língua popular, "ficar pinel" significa enlouquecer. Faleceu a 2 de maio de 1933.

MOREL *Bénédict-Augustin* (1809-1873)

Morel nasceu a 22 de novembro de 1809 em Viena, durante os deslocamentos das tropas de Napoleão. Nada sabemos sobre sua mãe. Seu pai, fornecedor do Exército, nunca se ocupou dele. Foi entregue, por volta de 1814, ao diretor de uma casa de educação de Luxemburgo, o padre Dupont, com quem ficou depois do falecimento do pai. Com a queda do império, o padre o levou consigo para Saint-Dié. Essas vicissitudes lhe proporcionaram um domínio perfeito da língua alemã. Depois de uma tentativa mal-sucedida no seminário, do qual foi expulso, chegou a Paris por volta de 1831, foi jornalista e durante quatro anos preceptor em uma família americana. Começou um curso de medicina, que terminou em 1839. Nesse momento, ligou-se a Buchez, Cerise* e Claude Bernard, tão desprovido de dinheiro quanto ele, e cujo quarto compartilhou, depois de tentar estabelecer-se como clínico. Claude Bernard o apresentou ao seu patrão, J. -P. Falret*, que procurava um tradutor para os seus trabalhos sobre a escola psicológica alemã. Esse encontro foi determinante para Morel. Em 1842, apresentou, diante da Sociedade de Medicina de Paris, a sua primeira "Monografia sobre a mania das parturientes", colaborou desde o início de sua publicação nos *Annales Médico-Psychologiques*, para os quais escreveu, com Lasègue*, notáveis *Estudos históricos sobre a alienação mental*. Em 1844, Ferrus* o encarregou de acompanhar uma doente em uma viagem terapêutica através da Europa. Quando voltou, em 1845, publicou suas reflexões sobre a patologia mental nos países que visitou, mas em Veneza, "em conseqüência de uma febre tifóide", o próprio Morel apresentou um episódio agudo de angústia, com elementos fóbicos, experiência que serviria de base, vinte anos depois, à sua descrição do *delírio emotivo*.

Depois da revolução de 1848, seu amigo Buchez obteve a sua nomeação como sucessor de Archambault* no Asilo de Maréville (Meurthe). Alguns meses depois, chegou um novo médico-diretor, Louis Renaudin, cuja autoridade sombria não suportou por muito tempo a imaginação e a independência rebelde de Morel, "que nunca entendeu nada de rotina administrativa" (Motet*) e preferiu deixar o emprego. A 23 de maio de 1856, foi nomeado médico-chefe no asilo de Saint-Yon (Seine-Inférieure). Morreu ali, a 30 de março de 1873, de complicações de diabete, quando voltava de uma manifestação no Havre, onde pronunciara um discurso sobre Joana d'Arc "em uma linguagem que comovera profundamente todas as fibras nacionais" (Motet).

Como os alienistas do seu tempo, Morel considerava o asilo "como uma espécie de pára-raios moral, cujos fundamentos seria preciso realizar à custa dos maiores sacrifícios", o que não o impedia de denunciar o caráter carcerário da instituição e propor reformas: defesa da não-contenção, estímulo às saídas precoces, ao alojamento familiar, às sociedades de amparo, e ao melhoramento do recrutamento do pessoal de enfermagem, mais instruído e mais bem pago.

Foi na França um dos pioneiros da medicina legal. Tendo em vista a irresponsabilidade dos alienados, recusava a noção de Esquirol* de monomania e, vendo "o epiléptico sob a epilepsia", defendia a idéia de uma *epilepsia larvada*. Chamado em 1858 a Munique como perito no caso do conde Chorinski, acusado de assassinato, diagnosticou a loucura e impediu a condenação à morte.

"Vitória completamente francesa", diria Motet em 1874, na atmosfera nacionalista e revanchista da época, que contribuiu talvez para que se atribuísse a Morel a paternidade da *demência precoce*, para opô-lo a Kraepelin*. Mas deve-se reconhecer que, se ele associava à palavra "demência" o qualificativo "precoce" ou "juvenil", era por precisão cronológica e sem pensar, ao que parece, em uma entidade mórbida particular.

Em 1851, instaurou em Maréville um curso teórico e clínico de doenças mentais, e seus trabalhos clínicos foram condensados nos dois volumes de *Estudos clínicos*, publicados em 1852-53 em Nancy, e principalmente no *Tratado das degenerescências* (1857) e no *Tratado das doenças mentais* (1860). Certamente sensibilizado pelos problemas de bócio endêmico que estudou em Rosières-sur-Salines, perto de Nancy, e pelos problemas ambientais que descobriu na aglomeraçao manufatureira de Rouen (mudança de ambiente, ausência de vida familiar, intoxicações diversas), propôs uma classificação das doenças mentais que se ligava muito mais às causas do que aos sintomas. Assim, ao lado do "fato exclusivo da hereditariedade", insistiu nas "relações anormais que se estabelecem entre a inteligência e o seu instrumento doente, o corpo", nas "influências do clima, do solo e da higiene dos pais", que podiam "criar nas crianças (...) um estado orgânico especial ou definitivamente transmissível até a expiração da raça".

Essa teoria da *degenerescência*, "desvio" mórbido de um tipo primitivo "ideal", tomada por empréstimo às concepções metafísicas de Buchez, respondia, na verdade, a preocupações de medicina social muito mais abertas do que a teoria posterior dos degenerados de Magnan*, à qual se tende a assimilá-la.

Bibliografia: CONSTANT (F.), "Introduction à la vie et à l'œuvre de B.-A. Morel", tese de medicina, Paris, 1970.

MOREL *Ferdinand* (1888-1957)

Filho de um pastor, nascido em Moutier no cantão de Berna, Morel seguiu inicialmente as pegadas do pai, estudando teologia até 1911. Orientou-se então para a filosofia e defendeu em 1918 uma tese, "Ensaio sobre a introversão mística", inspirada principalmente nas idéias de Freud*, que descobriu em 1913, ao escutar Flournoy* na Faculdade de Genebra, onde ele próprio, tendo se tornado *Privat Dozent*, começou a ensinar psicologia. Mas, com o tempo, essa disciplina não o satisfez mais; assim, em 1921, começou a estudar medicina. Seu nome ficaria ligado à *hiperostose frontal interna* (síndrome de Stewart-Greeg-Morel), à qual dedicou sua tese em 1927. Assumiu então um lugar de assistente na clínica universitária de Bel-Air, tornou-se em 1930 adjunto de C. Ladame* e, com a aposentadoria deste em 1938, foi proposto como seu sucessor na cátedra de psiquiatria de Genebra. Itinerário complexo, que levou Morel da teologia para a medicina, do abstrato para o concreto. Tentou fazer a síntese dessa trajetória em um livro publicado em 1947, *Psiquiatria neurológica*.

Muito influenciado por Clérambault*, de quem foi aluno, dedicou-se a um estudo "objetivo" dos fenômenos alucinatórios do automatismo mental e explorou, pelo registro dos movimentos oculares, as alucinações visuais do *delirium tremens*, sempre preocupado com a importância que ele atribuía, na psiquiatria, à bioquímica e à eletrofisiologia. Devemos-lhe ainda uma vasta pesquisa sobre a incidência da esquizofrenia e da oligofrenia na população de Genebra, de 1900 a 1950. No fim de sua carreira, seduzido pelas teorias cibernéticas, consagrou-lhes o seu último trabalho, *O vocabulário psiquiátrico da nossa época, a informação que ele comunica*.

MORENO *Jacob*-Lévy (1896-1974)

Foi no Danúbio, a bordo de um barco, que Moreno veio ao mundo, mas seu nascimento seria registrado em Bucareste. Como estudante de medicina em Viena (foi aluno de Wagner von Jauregg*), criou em 1921 o *Stegreiftheater* (Teatro de Improviso), que funcionaria durante três anos e no qual tanto os atores quanto o público tinham o direito de expressar-se; esse terreno de observação lhe daria a idéia do *desrecalque pulsional*, elemento básico da sua reflexão sobre o *psicodrama*, que não deixa de ter referências à catarse aristotélica. Conta-se também que foram as brincadeiras das crianças que lhe sugeriram a *sociometria*, estudo dos fenômenos de afinidade e rejeição que intervêm no seio de um grupo e que, na sociedade, condicionam as escolhas preferenciais e as condutas de evitação entre indivíduos.

Em 1925, Moreno emigrou para os Estados Unidos. Imaginou diversas variantes para o psicodrama: a cadeira vazia, o duplo, o jogo do espelho, a inversão dos papéis, o *sociodrama*, versão coletiva e sócio-cultural do psicodrama, que tem uma dimensão individual. Alguns praticantes da sofronização retomaram recentemente o *hipnodrama*, associação de psicodrama e hipnose.

Em 1934, publicou *Who Shall Survive*, sua obra mais importante (que só seria traduzida para o francês em 1969, sob o título *Fondements de la sociométrie*) e criou em 1937 a revista *Sociometria*. As teorias de Moreno, independentemente de suas aplicações terapêuticas, não deixaram de influenciar certas tendências do teatro contemporâneo, de Pirandello ao *happening*. Morreu em 1974 em Beacon, às margens do Hudson, onde se instalara desde que chegou aos Estados Unidos.

MORGENSTERN *Sophie*, nascida KABATCHIK (1875-1940)

Nascida a 1º de abril de 1875 em uma família judaico-polonesa de Grodno, Sophie Kabatchik começou a estudar medicina em 1906 em Zurique. Casou-se com Abraham Morgenstern e em 1912 defendeu a sua tese "Sobre alguns elementos minerais das glândulas tireóides". Depois de uma temporada na Rússia, destinada a validar o seu diploma para poder trabalhar na Polônia, que estava sob domínio czarista, voltou em 1915 para Zurique. Aceitou inicialmente um posto de voluntária no Hospital Burghölzli, onde também estava Eugène Minkowski*, que percorreu um trajeto bastante semelhante ao seu, tornou-se assistente de Bleuler* e em 1920 foi nomeada para o Asilo de Munsterlingen. Chegando em 1924 a Paris, começou uma análise com Eugénie Sokolnicka*. No ano seguinte, Georges Heuyer* lhe confiou a responsabilidade dos tratamentos psicanalíticos na Clínica Anexa de Neuropsiquiatria Infantil da Salpêtrière. Trabalhou ali até junho de 1940, quando a entrada das tropas alemãs em Paris a decidiu a pôr fim à sua existência, já abalada pela morte acidental de Laure, sua filha única.

Teórica da psicanálise da criança, que considerava como devendo ser reservada aos sintomas neuróticos, recorria, em sua prática, ao desenho e ao brinquedo como meios de abordagem e de compreensão do imaginário simbólico infantil. Membro da Sociedade Psicanalítica de Paris, foi autora de artigos publicados na *Revue Française de Psychanalyse*, no *Encéphale*, na *Gazette Médicale de France* e de um livro, *Psicanálise Infantil*, publicado em 1937.

MORGENTHALER *Walter* (1883-1965)

Esse psiquiatra suíço, aluno de Kraepelin*, foi médico-chefe do Hospital de Waldau, perto de Berna, de 1913 a 1925 e diretor, durante cinco anos, de uma clínica particular, antes de abrir um consultório em Berna. Não é tão conhecido pelo papel que teve na Suíça, na difusão dos estudos psicológicos (foi em uma coleção que ele dirigia que Rorschach* publicou em 1922 o seu *Psicodiagnóstico*), mas pelo interesse que logo manifestou pelas realizações plásticas dos doentes mentais, o que aliás diminuía o brilho de Prinzhorn*. Em uma monografia publicada em 1921, *Ein Geisteskranken als Künstler* ("Um alienado artista"), revelaria a obra de Adolf Wölfli*, que se tornou com Aloïse Corbaz o astro da coleção de Arte Bruta de Dubuffet em Genebra.

MORICHAU-BEAUCHANT Pierre-Ernest-*René* (1873-1952)

Morichau-Beauchant nasceu a 1º de novembro de 1873 em Vivonne (Vienne), em uma família do Poitou, que em 1821 dera um diretor à Escola Secundária de Medicina de Poitiers, na pessoa de seu tio-avô, René-Pierre Maurichau-Beauchamps (1776-1832). Depois de terminar sua residência em Paris, trabalhou em Poitiers, onde foi nomeado professor suplente de medicina, e depois professor titular a partir de 1904. Foi talvez o seu gosto pela filosofia e pela psicologia que, com o seu conhecimento da língua alemã, o levou em 1909 ou 1910 a interessar-se pelas publicações de Freud*, a quem escreveu no fim de 1910. Sabemos, por uma carta de Jung* de janeiro de 1912, que Morichau-Beauchant fazia parte, então, do grupo de Zurique, mas parece que depois da guerra ele se distanciou do movimento freudiano, cuja evolução não aprovava. Morreu em Poitiers a 6 de outubro de 1952.

Para o próprio Freud, Morichau-Beauchant foi "o primeiro francês que aderiu abertamente à psicanálise". A 15 de novembro de 1911, foi publicado, de sua autoria, na *Gazette des Hôpitaux Civils et Militaires* o primeiro artigo médico francês sobre a "Relação afetiva" no tratamento das psiconeuroses, termo pelo qual ele traduzia o de *Übertragung*, depois de hesitar entre "report" e "transfert" para "designar o conjunto dos sentimentos afetivos dirigidos ao médico durante o tratamento" analítico. Esse artigo objetivo e rigoroso seria seguido, no mesmo ano, de dois outros de menor valor sobre "As perturbações do instinto sexual nos epilépticos" e "O instinto sexual antes da puberdade", publicados no *Journal de Médecine Française*, em que Morichau-Beauchant tentava condensar as suas reflexões sobre os *Três ensaios sobre a teoria da sexualidade*, publicados em 1905 e ainda não traduzidos para o francês. Em 1922, o artigo do *Paris Médical*, "A falsa incontinência dos esfíncteres na criança, contribuição ao estudo do auto-erotismo paragenital", marcou o fim da participação oficial desse pioneiro no movimento psicanalítico.

MORISON *Alexander* (Sir) (1779-1866)

Nascido em Anchorfield, perto de Edimburgo, a 1º de maio de 1779, Morison estudou medicina nessa cidade e defendeu a 12 de setembro de 1799 uma tese intitulada "De hydrocephalophrenetico", que marcou o início do seu interesse pelas doenças cerebrais. Trabalhou em Edimburgo até 1808, depois instalou-se em Londres e tornou-se em 1810 médico-inspetor dos Asilos de Alienados do Condado de Surrey. Seu caminho estava traçado; apaixonou-se pelo estudo da alienação mental, problema ao qual — deve-se enfatizar — a opinião pública britânica da época estava bastante sensibilizada por diversos debates: as perturbações psíquicas ligadas à porfiria familiar de Jorge III, cuja recente recaída resultaria, a 5 de fevereiro de 1811, na regência do seu filho Jorge IV, a descoberta de diversos escândalos em asilos, as polêmicas dos Tuke* e as discussões parlamentares de 1815-16 sobre o melhoramento das condições materiais dos alienados e a reforma da legislação...

Em 1818, Morison conheceu em Paris Esquirol*, que acabava de criar um curso de clínica das doenças mentais, e lhe fez as honras da Salpêtrière. Ambos se reencontraram em 1821 e em 1822; no ano seguinte Morison tentaria obter a criação, para seu uso, de uma cátedra de psiquiatria, matéria que desejaria tornar obrigatória no currículo dos estudos médicos. Conseguiu interessar nesse projeto a viúva de um rico banqueiro, de quem era médico. Esta aceitou subvencionar a criação dessa cátedra, com a condição de que ela fosse fundada em Edimburgo e que os seus titulares fossem escoceses. Diante da oposição das autoridades Morison decidiu, em novembro de 1823, inaugurar, a título pessoal, em Londres e em Edimburgo, um ciclo anual de conferências sobre a patologia mental, que realizaria durante 30 anos, e que seria parcialmente publicado em 1826, sob o título de *Esboços sobre as doenças mentais*. Alexander Morison foi o primeiro a lançar na Grã-Bretanha esse tipo de ensino "informal", que estenderia, a partir de 1844, aos enfermeiros do asilo público de Springfield (Surrey). Sempre ilustrando com observações clínicas vivas as suas exposições teóricas, redigiu ainda em 1828 *Observações de doenças mentais... para uso dos estudantes* e em 1838 *A fisiognomonia das doenças mentais*.

Médico dos asilos de Bethleem e de Hanwell, médico pessoal da princesa Charlotte, Sir Alexander Morison foi feito cavaleiro em 1838 e morreu na Escócia a 14 de março de 1866.

MORSELLI *Enrico* (1852-1929)

Nascido a 17 de julho de 1852 em Módena, Morselli terminou seu curso de medicina em 1874 e tornou-se assistente no Hospital de

Florença, antes de assumir, em 1877, a direção do Asilo de Macerata (Marches), que se dedicou a renovar. Três anos depois, tornou-se diretor do asilo e da clínica psiquiátricos de Turim, e em 1889 foi nomeado para a cátedra de patologia nervosa e mental de Gênova, onde morreu a 18 de fevereiro de 1929.

Os trabalhos de Morselli se referem a campos variados da neurologia, da psiquiatria, da psicologia experimental, da antropologia, da medicina legal, da metapsicologia e da filosofia. Foi o fundador, com Tamburini*, da *Revista Experimental de Freniatria e de Medicina Legal*.

MOSER *Fanny* (Emmy von N...) (1848-1925)

Os trabalhos de O. Andersson e de H. Ellenberger* nos apresentaram a verdadeira Emmy von N..., "livoniana", a paciente na qual Freud disse ter utilizado pela primeira vez o método "catártico".

"Emmy", cujo nome verdadeiro era Fanny von Sulzer Wart, nasceu a 29 de julho de 1848, em uma nobre e antiga família de Winterthur.

Com a idade de 23 anos, casou-se com Heinrich Moser, um riquíssimo homem de negócios, quarenta anos mais velho e já pai de dois filhos. Com a sua morte, legou à esposa toda a sua fortuna; assim, esta foi acusada de envenená-lo. A suspeita de assassinato pesaria tão forte sobre o seu destino, que ela nunca conseguiria realizar o seu desejo mais caro: ser recebida nos salões da aristocracia européia. Levou uma vida errante, teve amantes entre os seus médicos, e acabou apaixonando-se por um jovem que se apoderou de boa parte da sua fortuna. Fixou-se enfim em Au, perto de Zurique, em um "castelo", onde morreu a 2 de abril de 1925.

Suas duas filhas foram marcadas, cada uma à sua maneira, pela neurose materna: a mais velha faria uma brilhante carreira de zoóloga, antes de publicar em 1935 uma obra sobre a parapsicologia, prefaciada por Jung*. A mais nova, revoltada contra os valores da classe dominante, da qual ela era um puro produto, se tornaria militante comunista, fundaria em 1928 uma creche em Ivanova (URSS) e publicaria em 1941 um livro de histórias de animais para crianças. Os animais tinham desempenhado um grande papel na patologia materna. Com efeito, em 1889, Freud decidira tratar Fanny Moser, que manifestava uma grave fobia por certos animais. O tratamento durou seis semanas. Freud lhe fez massagens, prescreveu-lhe banhos e procurou, através do sono artificial, da hipnose e do diálogo, "libertá-la" das suas emoções dolorosas. Afirmou que a tinha curado. A 1º de maio de 1889, em uma crise de pânico, ela lhe deu ordem de afastar-se: "Não se mexa! Não diga nada! Não me toque!"

Na história oficial das origens da psicanálise, atribuiu-se pois a Emmy von N. a invenção da cena psicanalítica, como se atribuía a Anna O.* a invenção do tratamento psicanalítico (por "limpeza de chaminé"). Emmy "fabricou", dizia-se, as interdições necessárias a uma nova técnica de tratamento, fundada sobre o afastamento do olhar. Depois dela, o médico iria tornar-se psicanalista e instalar-se fora da vista do doente, renunciando a tocá-lo e obrigando-se a escutá-lo.

Entretanto, não só Emmy von N... não inventou a famosa "cena" da psicanálise moderna, mesmo que a frase seja autêntica, e nunca foi curada da sua neurose, nem por Freud nem por seus outros médicos.

Trabalhos recentes tendem a questionar os diferentes diagnósticos de histeria ou de melancolia, e até de esquizofrenia feitos por Freud e seus sucessores, e consideram que Fanny Moser sofria da doença de Gilles de la Tourette*, debate onde reencontramos a antiga querela que opôs Freud aos partidários do organicismo.

E. ROUDINESCO

Bibliografia: ANDERSSON (O.), "A supplement to Freud's Case, History of Frau Emmy von N. in Studies on Hysteria 1895" (1965), *Scand. Psychoan. Rev.*, 2, 5, 1979.
ELLENBERGER (H.F.), *Médecines de l'âme. Essais d'histoire de la folie et des guérisons psychiques*, Paris, Fayard, 1995.

MOTET *Auguste*-Alexandre (1832-1909)

Originário de La Flèche (Sarthe), onde nasceu a 7 de setembro de 1832, A. Motet começou os seus estudos na Escola de Medicina de Angers. Admitido como residente provisório dos Hôpitaux de Paris, estava no serviço de J. -P. Falret* quando em 1852 Archambault*, que acabava de assumir a direção da Casa de Saúde Belhomme* na rue de Charonne, lhe ofereceu um lugar de residente no estabelecimento. Ficou ali até a sua defesa de tese em 1859 e depois abriu um consultório. Em 1863, aceitou a direção médica da Casa de Charonne, proposta por Mesnet*, genro de Archambault, por ocasião da morte deste. Além disso, era médico em La Petite-Roquette. Presidente da Sociedade Médico-Psicológica em 1883 e em 1902, membro da Academia de Medicina em 1895, presidente do Congresso de Alienistas e Neurologistas de Angers em 1898, deixou a casa de saúde em 1908, depois da morte de sua filha mais velha. Morreu a 11 de março do ano seguinte.

Motet não deixou nenhuma obra de conjunto, mas as funções que desempenhou em La Petite-Roquette, as relações que graças aos Falret fez com Lasègue*, um dos peritos de maior prestígio, o levaram a interessar-se particularmente pelos problemas médico-legais que constituíram o essencial das numerosas publicações que redigiu para os *Annales Médico-Psychologiques* ou para *Hygiène et Médecine Legal.* As mais originais são "A mentira e o falso testemunho nas crianças", "Os internamentos supostamente arbitrários" e tratam da responsabilidade dos atos criminosos cometidos sob a influência da intoxicação alcoólica, tema que já abordara em sua tese dedicada aos "Efeitos produzidos no homem pelo licor de absinto".

MOTT *Frederick* Walker (Sir) (1853-1926)

Nascido a 23 de outubro de 1853 em Brighton, Mott estudou no University College Hospital de Londres. Obteve o seu diploma em 1883, tornou-se inicialmente assistente de fisiologia em Liverpool, e ocupou no ano seguinte as mesmas funções em Londres, no Charing Cross Hospital, do qual se tornou médico-chefe em 1894. Neurologista por formação, foi encarregado em 1895 do Laboratório Central de Anatomopatologia, que acabava de ser instalado no Claybury Asylum, antes de ser transferido em 1910 para o Maudsley Hospital, que recebia então os feridos de guerra atingidos por seqüelas neuropsiquiátricas.

Devemos a Mott trabalhos sobre a paralisia geral, as lesões cerebrais e glandulares na demência precoce e o papel do álcool nas doenças mentais. Mas principalmente, sonhou em dotar Londres de um Instituto de Psiquiatria segundo o modelo do que Kraepelin* criou em Munique, onde ele próprio estivera por várias vezes. Maudsley* o apoiou nesse empreendimento, que só se realizaria com o seu sucessor, Edward Mapother*. Falecido a 8 de junho de 1926, Mott foi incinerado em Birmingham.

MUELLER *Catherine*-Élise *ver* SMITH *Hélène*

MUNDY (Barão) (1822?-1894)

Era um curioso personagem, esse barão austríaco excêntrico, originário da Morávia e doutor em medicina pela Universidade de Viena, que gastou a sua fortuna pelo bem da humanidade. A primeira parte da sua vida foi consagrada aos alienados. Sabendo seis ou sete línguas, utilizando como tribuna congressos e revistas científicas, realizou por toda a Europa uma cruzada antiasilar em favor da vida "ao ar livre" dos doentes mentais, para os quais instituições calcadas na de Gheel lhe pareciam a solução ideal. Até apresentou na Exposição Universal de Paris em 1867 um chalé-modelo, adaptado à coabitação de um alienado com uma família de camponeses. A guerra de 1870 marcou a ruptura definitiva com essas preocupações psiquiátricas. A partir de então, dedicou-se à causa dos feridos de guerra, organizou durante o cerco de Paris um serviço de ambulância no palácio do Corpo Legislativo, um segundo durante a Comuna em La Grande-Jatte, no parque de Saint-Cloud e, voltando a Viena, ocupou-se do transporte das vítimas da guerra russo-turca de 1877-78.

Doente, suicidou-se com um tiro a 23 de agosto de 1894 em Prater, às margens do Danúbio.

N

NISSL *Frantz* (1860-1919)

Originário de Frankenthal (Baviera), Nissl se tornou célebre por seus trabalhos de histologia do sistema nervoso. Bom exemplo da corrente neuro-anátomo-psiquiátrica universitária da escola alemã, começou a sua carreira nos asilos de Munique e depois de Frankfurt-sobre-o-Meno, antes de ser chamado em 1895 a Heidelberg por Kraepelin*, que desejava lhe confiar a parte neuropatológica do seu *Tratado*. Quando em 1903 Kraepelin foi designado para Munique, Nissl lhe sucedeu na cátedra de psiquiatria de Heidelberg. Ambos se reencontraram em 1918 no Instituto Alemão de Pesquisas Psiquiátricas, mas Nissl faleceria a 11 de agosto do ano seguinte. Foi uma colaboração entre temperamentos opostos: o austero Kraepelin, reservado e abstêmio total e Nissl, extrovertido, *bon vivant* e apreciador de cerveja, amigo de Alzheimer*, bávaro como ele, com quem atou sólidas relações durante os seus anos de trabalho conjunto em Frankfurt e Heidelberg.

NOGUCHI *Hideyo* (1876-1928)

Noguchi era filho de camponeses de Inawashiro (Japão), onde nasceu a 24 de novembro de 1876. Terminou seus estudos de medicina em Tóquio em 1897 e entrou para o Instituto de Pesquisas sobre as Doenças Infecciosas, dirigido pelo professor Kitasato, ex-aluno de Koch. Ali, ficou conhecendo o microbiologista Simon Flexner, que em 1899 lhe propôs um cargo de assistente na Universidade da Pensilvânia. Por sugestão de Silas Weir Mitchell*, estudou os fenômenos de imunidade aos venenos de serpentes, partiu em 1903 para trabalhar no Instituto de Soroterapia do Estado dinamarquês, e regressou no ano seguinte aos Estados Unidos, onde entrou para o Instituto Rockefeller de Nova York.

A carreira de Noguchi foi inteiramente consagrada às pesquisas imunológicas e bacteriológicas e figura neste dicionário porque em 1913 foi o primeiro, com Moore, a reproduzir a sífilis em animal, por inoculação de extratos de substância cerebral retirada de pacientes com paralisia geral, demonstrando assim a presença do *Treponema pallidum* no nível dos lobos frontais desses doentes. Assim, ele encerrou definitivamente as discussões que, desde os trabalhos de Alfred Fournier* em 1878, dividiam partidários e adversários da teoria sifilítica da paralisia geral.

Noguchi morreu a 21 de maio de 1928, de febre amarela, em Acra (Gana), para onde tinha ido, a fim de estudar essa afecção.

NORRIS *William* (1759?-1815)

Em maio de 1814, Edward Wakefield, em visita de inspeção ao velho asilo londrino de Bedlam, descobriu Norris, um paciente americano acorrentado ali havia cerca de dez anos, em condições atrozes. O caso teve tamanha repercussão que 25 anos depois Esquirol* ainda o citava no seu tratado: "Um oficial da marinha, N., convalescente, ameaçara Haslam* (o boticário de Bedlam). Foi acorrentado; livrou-se de suas algemas e das amarras comuns. Mandaram vir de Newgate uma máquina de ferro pesando 23 libras. Esse infeliz foi preso pelo pescoço e pelos pés; o tronco foi contido por um cinto de ferro, ao qual as mãos foram fixadas; o garrote e o cinto, por meio de um anel soldado em uma corrente de dez polegadas, deslizavam ao longo de uma barra de ferro selada perpendicularmente ao teto e ao chão... " A 7 de junho, Wakefield encarregou um pintor, George Arnald, de desenhar o infortunado Norris, tranqüilo e resignado na sua tortura. Essa prancha colorida, amplamente difundida, copiada ou reproduzida (existe ainda uma versão nas ilustrações do livro de Esquirol), abalaria a opinião pública e contribuiria para o movimento de reforma dos asilos do Reino Unido. Libertado de suas correntes, Norris morreu no mês de janeiro seguinte, de uma "doença dos pulmões".

John Haslam e Thomas Monro*, médico de Bedlam, tiveram que renunciar às suas funções.

O

OBERNDORF *Clarence*-Paul (1882-1954)

Depois de estudar medicina no Bellevue Hospital de Nova York, Oberndorf, que se sentia atraído pela psiquiatria, continuou a sua formação no serviço de Kraepelin* em Munique. Ao voltar, assumiu um cargo no Manhattan State Hospital, cujo Instituto de Psicopatologia era dirigido por Adolf Meyer. Ali, começou a aplicar as teorias de Freud*. Não sabemos quais foram as condições exatas da sua formação; mas em 1909 estava, com Abraham Brill*, entre os primeiros psicanalistas de prática particular nos Estados Unidos (em 1921-22, ele teria sido analisando de Freud, que em uma carta o qualificou de "estúpido e arrogante"...). Em 1913, organizou no Hospital Monte Sinai um dos primeiros serviços de psiquiatria ligados a um hospital geral, mas não podendo obter a sua autonomia, aposentou-se em 1939.

Professor de psiquiatria de 1936 a 1953 na Universidade de Colúmbia, presidente da Associação Psicanalítica Americana, durante muito tempo redator-chefe adjunto do *International Journal of Psychoanalysis* e do *American Journal of Psychiatry*, Oberndorf foi autor de uma *História da psicanálise na América*. Morreu a 30 de maio de 1954, durante uma crise de insuficiência coronária.

P

PAPPENHEIM *Bertha* (Anna O.) (1859-1936)

Em 1895, Breuer* e Freud* publicaram os *Estudos sobre a histeria*, que constituiriam um momento fundamental na gênese da psicanálise. A obra começava com a história de Fräulein Anna O., uma jovem paciente tratada por Breuer de dezembro de 1880 a junho de 1882, e cujos sintomas histéricos desapareceram à medida que a doente conseguia evocar as circunstâncias que acompanharam a sua primeira manifestação. Breuer chamou de "método catártico" (do grego κάθαρσιζ, purgação, purificação) esse novo tratamento. Em 1953, Ernest Jones* revelou a identidade de Anna O. Tratava-se de uma judia da burguesia vienense, Bertha Pappenheim.

Se é inútil resumir aqui a célebre observação de Breuer, parece interessante citar os aspectos menos conhecidos da biografia de sua paciente, e mostrar o novo olhar que a pesquisa minuciosa a que se dedicou Ellenberger* dirigiu para a sua doença.

Bertha Pappenheim, segunda de três irmãos, nasceu a 27 de fevereiro de 1859, em um meio vienense abastado e muito ligado à tradição judaica ortodoxa. Sabemos pouco sobre a sua juventude, que parece ter sido a de toda jovem pertencente à rica sociedade austríaca da época. Em julho de 1880, depois de uma grave doença de seu pai, apareceu a "primeira fase" das perturbações que exigiriam a intervenção de Breuer. Depois do falecimento do pai, a 5 de abril de 1881, o estado de Bertha se agravou a tal ponto que chamaram Krafft-Ebing*, e a 7 de junho foi transferida "sem engano mas à força" para uma "vila" de Inzersdorf, no subúrbio de Viena, onde Breuer continuou a visitá-la muito regularmente, com o doutor Breslauer, diretor de uma casa de saúde das proximidades. Em novembro, ela tinha melhorado suficientemente para voltar para a casa da mãe. Breuer a visitava cotidianamente, mas a situação piorou de novo no mês seguinte. A 12 de julho de 1882, foi admitida na Clínica Psiquiátrica de Kreuzlingen, às margens do lago de Constança. Sabemos principalmente que ali ela foi tratada com altas doses de cloral e de morfina, por causa de "nevralgias faciais" e que, no momento de sua saída desse estabelecimento, no dia 29 de outubro seguinte, ela ainda recebeu doses consideráveis dessas substâncias. A observação médica se detinha ali, e, como enfatiza Ellenberger, esse "protótipo de um tratamento catártico" não foi nem um tratamento nem uma catarse. Jung* já o dissera em 1925.

O que aconteceu depois com Bertha Pappenheim? Tudo indica que deixou Viena e foi para Frankfurt em companhia de sua mãe, mas em fins dos anos 1880, começou uma segunda "carreira", intensamente voltada para obras militantes e humanitárias. Durante cerca de 12 anos, dirigiu um orfanato em Frankfurt, depois empreendeu uma pesquisa sobre a prostituição nos Bálcãs, na Rússia e no Oriente Próximo. Em 1904, criou a "Liga das Mulheres Judias", em 1907 um estabelecimento de ensino ligado a essa organização. Militou pelos direitos da mulher, publicou estudos sociológicos, contos, relatos de viagem. Morreu de câncer a 28 de maio de 1936, tendo voltado à ortodoxia judaica, que rejeitara violentamente no período agudo das suas perturbações. A República Federal Alemã emitiu em 1954 um selo com sua efígie, em uma série de quatro vinhetas dedicada aos "benfeitores da humanidade".

Bibliografia: ELLENBERGER (H.F.), "Histoire d'Anna O., Étude critique avec documents nouveaux", *Évolution Psychiatrique*, 4, 1972, 693-717.

PARCHAPPE DE VINAY *Jean-Baptiste*-Maximien (1800-1866)

Jean-Baptiste Parchappe de Vinay nasceu a 21 de outubro de 1800 em Épernay (Marne), em uma família da velha nobreza arruinada pela Revolução, mas foi em Caen, onde seu pai era funcionário do fisco, que ele cresceu. Em Rouen, começou a fazer estudos de medicina, que concluiu em 1827 em Paris, com uma tese "Sobre a natureza e a influência das paixões". Instalou-se então em Rouen e ligou-se a Achille Foville*, em companhia de quem enfrentou a epidemia de cólera de 1832, que devastou o Asilo de Saint-Yon. Em 1833, foi nomeado professor de terapêutica e de higiene na Escola de Medicina e, dois anos depois, professor de fisiologia, substituindo Foville, demissionário por motivo de saúde. Em 1848, foi nomeado inspetor geral do Serviço dos Alienados. Morreu em atividade a 12 de março de 1866. De caráter severo, frio e distante, deixou, segundo disse Delasiauve*, a lembrança de um inspetor "estimado mas temido".

As concepções médicas de Parchappe se situam na perspectiva organicista: em 1836 e em 1838, redigiu duas monografias, intituladas "Pesquisas sobre o encéfalo, sua estrutura, suas funções e suas doenças", nas quais tenta, como tantos outros, estabelecer correlações anatomoclínicas entre as alterações do encéfalo e as diferentes doenças mentais. Em 1856, durante as famosas discussões da Sociedade Médico-Psicológica sobre as alucinações, defendeu a idéia de que estas eram conseqüência de um estado particular da camada cortical cerebral, sede da sensibilidade, da vontade e da inteligência. No mesmo ano, publicou na *Union Médicale* o seu trabalho *Da sede comum da inteligência, da vontade e da sensibilidade no homem*, mas foi o inspetor geral, autor em 1853 dos *Princípios a serem seguidos na fundação e na construção dos asilos de alienados*, que ficou para a posteridade. Se Esquirol* proclamou que "uma casa de alienados é um instrumento de cura", Parchappe, do mesmo modo que Girard de Cailleux* em Auxerre, se preocupou em estabelecer os planos desse asilo ideal, terapêutico, patriarcal e classificador.

Era classificador por diferentes motivos: destinado aos "pobres", para os quais era essencialmente planejado, não deixava de reservar para as classes "abastadas" uma seção especial, o "pensionato", com quartos individuais e até uma cama para o servidor doméstico. Quanto aos "ricos", estes deviam ser "absolutamente abandonados aos asilos particulares", a menos que se criasse para eles um asilo especial, "inspirado" no dos pobres, "e em condições independentes". Devia-se separar radicalmente os sexos em estabelecimentos distintos. Enfim, o asilo acolheria doentes curáveis e incuráveis, teria seções diferentes reservadas às crianças, aos velhos, aos agitados, aos tranqüilos, aos sujos e aos epilépticos. Essa ordem se refletia na arquitetura, cuja "regularidade, grandeza, harmonia de linhas e de proporções" davam ao conjunto "um caráter monumental, em relação com a finalidade da instituição". Esse asilo, no qual o trabalho constituiria uma dimensão terapêutica essencial (como Ferrus* no Hospital Bicêtre, Parchappe anexara uma fazenda ao seu serviço de Saint-Yon), devia abrigar 200 a 400 doentes, confiados a um único médico, a fim de que o "poder não fosse dividido... com grande prejuízo para o ascendente... e para a unidade de orientação, que pode lhe dar toda a eficácia de influência favorável sobre o bem-estar e sobre a cura dos doentes". Ao mesmo tempo, J.-P. Falret*, ainda mais unificador, não hesitava em declarar a Girard de Cailleux: "Se me derem hospícios bem construídos e bons vigilantes, dirigirei da capital todos os estabelecimentos de alienados da França... "

Bibliografia: MARTEL (J.), "Parchappe, signification de son œuvre, sa place dans l'évolution de l'assistance psychiatrique", tese de medicina, Paris, 1965.

PARCHEMINEY *Georges* (1888-1953)

Mais velho de dez irmãos, Parcheminey nasceu a 21 de fevereiro de 1888 em Ronchamp (Haute-Saône). Perdeu o pai, geólogo, quando era muito jovem. Estudou medicina em Paris. Os anos de guerra (durante a qual seria gravemente ferido) não lhe permitiram defender sua tese, o que só ocorreu em 1917, ano do seu casamento. Designado para um serviço de neurologia em Nice, deparou-se com as seqüelas neuropsiquiátricas dos feridos, circunstância que contribuiria para a sua orientação futura. Em 1920, abriu em Paris um consultório de clínica geral, mas seu interesse pela doutrina freudiana o levou, em 1925, para o divã de R. Loewenstein*. Em 1926, participou da fundação da Sociedade Psicanalítica de Paris. Quatro anos depois, foi seu presidente. Progressivamente, a sua atividade tornou-se exclusivamente psicanalítica, enquanto continuava a consultar e apresentar doentes no Hospital Sainte-Anne. Amante de música, trabalhador obstinado, de um temperamento afável e diplomático, foi de novo eleito para a presidência da SPP em junho de 1953, em plena tempestade separatista. Morreu no mês de setembro seguinte. Viúvo desde 1949, iniciara no fim da vida uma volta às preocupações religiosas que havia abandonado completamente.

Partindo do "salto do psíquico para a inervação somática", que a histeria de conversão representava, Parcheminey transpunha essa problemática, de modo mais geral, para as relações entre o corpo e o espírito, tal como a psicossomática incipiente começava a apresentá-las. É na *Revue Française de Psychanalyse* e na *L'Evolution Psychiatrique* que devemos procurar a maioria das suas publicações: "Conflitos psíquicos e perturbações orgânicas" (1927); "A histeria de conversão" (1931); "O problema da histeria" (1935); "A problemática do psicossomático" (1948). Vamos citar ainda "Alguns aspectos do problema da hipnose" (1932) e "Angústia humana e civilização" (1947).

Bibliografia: PONCET-GALINDO (G.), "Parcheminey, sa vie, son œuvre", tese de medicina, Créteil, 1981.

PARKMAN *George* (1790-1849)

A celebridade de Parkman, ligada principalmente às circunstâncias dramáticas da sua morte, não nos deve fazer esquecer o papel que ele desempenhou nos primórdios da psiquiatria americana. Nascido a 19 de fevereiro de 1790 em Boston, estudou na Escola de Medicina de Harvard e embarcou em 1811 para a França. Acolhido por Pinel* e Esquirol*, passou sete meses na Salpêtrière, visitou outras instituições européias, principalmente na Inglaterra, e em 1813 instalou-se na sua cidade natal. Se foi um dos raros alunos americanos de Pinel, foi também o único que persistiu no seu interesse pela psiquiatria. Dedicou-se a um recenseamento das necessidades da região de Boston, publicou em 1814 uma brochura, *Proposta de criação de um lugar de acolhimento para os insensatos* e fundou um pequeno estabelecimento, *Magee Place*, que esperava ligar, sob sua autoridade, ao Hospital Geral de Massachusetts. Esse projeto não se realizaria. Em 1816, as autoridades começaram a construir o Mac Lean Asylum. Parkman renunciou à sua candidatura, e em março de 1818, o Dr. Rufus Wyman* foi nomeado médico-diretor do novo estabelecimento. Parkman teria boas relações com ele, pois ele também era partidário do "tratamento moral", mas suas preocupações psiquiátricas não eram tão acentuadas. Fechou Magee Place, escreveu alguns artigos sobre patologia mental no *Boston Medical and Surgical Journal*, e interessou-se ainda pelo funcionamento do Boston Lunatic Asylum, que abriu suas portas em 1839.

Herdara dos pais, grandes negociantes, uma fortuna confortável. Em 1842, fez um empréstimo a John W. Webster, professor de química e mineralogia em Harvard. A 23 de novembro de 1849, ao pretender cobrar essa dívida, foi assassinado por seu devedor em uma sala dessa faculdade onde estudara e para cuja ampliação contribuíra com a sua generosidade. Só uma semana depois, foram encontrados fragmentos do seu cadáver em um forno do laboratório do assassino.

PASCAL *Constanza* (1877-1937)

Originária de Bucareste, Constanza Pascal estudou medicina em Paris. Logo se naturalizou e tornou-se externa dos Hôpitaux, e beneficiando-se da ação militante de Madeleine Pelletier*, foi aprovada em 1903 no mesmo concurso que esta, para a residência dos Asiles de la Seine. Em 1908, ainda seria a primeira mulher nomeada médica dos Asiles, e em 1925 médica dos Asiles de la Seine.

Dedicou sua tese às "Formas atípicas da paralisia geral" (1906), mas já em 1905, com seu mestre Sérieux*, interessou-se pela demência precoce, sobre a qual faria pesquisas, especialmente semiológicas, sintetizadas em seu livro *A demência precoce*, publicado em 1911. Devemos-lhe ainda publicações sobre o *Tratamento das doenças mentais pelos choques* (com Davesne em 1926), a concepção afetiva das demências no *Tratado* de Roger e Widal (1928), a farmacodinâmica do psiquismo e da motricidade dos dementes precoces (1931), a loucura de Schumann e *Tristezas de amor e psicose* (1936). Em 1922, quando era médica-chefe em Chalons-sur-Marne, criou um dos primeiros institutos médico-pedagógicos da província.

Era culta, independente, sempre acompanhada por seu cão de guarda. Morreu de câncer em 1937, ainda em atividade no Hospital Psiquiátrico de Maison-Blanche em Neuilly-sur-Marne.

PAVLOV *Ivan* Petrovitch (1849-1936)

Primogênito de onze irmãos, Pavlov nasceu em Riazan, a 27 de setembro de 1849. Seu pai era pope e ele próprio entrou para o seminário, mas sentiu-se mais atraído pelas ciências naturais e pela fisiologia. Em 1870, foi admitido na Faculdade de Ciências de São Petersburgo, onde foi aluno de Élie de Cyon. Em 1874, estudou na Academia Médico-Militar, onde começou a fazer experiências sobre a digestão no serviço de Botkin. Munido do seu diploma de médico, esteve na Alemanha de 1884 a 1886, nos laboratórios dos fisiologistas Karl Ludwig em Leipzig e Rudolf Heidenhain em Breslau, onde elaborou a técnica, do "pequeno estômago" em cães, que tornaria possíveis as pesquisas sobre os fenômenos digestivos de secreção, que lhe valeriam o prêmio Nobel em 1904.

Nomeado professor na Faculdade de Tomsk em 1890, e no ano seguinte na de Varsóvia, tornou-se em 1892 diretor do Instituto de Medicina Experimental de São Petersburgo. A despeito de múltiplas dificuldades materiais, a Revolução de Outubro não interrompeu a sua atividade científica, e em 1924 o governo soviético mandou construir para ele o vasto laboratório de medicina experimental de Koltouchy, perto de Leningrado. Ivan Pavlov morreu a 26 de fevereiro de 1936.

Foi o estudo das secreções digestivas que levou Pavlov à idéia de que o controle nervoso dos órgãos internos passava pelo córtex cerebral e lhe sugeriu o estudo do *condicionamento*. Suas primeiras pesquisas se situaram na linha direta da escola fisiologista russa, representada por homens como A.M. Filomafitskii (1807-49) que, já em 1842, trabalhava na fistulização gástrica do cão e entrevia o papel do cérebro na inibição dos reflexos, ou I.M. Setchenov* (1829-1905), autor de um livro sobre *Os reflexos do encéfalo* e que, desde 1858, publicou trabalhos sobre o papel dos nervos nos processos de nutrição. Oposta à teoria da patologia celular de Virchow, a escola russa defendia uma teoria neurogênica, o *nervismo*, que dava um lugar importante às perturbações "funcionais" dependendo do sistema nervoso e da qual as pesquisas de Pavlov constituíam o prolongamento natural. Mas foi principalmente a partir de 1921 que ele começou a se interessar mais particularmente pelos problemas "psiquiátricos" e elaborou com sua aluna I. Shenger-Krestovnikova a teoria das *neuroses experimentais*, preocupação que seria reativada em 1927, quando o próprio Pavlov desenvolveu uma "neurose cardíaca" posterior a uma intervenção para eliminar cálculos biliares.

Reencontrando, a partir de uma concepção reflexológica mecanicista, os grandes princípios da tipologia humoral hipocrática, ele tentava reduzir a vida psíquica a um jogo de estímulo-resposta, inclusive a linguagem, "segundo sistema de sinalização", teoria que influenciaria de maneira importante o desenvolvimento da psiquiatria soviética e também as terapêuticas comportamentais da escola behaviorista americana.

PELLETIER Anne-*Madeleine* (1874-1939)

Teve uma existência pouco banal, essa militante revolucionária e feminista, que soube conquistar na França o acesso das mulheres à carreira asilar, antes de morrer internada... Nascida em Paris a 18 de maio de 1874, em uma venda de frutas e legumes "repugnante de sujeira" da rue des Courts-Carreaux, entrou muito cedo em conflito com a mãe, personagem forte, católica, partidária da monarquia, razão talvez da sua recusa da feminilidade, que ela expressaria com seus cabelos curtos e sua aparência masculina. Por volta de 1894, freqüentou a Escola de Antropologia fundada por Broca*, cujo clima materialista a seduzia. Em 1897, terminou os estudos secundários, matriculou-se no curso de medicina. Um estágio no serviço de Joffroy* em 1902 lhe deu gosto pela psiquiatria. No ano seguinte, graças a uma campanha da imprensa que ela dirigiu, forçou com Constanza Pascal*, a barreira da residência nos Asiles de la Seine, até então vedada às mulheres. No mesmo ano, defendeu a sua tese sobre "A associação de idéias na mania aguda e na debilidade".

Seria residente de M. Legrain*, E. Toulouse*, A. Marie*, e P. Dubuisson, todos de esquerda e maçons, que alimentaram o seu entusiasmo laicista. Legrain até a convenceria, em 1904, a iniciar-se na Loja maçônica mista "O Direito Humano". Em 1906, foi reprovada no concurso para médicos dos Asiles, abriu um consultório e vivia dos magros subsídios de médica do serviço noturno da cidade de Paris. Militou pela revolução na Seção Francesa da Internacional Operária, combateu pelo malthusianismo e pela emancipação da mulher. Com a declaração de guerra, solicitou em vão um posto de médica no Exército e em setembro de 1914 decidiu informar-se por si mesma da situação, percorrendo a pé a zona de combate, alguns dias depois do fim da batalha de Marne... Decepcionada em sua fé na humanidade, dedicou-se então à preparação de uma licenciatura em química, fez uma viagem à Rússia em 1921, que destruiu as suas novas ilusões, mas não apagou o seu ardor militante.

Teria praticado, ela própria, o aborto? É pouco provável, mas em abril de 1939, depois de uma busca em seu consultório, foi acusada. Declarada "totalmente" irresponsável, foi internada em Perray-Vaucluse, onde morreu a 29 de dezembro desse mesmo ano.

Os escritos de Madeleine Pelletier são numerosos. Os primeiros são científicos: *Sobre um novo processo para obter o índice cúbico do crânio* (1901), *Pesquisas experimentais sobre os sinais físicos da inteligência* (1903, com N. Vaschide*), trabalho de craniometria que seria retomado por Binet* e Simon*, *O soro marinho na terapêutica dos alienados* (1905), *Os membros-fantasmas nos amputados delirantes* (1905), *Pretensa degenerescência dos homens geniais* (1905). Sua tese foi reeditada em 1904 sob o título *As leis mórbidas da associação de idéias*.

Vieram depois as obras polêmicas: *A mulher em luta por seus direitos* (1908); *As mulheres podem ter gênio* (1910); *Ideologia de ontem: Deus, a moral, a pátria* (1910); *A emancipação sexual da mulher* (1911); *O direito ao aborto* (1911). Vamos mencionar ainda *Minha viagem aventurosa na Rússia comunista* (1922), duas peças de teatro: *In anima vili ou um crime científico* (1920); *Superior! Drama das classes sociais* (1923) e um romance autobiográfico: *A mulher virgem* (1933).

Bibliografia: SOWERWINE (C.), "Madeleine Pelletier (1874-1939), femme, médecin, militante", *Information Psychiatrique* 64. 9, 1988, 1181-93.

PHILIPS *Joseph ver* DURAND (de Gros)

PICHON *Édouard* (1890-1940)

Édouard Pichon nasceu a 24 de junho de 1890 em Sarcelles (Seine-et-Oise), onde seu pai, originário da Borgonha, tinha um cartório. Aluno brilhante, foi atraído pelas letras, mas sua família o aconselhou a seguir a carreira médica. Em 1914, foi residente dos Hôpitaux de Paris e se destinava à pediatria, quando a guerra interrompeu a sua formação. Em 1920, estava no serviço de neurologia de Souques na Salpêtrière. Chauffard presidiu a banca que julgou a sua tese, em 1924, sobre "O reumatismo cardíaco evolutivo e seu tratamento", afecção que infelizmente conhecia bem, pois sua mãe, sua irmã e ele próprio foram atingidos por ela. Nessa época Alajouanine, seu amigo de longa data, o apresentou a Borel, ligado a René Laforgue*. Esse encontro foi determinante: Pichon começou uma análise com Eugénie Sokolnicka*, foi um dos fundadores da *L'Evolution Psychiatrique* e da Sociedade Psicanalítica de Paris no ano seguinte. Em 1927, casou-se com a filha de Pierre Janet*, foi nomeado médico dos Hôpitaux em 1931. Mas desde 1934, ressentia-se severamente da cardiopatia que o levou seis anos depois, deixando um comovedor artigo póstumo, "Morte, angústia, denegação".

A obra de Pichon, redigida em um estilo claro, preciso, espirituoso e até cáustico, é muito variada. Deixando-se de lado publicações de cardiologia e de pediatria pura, podemos citar entre seus trabalhos de psiquiatria infantil, em que sempre se manifesta o seu esforço para conciliar os aspectos médico e psicológico: *Sobre os tratamentos psicoterápicos curtos de inspiração freudiana na criança*, redigido em 1928 com Parcheminey*, *O desenvolvimento psíquico da criança e do adolescente*, "manual de estudo" publicado em 1936, *O gaguejamento, sua natureza e seu tratamento*, publicado no ano seguinte com Madame Borel-Maisonny.

Mas devemos-lhe também artigos mais gerais e muitas vezes polêmicos, tais como *De alguns obstáculos à difusão da psicanálise na França*, escrito já em 1923 com René Laforgue*, *Da extensão legítima do domínio da psicanálise* (1927), e ainda *Posição do problema da adaptação recíproca entre a sociedade e os psiquismos excepcionais*, impressionante tomada de posição onde se revela maciçamente o engajamento político maurrassiano do autor, cujo nacionalismo intransigente e cujas apologias do "gênio latino" não deixavam de irritar Freud*.

Também existiu um outro Pichon, o psicolingüista apaixonado, que já em 1911 se consagrava, com um tio materno, Jules Damourette, à redação dos sete volumes da gramática *Das palavras ao pensamento, Ensaio de gramática da língua francesa*, cuja publicação iria até 1940. Assim, não é surpreendente que a "Comissão Lingüística para a Unificação do Vocabulário Psicanalítico Francês", que funcionava no interior da *Revue Française de Psychanalyse*, lhe tivesse confiado a sua presidência.

Bibliografia: MOREAU (D.), "Édouard Pichon, vie et œuvre", tese de medicina, Paris-Créteil, 1979.

PICK *Arnold* (1851-1924)

Pick nasceu em 1851 em Iglau (ex-Tchecoslováquia). Em Viena, fez estudos de medicina, que terminou em 1875. Condiscípulo de Meynert*, aluno de Westphal*, de quem foi assistente no Hospital da Caridade em Berlim, adquiriu uma formação sólida de anatomopatologia do sistema nervoso. Médico do Asilo de Wehnen na Tchecoslováquia, e depois médico-adjunto no Asilo de Praga, onde se encarregou de um curso de neurologia e de psiquiatria, dirigiu durante algum tempo o Asilo Nacional de Boêmia em Dobrzan, antes de voltar, em 1886, como professor-ordinário de psiquiatria, à Universidade de Praga, onde acabaria a sua carreira.

A pesquisa anatomopatológica sempre estaria no primeiro plano dos seus interesses. Depois de vários trabalhos sobre as afecções medulares, realizados em colaboração com Kahler, um ex-aluno de Charcot*, orientou-se para os problemas das localizações corticais no âmbito dos estudos sobre a afasia. Considerava que a unidade psicológica da linguagem não era a palavra, mas a frase, e que, sendo a afasia uma desordem da construção gramatical, deveria ser estudada em bases lingüísticas. No Congresso Internacional de Amsterdã de 1907, fez a descrição de atrofias "circunscritas" com enfraquecimento intelectual, localizadas nas regiões frontotemporais. Onari e Spatz, em 1926, precisariam o seu quadro anatomoclínico e proporiam que se desse o nome de *Doença de Pick* a uma afecção específica que o próprio Pick nunca descreveu como tal. Morreu a 4 de janeiro de 1924.

PINEL Jean-Pierre-*Casimir* (1800-1866)

Casimir Pinel era filho de Louis, um dos irmãos de Philippe Pinel, médico em Saint-Paul-Cap-de-Joux (Tarn). Depois de fazer estudos de humanidades em Toulouse e em Castres, foi para Paris estudar medicina. Tendo entrado no hospital do Val-de-Grâce em 1823, participou da campanha da Espanha como cirurgião, defendeu uma tese em 1826 e foi reformado em 1828, por enfermidades contraídas no Exército. No ano seguinte, abriu na rue de Chaillot uma casa de saúde em uma grande propriedade com parque, mas não podendo renovar o contrato de aluguel em 1844, transferiu o seu estabelecimento para a Avenue de Madrid em Neuilly, na antiga Folie-Saint-James.

Casimir Pinel não deixou uma grande obra, mas devemos-lhe alguns artigos essencialmente consagrados à paralisia geral, ao *Tratamento da alienação mental em geral e principalmente pelos banhos mornos prolongados e aspersões contínuas de água fresca sobre a cabeça* (1853) e ao *Sigilo médico em suas relações com a alienação mental, notadamente a respeito do casamento* (1863). De pensamento liberal (era amigo de Bories, um dos quatro sargentos de La Rochelle guilhotinados em 1822), teve ocasião, por diversas vezes, de acolher em sua clínica, a pretexto de "razões de saúde", jornalistas perseguidos por delitos de imprensa, como Daumier, Dubois, diretor do *Globe* e Philippon, diretor do *Charivari*. Morreu a 6 de dezembro de 1866, "depois de uma longa doença". Seu adjunto e genro, Armand Semelaigne*, lhe sucederia na direção do castelo Saint-James.

PINEL *Philippe* (1745-1826)

Considerado o fundador da psiquiatria na França, Philippe Pinel nasceu a 20 de abril de 1745, em uma família de médicos, em Jonquières, perto de Castres (Tarn). Fez estudos clássicos no Colégio de Lavaur, e depois estudos religiosos no Colégio de Esquille em Toulouse. Mas logo deixou a vocação religiosa para estudar medicina, também em Toulouse, onde recebeu o título de doutor a 21 de dezembro de 1773, com 28 anos. No ano seguinte, partiu para Montpellier, para aperfeiçoar-se na arte médica. Ali, conheceu Cheptal ainda estudante, estudou a nosografia de Boissier de Sauvages e seguiu o curso de Barthez. Não defendeu uma nova tese, mas redigiu algumas, bastante medíocres, que vendeu a estudantes mais ricos do que escrupulosos. Em 1778, partiu para Paris, com a esperança de fazer carreira. Mas seu início na capital foi bastante modesto: sobrevivia graças a aulas particulares de matemática e à redação de artigos médicos de circunstância. Essa atividade de jornalista o levou a assumir, em 1784, a direção da *Gazette de Santé*, sucedendo a J. Paulet. Teria traduzido as *Instituições de medicina prática* do escocês Cullen* em 1785, obra que copiaria em grande parte, na sua futura *Nosografia filosófica*. Em 1788, fez uma nova edição comentada das *Obras médicas* de Baglivi. No início, não exerceu a medicina de clientela. Somente a partir de 1786, tratou de alguns doentes mentais na casa de saúde do Sr. Belhomme* na rue de Charonne, reservada a pacientes ricos. Como o Ancien Régime não o tratara muito bem (suas diversas tentativas acadêmicas e sua procura de um cargo de médico de "Mesdames" — as tias do rei Luís XVI — terminaram em fracasso), seguiu com entusiasmo o movimento revolucionário em 1789. Entretanto, tornou-se um burguês "moderantista" quando chegou o Terror, durante o qual fez-se nomear, graças a Thouret, que gostava dele, médico no Hospício de Bicêtre. Ocupou essas funções de 11 de setembro de 1793 até 29 de abril de 1795. Foi na "7ª divisão", reservada aos insensatos, que ele observou o trabalho do vigilante Pussin* e compreendeu a importância do tratamento moral em sua dimensão institucional. Nesse lugar dantesco que serviria de palco para o famoso mito da libertação dos alienados de suas correntes, parece que ele se contentou em ter um papel de observador prudente, deixando ao vigilante a maior parte das iniciativas terapêuticas e administrativas. Partidário entusiástico da reação de Termidor, seguiu o seu destino triunfal. Nomeado professor-adjunto de física médica e de higiene na nova Escola de Saúde de Paris, a 14 de dezembro de 1794, sucedeu no ano seguinte a Doublet* na cátedra de patologia interna (médica). Foi, a partir de 13 de maio de 1795, médico-chefe no Hospital da Salpêtrière, onde continuaria sua carreira até a morte. Membro do instituto em 1803, fez parte do primeiro grupo de condecorados com a Legião de Honra, criada por Napoleão, que o nomeou em 1805 "médico clínico do Imperador". Serviu ao Império e depois a Restauração, que o condecorou com a Ordem de São Miguel em 1818. Apesar do seu oportunismo político, foi demitido em 1822 do seu posto de professor, pelo ministério Corbière. Os últimos anos da sua vida foram entristecidos por essa demissão e pelas loucas despesas dos seus filhos Scipion e Charles, cujas dívidas pagava. Enfraquecimentos cerebrais sucessivos a partir de 1823 o fizeram mergulhar pouco a pouco em uma demência arteriopática, da qual morreu a 25 de outubro de 1826.

Foi principalmente como nosógrafo e clínico que Pinel ficou na história da medicina. Desde a primeira edição da sua *Nosografia filosófica ou método de análise aplicada à medicina*, publicada em 1798, nitidamente mais inspirada por Cullen* do que por Boissier de Sauvages*, o médico da Salpêtrière baseou a sua classificação das doenças menos nos sintomas do que nos órgãos lesados. Essa classificação se fundamentava em um método analítico usado por naturalistas como Lineu, Daubenton, Jussieu, e por anatomistas comparatistas como Cuvier. Teria uma influência, talvez exagerada, no desenvolvimento da anatomia patológica, da qual os trabalhos de Xavier Bichat representaram a primeira etapa francesa, pois na Inglaterra Hunter e seus sucessores já tinham progredido consideravelmente nessa área. Para as "vesânias" ou doenças mentais, Pinel seguia a ordem estabelecida por Cullen, sentindo um desconforto evidente para introduzi-la em uma nosografia médica.

Aliás, fez uma classificação muito diferente das vesânias no seu célebre *Tratado médico-filosófico sobre a alienação mental*, cuja primeira edição (1801) ficava centrada na "mania", doença mental que era para Pinel o modelo mais típico e mais freqüente. Reconhecia inicialmente que as causas da alienação eram "predisponentes" (grande parte de hereditariedade) ou "ocasionais" (papel importante dos acontecimentos exteriores e das emoções violentas). Mas Pinel não acreditava em uma organogênese cerebral direta; pensava que as lesões cerebrais eram graves, e que elas acarretavam perturbações sérias e definitivas no plano vital. Através do conceito bastante ambíguo de "simpatia", considerava que as perturbações mentais eram consecutivas a lesões viscerais provocadas pelas emoções e as paixões. De certa forma, tratava-se de uma teoria periférica das emoções, prefigurando as de James e de Lange. Os alunos de Pinel, Esquirol* e principalmente Georget*, criticariam essa concepção confusa de uma espécie de organogênese secundária. Isso se devia ao fato de que o seu mestre se situava, no plano filosófico, na encruzilhada de um empirismo sensualista herdado de Condillac, do materialismo bastante simplista de Cabanis e das correntes espiritualistas, cujo biranismo representava o reaparecimento, nesse ambiente confuso, de uma frenologia incipiente. Retomada na segunda edição do seu *Tratado médico-filosófico* (1809), que não tinha mais o título de "A Mania", sua classificação das doenças mentais se fez finalmente no nível do comportamento, indo da perturbação psíquica mais ligeira até a mais grave. Assim, ela começava pela simples melancolia ou delírio parcial "dirigido para um único objeto", que precedia a mania, ou delírio generalizado com sua forma particular de "mania furiosa sem delírio". Depois, vinha a demência ou enfraquecimento intelectual generalizado: "Não há julgamento, nem verdadeiro nem falso; as idéias estão como que isoladas, e verdadeiramente umas depois das outras; mas elas não são de modo algum associadas... ". Enfim, o idiotismo, grau último da vesânia, "abolição total das funções do entendimento". O idiotismo, que podia ser de nascença ou adquirido, se tornaria posteriormente a "demência aguda" de Esquirol, a "estupidez" de Georget, a "confusão mental primitiva" de Chaslin*.

Pragmático antes de tudo, Pinel exerceria uma influência considerável na organização do tratamento dos alienados. Desenvolveu-se o "tratamento moral", já aplicado pelos médicos ingleses, mostrando que sempre havia no alienado um resto de razão, que permitia restabelecer, em uma espécie de aliança terapêutica, o diálogo interrompido pela loucura. Iria interessar-se principalmente pela "política", pela regulamentação da instituição hospitalar psiquiátrica, que seria denominada "asilo". Pode-se constatar que a segunda edição do seu *Tratado médico-filosófico* compreende mais de 200 páginas novas, consagradas à sua experiência institucional no Hospital Bicêtre e principalmente na Salpêtrière. Mostrava a importância das relações com o círculo familiar, o meio, os outros doentes, no aparecimento, na persistência e no agravamento da doença mental. Enfatizava a disciplina, a organização da vida dos doentes, sua classificação rigorosa, o isolamento dos mais perigosos. Insistia na necessidade, para o médico, de participar da administração hospitalar. Os tratamentos medicamentosos tinham para ele apenas uma importância secundária. O medico alienista devia ser, antes de tudo, um observador e um diretor, organizando e reformando constantemente a rede relacional no interior do seu serviço. Pode-se dizer que Pinel, com essas concepções, e através do seu aluno Esquirol, foi o verdadeiro precursor do estabelecimento de uma regulamentação psiquiátrica, que teria o seu enquadramento legislativo definitivo na lei promulgada a 30 de junho de 1838, menos de doze anos depois de sua morte.

J. Postel

PINEL *Scipion* (1795-1859)

Nascido em Bicêtre a 22 de março de 1795, Scipion era o filho mais velho de Philippe Pinel*. Seu irmão Charles, sete anos mais novo, amante de botânica e mineralogia, se instalaria no Brasil em 1834, vivendo do cultivo e do comércio de orquídeas. Morreria em 17 de julho de 1871. Scipion se orientou para a medicina e defendeu a sua tese "Pesquisas sobre alguns pontos da alienação mental" a 30 de dezembro de 1819. Sua grande instabilidade entristeceu os últimos anos de seu pai: médico-vigilante na Salpêtrière em 1820, diretor da Casa de Saúde de Port-à-l'Anglais perto de Ivry, médico de vários outros estabelecimentos particulares, tentou sem sucesso criar uma casa para alienados em Ménilmontant, foi nomeado médico da 1ª seção de alienados de Bicêtre em 1836 e pediu demissão três anos depois, para instalar-se na rue Richelieu.

Devemos-lhe várias obras. Em 1833, publicou uma *Fisiologia do homem alienado*, na qual desenvolveu uma patogenia organicista da doença mental, que ele propôs chamar *cerebria*, cujo mecanismo iria da inflamação ou *cerebrite*, própria das afecções agudas, à esclerose, que assinalava a cronicidade e a demência. Essa teoria seria retomada em um *Tratado de patologia cerebral* publicado em 1844. Também foi autor de um plano de organização dos asilos, exposto em um *Tratado completo do regime sanitário dos alienados ou Manual dos estabelecimentos que lhes são consagrados*, ilustrado, publicado em 1836. Grande admirador de X. Bichat, prefaciou em 1821 a reedição da sua *Anatomia geral*.

PITRES *Albert*-Jean-Marie-Marcel (1848-1928)

Pitres estudou medicina em Bordeaux, onde nasceu a 26 de agosto de 1848. Depois de três anos de residência no Hospital Saint-André de Bordeaux, foi nomeado residente dos Hôpitaux de Paris em 1872, passou dois anos no serviço de Charcot*, trabalhou no laboratório do histofisiologista Louis Ranvier e, aprovado como professor em 1878, voltou para Bordeaux, onde foi encarregado de um curso de anatomia, antes de obter a cátedra de clínica médica. Seria eleito por duas vezes decano da Faculdade de Medicina, em 1885 e 1887. Morreu em sua cidade natal, a 25 de março de 1928.

Ao lado de sólidos trabalhos neurológicos, Pitres implantou em Bordeaux o tratamento da histeria de Charcot, a quem dedicou, em 1891, os dois tomos das suas *Lições clínicas sobre a histeria e o hipnotismo*, descrevendo com cuidado as zonas "histerógenas", "hipnógenas" e "ideógenas" em alguns pacientes escolhidos do seu serviço, inconscientemente adestrados, e cujo estudo ele abandonaria pouco tempo depois da morte do seu mestre.

POMME *Pierre* (1728-1814)

Filho de um médico de Arles, Pierre Pomme tinha apenas 19 anos quando em 1747 recebeu o título de doutor da Faculdade de Montpellier. Três anos depois, instalou-se em sua cidade natal e se preocupou principalmente com o tratamento da histeria, sobre o qual iria edificar-se a sua fama. Em janeiro de 1757, publicou no *Journal de Médecine et de Chirurgie* um artigo "(...) Sobre a eficácia dos umectantes nas doenças histéricas", seguido em 1760 de um "Ensaio sobre as afecções vaporosas dos dois sexos", que desencadeou as reações hostis de um "Estudioso" anônimo, cujo libelo foi difundido por "um impressor furtivo, embora muito conhecido". Mas o ensaio, que se tornou *Tratado das afecções vaporosas*, teria reedições sucessivas até os primeiros anos do Império. Em 1766, a notoriedade de Pomme chegou à capital. Rapidamente, conquistou um lugar de destaque. Médico de Madame du Deffand e de Madame de Boufflers, médico do Rei, sem ter sido obrigado a validar em Paris o seu diploma de Montpellier, conquistou com essa ascensão rápida sólidas inimizades, que se mascararam de polêmicas "científicas" e insinuações caluniosas sobre o falecimento de duas ilustres pacientes. Assim, em 1772, Pomme voltou para Arles. Ali, preparou as reedições do seu *Tratado* e ainda teve a ocasião de desempenhar na sua cidade um papel moderador, durante a Revolução. Morreu esquecido em 1814.

Pomme foi defensor da terapêutica "umectante". Acreditando que podia atribuir os fenômenos que acompanhavam as afecções vaporosas, tanto no homem quanto na mulher, a um "endurecimento" dos nervos, privados do "humor tênue e lubrificante que mantém a sua flexibilidade e os torna mais ou menos próprios para exercer as suas funções", propôs substituir os remédios estimulantes habitualmente preconizados pelo uso intensivo de "dissolventes" e "refrescantes" internos e externos, tais como clisteres, tisanas e banhos frios, às vezes prolongados durante oito a doze horas por dia. Segundo os numerosos artigos publicados no *Journal de Médecine et de Chirurgie*, o método de Pomme foi bem aceito por muitos de seus colegas, excetuando-se as lutas de interesses já mencionadas e que não deixavam de prefigurar as que Mesmer* teria doze anos depois. É verdade que Pomme encontrou um defensor célebre na pessoa de Voltaire, que no artigo "Demoníaco" do *Dicionário filosófico* não hesitou em afirmar que ele fizera "mais curas do que os sacerdotes de Ísis, Diana ou outros fizeram milagres... ".

POMPONAZZI *Pietro*, dito "Le Pomponace" ou "Pomponat" (1462-1524)

Nascido em Mântua a 16 de setembro de 1462, em uma família de notáveis amiga dos Gonzaga, estudou filosofia em Pádua, onde foi aluno de Nicoletto Vernia, que ensinava as doutrinas de Aristóteles e de Averróis. Doutor em medicina em 1487, ensinou em Pádua a física aristotélica e o averroísmo, do qual se pretendia continuador. Em 1495, tornou-se "professor-ordinário de filosofia natural". Como as operações militares da liga de Cambrai fecharam a Universidade de Pádua em 1509, foi para Ferrara e depois para Bolonha em 1512. Nessa cidade, escreveu e publicou a maioria de suas obras conhecidas, principalmente *De immortalitate animae* em 1516, *Apologia contra Contarenum* em 1517 e o *Tractatus de nutritione et augmentatione* em 1521. Morreu em 1524. Seu corpo, trazido para sua cidade natal, foi enterrado na igreja de Santo André.

Mas seu livro mais famoso, que lhe valeu um lugar eminente na história da psiquiatria, só seria publicado em 1556, em Basiléia. Intitulado *De naturalium affectum admirandorum causis, sive de incantationibus* seu manuscrito, acabado a 16 de agosto de 1520, circulava há mais de trinta anos, em muitas cópias, através de toda a Europa.

Se seu autor não o publicou durante a vida, foi talvez porque temia, com razão, a ira da Inquisição. De fato, demonstrava que a maioria dos fenômenos considerados como sobrenaturais eram causados, na verdade, apenas por forças físicas ainda desconhecidas, ou pela astúcia dos operadores, ou principalmente pela imaginação coletiva e pela credulidade popular. Assim, até os milagres do Evangelho teriam causas naturais. Do mesmo modo, a demonomania e as epidemias de feitiçaria, que ofereciam então aos inquisidores a maioria de suas vítimas, podiam explicar-se simplesmente pela predisposição mórbida, pelo desejo, pelo medo, pela imaginação dos possuídos e pelas pressões morais do ambiente. Sem dúvida, Pomponazzi, ainda herdeiro do pensamento da Idade Média, recorria, na descrição das "forças físicas" a todo um sistema astrológico em que a influência astral se faria constantemente sentir na marcha do Universo e no comportamento de cada ser humano. Devemos dizer que Pierre d'Abano, Cecco d'Ascoli e Guidon Bonati (em 1506) tinham ministrado nas décadas precedentes um ensino que dava à astrologia uma grande importância. Não só os homens, mas também as cidades e os reinos tinham o seu "genetlíaco" e Tarutius fazia retrospectivamente o horóscopo de Rômulo e de Roma. Esse sistema explicativo, parte mais fraca da obra, correspondia ao início do racionalismo e da incredulidade, como se vê, por exemplo, na obra de François Rabelais.

Mas essas fraquezas não tiram do livro desse genial mantuano a sua grande originalidade e a sua influência fundamental sobre o abandono da crença na possessão diabólica, na magia e nos milagres. A *Daemonum investigatio* de Cesalpino se inspira diretamente nele, e Jean Wier*, em sua *História dos diabos*, retoma todas as suas idéias diretoras. Sem dúvida, ele negava, no fim de sua obra, ter sofrido a influência de Pomponazzi. Mas em nossa opinião, ele o fez apenas para evitar as perseguições inquisitoriais. Na verdade, ele fez questão de afirmar que "Pomponazzi, antes de morrer e entregar o espírito, retratou-se e não morreu ateu".

É certo que se o livro *Dos encantamentos* abria uma era nova para a explicação racional dos fenômenos sobrenaturais e assinalava o advento de uma psicopatologia liberada da metafísica e da teologia, para os seus contemporâneos ele cheirava a enxofre. Cerca de um século depois, L. Vanini, cujo *De abditis naturae arcanis* era apenas um plágio do *De incantationibus*, pagaria caro: por causa do seu ateísmo, foi condenado à fogueira, depois de ter a língua arrancada pelo carrasco.

J. POSTEL

Bibliografia: POMPONAZZI (P.), *Les causes des merveilles de la nature ou les enchantements*, trad. franc. e apres. por H. Busson, Paris, Reidel, 1930, 296p.

POSTEL *Guillaume* (1510-1581)

Originário de Barenton (no sul do atual Departamento de Manche), orientalista, matemático, geógrafo, médico, leitor no Collège de France, Guillaume Postel foi um enigma para seus contemporâneos, que o apelidaram "Douto e Louco Postel". Sua missão de papa angélico e de apóstolo da concórdia no mundo, que as suas iluminações lhe revelaram, o conduziu a uma vida movimentada que acabou em Paris, em Saint-Martin-des-Champs, para onde o Parlamento o mandou. Durante uma longa permanência em Veneza, encontrou uma devota, a Madre Jehanne, na qual descobriu uma espécie de messias feminino, a Mãe do Mundo que deveria gerar a nova humanidade redimida. Em 1551, uma nova iluminação o fez descobrir-se imortal, em uma transformação de todo o seu ser. Em 1555, apresentou-se ao tribunal da Inquisição em Veneza, que o condenou à prisão perpétua por motivo de loucura perigosa. Sua obra, durante muito tempo apenas manuscrita, mas recentemente publicada por M. -F. Secret, é muito reveladora sobre uma corrente do pensamento cristão atraído pela Cabala, e as atas do processo de Veneza e seus testemunhos escritos a respeito da sua vivência interior constituem um documento de valor sobre a experiência da loucura no século XVI.

J. SIMONET

PRICHARD *James*-Cowles (1786-1848)

James Prichard nasceu em Ross (Herefordshire) a 11 de fevereiro de 1786, em uma família pertencente à Sociedade dos Amigos (Quakers). Começou o seu curso de medicina em Bristol, em 1802, e terminou-o seis anos depois em Edimburgo, com uma tese intitulada *De humani generis varietate*, que já mostrava o seu gosto pela antropologia. Em 1810, fixou-se em Bristol, onde, além de sua clientela particular, encarregou-se de um serviço no Hospital São Pedro. Quando, em 1845, foi nomeado membro de uma Comissão de Estudos sobre as Doenças Mentais, deixou essa cidade e instalou-se em Londres. Morreu de uma afecção cardíaca a 23 de dezembro de 1848.

Os trabalhos de Prichard giram em torno de dois centros de interesse; a pesquisa etno-antropológica e a patologia mental. À primeira dessas orientações, devemos obras como *Uma análise da mitologia egípcia* (1819), *A história natural do homem* (1843), e os cinco tomos das *Pesquisas sobre a história física da humanidade*. A segunda se expressa essencialmente no *Tratado da loucura e das outras desordens que afetam o espírito*, que publicou em Londres em 1835. O valor principal desse *Tratado* reside no estudo original de um problema particular, já entrevisto por Pinel* ("mania sem delírio"), por Esquirol* ("monomania raciocinante") e por Benjamin Rush* ("depravação moral inata"), mas que Prichard foi o primeiro a descrever com precisão sob o nome de *moral insanity* ou loucura moral. Esta consiste em uma perturbação isolada do senso moral e dos comportamentos sociais, sem lesão da inteligência nem das capacidades de raciocínio, sem manifestações delirantes, mas que conduz a atos delituosos, que levantam, para o magistrado e para o médico, o problema sempre delicado da responsabilidade penal do indivíduo afetado. Prichard concluiu que se tratava de uma doença e publicou em 1842 uma obra, *Sobre as diferentes formas de loucura, em suas relações com a justiça*, destinada a responder às questões dos juristas sobre esse tema.

PRINZHORN *Hans* (1886-1933)

Personagem independente, para não dizer marginal, Prinzhorn, nascido a 8 de junho de 1886 em Hemer, na Westfália, fez um curso de história da arte em Munique, que concluiu em 1908 com uma tese de filosofia. Dedicou-se então a estudos de canto em Leipzig, casou-se em 1909, viveu em Berlim e em Londres, divorciou-se em 1912 e voltou a casar-se alguns meses depois.

O aparecimento de problemas mentais em sua nova esposa o orientou para estudos de medicina, que começou em 1913 na Universidade de Freiburg. A guerra estourou e o levou a servir sob as ordens do pastor Karl Wilmanns, diretor da Clínica Psiquiátrica de Heidelberg, de quem se tornou assistente em janeiro de 1919. Wilmanns o estimulou a interessar-se pelos desenhos dos doentes. Em dois anos e meio, Prinzhorn reuniu cerca de 4 mil documentos, que constituiriam a base da obra que o tornou célebre, *Bildnerei der Geisterkranken*, que foi publicada em 1922. Nesse ano também, divorciou-se e iniciou um período errante: em 1921, deixou Heidelberg pelo Hospital Burghölzli em Zurique, foi depois para Dresden (1923) e Wiesbaden, onde dirigiu, em 1924, uma pequena clínica, antes de abrir um consultório em Frankfurt. Um terceiro casamento em 1926 com uma jovem de 16 anos foi um novo fracasso. Prinzhorn, que era sujeito a momentos de depressão, esteve na Provença, em Paris, fez em 1930 uma turnê de conferências nos Estados Unidos e voltou em 1931 para fixar-se em Munique. Morreu nessa cidade, em conseqüência de uma febre tifóide, a 14 de junho de 1933.

Bildnerei der Geisterkranken, que foi publicado um ano depois da monografia de Morgenthaler* sobre Adolf Wölfli*, teve um sucesso imediato (foi preciso esperar 62 anos pela tradução francesa, sob o título *Expression de la folie*!). A obra excluía as produções plásticas dos doentes mentais do campo da simples curiosidade por tudo o que fosse "anormal" ou insólito e as integrava em uma abordagem estilisticamente mais global, em um período de efervescência intelectual e artística que predispunha os espíritos a dirigirem um olhar novo para as expressões estéticas de qualquer origem. Ela marcaria artistas como André Breton, Max Ernst, Arp e Bellmer. Devemos ainda a Prinzhorn *As obras plásticas dos prisioneiros* (1926); *Diálogo sobre a psicanálise entre a mulher, o poeta e o médico* (1926); *Da personalidade* (1927); *Repercussões da psicanálise na ciência e na vida* (1928) e *Psicologia da personalidade* (1932).

PUSSIN *Jean-Baptiste* (1746-1811)

O ilustre vigilante de Philippe Pinel* nasceu em 1746 em Lons-le-Saulnier. Era curtidor de peles. Aos 25 anos, foi hospitalizado na Santa Casa e dali transferido para o Hospital

Bicêtre a 5 de junho de 1771, como "enfermo atingido por humores frios" (adenite tuberculosa). Curou-se e obteve trabalho nesse estabelecimento, de modo que em 1784 foi promovido ao posto de vigilante da sétima seção ou seção de Saint-Prix, o que corresponde às "Células dos alienados agitados". Só nove anos depois começaria a sua colaboração com Pinel, que chegou a Bicêtre em pleno Terror, a 11 de setembro de 1793. Partiu para a Salpêtrière a 19 de abril de 1795, antes de ter "podido ver o termo feliz desse costume bárbaro" que era o uso de correntes. E realmente foi Pussin, que "não era dos que combatiam com menos ardor esse desprezo pelos verdadeiros princípios" que conseguiu realizá-lo, a 4 de prairial do ano 6 (28 de maio de 1798). Cinco meses depois, a 26 de vendemiário do ano 7, Pinel, "convencido das preciosas vantagens da política interior introduzida e estritamente observada entre os insensatos de Bicêtre pelo cidadão Pussin", pediu ao Ministério do Interior que o transferisse para a Salpêtrière, pois havia mais de três anos que lhe era "impossível empreender o tratamento da loucura (...) por causa da desorganização em que está essa parte do hospício". Esse desejo só seria realizado a 19 de maio de 1802, e os dois reuniriam a partir de então os seus esforços no tratamento das loucas da Salpêtrière até o falecimento de Pussin a 7 de abril de 1811. Sua viúva, que sempre o auxiliara e que era primeira vigilante na mesma seção, deixou então as suas funções, retirando-se para a região natal do seu esposo, "gratificada" pelo Conselho Geral dos Hospícios com uma quantia anual correspondente a um quinto do seu salário.

Pussin, que unia "a uma inteligência rara (...) a feliz harmonia dos sentimentos de humanidade e de uma firmeza imperturbável" (Pinel), deixou a lembrança de um personagem particularmente autoritário, que não se deixava dominar nem pelos doentes nem pe lo pessoal sob suas ordens, nem pelos representantes da autoridade hospitalar: "O vigilante Pussin pensa que depende unicamente do Sr. Pinel (...) algumas vezes ameaçou dispensar auxiliares que não cometeram outro erro senão responder às perguntas que eu lhes fiz", queixou-se em 1806 um agente de vigilância administrativo, por ocasião do suicídio de um pensionista. Mas talvez tenha sido justamente essa a razão da eficiência da sua ação.

A 3 de agosto de 1887, Eugène Poubelle, então administrador do Departamento do Sena, inaugurou em Bicêtre uma placa comemorativa em memória daquele que foi "chamado por Pinel de seu mais fiel colaborador; e por Pariset de precursor de Pinel".

Bibliografia. BOLLOTTE (G.), "Un suicide dans le service de Pinel", *L'Information Psychiatrique*, 1974, 5, 571-3; WEINER (Dora B.), "The apprenticeship of Philippe Pinel: A new document. Observations of citizen Pussin on the Insane", *Am. J. Psychiatry*, 136, 9 de setembro de 1979, 1128-34.

DE PUYSÉGUR *Amand*-Marie-Jacques de CHASTENET (Marquês) (1751-1825)

Três irmãos Puységur se interessaram pelo magnetismo animal. O mais jovem, o visconde Jacques-Maxime de Chastenet de Puységur (1755-1848), construiu uma reputação de magnetizador curando em Bayonne um oficial atingido pela apoplexia. Sobre esse tema, devemos-lhe uma brochura, *Relatório das curas operadas em Bayonne pelo magnetismo animal, dirigido ao sr. padre de Poulonzat, conselheiro clérigo do Parlamento de Bordeaux*.

O segundo, Antoine-Hyacinthe, conde de Chastenet (1752-1809), oficial da Marinha, introduziu o magnetismo na colônia francesa de Saint-Dominique. Segundo seu irmão A. -M. -J. de Puységur, foi ele que descobriu, "através do caos das primeiras 'tinas', a causa-princípio dos seus efeitos", o sonambulismo.

Mas foi o mais velho, o oficial de artilharia Amand-Marie-Jacques, o mais célebre. Iniciado por Mesmer*, deixou nas suas *Memórias para servir à história do magnetismo animal* (1794) o relato das suas primeiras experiências no castelo familiar de Buzancy, perto de Soissons, e principalmente a observação detalhada do seu primeiro paciente, Victor Race, camponês de 23 anos, que curou de problemas respiratórios e no qual provocou um estado hipnótico, "a crise perfeita", protótipo das que, durante um século, iriam grassar na Europa, espécie de sono "acordado" e amnésico, durante o qual

Victor demonstrou uma estranha lucidez diagnóstica e terapêutica. A afluência de doentes a Buzancy logo levou Puységur a "magnetizar" o grande olmo que se erguia na praça da aldeia e em torno do qual os pacientes formavam um círculo percorrido pelo fluido benfazejo, pois nenhuma de suas folhas deixava de "transmitir saúde". (Quando em 1938 essa árvore foi arrancada por uma tempestade, os habitantes da região recolheram os seus preciosos fragmentos, aos quais se continuava a atribuir virtudes terapêuticas).

Puységur apresentou Victor a Mesmer, que "o examinou friamente e não agradeceu ao aluno a sua deferência", mas começou a duvidar da utilidade da noção de "fluido" e pouco a pouco se afastou da doutrina do mestre.

Em 1786, quando servia o Exército em Estrasburgo, organizou a "Sociedade Harmônica dos Amigos Reunidos", de inspiração maçônica, que terminaria em 1789, não sem ter formado muitos magnetizadores e publicado todos os anos as suas curas mais espetaculares.

Foi sem muitos prejuízos que Puységur atravessou o período revolucionário. Depois de dois anos de prisão, reassumiu a posse do seu castelo e retomou os seus trabalhos. Em 1811, publicou *Pesquisas, experiências e observações fisiológicas sobre o homem no estado de sonambulismo provocado pelo ato magnético*, e em 1812, *Os loucos, os insensatos, os maníacos e os frenéticos não seriam apenas sonâmbulos desordenados?*

A 29 de maio de 1825, caiu doente em Reims, durante as cerimônias da sagração de Carlos X, e morreu alguns dias depois em Buzancy. Foi sepultado na igreja da aldeia.

Apesar da incrível ingenuidade de muitas de suas observações, A. -M.-J. de Puységur, assim como o padre Faria*, se libertou da noção de "fluido magnético". Foi um dos primeiros a compreender o papel essencial da vontade e da relação de confiança que existiam entre o magnetizador e seu paciente, que deviam se unir por "analogias de temperamento, de caráter, de clima, de país". Preparou assim o caminho para Braid* e seus sucessores, mas sofreria um eclipse de 60 anos, antes que seu papel fosse redescoberto em 1884 por Charles Richet.

R

RANK *Otto* (1884-1939)

Otto Rosenfeld nasceu em Viena a 22 de abril de 1884, de um pai alcoolista, em um ambiente modesto e conflituoso. Em 1909, oficializou o nome Rank, que adotara em seus primeiros textos. Depois de fazer estudos técnicos, trabalhou em uma oficina de mecânica geral, leu muito, apaixonou-se pelo teatro e em 1904 descobriu com entusiasmo a *Interpretação dos sonhos*. Ficou conhecendo Adler*, que em 1906 o apresentou a Freud*, de quem se tornou secretário particular, antes de ser secretário da Sociedade Psicanalítica de Viena, preparando ao mesmo tempo um doutorado em Letras, com a ajuda material de Freud. Em 1912, fundou com Hanns Sachs* a revista *Imago*, foi enviado durante a guerra para a Cracóvia, onde assumiu a edição do *Krakauer Zeitung*, o jornal do Exército austríaco, e começou em 1920 a exercer a psicanálise. Mas em 1924, a publicação de *O trauma do nascimento* marcou a cisão entre ele e a Sociedade Psicanalítica Vienense e o início de suas dificuldades com o mestre, que resultariam na ruptura total em abril de 1926. Rank partiu pois para os Estados Unidos e em 1924 começou uma existência bastante errante entre os Estados Unidos, Viena, Zurique e Paris, que se tornaria a sua residência principal de 1926 a 1934. Ali, ligou-se aos meios literários e psicanalíticos: René Laforgue*, René Allendy*, Charles Baudouin, Henry Miller, Anaïs Nin, encarregando-se ao mesmo tempo da complementação dos tratamentos dos primeiros analistas e preparando diversas traduções de suas obras. Na realidade, parece que Rank era mal tolerado e os oito anos de sua vida em Paris não deixaram muitos vestígios. Em 1934, voltou definitivamente para os Estados Unidos, onde se chocou com a hostilidade do grupo freudiano de Nova York e acabou fixando-se na Filadélfia, continuando com suas turnês de conferências. Morreu de uma infecção pulmonar em Nova York, a 31 de outubro de 1939, e foi incinerado dois dias depois.

A vasta erudição extramédica de Rank lhe permitiu consagrar-se às aplicações da psicanálise fora do campo terapêutico. Em 1907, publicou *O artista*, estudo psicológico da criação literária; em 1909, *O mito do nascimento do herói*; em 1913, com Hanns Sachs, *A importância da psicanálise para as ciências humanas*, trabalhos que não deixaram de influenciar a escola culturalista americana. Em 1924, foi publicado *O trauma do nascimento*, no qual Rank afirmava que a ansiedade primária tinha a sua origem no acontecimento biológico que constitui a separação do corpo da mãe, experiência muito mais fundamental, segundo ele, do que a angústia de castração, e que dominaria toda a vida psíquica. Isso equivalia a questionar a prioridade do Édipo, peça-mestra da teoria freudiana, e preparar-se para a exclusão do grupo. A publicação, em 1926, de *Técnica da psicanálise*, propondo tratamentos curtos, cujo termo era fixado antecipadamente, concretizou a cisão com o movimento ortodoxo. Otto Rank estava a partir de então na dissidência.

Bibliografia: GUILLOT (F.), "Otto Rank — Sa place originale dans le mouvement psychanalytique", tese de medicina, Paris-Sud, 1977.

RAULIN *Joseph* (1708-1784)

Raulin nasceu a 19 de março de 1708 em Aiguetinte, perto de Auch. Depois de estudar medicina em Bordeaux, instalou-se em Nérac, e depois, a conselho de Montesquieu, fez em Paris uma carreira "oficial" de médico do Rei, censor real e inspetor das águas minerais, o que lhe deu ocasião de escrever sobre as estações termais e um *Tratado analítico das águas minerais, feito por ordem do governo* (1772). Morreu em Paris, a 12 de abril de 1784.

Os trabalhos de Raulin são diversos: *Dissertação em forma de carta sobre o verme solitário* (1752), *Tratado das flores brancas* (1766), *Tratado das doenças das parturientes* (1771), *Tratado da tísica pulmonar* (1784). Mas o que nos interessa aqui é o seu *Tratado das afecções vaporosas do sexo*, publicado em 1758. Nele, Raulin refutava ao mesmo tempo a velha teoria dos "espíritos animais" e o erro que consistia em atribuir as alterações observadas nessas afecções às "perturbações do útero", já que existiam "homens que estão expostos a todos os sintomas dos vapores e que poderiam passar por mulheres quando estão nesses acidentes, se não estivéssemos seguros do seu sexo". A obra se situa assim nessa lenta corrente de pensamento que, nascendo um século antes com Charles Lepois*, Willis* e Sydenham*, privaria progressivamente a histeria de suas origens uterinas e permitiria, no século XIX, afirmar definitivamente a noção de histeria masculina.

RAY *Isaac* (1807-1881)

Originário de Massachusetts, diplomado em 1827, Ray instalou-se em uma pequena cidade do Maine e redigiu em 1829 um tratado elementar de fisiologia sob forma de diálogos, *Conversações sobre a economia animal*. Em 1838, quando não tinha nenhuma experiência psiquiátrica, publicou um volumoso *Tratado sobre a jurisprudência médica em matéria de loucura*, que demonstrava um notável conhecimento da literatura mundial dedicada a esse tema. Essa obra de referência, que teria no ano seguinte uma edição em Londres e outra em Edimburgo, deu ao seu autor uma notoriedade que lhe valeu a nomeação, em 1841, como diretor do Asilo de Augusta, no Maine, e depois do Butler Hospital de Providence (Rhode Island). Abandonou esse posto por razões de saúde em 1867 e instalou-se na Filadélfia. Morreu a 31 de março de 1881.

Isaac Ray foi um dos treze membros fundadores da Associação dos Médicos Diretores das instituições americanas para os insensatos, da qual nasceria a Associação Americana de Psiquiatria. Em 1849, publicou no *American Journal of Insanity* um artigo intitulado "Estatísticas da loucura", que ainda hoje é atual: depois de observar que não havia "uma única especialidade médica na qual se tenha manifestado menos espírito científico do que nas estatísticas referentes às doenças mentais", enfatizava as suas duas principais lacunas metodológicas: a ausência de objetividade no recolhimento dos dados e a ausência de linguagem comum entre seus autores. Um século e meio mais tarde, não houve nenhum progresso na matéria.

RAYMOND *Fulgence* (1844-1910)

Nascido em Saint-Christophe-sur-le-Nais (Indre-et-Loire), a 29 de setembro de 1844, Fulgence Raymond foi o primeiro de sua classe na Escola de Veterinária de Maisons-Alfort, foi nomeado oficial veterinário em um regimento de Cavalaria e depois na Escola de Saumur, terminou os estudos secundários e começou a estudar medicina. Residente de Vulpian e de Charcot*, médico dos Hôpitaux, professor, especializou-se nas doenças do sistema nervoso e sucedeu em 1894 a Charcot na cátedra de Clínica da Salpêtrière, que ocupou até o seu falecimento.

A obra de Raymond é antes de tudo neurológica. Os seis volumes de *Clínica das doenças do sistema nervoso*, publicados de 1896 a 1901, contêm os seus conceitos essenciais. Vamos observar apenas que, com Erb e Fournier*, foi dos primeiros a afirmar a origem sifilítica do tabe e da paralisia geral. Sua contribuição para a psiquiatria é mais discreta, pois, se "permaneceu verbalmente fiel à concepção de histeria de Charcot, tinha outros interesses científicos" (J.J. Courchet). Entretanto, permitiu a Pierre Janet* continuar os seus trabalhos no laboratório de psicologia experimental criado por Charcot, e assinou com ele o segundo tomo de *Neuroses e idéias* *fixas* (1894) e de *As obsessões e a psicastenia* (1903), publicando individualmente *Neuroses e psicoses* em 1907. Morreu em La Planche-d'Andillé (Vienne), a 28 de setembro de 1910.

RECH André-Pamphile-*Hippolyte* (1793-1853)

Rech nasceu a 31 de maio de 1793 em Montpellier. Terminou seus estudos e partiu para Paris, onde durante três anos seguiu os ensinamentos de Esquirol*. Voltando à sua cidade natal, conseguiu que uma seção fosse destinada aos alienados em um anexo do Hospital Geral. Inaugurado em 1822, esse serviço foi confiado a ele. Em 1825, foi aprovado como professor e quatro anos depois recebeu a cátedra de patologia interna. Aproveitou essa circunstância para dar um papel de relevo ao ensino da patologia mental, cuja oficialização já solicitara, em um artigo publicado em 1822, "Algumas considerações sobre o estudo das alienações mentais". Esse desejo só seria realizado depois de sua morte, com a criação, em 1880, de uma cátedra de doenças mentais, que seria atribuída ao seu sucessor, Calixte Cavalier. Rech também criou em Montpellier, em 1837, a primeira clínica psiquiátrica particular, destinada a uma clientela abastada.

Publicou poucos trabalhos, em geral em periódicos locais. Vamos citar: "Da catalepsia" (1844), "Da ducha e das aspersões de água fria sobre a cabeça no tratamento das alienações mentais" (1846), "Dos efeitos do haxixe sobre o homem que goza de sua razão e sobre o alienado" (1847).

Morreu subitamente a 6 de março de 1853.

Bibliografia: DULIEU (L.), "Le Professeur Rech", *Monspelliensis Hippocrates* nº33, outono de 1966, 20-8.

RÉGIS Jean-Baptiste-Joseph-*Emmanuel* (1855-1918)

Régis nasceu em Auterive (Haute-Garonne), a 29 de abril de 1855. Depois de fazer estudos secundários em Pamiers (Ariège), começou a estudar medicina em Toulouse, mas já em 1877 chegou a Paris, obteve um lugar de residente no Asilo de Ville-Évrard e depois no Hospital Sainte-Anne. Defendeu em 1880 a sua tese sobre "A loucura a dois ou loucura simulada". Chefe de clínica de Benjamin Ball*, médico-adjunto em Sainte-Anne, iniciava uma carreira hospitalar em Paris, quando lhe propuseram, em 1882, um lugar na casa de saúde de Castel-d'Andorte em Bouscat, perto de Bordeaux, onde se fixou a partir de entao. Em 1884, abriu nessa cidade um curso livre de medicina mental, destinado aos médicos e aos juristas. Em 1893, a Faculdade de Medicina lhe confiou um curso oficial, em 1905 tornou-se professor adjunto e em 1913 titular da cátedra de clínica das doenças mentais. Faleceu a 21 de junho de 1918, sobrevivendo apenas alguns meses ao desaparecimento do mais novo dos seus dois filhos, que, mobilizado na aeronáutica, foi abatido perto de Auxerre.

Em 1855, Régis escreveu um *Manual prático de medicina mental*, que ao longo das reedições, tornou-se o volumoso e clássico *Manual de psiquiatria*. Retomando a idéia defendida em 1881 por Lasègue*, segundo a qual *O delírio alcoólico não é um delírio mas um sonho*, propôs em 1894 o termo de *onirismo* para designar os estados alucinatórios agudos, entre os quais considerava mais importante a confusão mental primitiva, isolada no ano seguinte por Chaslin*. Régis falava, a esse respeito, de *delírio onírico, sonho de ação*, que comparava aos estados histéricos, secundários, e que considerava como o próprio tipo de perturbações mentais de origem tóxica. Talvez tenha sido essa a causa da recepção favorável que ofereceria, por influência do seu assistente Hesnard*, às teorias de Freud* que, mais do que ninguém, insistia na "analogia entre loucura e sonho". De qualquer forma, em 1913, desde a 5ª edição do *Manual*, Régis fez uma primeira tentativa de difusão da doutrina "freudique", apresentando um breve resumo crítico desta, nessa obra didática largamente difundida. No mesmo ano, assinou com Hesnard, em *L'Encéphale*, uma série de três artigos sobre a "Doutrina de Freud e da sua Escola", que considerava como um sistema "sedutor mas extremamente hipotético", que constituía, entretanto, "apesar de tudo o que se possa dizer, um dos mais importantes movimentos científicos da época psicológica atual" — nascido, é verdade, da "ciência tradicional e da psicologia francesa e (levando) a marca dessa origem".

REICH *Wilhelm* (1897-1957)

Filho de fazendeiros da Galícia (parte austríaca da Polônia), Reich começou a estudar medicina em Viena, depois de sua desmobilização em 1918. Foi no serviço de Wagner von Jauregg* que se familiarizou com a patologia mental, e em 1920 foi admitido na Sociedade Psicanalítica de Viena, onde dirigiu seminários de ensino. Quando dos levantes operários de 1927, começou a militar no Partido Comunista, esteve na URSS, tentando conciliar o freudismo e o marxismo, mas esse engajamento o comprometia junto a seus colegas, enquanto seus amigos políticos consideravam contra-revolucionárias as suas teorias sobre a sexualidade. Deixou Viena em 1930, conseguiu escapar à perseguição anticomunista hitlerista em 1933, chegou à Dinamarca, e de 1934 a 1939 fixou-se em Oslo, antes de emigrar para Nova York e depois para o Maine, onde fundou em 1942 o Orgone Institute. Sua última doutrina misturava ao tratamento pelas plantas medicinais uma abordagem "sexo-econômica" da psicoterapia, fazendo da potência do orgasmo um critério de cura em matéria de saúde mental. Essa orientação fez com que, em 1954, Reich fosse processado pela Food and Drug Administration, sofrendo em 1956 uma condenação a dois anos de prisão. Foi na penitenciária de Lewisburg (Pensilvânia) que ele morreu no ano seguinte.

Se as últimas pesquisas de Reich assumiram um caráter quase delirante, nos anos 1920 foi o primeiro a adaptar de modo original o pensamento analítico ao estudo das estruturas do caráter (*A análise do caráter*). Sua reflexão sobre a *psicologia de massa do fascismo* continua sendo uma das interpretações mais pertinentes do fenômeno nacional-socialista.

REIK *Theodor* (1888-1969)

Reik nasceu na Boêmia em 12 de maio de 1888 e fez em Viena estudos de Letras que concluiu com uma tese de conteúdo psicanalítico sobre a "Tentação de santo Antão" de Gustave Flaubert, provavelmente a primeira do gênero. Analisado por Karl Abraham*, trabalhou em Viena e depois em Berlim, mas em 1938 teve que fugir da Alemanha para refugiar-se em Nova York, onde permaneceria até o fim da vida.

A ausência de formação médica de Reik o levou, como Hanns Sachs* e Otto Rank*, a interessar-se mais pelas aplicações da psicanálise fora do campo terapêutico, especialmente no domínio da mitologia, das religiões e das culturas primitivas, mas também foi autor de estudos sobre o comportamento delinqüente (*A necessidade de confessar*, 1925), sobre *O masoquismo no homem moderno* (1940), enquanto que, em *Escutar com o terceiro ouvido*, publicado em 1948, mostrava como a escuta do paciente pelo analista se fazia através do próprio inconsciente deste. Sua última obra, publicada em 1962, foi dedicada ao *Espírito judaico*.

REIL *Johann-Christian* (1759-1813)

Reil nasceu a 28 de fevereiro de 1759 em Rhanden (Frísia Oriental), onde seu pai era pastor. Estudou medicina em Göttingen e Halle, e depois de obter o seu diploma em 1782, trabalhou durante cinco anos, até a sua nomeação, como professor na Universidade de Halle, que abandonou em 1810 pela de Berlim, que acabava de abrir as portas. A 12 de novembro de 1813, morreu de tifo, contraído ao inspecionar os postos sanitários criados para acolher as vítimas da batalha de Leipzig.

Neuroanatomista reputado (foi ele que descreveu em 1809 o lobo cerebral da ínsula), fundador em 1795 dos *Arquivos de Fisiologia*, que seriam publicados até 1815, Reil pertence, assim como Heinroth* e Ideler*, à corrente médica romântica alemã, que percebeu muito cedo o papel essencial dos fatores psicológicos na gênese das doenças mentais e a importância, para a sua cura, dos meios que qualificamos de psicoterápicos. Em 1803, publicou em Halle, sob o título de *Rapsódias sobre a aplicação dos métodos de terapêutica psíquica às perturbações men-*

tais, dedicado ao pastor luterano Wagnitz (autor, em 1791, de uma importante obra sobre as casas de correção), um vasto panorama terapêutico, onde eram passados em revista os diversos meios químicos, físicos ou psicológicos capazes de corrigir as perturbações mentais, que recorressem ao prazer ou à dor ("*unschädlichen Tortur*" ou "tortura inofensiva"), à recompensa ou à punição, indo do ato sexual à imersão prolongada, das cócegas cutâneas à suspensão por meio de cordas ou da audição de música de ópera à detonação de armas de fogo, desde que fossem capazes de provocar emoções salutares no indivíduo, que sem isso era rebaixado ao que a humanidade tinha de mais primitivo.

RÉVEILLÉ-PARISE *Joseph*-Henri (1782-1852)

Nascido em Nevers a 14 de setembro de 1782, Réveillé-Parise participou como cirurgião das campanhas de Napoleão: Áustria, Espanha, Holanda, Dalmácia, Waterloo, de modo que só pôde defender a sua tese em 1816. Admitido em 1835 na Academia de Medicina, morreu em Paris a 28 de setembro de 1852.

Literato, moralista, jornalista, escritor, produziu muito. A psiquiatria lhe deve uma *Dissertação sobre a existência e a causa orgânica do temperamento melancólico*, lida na Academia de Ciências a 17 de maio de 1830. Também podemos citar os dois volumes da *Fisiologia e higiene dos homens que se dedicam aos trabalhos do espírito ou pesquisas sobre o físico e o moral, os hábitos, as doenças e o regime dos homens de letras* (1834) e um *Ensaio de moral médica*, que evidenciava as origens psicossomáticas de diversas afecções e preconizava um tratamento também "moral" (1845). Quanto ao *Tratado da velhice, higiênico, médico e filosófico*, devemos situá-lo nas origens da gerontologia. Sua edição das *Cartas de Gui Patin* (1846) foi muito criticada pela falta de rigor na escolha dos textos.

RICHARD *David* (1806-1859)

D. Richard nasceu a 1º de setembro de 1806 em Genebra, em uma família de huguenotes franceses emigrados. Pouco depois do seu nascimento, sua mãe perdeu a razão, circunstância que teria certamente uma influência determinante sobre a orientação futura do jovem. Depois de estudar em Genebra e trabalhar como preceptor durante três anos na Itália, chegou em 1830 a Paris, onde começou um curso de medicina, que provavelmente nunca acabou. Interessou-se particularmente pelo magnetismo e pela craniologia, colaborou no recém-fundado *Journal de la Société Phrénologique*, freqüentou o padre Enfantin e o movimento saint-simoniano, ligou-se a George Sand e a Franz Liszt e tornou-se amigo íntimo de Lamennais. De 1836 a 1838, foi chefe de gabinete do prefeito da região de Gironde, antes de ser nomeado, em 1840, diretor do Asilo de Stephansfeld (Bas-Rhin), velho hospício transformado em 1832 em casa de alienados, cuja reforma empreendeu. Convertido ao catolicismo em 1848, morreu em Stephansfeld a 11 de julho de 1859, em conseqüência de uma pleurisia.

Foi com a ação esclarecida de David Richard, alimentado pelas teorias "filantrópicas" da época, partidário do tratamento moral e educativo, que Stephansfeld se tornou uma espécie de estabelecimento "modelo", muitas vezes citado como exemplo no século XIX. Mas a originalidade do seu diretor parecia situar-se em outra área. De fato, já em 1842, no Congresso Científico de Estrasburgo, alguns meses antes de J.-P. Falret* e de modo completamente independente deste, Richard tornou-se o defensor da *necessidade de amparo para os alienados indigentes curados*, uma das primeiras tentativas de assistência aos doentes mentais convalescentes fora do ambiente hospitalar, destinada a facilitar a sua reinserção na sociedade.

Bibliografia: MICHEL (D.), "Documents sur la vie et l'oeuvre de David Richard, premier directeur de l'asile de Stephansfeld", tese de medicina, Estrasburgo, 1972.

RICHER *Paul*-Marie-Louis-Pierre (1849-1933)

Paul Richer nasceu em Chartres a 17 de janeiro de 1849. Destacando-se inicialmente por seu talento de artista, principalmente como desenhista, terminou o quarto ano de residência médica no serviço de Charcot*. Soube despertar logo o interesse do mestre e tornou-se, de certa forma, o seu "porta-voz". O grande ataque histérico, isolado havia alguns anos antes por Charcot e Bourneville*, foi elaborado por Richer, já em 1878, sob o nome de ataque histero-epiléptico, e sua tese, "Estudo descritivo do grande ataque histérico ou ataque histero-epiléptico e de suas principais variedades", defendida em 1879, incluiu essa noção na nosologia da época. Essa tese foi a origem do trabalho mais significativo da Escola da Salpêtrière, levado a termo em 1885, os *Estudos clínicos sobre a grande histeria ou histero-epilepsia*. Reunia e ordenava todas as observações, notas, métodos, idéias, coletados no serviço de Charcot durante sete anos e dava uma idéia precisa do material que serviria a Freud* para elaborar o conceito de inconsciente. Ao mesmo tempo, em 1881, Richer trabalhou, sempre com seu mestre, na publicação de um dos textos mais importantes da época, *Contribuição para o estudo do hipnotismo nos histéricos*, que reintroduzia o estudo do hipnotismo nas preocupações médicas, depois de vários anos de esquecimento, e oficializava, de certa forma, o "interesse" novo da faculdade por esse tema. Esse texto, que sublinhava as múltiplas afinidades entre a histeria e o hipnotismo, foi a origem de muitas pesquisas e publicações sobre o assunto durante cerca de 30 anos. Era portador de idéias-mestras, que contribuiriam para o nascimento da psicanálise. Chefe do laboratório da clínica de doenças do sistema nervoso de 1882 a 1896, Richer foi, com Gilles de La Tourette*, o mais ortodoxo dos alunos de Charcot e o líder da corrente "somatista" da escola da Salpêtrière. Todas as suas publicações são ilustradas por uma iconografia pessoal e original que valorizam o texto. Foi professor de anatomia artística na Escola de Belas Artes e membro da Academia de Medicina. Faleceu em Paris a 17 de dezembro de 1933.

M. Collée

Bibliografia: Desprez (C.), "Paul Richer, un médecin à l'École des Beaux-Arts", tese de medicina, Caen, 1987.

Ritti François-*Antoine*-Auguste (1844-1920)

Antoine Ritti nasceu em Estrasburgo a 6 de fevereiro de 1844, em um meio católico muito praticante. Seu tio, o Monsenhor Roes, era bispo de Estrasburgo. Antoine estava destinado ao sacerdócio, mas escolheu a medicina e encontrou no racionalismo positivista uma solução para a crise de consciência que atravessava. A guerra franco-alemã o fez sair do Asilo de Fains-les-Sources (Meuse). Deixou a Alsácia, encontrou um lugar de residente na Casa de Saúde de Ivry, então dirigida por Luys*, onde ficou conhecendo Baillarger*, Lasègue*, Jules Falret*, Legrand du Saulle*, e depois de defender em 1874 uma tese sobre a "Teoria fisiológica da alucinação", recebeu de Baillarger a missão de redigir a seção de análise de obras novas dos *Annales Médico-Psychologiques*. Em 1878, foi nomeado por concurso médico do Hospital de Charenton, com Christian*, e sucedeu quatro anos depois a Motet* nas funções de secretário geral da Sociedade Médico-Psicológica, que desempenharia até a morte. Em 1897, presidiu em Toulouse o Congresso dos Médicos Alienistas e Neurologistas. Aposentou-se de Charenton em 1909. Morreu a 23 de janeiro de 1920.

Os trabalhos mais notáveis de Ritti se referem à *Loucura de dupla forma*, à qual dedicou um volume em 1883, e às *Psicoses da velhice*, tema do seu relatório ao Congresso de Bordeaux em 1895, mas seu nome ficou ligado, principalmente, aos *Annales Médico-Psychologiques*, órgão para o qual escreveu muitas crônicas, e à Sociedade Médico-Psicológica, da qual foi secretário geral durante 38 anos. A história dos trabalhos da sociedade, assim como os elogios e os necrológios que redigiu para os seus membros, foram reunidos em dois volumes, publicados em 1913 e em 1914.

de La Rive Charles-*Gaspard* (1770-1834)

Esse precursor pouco conhecido da reforma asilar nasceu em 14 de março de 1770, em uma tradicional família de notáveis de Genebra. A agitação política que marcou o fim do século o levou a deixar a Suíça e foi em Edimburgo que estudou medicina, consagrando vários meses à visita aos principais asilos do Reino Unido. Ficou muito impressionado com a *Retreat* de William Tuke*, que acabava de abrir as portas em York. Voltando a Genebra em dezembro de 1799, foi encarregado três anos depois dos alienados de La Discipline, uma dependência do hospital da cidade. Abraham Joly, que o precedeu nesse posto entre 1787 e 1792, já abolira o uso de correntes dez anos antes do "gesto" mítico de Philippe Pinel*. De la Rive prosseguiu essa obra de liberalização, suprimiu o uso de diversos instrumentos de contenção, e nos primeiros anos do século XIX introduziu a não-contenção na Suíça, então revolucionada pelos empreendimentos de Napoleão. Em 1832, obteve a transferência dos alienados de La Discipline para Corsier, no subúrbio de Genebra, onde começou a aplicar a prática do *open door*.

Suas intervenções junto ao Conselho de Estado, quanto ao status dos doentes julgados perigosos, foram o ponto de partida de debates que resultariam, quatro anos depois de sua morte, na promulgação da lei suíça de 5 de fevereiro de 1838 *Sobre o alojamento e a vigilância dos alienados*.

ROBERTSON Douglas-Moray-Cooper-Lamb-*Argyll* (1837-1909)

Argyll Robertson, nascido em Edimburgo, era filho de um cirurgião dessa cidade, John Argyll Robertson. Depois de fazer estudos de medicina na Universidade de Edimburgo, que completou em Neuwied na Prússia Renana e terminou em 1857, foi um dos primeiros cirurgiões a orientar-se para uma prática oftalmológica exclusiva. Com a sua aposentadoria, retirou-se para Jersey e morreu a 3 de janeiro de 1909, durante uma viagem às Índias, onde foi cremado.

Se o citamos aqui, é porque em 1869 ele publicou no *Jornal Médico* de Edimburgo uma série de observações mostrando que as afecções da medula espinhal eram às vezes acompanhadas de uma abolição do reflexo de oclusão pupilar à luz, com a conservação desse mesmo reflexo por ocasião da acomodação. Esse *reflexo de Argyll Robertson* teria um papel patognomônico essencial no diagnóstico clínico da paralisia geral, e mais geralmente no diagnóstico das sífilis nervosas, logo antes do advento da era sorológica.

ROGUES DE FURSAC Marie-Henri-*Joseph*-Pierre-Étienne (1872-1942)

Sabemos pouco sobre a vida desse alienista, cuja carreira se desenrolou, em grande parte, em Villejuif, e cujo *Manual de psiquiatria*, publicado em 1923, teve muito prestígio entre os estudiosos. Anteriormente, tinha publicado *Os escritos e os desenhos dos doentes nervosos e mentais*, abordagem essencialmente clínica publicada em 1905, *Um movimento místico contemporâneo no País de Gales* (1907), e *A avareza, ensaio de psicologia mórbida* (1911). Chamado em 1932, com Génil-Perrin e Trenel para examinar Gorguloff, assassino do presidente da República Paul Doumer, pediu demissão de suas funções de perito junto aos Tribunais, para protestar contra a execução do condenado, que considerava irresponsável.

RONGER *Florimond*, dito HERVÉ (1825-1894)

Pode parecer surpreendente encontrar aqui o nome do compositor de *Mam'zelle Nitouche*, mas devemos saber que Hervé começou sua carreira aos 17 anos, como organista da capela do Hospital Bicêtre, nos anos faustos em que o "tratamento moral" em plena glória fazia apelo a todos os recursos imagináveis. Foi nessa perspectiva que em 1842, a pedido de Leuret*, que já tinha criado um curso de canto para os doentes do hospício, o jovem Florimond musicou *O urso e o paxá*, pequena comédia de Scribe e Saintine. A representação ocorreu no parlatório de Bicêtre, na presença dos médicos do estabelecimento: Félix Voisin*, Leuret*, Delasiauve*, Nélaton... e também se pode considerar que essa "estréia terapêutica" também assinalou o nascimento de um gênero musical novo: a opereta francesa.

Bibliografia: OLLIVIER (J.-C.), "Le bicentenaire d'un "traitement moral", les représentations musicales en psychiatrie", tese de medicina, Caen, 1992.

RORSCHACH *Hermann* (1884-1922)

Nascido a 8 de novembro de 1884 em Zurique, Rorschach pertencia a uma tradicional família do cantão de Turgóvia, mas foi em Schaffhausen, onde seu pai ensinava desenho, que ele passou a infância e a adolescência. Adorava desenhar e é curioso notar que seus colegas de escola já o apelidavam de "Klex" (de *Klecks* = mancha). Órfão aos 16 anos, orientou-se para a medicina, depois de algumas hesitações, e estudou em Zurique, Berna e Berlim; apaixonou-se também pela civilização russa, aprendeu sozinho a língua russa, esteve pela primeira vez em Moscou em 1906 e na segunda em Kazan, em 1909, com a família de sua noiva e futura colaboradora, Olga Stempelin. Casou-se no ano seguinte e encontrou na Suíça um emprego temporário no Hospital Cantonal de Münsterlingen (Turgóvia), que lhe permitiu defender uma tese, "Sobre as alucinações reflexas". Em 1913, esteve novamente em Moscou, onde fez um exame para ser autorizado a trabalhar em um estabelecimento de alienados. Durante algum tempo, pensou em fixar-se na Rússia, mas voltou à Suíça no início de 1914, assumiu um cargo de assistente no Asilo de Waldau, perto de Berna, e em 1915 no de Herisau (cantão de Appenzeln). Morreu a 2 de abril de 1922, das seqüelas de uma apendicite diagnosticada tardiamente. Se devemos a Rorschach alguns estudos sobre as seitas e lendas helvéticas, ele foi, antes de tudo, o "inventor" do célebre *Teste das manchas de tinta*, que teve origem, ao mesmo tempo, no seu gosto pela representação gráfica e no seu interesse por tudo aquilo que se referia aos problemas da imaginação e dos seus modos de expressão. Rorschach conhecia as curiosas "*Klecksographien*" de Justinus Kerner*, e também, evidentemente, as recentes pesquisas de Jung* sobre o teste de associação verbal, e já em 1911 pensou em utilizar manchas de tinta com o mesmo objetivo de exploração do inconsciente. Entretanto, só a partir de 1917 dedicou-se verdadeiramente à elaboração de um teste standardizado. Era o *Psicodiagnóstico*, cuja primeira edição foi publicada em Berna em 1921, em uma coleção dirigida por W. Morgenthaler*, apenas alguns meses antes do falecimento do seu autor.

ROSENBACH *Hélène ver* DEUTSCH

ROSTAN *Léon*-Louis (1791-1866)

Rostan nasceu em Saint-Maximin (Var), a 6 de março de 1791. Residente dos Hôpitaux de Paris em 1809, aluno de Pinel*, amigo de Ferrus*, defendeu em 1812 uma tese "Sobre o charlatanismo", antes de se tornar médico da Salpêtrière em 1816, membro da Academia de Medicina em 1835, e terminar a sua carreira como professor de clínica interna. Morreu de diabete em Paris, a 4 de outubro de 1866.

Seus trabalhos tratam de temas de medicina interna; se o citamos aqui é porque, com Georget*, interessou-se pelos problemas da histeria e do magnetismo, convidando o barão du Potet* a fazer demonstrações no seu serviço da Santa Casa (publicou *Do magnetismo animal* em 1825 e se encarregou desse capítulo no *Dicionário de medicina*). Alguns anos depois, seria um dos raros a dar atenção às teorias metaloterápicas de Burq*.

ROUBINOVITCH *Jacques* (1862-1950)

Residente dos Asiles de la Seine, chefe de clínica de Joffroy*, sucessor de seu mestre Bourneville* no serviço de crianças do Hospital Bicêtre, Roubinovitch continuaria, depois de aposentado, a encarregar-se da Clínica de Psiquiatria Infantil do Hospital Henri-Rousselle*, então dirigido por E. Toulouse*, com quem fundou em 1920 a Liga de Higiene Mental, da qual foi presidente.

Sua obra é variada. Sua tese, defendida em 1890, teve como tema "Histeria masculina e degenerescência". Colaborou em 1903 no *Tratado de patologia mental* de Gilbert Ballet*, adaptou em 1904 o *Atlas-manual de psiquiatria* de Weygandt*, redigiu com E. Toulouse uma obra sobre a melancolia, e ainda, interessado nas relações entre doenças mentais e perturbações orgânicas, estudou as relações (então na moda) entre a demência precoce e a tuberculose. Animador da obra de assistência à infância, obteria em 1926, com Heuyer* e Paul Boncour, que o exame médico-psicológico das crianças delinqüentes fosse sistematizado.

Faleceu em Paris em maio de 1950. Tinha escapado da deportação, mas durante algum tempo ficou detido no Hospital Rotschild, onde estimulava a coragem de seus companheiros de enfermaria com seus talentos de violinista. Tinha então 80 anos.

ROUSSELLE *Henri* (1866-1925)

Originário de Bordeaux, representante comercial de vinhos em Paris, conselheiro municipal radical-socialista do 13º *arrondissement*, H. Rousselle, durante muito tempo relator do orçamento da Assistência Pública junto ao Conselho Geral do Sena, que presidiu, teve um papel ativo em todas as iniciativas médico-sociais de Paris no pós-guerra. A 6 de julho de 1921, a partir das conclusões de um relatório apresentado por ele, o Conselho Geral decidiu destinar dois dos pavilhões anexos do serviço de admissões do Asilo Sainte-Anne à instalação de um "serviço aberto para o tratamento dos psicopatas", cujo estado não necessitasse de internação. Era a primeira iniciativa oficial desse tipo na França. Confiado a Édouard Toulouse*, o novo serviço receberia a 11 de março de 1926 o nome de Henri Rousselle, seu advogado e criador.

ROUY Camille-Joséphine-*Hersilie* (1814-1881)

Hersilie Rouy, nascida em Milão a 14 de abril de 1814, era filha, provavelmente natural, de um certo Charles Rouy, "matemático e astrônomo", que dirigia uma instituição para jovens. A família chegou a Paris em 1815, teria ficado depois vários anos na Rússia, antes de voltar a estabelecer-se em Paris, onde o pai de Hersilie morreu em 1848. Pouco depois desse falecimento, ela começou a elaborar um sistema delirante de substituição de crianças, a propósito do seu nascimento misterioso: dizia-se filha da duquesa de Berry e irmã de Henrique V; fora educada no Palácio das Tulherias, e embarcada, no Havre, para a Rússia, onde a entregaram ao chefe da polícia em São Petersburgo, que depois a confiou a Charles Rouy, que prometeu fazê-la passar por sua própria filha. Tinha um papel importante a desempenhar em uma sociedade secreta que revolucionaria o mundo e por isso a seqüestraram e encerraram em um asilo, usando documentos falsos. Com efeito, em setembro de 1854, Hersilie Rouy foi internada no Hospital de Charenton no serviço de Calmeil*, de onde foi transferida para a Salpêtrière, no serviço de Trélat* e Mitivié*. Saiu em 19 de outubro de 1855 e foi procurar... o delegado de polícia. No dia seguinte, foi reinternada na Salpêtrière. Era o início de um longo périplo asilar, que a levaria aos serviços de Auzouy* em Fains-les-Sources, de Achille Foville* em Maréville e de Poret em Auxerre, de onde saiu a 26 de junho de 1863. A 13 de julho voltou à Salpêtrière e foi transferida para o Asilo de Orléans. Saiu definitivamente a 22 de outubro de 1868, graças à intervenção dos membros da Comissão dos Hospícios de Orléans e do tesou reiro dos hospícios, E. Le Normant des Varannes. Logo ao sair, deu queixa pela detenção ilegal de que fora vítima e obteve do Estado uma indenização de 1. 200 francos e uma pensão mensal de 3. 600 francos, por motivo de erro técnico no processo de internação. Morreu em Orléans a 27 de setembro de 1881.

Ao longo dos seus 14 anos de asilo, Hersilie Rouy redigiu muitas notas. Em 1883, Le Normant des Varannes as editou, cortando alguns fragmentos, sob o título *Memórias de uma alienada*.

Sérieux* e Capbras* citaram Hersilie Rouy como exemplo típico do aspecto persuasivo que podia tomar o delírio lógico e coerente que se observava nos indivíduos que eles descreveram no âmbito das "loucuras raciocinantes". Aliás, o romance familiar de Hersilie constitui uma perfeita ilustração das idéias expressas posteriormente por Freud, na obra de Otto Rank* *O mito do nascimento do herói* (1909).

ROYER-COLLARD *Antoine*-Athanase (1768-1825)

Royer (ou Rouyer)-Collard nasceu em Sompuis (Champagne), a 7 de fevereiro de 1768. Começou seus estudos em Vitry-le-François e, destinando-se à carreira eclesiástica, foi continuá-los com os Oratorianos de Lyon. Ali, nos anos 1791-92, fundou e dirigiu um jornal contra-revolucionário, *Le Vigilant*, mas, temendo por sua vida, preferiu deixar a cidade em agosto de 1792, depois da queda do Rei. Refugiou-se em Chambéry, encontrou um emprego modesto na administração dos víveres do Exército dos Alpes, casou-se em setembro de 1794. Orientou-se então para a medicina, defendeu uma tese, "Ensaio sobre a amenorréia" em Paris, em 1802, e em 1805 foi nomeado médico-chefe da Casa de Charenton, apesar da oposição do diretor de Coulmier, ex-religioso, ex-constituinte, habituado a impor os seus desejos no estabelecimento, e com quem ele ficaria em luta permanente até que este partisse em 1814. Entretanto, Royer-Collard conseguira obter alguns melhoramentos para os doentes confiados aos seus cuidados quando, com a queda do Império, a ascensão desse partidário dos Bourbon se acelerou: a 28 de março de 1816, foi nomeado professor na Clínica de Aperfeiçoamento, dois meses mais tarde recebeu a cátedra de medicina legal, vaga com a morte de Pierre Süe e, em 1819, a cátedra de medicina mental que acabava de ser criada. Começou a ministrar suas aulas apenas em 1821, mas um ano depois, irromperam desordens na faculdade, por ocasião da nomeação de Monsenhor Frayssinous para o cargo de grão-mestre da universidade. A 21 de novembro de 1822, Luís XVIII suprimiu a Faculdade de Medicina de Paris. Esta se reabriu no ano seguinte, graças a algumas reformas. Como a cátedra de medicina mental não foi restabelecida, Royer-Collard voltou à medicina legal. Morreu a 27 de novembro de 1825.

Apesar dos 20 anos que passou em Charenton, Royer-Collard deixou poucos trabalhos psiquiátricos pessoais. Entretanto, devemos lembrar que ele foi o superior de Calmeil* e de Bayle*, a quem inspiraria as suas célebres pesquisas sobre a aracnoidite crônica.

Não se deve confundi-lo com seu irmão mais velho, Pierre-Paul (1763-1845), político e filósofo que foi chefe dos realistas moderados sob a Restauração e presidiu a Câmara dos Deputados de 1828 a 1830, nem com seu filho Hippolyte-Louis (1802-50), que também foi professor na Faculdade de Medicina de Paris, mas não era alienista e sucedeu em fevereiro de 1838 ao barão Desgenettes na cátedra de higiene.

RUSH *Benjamin* (1746-1813)

Rush nasceu a 4 de janeiro de 1746, na comunidade rural de Byberry, perto de Filadélfia, onde fez, de 1761 a 1766, estudos de medicina, que completaria na Universidade de Edimburgo, onde foi aluno do segundo dos Monro* e de William Cullen*, cujas doutrinas adotou. Diplomado em 1768, partiu para Londres, trabalhou com William Hunter, ligou-se a Benjamin Franklin e, depois de uma breve permanência em Paris, voltou em 1769 para a Filadélfia. Foi logo nomeado professor de química no Colégio de Medicina e publicou no ano seguinte a primeira obra americana sobre esse assunto. Tinha 25 anos. Democrata convicto, militou pela abolição da escravatura, preconizou reformas sociais e, em 1776, eleito para a Conferência Provincial encarregada de debater a Constituição, foi um dos signatários da Declaração de Independência de 4 de julho. Na Guerra de Independência, foi cirurgião do Exército, mas um conflito com os seus superiores e com George Washington, cuja competência questionava, pôs fim em 1778 à sua carreira militar. A partir de 1780, retomou as conferências de medicina na Universidade de Pensilvânia, cujo renome contribuiu para formar, na primeira metade do século XIX. Morreu a 19 de abril de 1813.

Benjamin Rush foi o primeiro autor americano a consagrar trabalhos à patologia mental. Em 1786, publicou *Pesquisas sobre a influência das causas físicas nas faculdades mentais*, seguido dois anos depois de *Da influência da Revolução Americana no corpo humano*. Mas seu trabalho essencial foi publicado em 1812: *Pesquisas e observações médicas sobre as doenças do espírito*, onde propunha o seu famoso *tranquilizer*, pesada poltrona de contenção, em cujas costas havia uma caixa, onde era introduzida a cabeça do paciente, a fim de privá-lo dos estímulos exteriores, com a louvável intenção de reduzir a atividade das artérias cerebrais. Esse acessório era completado pelo *gyrator*, espécie de centrífuga, na qual se fixava o doente, para levar o sangue para o cérebro. É verdade que, sendo discípulo de Cullen, Rush não hesitava, em matéria de terapêutica geral, em propor sangrias cujo volume podia atingir 4/5 da massa sanguínea total! Assim, seus detratores não deixaram de acusá-lo de agravar a mortalidade durante o curso da epidemia de febre amarela que grassou na Filadélfia em 1793.

S

SACHS *Hanns* (1881-1947)

Sachs nasceu em Viena, em uma família judaica originária dos Sudetos. Com Otto Rank*, foi um dos primeiros analistas a não ser médico. Seu pai era um homem de leis e ele próprio tornou-se advogado. Em 1904, impressionado com a leitura da *Interpretação dos sonhos*, ficou conhecendo Freud* e logo foi admitido nas célebres reuniões das quartas-feiras. Ligou-se mais particularmente a Rank e a partir de 1912 tornou-se, com este, coeditor da revista *Imago*, que se consagrava às aplicações da psicanálise às ciências humanas. Depois da guerra, decidiu abandonar sua profissão para dedicar-se à psicanálise, mas uma hemoptise o obrigou a interromper todas as suas atividades. Depois de vários anos de tratamento sanatorial, instalou-se em Berlim, a conselho de Freud, como analista didático, mas o advento do nazismo o obrigou a emigrar para Boston, onde sucedeu a Franz Alexander* (a quem analisou), à frente do Boston Society Institute, então em crise. Morreu nessa cidade em 1947.

Ao lado de obras de alcance geral como *O inconsciente criador*, devemos a Hanns Sachs diversos estudos de personagens célebres, como Baudelaire, Cellini, Schiller, Shakespeare e Bismarck, aos quais podemos acrescentar um livro de memórias, *Freud, mestre e amigo*, publicado em 1944, três anos antes de sua morte.

SAKEL *Manfred*-Joshua (1900-1957)

Sakel nasceu em Nadvorna, na Áustria, a 6 de junho de 1900 e passou a infância em Brno. Estudou medicina em Viena, onde obteve o seu diploma em 1925. Foi então nomeado médico-assistente no Hospital Geral dessa cidade, e dois anos depois tornou-se psiquiatra-chefe da Clínica de Lichterfelde, no subúrbio de Berlim, especializada no tratamento dos toxicômanos. Ali começariam os trabalhos sobre a insulina, que fariam o seu renome. Em 1933, voltou a Viena, onde o professor Pötzl o autorizou a continuar as suas pesquisas no serviço que dirigia, na clínica psiquiátrica universitária.

Em Lichterfelde, Sakel se familiarizou com a insulina, então utilizada no período de retirada da droga dos morfinômanos, por suas propriedades sedativas e sua ação favorável na retomada do apetite. A intercorrência acidental de um coma, seguida de uma melhora duradoura do estado mental de alguns dos pacientes, o levou a aplicar esse tratamento a casos de psicose, procurando sistematicamente, dessa vez, a obtenção do coma. Em novembro de 1934, foi publicado no *Wiener Medizinische Wochenschrift* o primeiro de uma série de treze artigos consagrados ao tratamento da esquizofrenia pelo *choque hipoglicêmico*, obtido por administração da insulina. O *tratamento de Sakel* nascera, e durante 20 anos, até o aparecimento dos neurolépticos em 1952, seria o tratamento biológico mais amplamente utilizado nessa afecção. Personagem solitário de caráter difícil, não aceitando as críticas, apegado ao seu trabalho (no I Congresso Mundial de Psiquiatria de Paris em 1950, reivindicando a paternidade da convulsoterapia, atacou violentamente von Meduna* e Cerletti*), Sakel sonhava com um mundo libertado da esquizofrenia graças ao "tratamento pelo choque original de Sakel", ensinado e praticado em centros especiais, para onde seriam obrigatoriamente dirigidos todos os novos casos... Morreu em 1957 em Nova York, para onde emigrara em 1938. Nessa época, já se podia constatar o declínio do seu método.

DE SANCTIS *Sante* (1862-1935)

Sante de Sanctis nasceu a 7 de fevereiro de 1862, em Parrano (província de Rieti), terminou seus estudos de medicina em Roma em 1886, tornou-se assistente na Clínica Psiquiátrica Universitária e trabalhou no laboratório de anatomopatologia de Marchiafava. Nomeado médico do Asilo de Necera-Inferiore em Campania, fundou em 1906 o Instituto de Psicologia Experimental de Roma, e tornou-se em 1919 diretor da Clínica Psiquiátrica da capital, com o falecimento de Tamburini*. Terminou sua carreira na cátedra de clínica das doenças nervosas e mentais, na qual sucedeu a Mingazzini em 1930. Morreu a 20 de fevereiro de 1935.

A obra de Sanctis se refere essencialmente a temas de psicologia experimental ou aplicada, seja de psicologia aplicada ao trabalho (elaborou um método de avaliação da fadiga intelectual), seja de criminologia (colaborou na reforma do código penal e dos tribunais para menores), seja de educação (criou em 1899 asilos-escolas para os retardados). Aliás, foi no âmbito das pesquisas sobre os estados de deficiência mental que descreveu, em 1905, por analogia com a demência precoce dos pacientes jovens de Kraepelin*, uma *demência precocíssima*, cuja especificidade e etiologia seriam muito discutidas, mas que não deixou de constituir uma das primeiras tentativas de individualização de estados psicóticos particulares da criança. Vamos citar, entre suas obras, *A educação dos retardados* (1915); o *Manual de psiquiatria infantil* (1925); o *Tratado de psicologia experimental* (1930); e um trabalho sobre *Os sonhos*, publicado em 1899.

SANO *Frits* (1871-1936)

A carreira de Frits Sano, nascido em Anvers, flandrense brilhante, culto, dinâmico, autor quando estudante de um glossário francês-flamengo, destinado a facilitar para os seus colegas o interrogatório dos doentes, se dividiu entre a anatomia, a neurologia e a psiquiatria. Diplomado em 1895, depois de seis meses passados na Salpêtrière e um ano em Berlim, no serviço de neurologia de Hermann Oppenheim, assumiu um serviço no Hospital de Anvers, onde criou uma unidade modelo de psiquiatria "urbana". Exilado na Inglaterra no momento da invasão alemã de 1914, ligou-se ao laboratório do Claybury Asylum, perto de Londres, e trabalhou como clínico de neurologia no Maudsley Hospital. Depois, dirigiu durante cerca de vinte anos a colônia de Gheel, antes de aposentar-se.

As primeiras publicações de Sano, entre 1896 e 1904, referiam-se às paralisias diftéricas, à afasia e à organização motora da medula espinhal. Membro fundador da Sociedade Belga de Neurologia, voltou aos seus primeiros interesses durante a guerra, com trabalhos sobre a morfologia cerebral, publicados nas *Philosophical Transactions of the Royal Society of London* (1916) e os *Proceedings of the Royal Society of Medicine* (1917).

Entretanto, suas realizações psiquiátricas foram talvez mais originais: desde 1902, criou, no Hospital Stuyvenberg de Anvers, uma escola para enfermeiras, a fim de formar pessoal para os asilos. Suas comunicações ao Congresso Internacional de Higiene Mental de Washington sobre os métodos de assistência aos doentes mentais "fora dos estabelecimentos", acompanhadas de um filme sobre a colônia de Gheel, lhe valeram uma viagem de conferências aos Estados Unidos. Faleceu em Gheel, em 1936, junto aos seus ex-pensionistas, às suas coleções de peças anatômicas e aos seus livros antigos.

DE SAUSSURE *Raymond* (1894-1971)

Bisneto de Horace-Benedict, que fez no século XVIII as primeiras pesquisas experimentais no cume do Monte Branco, filho de Ferdinand, cujo *Curso de lingüística geral* teve uma forte influência sobre o estruturalismo lacaniano, Raymond de Saussure nasceu em 1894 em Genebra, nessa família de intelectuais de origem lorena, refugiada na Suíça na época das guerras de religião. Desde o fim do seu curso de medicina, encontrou Freud* no Congresso de Haia de 1920 e começou com ele uma análise, determinante para a sua orientação futura. Casou-se com a filha de Flournoy* e foi para Paris, onde trabalhou durante algum tempo com Henri Claude*

(1924), contribuindo para a fundação da Sociedade Psicanalítica de Paris. Nos anos 1930, esteve em Genebra; partiu para os Estados Unidos em 1941, onde ensinou na Columbia University e no Instituto de Psicanálise de Nova York. Voltando à Suíça dez anos depois, foi professor-assistente de psicoterapia na Universidade de Genebra até a sua aposentadoria em 1966. Morreu a 29 de outubro de 1971, de um câncer de próstata.

Entre as cerca de 90 publicações de Saussure, a maioria trata de psicanálise desde os primeiros textos de 1920 no *Internationale Zeitschrift für Psychoanalyse* até a *Metafísica do prazer*, do Congresso Mundial de Psicanálise de Copenhague em 1959. Vamos citar *A técnica psicanalítica* (1922), os seus trabalhos sobre a conexão entre a psicanálise e a psicologia genética de Piaget (1933), *O milagre grego* (1939), ensaio de psicanálise aplicada, e ainda o seu relatório de 1950 ao primeiro Congresso Mundial de Psiquiatria de Paris sobre *As tendências atuais da psicanálise*. Mas ele também se interessou muito pela história da medicina, indagando-se principalmente sobre as significações pré-psicanalíticas contidas no magnetismo animal de Mesmer*. Quanto à sua primeira publicação, esta era dedicada... às borboletas, em um número do *Boletim da Sociedade Lepidopterológica de Genebra*, de 1914.

SCHILDER *Paul*-Ferdinand (1886-1940)

Nascido em Viena a 15 de fevereiro de 1886, Schilder começou a estudar filosofia, antes de orientar-se para a medicina. Diplomado em 1909, tornou-se assistente de Gabriel Anton na clínica psiquiátrica da Universidade de Halle, trabalho que foi interrompido em 1914 pela mobilização, que não o impediria, em 1917, de defender uma tese de filosofia. Terminada a guerra, assumiu um posto no serviço de Wagner von Jauregg* em Viena, foi nomeado em 1924 professor-extraordinário, e, mesmo não analisado, foi admitido na Sociedade Psicanalítica de Viena. Em 1928, propuseram-lhe um ciclo de conferências na Phipps Psychiatric Clinic da Universidade Johns Hopkins de Baltimore. Não voltaria à Áustria. Em 1930, assumiu a direção do departamento de psiquiatria do Bellevue Hospital de Nova York, continuando com as funções de professor no Colégio de Medicina da Universidade. Tendo se casado novamente, depois de um divórcio em Reno em 1936, ao deixar o hospital onde sua mulher (ela própria professora-associada de psiquiatria) acabava de dar à luz o seu terceiro filho, foi atropelado por um carro. Morreu no dia seguinte, 8 de dezembro de 1940, de uma fratura de crânio.

A obra muito abundante e variada de Schilder trata de neurologia, de psiquiatria e de psicanálise. Em 1913, ligou seu nome à encefalite periaxial difusa (*doença de Schilder-Foix*). Em *Delírio e conhecimento* (1914), interessou-se pelas relações entre o pensamento primitivo e a esquizofrenia. Publicou com O. Kauders* um livro sobre a hipnose e redigiu uma *Introdução a uma psiquiatria psicanalítica*. Voltando à sua formação neurológica inicial, publicou em 1931 *Cérebro e personalidade*. Mas sua obra mais conhecida é certamente *A imagem do corpo* (1935), que, com *Psicoterapia*, iria constituir o começo de um vasto tratado de psicologia que não pôde terminar.

SCHNEIDER *Kurt* (1887-1967)

Nascido a 7 de janeiro de 1887 em Crailsheim, Schneider obteve o doutorado de filosofia e de medicina, e tornou-se *Dozent* em 1919, em Colônia. Professor Extraordinário a partir de 1922, foi chamado em 1946 para ocupar a cátedra da Clínica de Heidelberg, onde ficaria até 1955. Fortemente influenciado por Jaspers*, foi, ao lado deste, o segundo representante da psicologia alemã de renome internacional. Sua obra se caracteriza por uma abordagem metódica, que se limita à descrição. Seu campo de pesquisas foi a sintomatologia. Ao contrário de Kraepelin*, não tinha muito interesse pelos aspectos evolutivos das doenças mentais e concentrou-se no isolamento de sintomas que permitissem um diagnóstico transversal. Em 1923, publicou *As personalidades psicopáticas*, obra na qual tentava estabelecer uma tipologia estritamente descritiva. Em 1935, foi publicada *A psicopatologia dos sentimentos e dos instintos*.

Sua obra mais célebre é *A psicopatologia clínica* (1946), que seria traduzida em espanhol, italiano, francês, grego e japonês. O sucesso desse livro se deve à clareza e à precisão da língua. A importância prática das idéias contidas nessa obra se refere principalmente aos elementos de diagnóstico dos estados esquizofrênicos. A identificação de sintomas de "primeira" e de "segunda ordem" para esse diagnóstico se tornou, por causa do seu caráter pragmático e de sua confiabilidade, um elemento constitutivo de grande parte dos critérios diagnósticos de pesquisa introduzidos durante a última década na psiquiatria anglo-saxônica.

Embora se possa acusar Schneider de ter simplificado a problemática psiquiátrica científica, desprezando todos os aspectos da dinâmica psíquica e social, assim como as perspectivas evolutivas e etiopatogênicas, ele teve o grande mérito de ter estimulado o pensamento metódico nessa disciplina e contribuído para sistematizar o estudo da sintomatologia psiquiátrica.

P. BERNER

SCHREBER *Daniel-Paul* (1842-1911)

Em 1911, foram publicadas no *Jahrbuch für Psychoanalytische und Psychopathologische Forschungen* as "Observações psicanalíticas sobre a autobiografia de um caso de paranóia". Nesse texto célebre, que seria retomado no tomo VIII de suas obras completas (*Cinco psicanálises*), Freud* (que nunca se encontraria com o seu autor), utilizou as *Memórias* publicadas em 1903 por D.P. Schreber, presidente da câmara no Tribunal de Recursos de Dresden, para elaborar a sua teoria da paranóia como sistema de defesa contra as pulsões homossexuais. Não vamos resumir aqui a análise de Freud, mas simplesmente lembrar em suas grandes linhas a biografia do autor dessas *Memórias de um neuropata* (ou, como propuseram Claude Duquenne e Nicole Sels, a *Gesta memorável de um grande doente dos nervos*, tradução mais fiel ao espírito do título original), incomparável material de estudo clínico para o conhecimento dos delírios de perseguição.

Daniel Paul Schreber nasceu em julho de 1842. Seu pai, Daniel Gottlieb Moritz Schreber era médico em Leipzig. É interessante situar esse personagem. Tinha 34 anos quando nasceu Daniel Paul, seu terceiro filho. Durante toda a vida, combateu para o triunfo dos seus princípios, visando reformar o homem e a sociedade pela prática dos exercícios físicos. Criador de sociedades de ginástica (então muito suspeitas de ativismo político na Saxônia), iniciador do movimento pelos loteamentos operários, autor de obras como *O livro da saúde* (1839); *A ginástica do ponto de vista médico, apresentada como um assunto de Estado* (1843); *A ginástica médica de quarto* (1855); e *O amigo do lar como educador e guia para os pais e mães do povo alemão* (1861), aplicava com rigor à educação familiar os estritos princípios dos quais era o teórico.

Foi nesse clima de disciplina inflexível que cresceu o jovem Daniel Paul, que estudaria Direito e faria uma carreira administrativa na magistratura. Em 1861, seu pai morreu e, em 1877, seu irmão mais velho, Daniel Gustave, suicidou-se. Casou-se no ano seguinte e não teve herdeiros. Em outubro de 1884, sendo juiz no Tribunal de Instância de Chemnitz, foi derrotado nas eleições do Reichstag, nas quais se apresentou como candidato do Partido Nacional Liberal. A 8 de dezembro do mesmo ano, foi hospitalizado pela primeira vez na Clínica de Doenças Mentais da Universidade de Leipzig, no serviço do professor Flechsig*, que teria um lugar importante nas suas construções delirantes. Saiu seis meses depois, foi nomeado presidente do Tribunal de Grande Instância de Leipzig e depois presidente da câmara no Tribunal de Recursos de Dresden. Em novembro de 1893, foi readmitido no serviço de Flechsig. Depois de uma breve passagem pela clínica do doutor Pierson no Lindenhof, em junho de 1894, foi transferido para o asilo provincial de Sonnenstein, nos arredores de Dresden. Ficaria ali até 1902, mas já em 1900 começou a escrever as suas *Memórias*, cujos 22 capítulos redigiu entre fevereiro e setembro, aos quais acrescentou em 1901 e 1902 duas séries de *Complementos*. Liberado em julho de 1902, publicou seu texto no ano seguinte em Leipzig, precedido de uma *Carta aberta ao professor Flechsig*, datada de março de 1903, na qual a temática delirante permanecia muito ativa.

Hospitalizado novamente a 27 de novembro de 1907 no asilo psiquiátrico de Leipzig Dosen, morreu ali a 14 de abril de 1911. O artigo de Freud seria publicado no fim do mesmo ano.

SCHROEDER VAN DER KOKL *Ludovicus* (1797-1862)

O nome de Schroeder van der Kolk está estreitamente ligado à reforma da assistência aos alienados nos Países Baixos no século XIX. Schroeder van der Kolk adquiriu suas primeiras experiências práticas no Hospital de Buiten Gasthuis em Amsterdã, para onde foi nomeado médico residente em 1821. Em 1827, foi designado como professor de anatomia e de fisiologia na Universidade de Utrecht. Nessa mesma cidade, também foi eleito membro da comissão administrativa da Casa de Alienados Municipal. Sob sua direção, esse estabelecimento foi renovado, o que despertou um vivo interesse do público. Depois, a pedido do rei Guilherme I, Schroeder van der Kolk redigiu uma dissertação contendo as exigências às quais uma casa de alienados bem organizada devia satisfazer, texto que se tornou ponto de partida da reforma dos alienados no sistema neerlandês, durante o período de 1840 a 1860. Por ocasião do fim de suas funções de reitor da universidade em 1837, Schroeder van der Kolk pronunciou um discurso, que se tornou célebre, sobre *A negligência da assistência requerida para o alívio das condições dos alienados e para a cura das ditas pessoas em nossa pátria*. Com esse discurso, chamava a atenção dos meios intelectuais para a posição do problema da assistência aos alienados. Além disso, em suas funções de professor de universidade, dispensava um ensino de psiquiatria aos estudantes interessados, fora do currículo oficial. O primeiro tratado neerlandês de psiquiatria, intitulado *A patologia e a terapia da alienação mental*, foi escrito por ele e editado em 1863, pouco tempo depois de sua morte.

Podemos ainda mencionar a sua grande influência sobre o estabelecimento do texto da primeira lei que se aplicou aos alienados, em 1841, e o fato de que foi nomeado inspetor da vigilância do Estado em 1842, conjuntamente com um funcionário do ministério do Interior.

H. BINNENVELD

SCHULTZ *Johannes*-Heinrich (1884-1970)

Originário de Göttingen, onde terminou seu curso de medicina em 1908, Schultz seguiu em Iena, a partir de 1913, o ensino de Otto Binswanger, que se interessava então pelo problema da histeria.

Nomeado em 1919 professor de neuropatologia nessa universidade, tomou em 1922 a direção da Clínica Psiquiátrica Weisser-Hirsch, perto de Dresden, onde tinha como assistente Hans Prinzhorn*. Depois, instalou-se, em 1924, em Berlim e adquiriu uma certa fama como psicoterapeuta.

Com o advento do nacional-socialismo, refugiou-se em um oportunismo ambíguo: se não se inscreveu no partido, suas convicções nacionalistas e talvez a sua ambição o levaram a aderir, já em 1933, ao *Nationalsozialistisches Kraftfahrerkorps*, um corpo motorizado nazista, que seria integrado aos SA dois anos depois, antes de chegar, em 1936, à subdireção do Instituto Goering*. Ali, foi encarregado da organização da Poliklinik (hospital-dia) e, no seu departamento de formação médica, continuava a promover a *Kleine Psychotherapie*, terapia de apoio de curta duração e pouco onerosa, respondendo às demandas da "comunidade nacional". A entrada da Alemanha na guerra o orientaria mais particularmente para o estudo dos problemas psicológicos novos, criados pelo conflito.

Mas se o nome de Schultz ficou para a posteridade, foi graças ao seu livro *Treinamento autógeno*, publicado em Leipzig em 1932, e inspirado nos trabalhos sobre a "auto-hipnose" de Oscar Vogt (1870-1959), que foi redator da *Zeitschrift für Hypnotismus* de Auguste Forel*.

A obra, publicada em um momento em que a hipnose passava por um certo desprestígio, relançava o interesse pelos processos de "desconexão", que permitiam "realizar estados autenticamente sugestivos", pelos quais Schultz se interessou desde 1911. O livro teria grande sucesso e surgiria como o "método-mãe", do qual derivariam outras técnicas como a "psicoterapia de relaxamento" de Kammerer e Durand de Bousingen, o "relaxamento de sentido psicanalítico" de Sapir, o "relaxamento estático-dinâmico de Jarreau e Klotz" e o "treinamento psicofísico" de Ajuriaguerra*, para citar apenas autores franceses.

SCOT ou SCOTT *Réginald* (1538?-1599)

Scot nasceu por volta de 1538, em Kent, mas a sua biografia comporta muitas lacunas. Em 1555, freqüentou a Universidade de Oxford, não obteve nenhum diploma, casou-se em 1568 e não deixaria mais o seu condado natal, onde levava a existência ativa de um gentil-homem camponês de pouca fortuna. Fez parte do Parlamento nos anos 1588-89. Morreu a 9 de outubro de 1599.

Scot foi autor de duas obras de inspiração muito diferente. Uma delas, publicada em 1574, foi o primeiro tratado prático de cultivo do lúpulo publicado na Inglaterra; a segunda, datada de 1584, se intitulava *Descoberta da feitiçaria, na qual as más ações das feiticeiras e lançadores de pragas são cuidadosamente expostas, em dezesseis livros* e unia a compilação de quase 250 autores antigos e modernos e um estudo mais pessoal sobre a magia, abordada tanto através das tradições populares quanto através dos processos de feitiçaria, verdadeira enciclopédia das superstições da época. Pode-se comparar o trabalho de Scot com o *De Praestigiis Daemonum* de Jean Wier*, por quem, aliás, ele tinha grande respeito. Por sua vez, ele atacava os caçadores de bruxas e defendia corajosamente as suas vítimas, em geral mulheres velhas e pobres, "fracas de espírito", afirmando que as manifestações "demoníacas" não passavam de imposturas involuntárias ou ilusórias, provocadas pelo estado mental das "possuídas".

A obra teve um certo impacto, mas sofreu durante mais de 80 anos os ataques de muitos detratores. O mais célebre foi Jaime VI da Escócia*, autor, em 1597, de uma *Demonologia* que condenava as opiniões de Wier e de Scot, e que se aproveitou de sua ascensão ao trono da Inglaterra em 1603 para queimar todos os exemplares do livro do seu compatriota, no qual Shakespeare teria se inspirado para descrever as feiticeiras de Macbeth.

SÉGLAS Louis-*Jules*-Ernest (1856-1939)

Filho do ecônomo do hospício de Évreux, cidade onde nasceu a 31 de maio de 1856, Jules Séglas defendeu sua tese em 1881 e pertencia à penúltima geração dos alienistas dos Hôpitaux, entre os quais foi admitido em 1886. Sua carreira se desenrolou nas seções de alienados dos hospícios de Bicêtre e da Salpêtrière, até a sua aposentadoria em 1921.

Séglas foi antes de tudo um semiologista, assim como seu colega Chaslin*, de quem foi um grande amigo. Clínico notável, inclinava-se menos para a teoria do que para a descrição e a análise dos sintomas. Ao lado de muitas publicações, referentes a áreas muito diversas da psiquiatria, cuja melhor ilustração são as suas *Lições clínicas*, reunidas em um volume, devemos-lhe panoramas de conjunto consagrados às *Perturbações da linguagem nos alienados* (1892) e ao *Delírio das negações* (1897), análises claras e originais, em que demonstrava uma grande finura de observação. Devemos acrescentar as 200 páginas do capítulo de "Semiologia das afecções mentais", que redigiu em 1903, para o *Tratado de patologia mental* de Gilbert Ballet*.

Discreto e apagado, expressando o desejo de "não ocupar a imprensa com a sua modesta personalidade" depois da morte, faleceu a 6 de dezembro de 1939.

SÉGUIN Onésime-*Édouard* (1812-1880)

Séguin, educador e médico, primeiro terapeuta das crianças retardadas, nasceu em Clamecy (Nièvre), a 20 de janeiro de 1812. Seu pai, Jacques-Onésime Séguin, médico nessa cidade, filho de um comerciante de madeira de Coulanges-sur-Yonne, fora aluno de um parente cirurgião e notável da aldeia. Sua mãe, Marguerite Suzanne, descendia de uma família emigrada dos Estados Sardos (província de Savóia) — comerciantes, políticos e artistas — que se instalou em Auxerre a partir de 1734.

Aluno no Colégio de Auxerre e depois no Colégio Real de Saint-Louis em Paris, sentiu-se atraído pela profissão de advogado e estudou Direito. Membro da seita saint-simoniana, ficou conhecendo Hippolyte Carnot, Édouard Charton, Pierre Leroux, Jean Reynaud, Émile e Isaac Pereire... Em 1837, depois de uma doença grave, estimulado por Louis-Benoït Guersant, começou a tratar de uma criança idiota sob a direção de Itard*, com a proteção de Esquirol*. Depois, foi autorizado a fundar um estabelecimento de instrução para as crianças idiotas (1839) no nº6 da rue Pigalle, e a experimentar o seu sistema de educação no hospício dos incuráveis do Faubourg Saint-Martin (1841), depois de um relatório favorável de Ferrus*. Também pôde aplicar o seu método no Hospício de Bicêtre (1842), onde colaborou com Leuret* e Félix Voisin* e recebeu a visita de John Conolly*. Matriculou-se na Faculdade de Medicina em 1843. No mesmo ano, nasceu seu filho Édouard-Constant. Encorajado pela Academia de Ciências (relatório de Étienne Pariset), ignorado pela Academia de Medicina, teve que deixar Bicêtre depois de um conflito que o opôs ao diretor e a certos médicos. A partir de 1844, retomou sua atividade de educador independente na cidade, e George Sumner, testemunha dos seus trabalhos, informou Samuel Gridley Howe sobre estes, em 1847. Participou da revolução de 1848, ao lado dos "republicanos da véspera", revolucionários e socialistas, e emigrou voluntariamente para os Estados Unidos em 1850.

Em 1851, exerceu a medicina em Cleveland (Ohio). Organizou as classes da escola especial de South Boston (Massachusetts) e introduziu nela o seu método em 1852. Ajudou Hervey B. Wilbur na criação da Escola de Syracuse (Nova York) em 1854. Também colaborou na organização de escolas especiais em vários outros estados: Connecticut (1855), Pensilvânia (1856), Ohio (1857). Voltou muitas vezes à França, por ocasião da doença e do falecimento de sua mulher. Em 1860, exerceu novamente a medicina, em Mont-Vernon (Nova York). Recebeu o título de Medical Doctor da Universidade da Cidade de Nova York em 1861 e foi trabalhar nessa cidade em 1863. Interessou-se particularmente pela termometria médica. Foi um dos comissários do governo dos Estados Unidos, relator para a educação na Exposição Universal de Viena em 1837. Também se interessou ativamente pela utilização universal do sistema métrico na pesquisa e na prática médica, e foi delegado, para essa questão, pela American Medical Association (Congresso da British Medical Association, Cork 1879; Congresso Internacional de Higiene, Turim 1880). Entretanto, continuou sendo conselheiro da Escola de Syracuse. Foi um dos fundadores em 1876 da Association of Medical Officers of American Institutions for Idiotic and Feeble Minded Persons, tornando-se o seu primeiro presidente. Em 1880, casou-se com Elsie Mary Mead, diretora da Seguin Physiological School for Feeble Minded Children, que ele acabava de fundar em Nova York. Morreu nessa cidade, a 28 de outubro de 1880.

Sua obra teórica, fundada na prática cotidiana do trabalho relacional e educativo com crianças profundamente retardadas, diferia dos trabalhos contemporâneos, fundados na observação puramente médica e na instituição. Profundamente influenciado pelos filósofos (Jean-Jacques Rousseau) e por autênticos práticos (Jacob Rodrigues Pereire) do século precedente, soube inspirar-se com originalidade na medicina moral de Philippe Pinel*, unindo à observação e à análise empenho e intervenção pessoais. Tendo renunciado não só aos meios da medicina física mas também aos meios físicos da medicina moral, afirmou em sua obra, mesmo quando esta caminhava no rumo do adestramento, a existência de um indivíduo humano, que devia ser reconhecido no próprio estilo da sua expressão voluntária. Encontra-se na sua obra publicada em Paris em 1846, *Tratamento moral, higiene e educação dos idiotas*, a exposição mais completa do método de tratamento e das técnicas de educação e de ensino que ele elaborou em cerca de dez anos de experiência pessoal (essas técnicas foram reutilizadas por Maria Montessori). Não deixou de afirmar que a idiotia, quaisquer que fossem as suas causas e complicações orgânicas, era antes de tudo uma situação de isolamento moral, e desejava ajudar o paciente a abandonar esse exílio de si mesmo e dos outros.

J. MARTIN

Bibliografia: MARTIN (J.), "Une biographie française (1812-1850) d'Onésime-Édouard Séguin (20 janvier 1812-28 octobre 1880), premier thérapeute des enfants arriérés, d'après ses écrits et les documents historiques", tese de medicina, Saint-Antoine, Paris, 1981.

SEMELAIGNE *Armand*-Aimé-Dieudonné (1820 1898)

Armand Semelaigne nasceu a 20 de outubro de 1820 em Collandres-Concarnon, pequena comuna dos arredores de Conches (Eure), em um ambiente modesto. Seu pai, professor primário e secretário da prefeitura de Évreux, depois de uma breve passagem pelo serviço fiscal, morreu em 1828. Armand, que fez o curso secundário em Évreux, se orientaria para a medicina. Externo de Leuret* no Hospital Bicêtre e de Rostan* na Santa Casa, só defendeu sua tese em 1851. Em Bicêtre, ficou conhecendo o seu conterrâneo Delasiauve*, que o apresentou a Casimir Pinel*, de quem se tornou adjunto e, posteriormente, genro. A partir de então, a sua carreira estava traçada, e em 1866, sucederia ao sogro à frente da Casa de Saúde de Neuilly.

Escreveu artigos para o *Journal de Médecine Mentale* de Delasiauve e, fiel à sua província natal, consagrou em 1867 um volume de cerca de 400 páginas à *História de Conches* e outro, em 1872, à *Expulsão dos ingleses da Normandia*. Depois de ter deixado ao seu filho René a direção do castelo Saint-James, continuaria a ocupar-se da Associação de Previdência dos Médicos Alienistas da França, fundada por Émile Blanche*. Faleceu em um quadro de coma urêmico a 22 de novembro de 1898.

SEMELAIGNE Louis-*René* (1855-1934)

Um dicionário biográfico histórico dedicado à psiquiatria não poderia omitir o nome de René Semelaigne, um mestre no gênero, com obras referenciais como *Os grandes alienistas franceses* (1894); *Alienistas e filantropos* (1912); *Os pioneiros da psiquiatria francesa, antes e depois de Pinel* (2 vols. 1930 e 1932); e três monografias importantes: *Os precursores de Pinel* (Congresso de Genebra 1926); "Lembranças de um passado recente" (*Annales Médico-Psychologiques*, 1932) e "Novas lembranças de um passado recente" (Ibid., 1934)

Filho de Armand Semelaigne*, neto por parte de mãe de Casimir Pinel*, nasceu em Neuilly-sur-Seine a 12 de dezembro de 1855. Residente dos Hôpitaux de Paris em 1883, dedicou em 1888 uma tese ao seu antepassado Philippe Pinel e tornou-se colaborador e depois sucessor de seu pai na Casa de Saúde de Folie Saint-James, cuja fachada rosa ainda se pode admirar na Avenue de Madrid. Em 1920, retirou-se para Auteuil, onde continuou a redação de seus trabalhos históricos, dedicando-se, como seu pai, à Associação de Previdência dos médicos alienistas da França e também à Assistência aos Alienados Convalescentes dos Asilos do Sena, que J.-P. Falret* fundou em 1843. Apenas um dos seus sete filhos, Georges, tornando-se pediatra, seguiria uma tradição médica familiar, sem interrupção desde o reinado de Luís XIV.

SENA *Antonio* Maria (1845-1890)

Nascido a 1º de janeiro de 1845, Sena deixou aos 22 anos o Seminário de Coimbra, para começar um curso de medicina, que terminou em 1875. Fez então uma *Viagem científica*, cujo relato publicou e que o levou de Paris a Zurique, Munique e Viena. Ali, freqüentou as aulas das celebridades do momento, como Ranvier, Brown-Séquard, Charcot* e von Gudden*. Voltando a Portugal em 1882, foi nomeado diretor do Hospital Conde de Ferreira, no Porto, e iniciou uma ação visando a reforma da organização psiquiátrica portuguesa. Depois de uma monografia sobre *Os alienados em Portugal*, publicada em 1884, redigiu em 1887, com seu assistente Júlio de

Matos*, um *Relatório sobre os serviços médicos e administrativos do Hospital Conde de Ferreira*, crítica construtiva do sistema existente, que resultaria na lei de 15 de julho de 1889, dita "Lei Sena", primeira lei portuguesa referente aos estabelecimentos destinados aos alienados.

SERBSKY *Vladimir*-Petrovitch (1858-1917)

Filho de um médico, Serbsky terminou em 1880 os seus estudos de física, e três anos depois o curso de medicina na Universidade de Moscou. Passou algum tempo em Viena, no serviço de Meynert*, onde provavelmente encontrou Freud*, que trabalhou ali nessa época. Voltando a Moscou, entrou em 1887 para a clínica psiquiátrica, antes de ser nomeado professor em 1903. Em setembro de 1911, por ocasião do Congresso de Psiquiatras e Neurologistas, pronunciou um violento discurso contra a atitude reacionária do governo. A polícia encerrou a sessão e Serbsky, seguido por um grupo de professores universitários progressistas, pediu demissão do seu posto. Mas não deixou de continuar a participar ativamente da Sociedade Moscovita de Psiquiatria e Neuropatologia, e da fundação do órgão dessa sociedade, o *Jornal de Neuropatologia e de Psiquiatria*, do qual foi redator-chefe.

Devemos-lhe alguns trabalhos sobre as psicoses agudas, as perturbações mentais de origem orgânica (especialmente sobre a psicopolineurite descrita por Korsakov*), e ainda artigos polêmicos sobre a demência precoce. Partidário da não-contenção e de uma psiquiatria social, preocupou-se também com problemas médico-legais, procurando obter garantias de perícia para os doentes mentais. Sua obra *Psicopatologia judiciária* (1895-1900) foi a primeira na Rússia a tentar tratar metodicamente esse problema. Depois de sua morte, ocorrida em 1917, o nome desse liberal seria dado ao Instituto Central Científico de Pesquisa em Medicina Legal Psiquiátrica de Moscou. Paradoxalmente, foi no Instituto Serbsky que foram periciados a partir de 1962 os "dissidentes" atingidos de "esquizofrenia oculta de evolução lenta" de Snejnevsky, destinados à internação política em "hospitais especiais" ligados à NKVD...

SÉRIEUX *Paul* (1864-1947)

Loreno por parte de pai, inglês por parte de mãe, Paul Sérieux nasceu em Paris em 1864. Nomeado para a residência dos Hospitais Psiquiátricos do Sena em 1886, foi aluno de Magnan* e dois anos depois defendeu sua tese, "Pesquisas clínicas sobre as anomalias dos instintos sexuais". Enviado em missão ao estrangeiro, interessou-se especialmente pelos problemas do alcoolismo e pelos psicopatas perigosos, redigindo, quando voltou, um *Relatório sobre a assistência aos alienados na França, na Alemanha, na Itália e na Suíça*. Médico-adjunto em Vaucluse e em Villejuif e depois médico-chefe da Casa de Saúde de Ville-Évrard, organizou em 1908 na Maison-Blanche a nova seção reservada aos epilépticos, cujos planos traçou. Terminou sua carreira no Hospital Sainte-Anne, onde ainda se pode ver o seu vulto no segundo plano do marco comemorativo de Magnan*, obra de Paul Richer*, onde aparece ao lado de Salomon Lwoff.

Sérieux foi um dos primeiros a divulgar na França, desde 1900, a nova classificação das doenças mentais proposta por Kraepelin*, assim como as suas teorias sobre a demência precoce, praticamente ignoradas até então.

Seu nome está ligado, com o de Capgras*, à descrição clínica, que se tornou clássica, do *Delírio de interpretação* (1909), mas também é conhecido por seus trabalhos sobre as instituições psiquiátricas dos séculos XVII e XVIII, e principalmente por suas pesquisas originais sobre as Cartas de Detenção, nas quais ele tentava demonstrar que, antes da Revolução Francesa, o costume organizara a condição dos alienados, com regras precisas e garantias reais "que desapareceram totalmente em 1790, para só serem restauradas em 1838", depois de um longo eclipse, sob o nome de lei sobre os alienados. A esses estudos históricos, podemos acrescentar outros sobre as "psicoses" de J.-J. Rousseau e de Strindberg e sobre o messianismo do falso delfim Naundorff.

Vamos assinalar, finalmente, o gosto de Sérieux pelo alpinismo, que lhe valeu as honras da *Revue du Club Alpin*, depois do sucesso de sua ascensão a um cume tido como inacessível.

SETCHENOV *Ivan* Mikhailovitch (1829-1905)

Nascido na província de Simbisk, filho de oficial, Setchenov entrou aos 14 anos para a Escola de Engenharia Militar de São Petersburgo, onde a sua indisciplina o tornou indesejável. Em 1851, começou a estudar medicina em Moscou. Atraído pela fisiologia, foi trabalhar em Berlim, em 1856, com Dubois-Raymond, em 1858 em Viena com Ludwig, em 1859 em Heidelberg com Helmholtz e em 1862 com Claude Bernard em Paris. Voltando a São Petersburgo, onde foi nomeado professor-assistente na Academia Médico-Cirúrgica, publicou em novembro de 1863 o seu trabalho mais conhecido, "Reflexos do cérebro" na revista *Meditzinski Vatnik* (O arauto médico). Defendia a idéia de que toda ação, voluntária ou involuntária, era apenas o produto de uma série de atos reflexos resultando, no animal, em uma resposta motora. O homem adquiriu a capacidade de bloquear a expressão motora de um certo número desses reflexos e de transformá-los em pensamento, que seria somente uma espécie de expressão motora truncada. Essa teoria materialista, repudiando os princípios da religião e conseqüentemente fonte de corrupção moral, suscitou a oposição do poder czarista e os escritos de Setchenov foram postos sob controle policial, sem que o seu autor fosse molestado. Em 1868, deixou São Petersburgo pela Cátedra de Fisiologia de Odessa. Em 1876, ocupou a de São Petersburgo, e enfim a de Moscou em 1888. Pediu demissão em 1901, e publicou em 1903 um ensaio filosófico, *Elementos do pensamento*. Morreu de pneumonia em Moscou, a 2 de novembro de 1905.

Os conceitos reflexológicos de Setchenov estão na linha de toda uma corrente organicista e associacionista, representada no mesmo momento na Alemanha por autores como Griesinger* ou Meynert*, e Pavlov* diria que considerava a data de publicação "do famoso ensaio de Setchenov *Reflexos do cérebro*" como o ponto de partida dos seus próprios trabalhos.

SIMON *Théodore* (1873-1961)

Nascido a 10 de julho de 1873 em Dijon, T. Simon foi nomeado em 1898 para a residência dos Hôpitaux Psychiatriques do Sena, e quando era residente na colônia de Perray-Vaucluse (Seine-et-Oise) escreveu, em 1899, a Alfred Binet*, para lhe propor observações de crianças retardadas do seu serviço. Era o início de uma colaboração que só cessaria com a morte de Binet em 1911. Depois de sua tese consagrada aos "Documentos relativos à correlação entre o desenvolvimento físico e a capacidade intelectual", foi médico-adjunto, sucessivamente em Dury-lès-Amiens, em Sainte-Anne e em Saint-Yon (Seine-inférieure), antes de voltar como médico-chefe para a colônia de Perray-Vaucluse em 1920. Dez anos depois, tornou-se médico do serviço de admissões no Hospital Sainte-Anne e em 1936 sucedeu a Édouard Toulouse* no Hospital Henri-Rousselle*. Atingido pelo limite de idade, aposentou-se um ano depois. Morreu em Paris em 1961.

Professor na escola de antropologia, professor nas escolas normais de professores primários do Sena, diretor do laboratório de pedagogia experimental fundado em 1906, Théodore Simon tem seu nome indissoluvelmente ligado ao de Alfred Binet, com quem apresentou, em 1905, no *Anneé Psychologique*, o estudo *princeps* sobre "A necessidade de estabelecer um diagnóstico científico dos estados inferiores de inteligência". Era o nascimento do teste de Binet-Simon, antepassado de muitos testes psicométricos do desenvolvimento da inteligência.

SKAE *David* (1814-1873)

Filho de um arquiteto de Edimburgo, David Skae nasceu a 5 de julho de 1814 e em 1836 foi admitido no Colégio de Cirurgia da sua cidade natal, onde começou a trabalhar. Entretanto, era mais atraído pela patologia mental, e em 1846 foi promovido a médico-chefe do Asilo Real de Morningside, que sob sua autoridade teria dobrada a sua capacidade de acolhimento. Morreu ali, a 18 de abril de 1873, de um câncer de garganta.

Skae foi autor de uma obra sobre o *Tratamento dos dipsomaníacos* (1858) e de uma série de observações de psiquiatria médico-legal, publicadas de 1861 a 1867. Mas devemos-lhe principalmente uma *Classificação das diversas formas de loucura sobre uma base prática e racional*, exposta pela primeira vez em 1863, diante da Associação dos Médicos dos Asilos, que ele presidiu em Londres. Repousando sobre uma concepção organicista da etiologia das doenças mentais, ela seria posteriormente desenvolvida em uma série de conferências, que seu aluno e sucessor T.S. Clouston* editou depois de sua morte.

SMITH *Samuel*-Mitchel (1816-1874)

Filho de um pastor presbiteriano de Gwenfield (Ohio), diplomado em 1839 pelo Colégio de Medicina de Cincinnati e pelo de Filadélfia no ano seguinte, S. Smith assumiu um posto de assistente no Asilo de Alienados de Ohio. Instalou-se em 1843 em um consultório particular, quando em 1847, por ocasião da reorganização do departamento médico da Universidade de Willonghby, propuseram-lhe uma cátedra de jurisprudência médica e de patologia mental, a primeira do país. A fusão, em 1848, da Universidade de Willonghby com o Starling Medical College, recentemente criado em Columbus, fez com que lhe confiassem além disso o ensino da terapêutica e da matéria médica. Essa fusão seria fatal para a psiquiatria, e segundo Edward Mead*, seu colega de Cincinnati, não havia mais nenhum professor dessa disciplina nos Estados Unidos a partir de 1853. Sua carreira universitária prosseguiu, todavia. Decano do Starling Medical College de 1849 a 1858 e novamente de 1861 a 1865, fez parte, em 1870, de uma comissão encarregada de examinar a questão da alegação de loucura nos casos de homicídio.

Entretanto, como não deixou publicações, o renome daquele que foi o primeiro professor oficial de psiquiatria no Novo Mundo não foi além dos limites de Ohio, onde sempre trabalhou.

SMYTH *James*-Carmichael (1741-1821)

Esse médico britânico publicou em 1787 uma obra sobre os *Efeitos da rotação empregada como remédio da consumpção (tuberculose) pulmonar*, tratamento que consistia em fazer girar vigorosamente em torno de si mesmo, com o auxílio de uma aparelhagem mais ou menos complexa, o doente, previamente amarrado a uma cama ou poltrona. Smyth acrescentava que, em sua opinião, esse processo poderia ser aplicado nos casos de irritabilidade nervosa. A idéia foi retomada para tratar os doentes mentais, por Erasmus Darwin*, e principalmente por Joseph Mason Cox*, e o método teria uma certa difusão no começo do século XIX.

Smyth também foi autor de um tratado da *Afonia espasmódica* (1790), no qual, pela primeira vez, aparecia nitidamente a distinção entre o que se tornaria a afonia histérica e a afasia associada a uma hemiplegia.

SNOW *John* (1813-1858)

Esse cirurgião inglês, originário de York, interessou-se desde cedo pela anestesia e se tornou célebre por ter administrado clorofórmio à rainha Vitória, por ocasião do nascimento do príncipe Leopoldo em 1853 e da princesa Beatriz em 1857. Não é tão conhecido pelo fato de também ter experimentado os agentes anestésicos em doentes mentais e proposto, em uma monografia publicada em 1858, três indicações para o seu uso na psiquiatria: como meio de distinguir as paralisias e contraturas histéricas das de origem orgânica, como tratamento de urgência para acalmar os agitados, especialmente os maníacos, e como meio para alimentar os doentes rebeldes, aproveitando a sua menor resistência no momento em que saíam da narcose.

Devemos-lhe também uma *Carta sobre as leis que regem os asilos de alienados particulares na Inglaterra, acompanhada de observações sobre as leis francesas de interdição*, publicada em 1859.

SOBRAL CID *José*, de Matos (1877-1941)

Nascido a 29 de junho de 1877 em Lamego (Portugal), Sobral Cid assumiu em 1902 funções de ensino na Faculdade de Coimbra, onde estudou. Em 1911, foi nomeado para a cátedra de psiquiatria médico-legal, que acabava de ser criada em Lisboa, no mesmo ano em que seu ex-condiscípulo, Egas Moniz*, recebeu a cátedra de neurologia. Trabalhou no Hospital de Rilhafoles (o "Manicômio Bombarda"*) com Júlio de Matos*, a quem sucedeu em 1922 como professor de psiquiatria clínica, e ocupou essas funções até a morte, ocorrida em Lisboa em 22 de abril de 1941. Em 1914, fora durante alguns meses ministro da Instrução Pública.

A obra de Sobral Cid atinge diversas áreas da psiquiatria: trabalhos clínicos como *As fronteiras da loucura*; *Estudo clínico das perturbações da memória*; *Classificação das psicoses*; *A vida dos esquizofrênicos* (um dos seus textos mais originais, tentando conciliar os dados da biologia com as novas teorias psicogenéticas); estudos médico-legais, como a *Psicopatologia criminal* (1935) e ainda pesquisas referentes à assistência, como *Processo histórico e orientação moderna da assistência psiquiátrica*, e à formação do pessoal, como *Relatório para o Congresso de Higiene Mental de 1937*.

Também colaborou para difundir em Portugal trabalhos psicopatológicos de autores de língua alemã como Kraepelin*, Bleuler*, Kretschmer* e Jaspers*.

SOKOLNICKA *Eugénie*, nascida KUTNER (1884-1934)

Eugénie Sokolnicka nasceu a 14 de junho de 1884, em uma família da alta burguesia judaica de Varsóvia. Seu pai era representante de um grande banco, sua mãe desempenhou, durante a insurreição polonesa de 1863, um papel bastante memorável para merecer, muitos anos depois, funerais com honras nacionais. A jovem foi para Paris, a fim de preparar uma licenciatura em ciências na Sorbonne, seguindo ao mesmo tempo, no Collège de France, o curso de Pierre Janet*. Voltando à Polônia, casou-se. Por volta de 1911, foi aluna de Jung* em Zurique. Em 1913, chegou a Viena, onde fez análise didática com Freud*, que lhe aconselhou, no ano seguinte, a instalar-se como psicanalista em Munique. A guerra a levou de volta a Zurique, onde trabalhou a partir de 1916. Depois do armistício, decidiu completar sua formação com Ferenczi* em Budapeste, e após tentar em vão fundar, em 1920, um grupo psicanalítico em Varsóvia, chegou a Paris, estimulada por Freud. Ali, seu papel se mostraria essencial.

Era o ano de 1921. As relações de Eugénie Sokolnicka a levaram inicialmente para os meios literários. Freqüentava o grupo da Nouvelle Revue Française (especialmente Jacques Rivière e André Gide, que tivera com ela algumas sessões de análise, e em 1926 apresentou uma imagem deformada da psicanalista em *Les faux monnayeurs*, sob o pseudônimo transparente de Madame Sophroniska). As teorias freudianas interessavam mais aos escritores do que ao mundo médico parisiense do pós-guerra, mas por ocasião de uma conferência que ela pronunciou na Escola de Altos Estudos Sociais, durante o inverno de 1922-23, Paul Bourget a apresentou a Georges Heuyer* — então suplente do pastor Claude* no Hospital Sainte-Anne — que lhe deu acesso ao seu serviço. Se o tipo de doentes que ela encontrou ali não lhe permitia fazer um trabalho produtivo, encontrou médicos como René Laforgue* e Édouard Pichon, genro de Pierre Janet*, encontros cujo impacto se revelaria extremamente eficaz. Pichon nos deixou as suas impressõoes sobre esse momento privilegiado: "Para nós, psicanalistas franceses, a chegada de Madame Sokolnicka a Paris em 1921 é uma data memorável. O freudismo só era conhecido, até então, por alguns estudos críticos puramente teóricos, que não permitiam avaliar o seu valor eficiente. Com Madame Sokolnicka, chegou-nos uma psicóloga que adquiriu seus conhecimentos psicanalíticos nas melhores fontes, e uma terapeuta capaz de aplicar efetivamente o método a casos concretos." Ela era então, na capital francesa, a única pessoa à qual era possível dirigir-se "para aprender o ofício de psicanalista". Foi assim que, pouco a pouco, se constituiria à sua volta um pequeno grupo de clínicos franceses, que a 4 de novembro de 1926 fundaram a Sociedade Psicanalítica de Paris. René Laforgue a presidiu. Eugénie Sokolnicka foi a primeira vice-presidente.

A 10 de maio de 1934, suicidou-se com gás em Paris, no apartamento dos Pichon, que a tinham acolhido.

SOLLIER *Paul* (1861-1933)

A carreira de Sollier se dividiu entre Bruxelas, onde lecionou na nova universidade, e Paris, onde fundou com sua mulher Alice, também médica, um sanatório para toxicômanos, que se tornaria o Hospital Ambroise-Paré de Boulogne-sur-Seine. Paralelamente, ensinou *ergologia* no Instituto de Altos Estudos, termo que criou para designar a psicologia do trabalho.

De fato, a psicologia sempre esteve no centro de suas preocupações: já em 1891, Sollier, que fora residente de Bourneville*, publicou uma *Psicologia do idiota e do imbecil*. Escreveu também estudos sobre *A memória* (1900); *As emoções* (1903); *A associação*; *A dúvida*; *Moral e moralidade* (1912). Devemos-lhe também obras mais clínicas, como *Gênese e natureza da histeria* (1897), na qual propôs uma teoria biológica da afecção, seguida em 1901 de *A histeria e seu tratamento*. Vamos citar ainda *A morfinomania* (1899), e um *Guia prático das doenças mentais* (1893), revisado em 1924, com o título de *Prática semiológica das doenças mentais*, com a colaboração do seu genro Courbon*. Muitos dos seus trabalhos tiveram traduções em alemão, inglês, espanhol, holandês e russo.

Quando do seu falecimento, ocorrido subitamente a 8 de junho de 1933, estava terminando um livro sobre a *psicotécnica*.

SONDEN *Carl*-Ulrik (1802-1875)

Originário da província sueca de Oestergötland, Sonden estudou na Universidade de Upsala. Ocupou diversas funções hospitalares, antes de iniciar uma longa viagem de estudos pela Europa. Ao voltar, em 1835, fixou-se em Estocolmo, fez parte do colégio sanitário da cidade, e não tardou a ser nomeado médico de Danviken, o estabelecimento asilar mais importante do país. Em conseqüência dos seus relatórios, as autoridades civis empreenderam, a partir de 1851, uma reforma do sistema de tratamento dos doentes mentais, que resultaria, em 1877, na estatização dos asilos, até então administrados pela Ordem dos Serafins.

SOUKHANOV *Sergei* (1867-1916)

Nascido na Sibéria, Soukhanov fez em Moscou o curso de medicina, que terminou em 1891. Obteve primeiro um posto na clínica universitária dirigida por Korsakov*, e depois, nomeado professor, dividiria a sua atividade entre o ensino da semiologia psiquiátrica na Faculdade de Medicina e o da psicopatologia na Faculdade de Filologia. Em 1908, tornando-se médico-chefe do Hospital Nossa Senhora dos Aflitos, estabelecimento para alienados de São Petersburgo, prosseguiu o seu magistério universitário.

Devemos-lhe várias obras de medicina mental e mais de 200 publicações de anatomopatologia do sistema nervoso, de neuropatologia e de psicopatologia, das quais uma, "Contribuição para o estudo da paranóia inventória", seria publicada nos *Annales Médico-Psychologiques*, para os quais fez, em colaboração com sua mulher, várias análises de trabalhos russos para os leitores de língua francesa. Morreu em São Petersburgo, a 3 de janeiro de 1916, de uma afecção hepática. Ainda não completara 49 anos.

SPITZ *René*-Arpad (1887-1974)

Nascido em Viena, analisando de Freud* desde 1910, Spitz, que trabalhou no laboratório de psicologia experimental da universidade, freqüentou nos anos 1920 o *Kinderseminar* organizado em torno de Anna Freud* para refletir sobre as aplicações da psicanálise à pedagogia. Representou a tendência "genética" do movimento, baseada na observação do desenvolvimento da criança pequena, para a qual foi dos primeiros a recorrer ao registro cinematográfico, estimando, aliás, "que um certo número de teorias psicanalíticas não pode ser aplicado à primeira infância". Diante da ascensão do nazismo, foi para os Estados Unidos em 1937. Ali, foi encarregado do ensino de psicologia na Universidade de Colorado.

Levado a estudar as relações mãe-filho durante os dois primeiros anos de vida, descreveu sob o nome de *hospitalismo* as conseqüências físicas e psíquicas de carências afetivas ocorridas durante esse primeiro período do desenvolvimento, que podiam resultar em um estado de marasmo com anorexia e estagnação da estatura e do peso. Relatou as suas constatações em *Depressão anaclítica: estudo psicanalítico da criança* (1946). Publicou ainda em 1954 *O primeiro ano da vida da criança*, cuja reedição revista e completada seria publicada dez anos depois, sob o título *Do nascimento à palavra. O não e o sim* foi publicado em 1957, ano em que esse teórico da psicanálise da criança, que aliás nunca a praticou pessoalmente, se tornou presidente da Sociedade Psicanalítica do Colorado. Morreu em Denver em 1974.

SPITZKA *Edward*-Charles (1852-1914)

Nascido a 10 de novembro de 1852 em Nova York, Spitzka, cujos pais deixaram a Alemanha depois da revolução de 1848, obteve o seu diploma de médico nessa cidade, em 1873. Passou depois três anos entre Leipzig e Viena, e foi aluno de Meynert* e de Schenk. Casou-se em 1875 com uma jovem vienense e voltou a Nova York em 1876. Pouco a pouco, especializou-se nas afecções neuropsiquiátricas, acrescentando a uma atividade de clientela funções no Hospital São Marcos e no Hospital de Monte Sinai. A partir de 1882, foi encarregado do ensino de anatomia comparada no Colégio Veterinário de Colúmbia e em 1885 tornou-se professor de anatomia e de fisiologia do sistema nervoso na Escola de Medicina de Nova York. Morreu de hemorragia cerebral a 13 de janeiro de 1914.

Spitzka foi descrito como um personagem impulsivo e colérico, que afirmava suas idéias com veemência. Certamente, foi o primeiro neurologista americano a construir uma reputação nacional como perito. Em 1881, sua tomada de posição em relação ao assassino do presidente Abraham Garfield, Charles J. Guiteau, que considerava irresponsável, seria ocasião de ásperas polêmicas. Citaremos, entre seus trabalhos, *A etiologia somática da loucura* (1882), no qual defendia o papel da hereditariedade, e *A loucura, classificação, diagnóstico e tratamento* (1883), em que combatia violentamente as terapêuticas em uso na época.

Não se deve confundi-lo com seu filho, Edward Anthony (1876-1923), que também teve uma carreira de professor de neuroanatomia no Jefferson Medical College da Filadélfia, antes de estabelecer-se como neuropsiquiatra em Nova York em 1918, ao voltar da guerra. Interessado, como seu pai, em criminologia, publicou em 1908, na American Philosophical Society, *Observações sobre a aplicação da pena de morte por eletricidade*, nas quais, depois de estudar os diversos modos de execução capital, apresentava-se como defensor da cadeira elétrica.

SPURZHEIM Johann-*Gaspar* (1776-1832)

Spurzheim nasceu a 31 de dezembro de 1776 em Longwich, perto de Trier, mas foi em Viena que estudou medicina e ligou-se ao craniologista Franz Gall*, de quem se tornou discípulo. Ambos iniciaram em março de 1805 um périplo de demonstrações de anatomofisiologia nervosa pelas cidades universitárias alemãs, antes de chegar a Paris em novembro de 1807 (onde, aliás, Spurzheim voltaria a estudar medicina, curso que concluiu em 1821, com uma tese intitulada "Encefalotomia, ou do cérebro sob suas relações anatômicas").

Em 1808, apresentaram no Institut de France as *Pesquisas sobre o sistema nervoso em geral e sobre o do cérebro em particular*, que precederam a preparação de uma vasta *Anatomia e fisiologia do sistema nervoso* em quatro volumes, que seriam publicados entre 1810 e 1819. Mas só os dois primeiros tomos tinham a assinatura de Spurzheim, pois em 1812 ele e Gall entraram em conflito por razões de prestígio pessoal, e no ano seguinte, Spurzheim chegou à Inglaterra, onde faria escola rapidamente e implantaria as novas doutrinas de fisiologia cerebral, com a ajuda de discípulos como os irmãos Combe* e T. Forster* (que criou o termo *frenologia*). Em 1826, assumiu uma cátedra em Cambridge e logo, graças aos seus alunos, a frenologia se difundiu nos Estados Unidos: J.C. Warren a ensinou em Harvard a partir de 1821 e criou no ano seguinte a *Central Phrenological Society* de Filadélfia; C. Caldwell publicou em 1824 *Elements of Phrenology*, primeira obra americana dedicada a esse tema. A 4 de agosto de 1832, Spurzheim desembarcou nos Estados Unidos. Sua permanência seria breve e fatal. Durante um ciclo de conferências em Harvard e Boston, morreu de cólera nessa cidade, a 10 de novembro de 1832. Foi saudado em termos líricos pelo *The American Journal of Medical Sciences*: "O profeta está morto, mas seu manto nos protege", pois no mesmo momento em que a frenologia começava a perder prestígio na Grã-Bretanha, retomava tal força nos Estados Unidos que algumas empresas recorriam a verdadeiras oficinas de diagnóstico cranioscópico a fim de selecionar o seu pessoal a partir de simples fotografias.

No plano doutrinário, embora tivesse elevado para 35 as bossas cranianas de Gall, Spurzheim ainda ficou bastante próximo do mestre. Vamos citar, entre suas publicações: *Observações sobre as manifestações perturbadas da mente ou insanidade* (Londres, 1817); *Ensaio filosófico sobre a natureza moral e intelectual do homem* (Paris, 1820); *Considerações sobre os princípios filosóficos da frenologia* (Londres, 1825); e *A anatomia do cérebro* (Londres, 1826).

STANFORD Amasa-*Leland* (1824-1893)

Nascido no Estado de Nova York, governador do Estado da Califórnia, senador, construtor de vias férreas, Stanford não foi nem psiquiatra, nem psicanalista, nem psicólogo. Presidente da Central Pacific Railroad, diretor da Southern Pacific Company e da Southern Pacific Railroad, acumulou uma imensa fortuna. Apaixonado por cavalos de corrida, tinha um rancho em Palo Alto e utilizou os conhecimentos do inglês Muybridge, um dos pioneiros da cronofotografia, para compreender melhor a cinética do cavalo a galope.

Mas devemos-lhe a Leland Stanford Junior University, que fundou em 1885, em memória do filho, falecido aos 15 anos. Ela se eleva sobre terrenos comprados de um francês de Bordeaux, que não era outro senão o pai de um certo Albert Caperon, o famoso Captain Cap, caro a Alphonse Allais... Essa universidade se tornou célebre e em psiquiatria sempre se mencionaria a "Escola de Palo Alto" e a "revisão Stanford" da escala de inteligência de Binet-Simon*, proposta por Lewis Terman*.

Acometido de uma tabe, L. Stanford morreu em 1893, dois anos depois da inauguração da sua universidade.

STEKEL *Wilhelm* (1868-1940)

Stekel nasceu em Czernowitz, na província austro-húngara de Bukovin, em uma família judia ortodoxa. A tradição afirma que, por causa da sua instabilidade, os pais o retiraram da escola, para ensinar-lhe o ofício de sapateiro. Apesar de tudo, estudou medicina em Viena e estabeleceu-se como generalista, colaborando em diversas revistas médicas. Foi assim que, em janeiro de 1902, publicou no *Neues Wiener Tagblatt* uma crítica elogiosa da *Interpretação dos sonhos*, que marcou o começo de suas relações de amizade com Freud*. No mesmo ano, começaram as famosas reuniões das quartas-feiras à noite na casa de Freud, embrião da futura Sociedade de Psicanálise de Viena, da qual Stekel, ao que se diz, foi o iniciador. Em 1910, com Adler*, assumiu a direção da *Zentralblatt für Psychoanalyse*, mas a agitação provocada pela cisão de Adler e as incessantes pretensões à originalidade de Stekel deviam resultar, em outubro de 1912, na sua ruptura com Freud. Tornando-se independente, preconizou um método de análise breve, supondo por parte do terapeuta uma participação ativa. No momento da anexação da Áustria por Hitler, Stekel conseguiu chegar à Suíça, antes de emigrar para Londres. Atingido de gangrena diabética em um pé, suicidou-se a 25 de junho de 1940, por absorção de aspirina.

Pianista, compositor de canções infantis, Stekel foi autor de cerca de 360 publicações. A primeira, em 1895, foi dedicada às experiências sexuais da criança e seguida de uma série de pesquisas sobre o onanismo e a homossexualidade. Em 1908, *Os estados de angústia e seu tratamento* tiveram um prefácio de Freud. Vamos citar ainda *Sonho e telepatia* (1920) e *Cartas a uma mãe*, sobre a importância das primeiras lembranças no desenvolvimento psicológico.

STERN *William*-Ludwig (1871-1938)

Nascido na Alemanha, fundador em 1907 da *Zeitschrift für Angewandte Psychologie* (Revista de psicologia aplicada), Stern publicou em 1914, *A psicologia da criança* e dirigiu de 1916 a 1933 o Instituto de Psicologia de Hamburgo. Sua obra mais importante é *A pessoa e a coisa: por uma visão filosófica do mundo*, cujos três volumes foram publicados de 1906 a 1924. Obrigado pelos acontecimentos a emigrar para os Estados Unidos em 1933, trabalhou nas Universidades de Duke e de Harvard.

Foi ele que introduziu na psicologia a noção de inteligência relativa e "inventou" o *quociente mental*, rebatizado de quociente intelectual (QI) por Terman*, que exprime a relação entre a idade mental do indivíduo, medida pelos testes, e a sua idade real.

STRANSKY *Erwin* (1877-1962)

Esse clínico vienense foi aluno de Wagner von Jauregg* e do neurologista Obersteiner. Devemos-lhe, especialmente, dois artigos originais, "Para a compreensão de certos sintomas da demência precoce", publicados em 1904 na *Neurologisches Zentralblatt*. Via como causa dessa doença "uma surpreendente defasagem entre a vida afetiva e a vida intelectual", uma alteração da relação entre o que ele chamava de *Thymopsyché* e a *Zoopsyché*. Em 1909, voltaria a essa noção de "ataxia psíquica", situando-se assim, com Wernicke* e Otto Gross*, entre os precursores da teoria dissociativa de Bleuler*. Também foi autor do capítulo consagrado à loucura maníaco-depressiva no tratado de Aschaffenburg*.

SUTTON *Thomas* (1766?-1835)

Sutton nasceu em Straffordshire em 1766 ou 1767. Estudou em Londres, Edimburgo e Leyde, onde recebeu o título de doutor em 1787. Admitido em 1790 no Colégio dos Médicos de Londres, foi trabalhar em Greenwich. Foi o primeiro a isolar e batizar uma síndrome confusional aguda, própria dos alcoólatras, cuja descrição *princeps* realizou em *Tracts on Delirium Tremens*, publicado em Londres em 1813.

SYDENHAM *Thomas* (1624-1689)

Thomas Sydenham nasceu em Wynford Eagle (Dorset) e começou seus estudos médicos em 1642 no Magdalen College de Oxford, quando estourou a Guerra Civil, durante a qual combateu nas fileiras dos partidários de Cromwell, de modo que só em 1648 tornou-se bacharel em medicina em Oxford. Instalou-se em Londres, freqüentou durante algum tempo a Universidade de Montpellier, voltou a Londres, onde adquiriu grande notoriedade, mas esperou até 1676 para defender em Cambridge a sua tese de doutorado. Morreu em 1689, de complicações de uma litíase renal.

Não vamos analisar aqui o conjunto da obra daquele que foi chamado "Hipócrates inglês". Mencionamos apenas o célebre *Tratado da gota*, que dedicou em 1683 a uma afecção de que ele sofria havia mais de 30 anos, mas foi com uma *Dissertação em forma de carta...*, dirigida em 1682 ao doutor William Cole, de Worcester, que ele se ligou à psiquiatria. Nesse texto, expunha seu ponto de vista sobre a histeria, afirmando que ela se encontrava em um sexto dos seus pacientes e que podia imitar "quase todas as doenças que acometem o corpo humano". Como Thomas Willis*, recusava a teoria uterina e alegava uma desordem dos "espíritos animais" para explicar os sintomas da afecção, concepção que o levou a constatar que a histeria podia ser encontrada tanto no homem quanto na mulher, e que ela provinha do mesmo mecanismo que a hipocondria.

Entretanto, só dois séculos depois, com Briquet* e Charcot*, o mundo médico acabaria aceitando a noção de histeria masculina...

SZONDI *Léopold* (1893-1986)

Nascido a 11 de março de 1893 em Nytria (Eslováquia), em um ambiente modesto muito apegado à tradição judaica, Szondi chegou com a idade de quatro anos a Budapeste, onde fez todos os seus estudos, e participou com Balint*, Imre Herman e Mélanie Klein*, dos trabalhos da Associação Húngara de Psicanálise, reunida em torno de Ferenczi*. Depois da guerra, tornou-se assistente na Policlínica Universitária de Psiquiatria de Budapeste, trabalhando também no laboratório de psicologia experimental de Ranschburg, um aluno de Wundt*. Nomeado professor da universidade em 1927, foi demitido em 1941, quando da chegada ao poder do regime pró-hitlerista do regente Horthy. Deportado para Bergen-Belsen, conseguiu chegar à Suíça em 1944, e foi acolhido por Oscar Forel, filho de Auguste Forel*, antes de instalar-se em Zurique, para exercer a psicanálise. Faleceu ali, a 24 de janeiro de 1986.

Seu interesse pelas questões de hereditariedade e de constituição levou Szondi a preocupar-se, a partir de pesquisas genealógicas, com o problema do "destino" e daquilo que ele chamou *genotropismo*, pulsão que determina nos seres um certo número de escolhas, particularmente amorosas, provenientes de uma espécie de inconsciente familiar, e que conduz freqüentemente à criação de situações patológicas repetitivas. Essa teoria, esboçada em 1937 em *Análise dos casamentos* teve o seu desenvolvimento na *Análise do destino* (*Schicksalanalyse*), sua primeira obra importante, publicada em 1944.

Esse interesse pelas "afinidades" pulsionais está na base do teste que o tornou célebre. Ele se constitui de uma série de 48 fotografias de doentes mentais (cerca de 30 foram tiradas do *Atlas-Manual* de Weygandt*), cujos traços são supostos característicos de personalidades psicopatológicas específicas (neuroses, perversões, psicopatias e psicoses).

As reações afetivas imediatas de simpatia ou de antipatia que elas suscitam no observador são consideradas como a expressão de suas próprias pulsões. Esse *genoteste*, como foi primeiramente chamado, se imporia posteriormente como teste projetivo de *Diagnóstico experimental das pulsões*, quando de sua publicação em 1947. Foi a única obra de Szondi traduzida para o francês. Vamos citar ainda *A patologia das pulsões* (1952), *A análise do eu* (1956) e *Uma terapêutica segundo a análise do destino* (1963).

Bibliografia: LECAMP (M.) et al., "Budapest 1937, La naissance de la *Schicksalanalyse* de Léopold Szondi", *L'Évolution Psychiatrique*, 56-1991, 3, 489-501.

T

TAMBURINI *Augusto* (1848-1919)

Tamburini nasceu a 18 de agosto de 1848 em Ancona, onde se tornou assistente no Hospital Civil em 1871, desde o término dos seus estudos na Faculdade de Bolonha. Em 1873, obteve um lugar de médico-adjunto no Instituto Psiquiátrico São Lázaro de Reggio nell'Emilia, dirigido por Carlo Livi* e três anos depois foi nomeado diretor do Asilo de Voghera (Lombardia), continuando a ensinar psiquiatria na Universidade de Pavia, onde sucedeu a Lombroso*. Em 1877, voltou a Reggio nell'Emilia como diretor do Instituto Psiquiátrico, posto que conservou até sua partida para Roma, em 1907, onde dirigiria a clínica psiquiátrica até o seu falecimento em Riccione, a 28 de julho de 1919.

Devemos a Tamburini trabalhos sobre as localizações cerebrais, o tratamento do alcoolismo, da pelagra e do cretinismo (que grassava nas regiões montanhosas da Europa). Foi autor de uma obra de conjunto sobre a *Assistência aos alienados na Itália e em diversos países*, publicada em 1918, e fundador, com Morselli*, da *Revista Experimental de Freniatria e de Medicina Legal*, que dirigiu de 1877 até a sua morte. No plano doutrinário, suas concepções se ligavam à corrente "neurológica" e "mecanicista", nascida na segunda metade do século XIX e que via nos distúrbios do espírito o resultado de excitações localizadas dos centros nervosos, corrente cujo líder foi Wernicke* e que culminaria com Clérambault*.

TANZI *Eugenio* (1856-1934)

Originário de Trieste, onde nasceu a 26 de junho de 1856, Tanzi estudou medicina em Pádua e em Graz, e recebeu o título de doutor em 1880. O governo austríaco (Tanzi era súdito austro-húngaro) o impediu de exercer a medicina em sua cidade natal, por causa dos seus sentimentos pró-italianos. Assim, foi para a Itália e começou a sua carreira de psiquiatra no Hospital São Lázaro de Reggio nell'Emilia, sob a direção de Tamburini*. Tornando-se professor em Cagliari em 1893, sucedeu em 1895 a Tamburini em Florença, onde ficaria até o fim de sua carreira. Morreu a 18 de janeiro de 1934 em Salò, na província de Brescia.

Tanzi fundou em 1896 a *Rivista di Patologia Nervosa e Mentale*, para defender os estudos anátomo-histológicos do sistema nervoso central, seguindo a orientação "organicista" da psiquiatria italiana. Seus estudos mais afamados se referem à paranóia, em colaboração com Riva (1883), nos quais essa doença é considerada como a expressão da volta a formas atávicas de pensamento. Seu *Tratado das doenças mentais* (1904), obra de inspiração kraepeliniana, em colaboração com Ernesto Lugaro nas 2ª e 3ª edições (1914-23), tornou-se um clássico, sendo conhecido também no estrangeiro.

L. DEL PISTOIA

TARDIEU *Ambroise*-Auguste (1818-1879)

A carreira de Tardieu se desenrolou inteiramente em Paris, onde nasceu a 10 de março de 1818. Era filho do gravador Ambroise Tardieu, que deixou muitos retratos de médicos. Residente dos Hôpitaux em 1838, professor concursado em 1844, médico da Santa Casa, médico da Casa de Saúde Reboul-Richebraques, na rue de Picpus, membro da Academia de Medicina na seção de higiene em 1859, substituiu Adelon na cátedra de medicina legal em dezembro de 1861. Em janeiro de 1864, foi nomeado decano da Faculdade de Medicina para suceder a Rayer, que acabava de pedir demissão em conseqüência de movimentos estudantis. O Quartier Latin estava então constantemente agitado por manifestações contra o governo. O novo decano não escapou ao tumulto, e viu-se acusado de manter detido em um asilo, para agradar a Napoleão III, um certo Sandon, que aliás morreria algum tempo depois, com sintomas de paralisia geral. Tardieu aproveitou a ocasião para deplorar a formação insuficiente dos médicos em matéria de alienação mental, mas tentaria em vão, durante o seu decanato, corrigir essa lacuna. Morreu a 12 de janeiro de 1879.

A obra de Tardieu é essencialmente dedicada à medicina legal. Seu livro mais importante é sem dúvida *Estudo médico-legal sobre a loucura*, publicado em 1872, no qual, depois de lembrar "os preceitos gerais sobre a maneira de proceder ao exame dos loucos e à constatação do estado mental", tenta codificar em quatro grandes classes as "espécies de loucura" capazes de justificar a intervenção do médico legista. Distingue assim a "fraqueza de espírito", as "impulsões instintivas", as "diferentes espécies de delírios que exercem sobre os atos influências variadas" e a "loucura simulada". A obra terminava com uma centena de páginas com fac-símiles de caligrafias de alienados. Devemos-lhe também, em 1860, um *Estudo médico-legal sobre as sevícias e maus-tratos exercidos sobre as crianças*, primeira exposição daquilo que, um século depois, seria descrito sob o nome de "síndrome da criança espancada", para a qual, em 1953, o radiologista americano Silverman proporia — sem sucesso — o nome de *síndrome de Ambroise Tardieu*.

TAUSK *Victor* (1879-1919)

Nascido a 12 de março de 1879 em Zsilina na Eslováquia, Tausk era o mais velho de nove irmãos. Seu pai, Hermann, professor primário e depois jornalista célebre, foi provavelmente um personagem autoritário e pouco generoso para com a família. Émilie Roth, a mãe, era devotada aos filhos. Educado em língua alemã na Croácia, então austro-húngara, estudou direito e defendeu sua tese de doutorado em 1902 em Viena, pouco depois do seu casamento (para o qual se converteu ao catolicismo) com Martha Frisch, parente do filósofo Martin Buber. Residindo em Sarajevo e depois em Mostar, o casal separou-se, depois de cinco anos de uma união da qual nasceram dois filhos, Marius e Victor-Hugo. Tausk, recentemente qualificado como homem de leis, foi para Berlim, vivendo modestamente do jornalismo e da literatura (vamos citar *Husein Brko, História cigana*, publicada no jornal de seu pai). Depois de permanecer um mês no sanatório de Ahrweiler, onde foi admitido em setembro de 1907, esgotado e deprimido, a leitura de um artigo de Freud* o levou a entrar em contato com este. Estimulado e ajudado financeiramente por Freud e seus discípulos, começou um curso de medicina em Viena, em 1908, que terminou em 1914. Seus mestres de psiquiatria foram Frankl von Hochwart e Wagner von Jauregg*. Durante esse período, trabalhou como psicanalista, participou das reuniões semanais da Sociedade Psicanalítica de Viena, à qual fez as comunicações *A propósito da "Teoria do conhecimento e psicanálise"*, em 1909, *Sobre a masturbação*, em 1912, e em 1913 *Uma contribuição para a psicologia da sexualidade da criança* e *A compensação como meio de não levar em conta o motivo da repressão.*

De caráter passional, agressivo, "mordendo a mão que lhe estendiam", como diria Federn*, mas intuitivo e talentoso, surgiu nesse círculo, particularmente para Lou Andréas-Salomé*, com quem teve uma das raras ligações duradouras da sua vida, como um rival de Freud.

Sua mobilização em 1914 não interrompeu as suas publicações, pois foi durante a guerra que escreveu *A psicologia do delírio profissional alcoólico* em 1915; *A sintomatologia das chamadas psicoses de guerra* em 1916; *A psicologia do desertor* em 1917; e *Sobre a origem da máquina de influenciar na esquizofrenia*, seu texto mais conhecido, publicado em 1919, resultante do seu interesse pelas psicoses e da sua experiência destas.

Em 1918, no Congresso de Budapeste, com Otto Rank*, opôs-se à idéia de uma análise didática, proposta por Nunberg, e pareceu a Freud "de uma irritabilidade nervosa inabitual", mas voltando a Viena renunciou às suas posições e solicitou a Freud um tratamento psicanalítico, demanda que este recusou, encaminhando-o para Hélène Deutsch*. Esta, em análise com Freud, o recebeu de janeiro a março de 1919.

Às vésperas de uma nova união com Hilde Loewi, jovem pianista que fora sua paciente, suicidou-se a 3 de julho seguinte, usando o enforcamento e uma arma de fogo, depois de redigir um testamento minucioso e duas cartas, uma para sua noiva e outra para Freud, na qual esclarecia: "Não sou melancólico e apenas morro um pouco antes do que ocorreria naturalmente..."

P. GODEFROY

TAYLOR *Jeremy* (1613-1667)

Não evocaríamos esse bispo de Down e Connor, originário de Cambridge, se ele não tivesse esboçado em 1660, na sua obra, *Ductu dubitantium* (*Da direção de consciência dos que duvidam*) um quadro dos escrúpulos religiosos que constitui uma descrição clínica *avant la lettre* da neurose obsessiva.

TERMAN *Lewis*-M. (1877-1956)

Esse psicólogo americano, aluno de Stanley Hall* na Clark University, foi um dos pioneiros dos testes mentais no Estados Unidos. Trabalhou na Universidade de Stanford* e já em 1916 propôs uma revisão da escala de inteligência de Binet* e Simon*, o "Binet-Stanford", usando paralelamente o quociente mental de Stern*, que chamou de Quociente Intelectual (QI). Em 1937, contribuiu com Merrill para uma nova revisão do teste de Binet-Stanford, o "Terman-Merrill", publicando de 1925 a 1939 os cinco volumes dos *Estudos genéticos sobre o gênio*. Vamos mencionar também a sua participação na elaboração, em 1917-18, de testes de aptidão destinados à seleção dos militares para o corpo expedicionário americano.

TISSOT Simon-*André* (1728-1797)

Tissot nasceu a 20 de março de 1728 em Grancy, no cantão de Vaud, mas foi em Montpellier que recebeu o título de doutor em 1749. Foi exercer a profissão em Lausanne, onde publicou em 1755 uma *História da febre biliosa*, a respeito de uma epidemia ocorrida nessa cidade. Em 1780, propuseram-lhe uma cátedra de clínica na Universidade de Pavia. Morreu em Lausanne a 15 de junho de 1797.

Amigo e médico de J.-J. Rousseau, Tissot foi autor de um *Tratado da epilepsia*, de um *Tratado dos nervos e de suas doenças* em seis volumes, mas deve a sua reputação a duas outras obras: um *Aviso ao povo sobre a saúde*, publicado em 1761, que teve uma dezena de edições em seis anos, e que se pode considerar como uma das primeiras obras de divulgação médica (excetuando-se os muitos livros de medicina popular), e principalmente um tratado sobre *O onanismo —Dissertação sobre as doenças produzidas pela masturbação*. Esse pequeno livro, publicado em Louvain, teve um destino considerável, pois, sendo traduzido em várias línguas, teve 30 edições entre 1760 e 1842. Com efeito, mais ainda do que os excessos venéreos, a masturbação tinha relações estreitas com a patologia, na época: "Uma quantidade excessivamente grande de sêmen perdida nas vias naturais provoca sérios males; ainda mais sérios quando a mesma quantidade é dissipada por meios contra a natureza. Os acidentes que aqueles que se esgotam em uma relação natural experimentam são terríveis; os que a masturbação acarreta são muito mais. " E a loucura tinha ali um lugar privilegiado, na medida em que o onanismo era ao mesmo tempo loucura do desregramento sexual e responsável por inúmeros males, tanto intelectuais quanto físicos. A obra de Tissot, que descreveu em termos líricos os horríveis estragos causados pela masturbação, parece assim representativa da atitude geral do mundo médico da época, em relação ao "vício solitário", atitude que persistiria, praticamente inabalável, até o início do século XX, quando as idéias de Freud* começaram a projetar sobre a sexualidade uma luz nova.

TISSOT *Joseph*-Xavier, ou irmão HILARION (1780-1864)

Esse Tissot era um personagem curioso, "servidor, defensor e benfeitor da humanidade mais sofredora", como ele próprio se definiu na dissertação que dedicou a si mesmo em 1863.

Nasceu a 14 de julho de 1780 no Condado de Venasco (em Piolenc, segundo alguns, em Mornas, segundo outros). Seu pai era notário e inicialmente ele pensou em assumir a sua sucessão, porém matriculou-se na Escola de Medicina de Paris. De 1810 a 1814, foi tratado por Royer-Collard* no Hospital de Charenton. Esquirol* escreveria depois que, durante esses quatro anos, "ele esteve em constante delírio, passando alternativamente de um estado de mania para longos intervalos de lipemania". Ao sair de Charenton, entrou para o convento trapista de Aiguebelle (Savoie) sob o nome de irmão Hilarion, descobriu a vida de São João de Deus e deixou o convento para consagrar-se aos alienados, que acolhia na sua propriedade familiar, transformada em "asilo agrícola e preparatório" (?). Arruinado, levou durante alguns meses uma vida de eremita em Rochegude (Drôme), e em 1819, depois de oferecer em vão os seus serviços aos hospitais de Avignon, Aix e Toulon, tomou o hábito dos irmãos de São João de Deus em Marselha. Afastado da comunidade um mês depois, fundou em 1821 a congregação de São Paulo Três Castelos, que acolhia homens alienados no Castelo de Chayla-d'Ance (Lozère), enquanto as mulheres iam para Saint-Alban, um estabelecimento similar, que mais tarde seria retomado pelo departamento. Abandonou suas funções deixando dívidas, esteve por um breve tempo com os irmãos de São João de Deus em Lyon, e depois na ordem de São Francisco, fez algumas desordens no hospício de Lille, propôs os seus serviços a diversos prefeitos, fundou um asilo em Gers, em 1827, o de Clermont-Ferrand em 1830, La Cellette em Corrèze em 1831, e enfim Leyme, em Lot, onde, em 1835, comprou para os alienados uma antiga abadia, que deixou em dezembro de 1836, em conflito com o diretor e ameaçado de prisão por dívidas. A essa atividade, já intensa, ainda se deve acrescentar — pelo menos segundo ele — a criação dos asilos de Quimper, de Sainte-Madeleine em Bourg, de Champagneux perto de Lyon, de Lommelet no Norte, sem contar a fundação de diversas congregações!...

É certo que o zelo, às vezes extravagante, do irmão Hilarion, foi favorecido pelas preocupações da época e pelo movimento humanitário em favor dos insensatos, que precedeu as discussões sobre a lei de 1838. Sua atividade, aliás, cessou nesse momento, em protesto contra a lei "inoportuna, defeituosa e prejudicial", enquanto se preparava para fundar dois novos asilos no Aveyron. Retirou-se para Lyon, chegou a Paris em 1850 e redigiu brochuras cada vez mais delirantes: *Projeto de nova organização dos estabelecimentos de alienados* (1852); *Prodígios e milagres que acompanharam a minha missão* (1853); *Delírio dos epilépticos. Delírio dos sonâmbulos. Delírio dos suicidas* (1856); *O cometa e o fim do mundo* (1857); mas também escreveu, em 1825, um notável *Manual do pessoal da enfermaria e do hospital*, um dos primeiros do gênero. Joseph Tissot faleceu no Hospital Lariboisière, a 28 de abril de 1864, aos 84 anos de idade.

Bibliografia: BOLLOTTE (G.), "Les châteaux de frère Hilarion", *L'Information Psychiatrique*, 1966-8, 723-33.

TOULOUSE *Édouard*-Gaston (1865-1947)

Édouard Toulouse nasceu em Marselha, a 10 de dezembro de 1865. Começou a estudar medicina nessa cidade, mas sendo nomeado em 1889 para a residência dos Asiles de la Seine, defendeu sua tese em Paris em 1891, sobre "A melancolia senil na mulher". No mesmo ano, foi nomeado médico-adjunto, criou em 1897 o "Laboratório de psicologia experimental" da Escola de Altos Estudos (futuro Instituto de Psiquiatria e de Profilaxia Mental) cuja direção assumiu, e no ano seguinte, tornou-se médico-chefe do Asilo de Villejuif, onde começou imediatamente a promover reformas, fazendo com que as enfermeiras participassem ativamente da observação dos doentes. Desde 1900, propôs *A organização científica de um serviço de alie-*

nados e obteve do Congresso Internacional de Psiquiatria um voto em favor da hospitalização dos doentes mentais sem internação. Seriam necessários mais de 20 anos para realizar esse desejo, pois foi em 6 de julho de 1921 que Henri Rousselle*, conselheiro geral do Sena, obteve a criação "a título de experiência" de um "serviço aberto para o tratamento dos psicopatas", com a reserva, entretanto, de que essa inovação não acarretasse "nenhuma nova despesa"... A 1º de junho de 1922, a organização desse "Serviço departamental de profilaxia mental" (que em 1926 se tornaria Hospital Henri-Rousselle) foi confiada a Toulouse, que, segundo seus próprios termos, chegou a Sainte-Anne "no limiar da velhice", para "empreender uma reforma que já amadurecia desde a sua residência". Além dos leitos de hospitalização, o novo serviço comportava um laboratório, um dispensário, um serviço social especializado e já facultava visitas a domicílio. Em 1936, ano de sua aposentadoria, quando era conselheiro técnico do ministério da Saúde, Toulouse conseguiu que a velha denominação de "asilo" fosse substituída pelo termo de hospital psiquiátrico. Seria o seu último ato "oficial". Morreu em Paris, a 19 de janeiro de 1947.

Ao lado desse aspecto reformador liberal, que é o mais conhecido, a obra de Édouard Toulouse é diversificada e às vezes paradoxal, pois foi, por gosto, um homem de laboratório, entusiasmado com essa "biopsiquiatria que se está construindo". Daí as pesquisas biológicas e anatomopatológicas sobre *A paralisia geral e a epilepsia* (1900), *O cérebro* (1901), e *As encefalites psicóticas* (1935), que realizou com Léon Marchand*, que foi seu primeiro residente, e depois com Adolphe Courtois, seu sobrinho. Essa orientação "tecnológica" se encontra em seus trabalhos sobre os "Testes em psicopatologia" e sobre a "Técnica de psicologia experimental", aos quais se associaram Noël Vaschide* e Henri Piéron, e até nas pesquisas sobre as "Relações da superioridade intelectual com a neuropatia", que dedicou em 1896 a Émile Zola (que se prestava de boa vontade a experiências, mensurações e entrevistas diversas), e a Henri Poincaré em 1909.

Tudo isso o levou a uma teoria geral da *autocondução*, espécie de função de síntese mental, cuja alteração, ocasionada freqüentemente por uma lesão prévia dos centros nervosos, estava na origem das doenças mentais.

Enfim, Toulouse foi autor de estudos biopsíquico-sociais sobre a sexualidade, iniciados em 1904 com "Os conflitos intersexuais e sociais", retomado principalmente em 1918 em "A questão sexual e a mulher". Preocupado com a decadência da moral tradicional e com a emancipação da mulher, conseqüências da guerra, levantava com inquietação o problema da repopulação e chegava a propostas curiosas, visando melhorar a raça: criação de um serviço de maternidade, espécie de equivalente feminino do serviço militar, prêmios para as crianças robustas, castração para os "miseráveis nos pés da escala social", desenvolvimento lógico da sua concepção de psiquiatria, "elemento mais importante das ciências biológicas" e "estrutura do estado social" futuro que, para ele, só poderia ser a "*Biocracia*".

Bibliografia: SAGE (M.), "La vie et l'oeuvre d'Édouard Toulouse (aliéniste, psychologue et sexologue marseillais)", tese de medicina, Marselha, 1979.

TRÉLAT *Ulysse* (1795-1879)

Trélat nasceu a 13 de novembro de 1795 em Montargis (Loiret), onde seu pai era notário. Começou a estudar medicina durante as guerras napoleônicas, o que lhe valeu contrair tifo no Hospital Militar de Metz, em 1813. Deixou suas funções em 1814 para continuar os estudos, voltou ao serviço no momento da volta da ilha de Elba, e com a paz, tornou-se aluno de Esquirol* na Salpêtrière, onde se ligou a J.-P. Falret*, F. Voisin*, Georget*, Leuret* e Foville*, antes de obter um posto no serviço de Royer-Collard* no Hospital de Charenton. Defendeu sua tese em 1821 e abriu um consultório. A partir dessa época, definiu-se um engajamento político, já iniciado em sua vida de estudante, e que ocuparia na existência de Trélat um lugar de relevo, a ponto de levá-lo para a prisão em 1835. Anistiado dois anos depois, fez o concurso para médico das seções de alienados

dos hospícios, foi nomeado em primeiro lugar, empatado com Baillarger*, e assumiu o posto na Salpêtrière. Retirou-se definitivamente da vida política em 1848, depois de uma breve passagem pelo Ministério do Comércio e das Obras Públicas, mas só deixaria o seu serviço depois da guerra de 1870. Morreu em Menton, a 29 de janeiro de 1879. Seus funerais ocorreram na Salpêtrière, como ele desejara.

A vida de Trélat se dividiu entre a medicina e o ativismo político. Com homens como Cerise*, Buchez e Leuret, para citar apenas médicos, pertenceu à faixa de intelectuais de extrema-esquerda da Restauração e da Monarquia de Julho, e foi daqueles cuja oposição se mostrou mais obstinadamente ativa. Já em 1820, fazia parte da loja maçônica dissidente dos "Amigos da Verdade", que se constituiu na "Companhia Franca das Escolas", levada à agitação armada. No ano seguinte, aderiu ao Carbonarismo francês, tornou-se deputado da Venda Central e depois membro da Alta Venda de Paris, que o delegou como comissário geral junto às Vendas Departamentais, para organizar o movimento na província. Envolveu-se no complô do general Berton, e depois no dos Quatro Sargentos de La Rochelle, tentou lançar, em 1827, com ex-carbonários, a Sociedade "Ajuda-te que o céu te ajudará", conspirou novamente contra o governo, combateu contra as tropas reais com Raspail e Littré durante as Três Gloriosas e foi julgado em abril de 1831 por complô. Absolvido da primeira vez, apresentou-se ao Tribunal do Sena, no processo dos Quinze, no ano seguinte, sendo novamente absolvido, mas foi condenado em 1835 a três anos de prisão, por ter publicado, em *La Tribune* e em *Le Réformateur*, uma carta considerada injuriosa pelo poder. Foi mandado para Clairvaux. Seu velho amigo Leuret conseguiu, com ajuda do *chansonnier* Béranger, transferi-lo para Troyes, por razões de saúde. Ficou prisioneiro ali, sob palavra, até a anistia de 1837. Como sua última ação política, esse militante de esquerda, filho de um ex-notário da família de Orléans, opôs-se à invasão do seu serviço na Salpêtrière por um grupo de *Communards*, em 1871...

Essa existência muito cheia não nos deve fazer esquecer que Trélat também foi um alienista. Depois de um *Manual elementar de higiene*, redigido em 1825, com a colaboração de Buchez, publicou em 1827 as *Pesquisas históricas sobre a loucura*. Para ele, a hereditariedade era a "causa das causas" da alienação mental, e nessa perspectiva escreveu ainda em 1861 a sua obra mais conhecida, sobre *A loucura lúcida estudada e considerada do ponto de vista da família e da sociedade*, destinada a detectar as armadilhas que eram esses doentes hábeis "para o mal, só para o mal", cuja desrazão, muitas vezes, "só se deixa penetrar e adivinhar na vida íntima" e com os quais as famílias "honestas" deveriam evitar uniões que só poderiam ser desastrosas.

Seu filho Ulysse (1828-90), membro da Academia de Medicina, fez uma carreira de cirurgião.

TROTTER *Thomas* (1760?-1832)

Nascido por volta de 1760, em Roxburghshire, condado do Sul da Escócia, Trotter se engajou ainda muito jovem na Marinha Real, como auxiliar de cirurgião. Faria na Marinha uma grande parte de sua carreira, com a exceção de uma campanha nas Índias Ocidentais, a bordo de um navio negreiro, que o familiarizou com o problema do escorbuto, ao qual dedicou em 1786 uma coleção de *Observações*. Um acidente o obrigou, em 1795, a deixar de navegar e instalou-se em Newcastle. Em 1788, defendeu sua tese "Da embriaguez e seus efeitos sobre o corpo humano", mas o que nos interessa aqui é o seu livro *Olhar sobre o temperamento nervoso*, publicado em Londres em 1807. Morreu a 5 de setembro de 1832.

Referindo-se à obra de Cheyne*, *A doença inglesa*, publicada em 1733, pensava que estava ocorrendo um agravamento da "desordem nervosa" (distúrbios digestivos diversos, espasmos, desmaios, vapores...) que, limitado no tempo de Cheyne às classes abastadas, se estendia então às camadas populares "e representa, de longe, a maior parte daqueles que vêm consultar um médico". E culpava o sedentarismo, o nível de vida, a comida temperada, o uso do espartilho, o novo romance, e também as perturbações emocionais. A originalidade desse trabalho, que em 1808 teve uma edição em Nova York, foi chamar a atenção para um conjunto de manifestações de aparência "somática" ocorrendo em um "temperamento nervoso" particular. Atualmente, nós as qualificamos de "funcionais", mas sem ter ainda resolvido o problema...

TSIRIGOTIS *Christos* (1848-1919)

Originário de Corfu, Tsirigotis estudou medicina em Pisa. Em 1876, assumiu a direção do Asilo de Alienados de Corfu, muito mal adaptado para as suas funções, que tentou transformar em estabelecimento hospitalar. A partir de 1887, dirigiu o Hospital Psiquiátrico de "Dromakaition", aberto em Atenas cinco anos antes. Foi dado a C. Tsirigotis o título de primeiro psiquiatra grego, e também foi o primeiro médico grego a publicar estatísticas médicas.

C. SYNODINOU

TUKE Daniel-*Hack* (1827-1895)

Hack Tuke era filho de Samuel, e foi o único dos Tuke a ser médico. Nasceu em York a 19 de abril de 1827, perdeu a mãe quando muito jovem, e aos dezoito anos foi mandado por seu pai, que o destinava ao Direito, para Bradford (Yorkshire), trabalhar com um advogado. O jovem, que se interessava mais pela craniologia, foi apresentado a George Combe*, que o introduziu no Museu Frenológico de Edimburgo, e em 1848, entrou no *Retiro*, com as funções de ecônomo, freqüentando ao mesmo tempo o Hospital de York. Dois anos depois, tornou-se estudante no Hospital São Bartolomeu de Londres, em 1852 membro do Colégio Real de Cirurgia, e em 1853 recebeu o título de doutor em medicina da Universidade de Heidelberg. Casou-se no mesmo ano, aproveitou a viagem de núpcias para visitar asilos na Alemanha, nos Países Baixos e na França, ficou conhecendo Jacobi* em Siegburg e Ferrus* em Paris, e, sendo nomeado médico do *Retiro* logo que voltou à Inglaterra em 1854, publicou no *Medical Critic and Psychological Journal* um artigo sobre "Os asilos da Holanda, sua condição passada e presente", enquanto ensinava psicologia na Escola de Medicina de York. Mas em 1854, uma hemoptise o obrigou a mudar de clima. Foi instalar-se em Falmouth, na Cornualha, onde ficaria cerca de 15 anos. Vice-presidente do Congresso Internacional de Medicina Mental de Paris em agosto de 1878, teve ocasião de visitar o serviço de Charcot*, o que nos valeu, no ano seguinte, a publicação de *Metaloscopia e atenção expectante*. Também nesse momento, fundou uma sociedade de assistência aos alienados convalescentes, a *Aftercare Association*. Em 1884, seu gosto persistente pelas viagens o levou aos Estados Unidos e ao Canadá, depois voltou a Londres, residiu no Asilo de Hanwell, ensinou medicina mental no Charing Cross Hospital, e, quando a 21 de julho de 1892 a Associação Médico-Psicológica da Inglaterra e da Irlanda celebrou em York o centenário da fundação do *Retiro*, foi Hack Tuke, como alienista mundialmente afamado, que representou na cerimônia a descendência de William Tuke*. Morreu de apoplexia a 5 de março de 1895 e foi sepultado em Essex.

Humanista, admirador de Philippe Pinel*, espírito minucioso e curioso, inimigo dos sistemas, Hack Tuke deixou textos que mostram a variedade dos seus interesses. Vamos citar *Ilustrações da influência do espírito sobre o corpo no estado de saúde e de doença*, dois volumes publicados em Londres em 1872, traduzidos em francês em 1884, *Da melhor maneira de estabelecer a estatística das causas da alienação mental* (1878), *Hypnosis redivivus* (1881), *Sonambulismo e hipnotismo* (1884), *As idéias obsessivas sem concepções delirantes* (1890), interessante estudo das compulsões da neurose obsessiva. Ou ainda, no *Journal de l'Institut de Anthropologie*, o resultado de uma pesquisa sobre os hansenianos, que ele fez pessoalmente nos Pireneus em 1879. Vamos assinalar também a sua participação em 1858 no *Manual de medicina psicológica* de Bucknill e no *Dicionário de psicologia médica* em 1892.

TUKE *Henry* (1755-1814)

Henry era o filho mais velho de William Tuke*, que, duas vezes viúvo, teve oito filhos de suas duas esposas. Nasceu em York a 24 de janeiro de 1755, perdeu muito cedo a mãe e era uma criança inquieta e agressiva. Depois dos seus estudos, dirigiu durante algum tempo a instituição quaker de Sowerby (Yorkshire) na qual fora educado, mas foi na mercearia paterna que se desenrolou a sua carreira, depois de ter sido tentado, por um momento, pela medicina. Ao mesmo tempo, de 1780 até a sua morte, desempenhou as funções de ministro do culto na "Sociedade dos Amigos". Aos 26 anos, casou-se com Mary-Maria Scott. O casal apoiou William Tuke desde o primeiro dia dos seus combates pelo "*Retiro*" e nunca deixou de participar da vida da instituição.

Em 1813, Samuel Tuke*, filho mais velho de Henry, publicou sua célebre *Descrição do Retiro*, que desencadeou imediatamente uma polêmica, pois continha uma severa crítica ao Asilo do Condado de York (o Asylum), cujo diretor replicou com uma carta aberta dirigida aos jornais, sob o pseudônimo de Evigilator. Henry, retomando seu entusiasmo juvenil, fez chegar ao *York Herald* um artigo vingador, que foi publicado no número do dia 23 de outubro, e no qual ele acusava o diretor e o boticário do Asylum de desviar o estabelecimento de suas finalidades, fazendo dele uma fonte de lucros pessoais. Henry Tuke morreu no ano seguinte, a 11 de abril de 1814, deixando alguns trabalhos religiosos dedicados à "Sociedade dos Amigos", e uma série de biografias de quakers, das quais uma foi consagrada a George Fox, fundador do movimento.

TURQUET de MAYERNE *Théodore* (Sir) (1573-1655)

Nascido em Mayerne, perto de Genebra, de pais franceses, doutor pela Universidade de Montpellier em 1597, exerceu a profissão em Paris, a partir de 1600, e suscitou polêmicas por causa de suas opiniões terapêuticas em desacordo com as dos doutores da Universidade. Chamado a Londres em 1611, como primeiro médico de Jaime I, deixou um relatório sobre a doença do seu real paciente, atingido em 1613 de "melancolia, com vômitos e diarréia", associada à "urina que toma a cor do vinho de Alicante" (o preferido de Sua Majestade). A precisão da descrição permitiu a R. Hunter e a I. Malcalpine fazer retrospectivamente o diagnóstico de porfiria aguda intermitente, anomalia metabólica hereditária, que afetou um certo número de descendentes de Mary Stuart, cujas crises de vômito paroxísticas a fizeram passar por histérica aos olhos de alguns, ao passo que ela própria tinha essa afecção. A "doença real" provocaria em 1788 a crise da regência, quando atingiu Jorge III, que no entanto evitaria a destituição, graças à opinião de seus médicos, especialmente de Sir Francis Willis*.

TUKE *Samuel* (1784-1857)

Filho de Henry, Samuel Tuke nasceu a 31 de julho de 1784 em York. Muito jovem, entrou para a casa de comércio da família, casou-se em 1809 e apaixonou-se não só pela *Retreat*, mas também pela organização dos estabelecimentos de alienados em geral, ocupando o seu lazer com pesquisas sobre os asilos britânicos, para detectar-lhes os abusos. Em 1813, foi publicada a sua *Descrição do Retiro, estabelecimento situado perto de York, destinado aos alienados que fazem parte da Sociedade dos Amigos, com um histórico da origem, dos progressos, dos modos de tratamento e uma exposição dos casos*, que certamente faria mais do que as obras médicas inglesas da época para melhorar as condições em que viviam os alienados. Nela, preconizava um tratamento moral, que devia tentar agir sobre o espírito do doente, conquistando a sua confiança e dirigindo a sua atenção para objetos opostos ao seu delírio, mas também fazia uma crítica do asilo de York, o que, como dissemos acima, provocou a polêmica. Enquanto Henry Tuke* combatia na imprensa, Samuel, com alguns amigos, pagou as vinte libras que, na época, davam a qualquer cidadão com o título de administrador de um asilo o direito de entrar em suas dependências: assim, encontrava-se mais capaz de demonstrar as condições de vida desumanas dos doentes e as irregularidades na contabilidade. Pouco tempo depois, estourou no hospital londrino de Bethleem o caso Norris*, que terminou em 1815 com um inquérito parlamentar, e permitiu ao velho William Tuke* testemunhar a sua experiência diante da Câmara dos Comuns. Era o triunfo dos Tuke, e Samuel, que no mesmo ano publicou *Notas práticas sobre a construção e a organização dos asilos destinados aos alienados indigentes, com as indicações dadas aos arquitetos que apresentaram os planos do asilo de Wakefield*, pôde qualificar o ano de 1815 como "o mais importante na história do tratamento dos insensatos na Inglaterra (...) estimulando felizmente os filantropos inteligentes do mundo civilizado".

A partir de 1820, Samuel Tuke sucedeu ao seu avô nas funções de tesoureiro do Retiro e morreu a 14 de outubro de 1857.

TUKE *William* (1732-1822)

William Tuke foi o primeiro representante de uma dinastia que, através de quatro gerações e durante um século, teria na evolução da psiquiatria inglesa um papel essencial, diretamente inspirado pelo ideal filantrópico dos quakers.

Nasceu a 24 de março de 1732 em York, onde seu bisavô fora aprisionado e despojado de seus bens, durante as perseguições que marcaram os primeiros anos de existência da "Sociedade dos Amigos". Aos 16 anos, perdeu o pai e tomou o seu lugar à frente do comércio familiar de venda de chá e café por atacado.

Em 1791, uma mulher da seita dos quakers morreu em condições suspeitas no asilo de alienados de York que, fundado vinte anos antes, tinha má reputação. Falava-se de sevícias. Foi uma guinada na existência de Tuke, que decidiu fazer tudo para criar um estabelecimento de caráter mais humanitário, a fim de acolher os insensatos que pertencessem à "Sociedade dos Amigos". No começo de 1792, expôs o seu projeto durante uma assembléia religiosa e recebeu pouca adesão, mas em junho, depois de uma visita ao asilo londrino de São Lucas, voltou à questão, apoiado por seu filho mais velho, Henry*, e pela esposa deste, Mary-Maria, e propôs a compra de um terreno situado nas proximidades da cidade. Isso seria feito no fim do ano de 1793, graças ao dinheiro obtido por doações. A construção começou em 1795, e a 11 de maio de 1796, o estabelecimento, previsto para 30 doentes, abriu as portas. Para enfatizar a sua função de acolhimento, Mary-Maria sugeriu que o chamassem *O Retiro*. O estabelecimento se tornaria célebre no mundo inteiro. O diretor era um cunhado de W. Tuke, Timothée Maud, que morreu pouco depois. Tuke lhe sucedeu durante um ano e depois deixou o lugar para George Jepson, mas continuaria sendo tesoureiro até a idade de 87 anos. Seu primeiro médico foi Thomas Fowler (1736-1801), um clínico de York que deixou o seu nome em um licor arsenical, e que até então nunca se ocupara de doenças mentais.

O princípio terapêutico essencial da *York Retreat*, usando pouco a medicação tradicional, muitas vezes violenta, repousava na idéia de um *tratamento moral*, feito de suavidade e benevolência. Se proscrevia o uso de correntes, não aboliu totalmente os métodos de contenção e aceitava o uso dos cintos de couro e da reclusão no quarto (a propagação da não-contenção se deveria, 40 anos depois, a Robert Gardiner Hill* e a John Conolly*).

Em 1815, William Tuke expôs suas idéias diante da Câmara dos Comuns, chamada a deliberar sobre os meios de melhorar as condições dos alienados. Morreu a 6 de dezembro de 1822, e repousa no cemitério quaker de Bishophill (Yorkshire), perto do seu companheiro de luta, o gramático Lindley Murray, e de John Woolman, o defensor dos escravos.

V

VALLÉE *Hippolyte*-Tranquille (1816-1885)

Filho de um oficial de Marinha, Hippolyte Vallée nasceu em Cherbourg a 23 de março de 1816. Aos treze anos, entrou como "escrivão" para o serviço de obras públicas da cidade e ficou ali durante dez anos, encontrando no seu gosto pela leitura um complemento indispensável a uma educação bastante rudimentar. Ligou-se a um certo Jean Fleury, que se tornaria leitor de literatura francesa na Universidade de São Petersburgo, amizade que duraria por toda a vida. De 1835 a 1840, os dois amigos encarregaram-se da redação do jornal local, *Journal de Cherbourg et du Departement de la Manche*, para o qual Vallée redigiu artigos, poemas, contos e pequenas peças. Publicaram em 1840 um *Novo guia do viajante em Cherbourg*. Mas Vallée queria tentar a sorte em Paris e, depois de algumas tentativas como vendedor de livros, chegou à capital, e graças a um conterrâneo influente, entrou em novembro de 1841 como "vigilante" para o Hospício de Bicêtre. A 21 de dezembro de 1843, Édouard Séguin* deixou esse estabelecimento em condições mal definidas e no dia 13 de março seguinte, Vallée lhe sucedeu oficialmente como "funcionário-professor". Tinha encontrado o seu caminho, e a partir de então dedicou-se a essa tarefa de "professor de crianças idiotas", única inscrição que desejou sobre o seu túmulo. Trabalhou em Bicêtre até 1861, mas sua reputação de educador o levou, a partir de 1846, a acolher crianças retardadas provenientes de famílias abastadas em uma propriedade que adquiriu em Gentilly, ampliada e adaptada pouco a pouco. Era a celebridade para aquele que alguns jornalistas da época não hesitaram em consagrar como "primeiro inventor de um método de educação para os idiotas", método que ele retomou no serviço de Séguin e cuja continuidade seria assumida por Bourneville*. Infelizmente, o próprio Vallée nada publicou sobre esse método.

Em 1870, abandonou subitamente todas as atividades e retirou-se para Paris, onde durante 15 anos levou uma vida solitária e desiludida. Morreu em dezembro de 1885, deixando para o departamento do Sena a sua fortuna e o estabelecimento de que continuara sendo proprietário, e que se tornaria a *Fundação Vallée*, atual Centro de Neuropsiquiatria Infantil de Gentilly.

Bibliografia: MARTEAU (S.), "Hippolyte-Tranquille Vallée, 'Instituteur d'enfants idiots'", tese de medicina, Caen, 1982.

VASCHIDE *Nicolas* (1874-1907)

Nascido em Buzan (Romênia), a 7 de dezembro de 1874, N. Vaschide foi apresentado em 1894 a Alfred Binet*, por ocasião de uma série de conferências na Faculdade de Filosofia de Bucareste. Este lhe propôs trabalhar em sua companhia no laboratório de psicologia fisiológica da Sorbonne. Assim, chegou em 1895 a Paris, e tornou-se em 1899 chefe de trabalhos no laboratório de psicologia experimental, instalado por E. Toulouse* no seu serviço de Villejuif, antes de ser nomeado subdiretor do laboratório de psicologia patológica da Sorbonne. Estudou com Henri Piéron no Collège de France os processos psicofisiológicos do sono e do sonho, redigindo com ele, em 1902, *A psicologia do sonho do ponto de vista médico*, publicou em 1904, com Toulouse, um volume sobre a *Técnica da fisiologia experimental*, e sob a influência de Charles Richet, então fascinado pela parapsicologia, começou a estudar os fenômenos telepáticos. Em *Alucinações telepáticas*, (1908), chegou à conclusão de que essas manifestações sem nenhuma existência objetiva representavam uma crença e não uma realidade. Morreu de tuberculose pulmonar a 13 de outubro de 1907, sem ter podido realizar o seu sonho: uma cátedra de psicologia experimental em Bucareste, que só seria criada depois da sua morte.

De uma atividade incansável, deixou uma dúzia de volumes de psicofisiologia e mais de 150 estudos e comunicações, entre os quais citaremos *Psicologia do delírio nos distúrbios psicopáticos* (1902), um *Ensaio sobre a psicologia dos monstros humanos*, com C. Vurpas (1902), *A análise mental* (1903), a psicofisiologia da agonia, *O sono e o sonho*, publicado depois da sua morte em 1911, no qual, pela primeira vez na França, consagrou um capítulo à "Teoria do sonho em Freud", sem contar crônicas literárias assinadas com o pseudônimo de Ion Màgurà.

VERGA *Andréa* (1811-1895)

Nascido a 2 de junho de 1811 em Treviglio (província de Bergamo), Verga estudou medicina em Pavia e se tornou um anatomista afamado (seu nome está ligado ao "ventrículo de Verga" e aos "ossículos de Verga"). Em 1843, entrou no campo dos estudos psiquiátricos, e acrescentou aos seus estudos anatômicos os de psicologia, neuropatologia e direito. Inicialmente, foi diretor da Casa de Saúde de San Celso (Milão), depois diretor do Asilo da Senavra (Milão) e finalmente diretor do Grande Hospital de Milão (Hospital Geral), onde a partir de 1865 ensinou psiquiatria.

Defendeu energicamente o seu "projeto de psiquiatria italiana", e para isso fundou a primeira revista especializada (O Apêndice psiquiátrico da *Gazeta Médica Italiana*, 1825), a Sociedade Freniátrica (1874), e propôs a unificação da nosografia. No Senado do reino, de que fez parte a partir de 1876, defendeu a necessidade de uma legislação asilar.

Foi autor de uma obra sobre a *Lipemania de Tasso* e seu estudo sobre as alucinações obteve em 1844 o prêmio da Sociedade Médico-Psicológica de Paris.

Considerado, com razão, como o restaurador da psiquiatria italiana, faleceu em Milão a 21 de novembro de 1895.

L. DEL PISTOIA

VICTOR de l'Aveyron (aprox. 1789-1828)

Victor (ou Saint-Sernin, ou Joseph, conhecido sob o nome de selvagem do Aveyron), nasceu por volta de 1789 de pais desconhecidos e provavelmente foi abandonado nos bosques dos montes de Lacaune (Tarn), quando tinha poucos anos de idade. Levou uma vida agreste e solitária até a idade de dez ou doze anos. Em fins de março de 1797, alguns caçadores o capturaram, mas ele fugiu. Nova captura em julho de 1799, nova fuga imediata. Capturado a 8 de janeiro de 1800, em Saint-Sernin-sur-Rance (Aveyron), transferido momentaneamente para Saint-Affrique, foi depois confiado, por seis meses, ao padre Bonnaterre, professor de história natural na Escola Central de Rodez. Por ordem do ministro do Interior, Lucien Bonaparte, e a pedido da Sociedade dos Observadores do Homem, foi levado a Paris em agosto de 1800 e confiado ao padre Sicard, diretor da Instituição dos Surdos-Mudos. O jovem oficial de saúde desse estabelecimento era então Jean-Marc-Gaspard Itard*. Este, ajudado por uma governanta, Madame Guérin, submeteu o menino, durante quatro anos e meio, a um tratamento psicológico cotidiano. Apesar desses esforços, Victor nunca aprenderia a falar e, depois de uma relativa socialização, acabou por voltar ao seu embrutecimento inicial. No começo de 1805, Itard renunciou à sua tentativa de tratamento e educação. A partir de então, Victor mergulhou em uma existência cada vez mais catatônica. Em 1811, tendo ultrapassado de muito o limite de idade, deixou a instituição em companhia de Madame Guérin, e foi viver com ela no Impasse des Feuillantines, nº4 (no nº12 do mesmo local vivia a família Hugo), até 1814. A partir desse momento, não se tem mais notícia dele; parece que morreu no começo de 1828, na mesma casa, completamente esquecido. Não se sabe onde foi sepultado.

A tentativa de sua educação, protótipo do tratamento moral, é considerada como o primeiro tratamento psicoterápico moderno de um ser humano que apresentava distúrbios graves de desenvolvimento e de organização psico-afetiva.

TH. GINESTE

Bibliografia: GINESTE (Th.), *Victor de l'Aveyron, dernier enfant sauvage, premier enfant fou*, Paris, Le Sycomore, 1981.

VIÉ *Jacques* (1900-1945)

Jacques Vié nasceu em Moulins (Allier) a 14 de maio de 1900. Residente dos Asiles de la Seine em 1927, médico dos Hôpitaux Psychyatriques em 1930, passou seis anos na Colônia Familiar de Ainay-le Château (Allier), antes de ser nomeado, em 1936, chefe de serviço no Asilo de Maison-Blanche (Neuilly-sur-Marne), onde terminaria a sua breve existência. Seu interesse pela tuberculose nos doentes mentais faria com que seu nome fosse dado ao pavilhão do estabelecimento onde se reuniam esses pacientes.

Foi em grande parte graças a ele que os *Annales Médico-Psychologiques* puderam continuar a ser publicados durante os anos da ocupação alemã: em 1941, foi secretário geral da Sociedade Médico-Psicológica e decidiu confiar a um editor da zona não-ocupada a impressão do órgão da sociedade, cujas sessões continuavam a se realizar na Academia de Cirurgia, na rue de Seine. Com a ajuda de diversas cumplicidades, os relatórios das reuniões atravessaram, não sem riscos, a linha de demarcação (em uma época em que a única correspondência autorizada entre as zonas consistia em cartões-postais para uso familiar, com texto já impresso), enquanto os números do jornal transitavam em direção à zona Norte.

Vié não redigiu obras de síntese e é preciso procurar em diversas revistas, principalmente nos *Annales Médico-Psychologiques*, as numerosas publicações que ele deixou e que se referem tanto à história da medicina dos séculos XVII e XVIII quanto à clínica e à terapêutica psiquiátricas, e à psiquiatria social.

VINCHON *Jean* (1884-1964)

Originário de Somme, residente dos Asiles de la Seine em 1910, Vinchon era chefe de clínica de Gilbert Ballet*, quando estourou a guerra. Quando esta terminou, era médico-chefe do Centro Psiquiátrico do Exército do Oriente em Salônica. Ao voltar, exerceu a profissão particularmente, e também as funções de assistente no Hospital de La Pitié, junto a Laignel-Lavastine*, com quem assinaria, em 1931, *Os doentes do espírito e seus médicos, do século XVI ao século XIX*, cuja maior parte redigiu. Seu gosto pela história da psiquiatria se mostrou em *Mesmer e seu segredo* (1936), e também nos trabalhos que consagrou ao diabo e às demonopatias, com Maurice Garçon. No campo da clínica psiquiátrica, devemos-lhe obras sobre *Os limites do roubo mórbido* (com Juquelier, em 1914), *A histeria* (1925), *Os desequilíbrios da vida social* (1928), *As síndromes simpáticas* (1939), sem contar, em 1920, incursões superficiais, com Laignel-Lavastine, no campo do freudismo.

Sua originalidade reside principalmente no fato de que foi um dos primeiros na França a escrever sobre o que se chamava ainda "arte dos alienados". Seu célebre livrinho *A arte e a loucura* foi publicado em 1924. A segunda edição, em 1950, foi tão modificada que se pode dizer, apesar da conservação do título, que se trata de duas obras distintas. Publicou ainda muitos artigos em revistas: "As visões de delírio de sonho na arte japonesa" (1921), "A arte no exame e no tratamento dos doentes psiquiátricos" (1950), "O valor da mandala na psicoterapia" (1950), "O desenho das imagens interiores na psicoterapia" (1954). Foi presidente da Sociedade Francesa de Psicopatologia da Expressão. Homem de cultura, bibliófilo, freqüentador dos meios artísticos e literários, lembrou-se das suas raízes provinciais em *O diário de uma família da Picardia*, publicado em 1948.

VIVÈS Juan-*Luis* (1492-1540)

Originário de Valença, filósofo e humanista, professor em Louvain e em Oxford, católico fervoroso, amigo de Erasmo e de Guillaume Budé, Luis Vivès passou a maior parte de sua existência em Bruges, onde se casou em 1524 e morreu em 1540, deixando uma obra essencialmente teológica, mas também um texto publicado em 1530, *"De subventione pauperum"*, que fez dele um sociólogo *avant la lettre*, preocupado com o problema da extinção do pauperismo.

É essa obra que liga Luis Vivès à história da psiquiatria, pois, entre os pobres que se devia socorrer, ele considerava o caso particular dos insensatos: "Sendo pois levado ao hospital um homem de espírito perturbado e agitado, deve-se considerar primeiramente se essa agitação ou doença da razão é natural; ou se por acidente ela teria ocorrido: se há esperança de recuperação da saúde ou de cura, ou se não há absolutamente e o caso é desesperado (...). " E propunha os remédios adaptados a cada um: "Alguns precisam de calmantes e de um regime, outros devem ser tratados com benevolência a fim de serem domesticados pouco a pouco como animais selvagens; outros precisam ser educados; para alguns, o confinamento e as correntes são necessários, mas deve-se usar desses meios de tal modo que eles não fiquem ainda mais enfurecidos; na medida do possível, é preciso introduzir a tranqüilidade em seus espíritos, ponto de partida de uma volta fácil do julgamento e da razão."

VOISIN *Auguste*-Félix (1829-1898)

Nascido em Vanves a 23 de maio de 1829, A. Voisin era ao mesmo tempo sobrinho e neto de Félix Voisin* (cujo irmão se casara com sua nora). Admitido na residência em 1853, aluno de Delasiauve* e de Moreau de Tours*, foi em 1862 chefe de Clínica de Bouillaud, freqüentando ao mesmo tempo o laboratório do histologista Charles Robin. Em 1865, sucedeu a Félix Voisin no Hospital Bicêtre e dois anos depois substituiu Jean-Pierre Falret* na Salpêtrière, onde organizou as "Conferências clínicas sobre as doenças mentais e as afecções nervosas", regularmente publicadas na *Union Médicale*.

Excetuando-se o volumoso *Tratado da paralisia geral dos alienados*, publicado em 1879, no qual persistia em negar a natureza sifilítica dessa afecção, A. Voisin deixou poucas obras de conjunto, mas um grande número de artigos, dispersos em diversos periódicos. Os dois anos que passou em Bicêtre no serviço dos epilépticos lhe permitiram experimentar a ação do brometo de potássio nessa afecção, terapêutica nova e primeira a mostrar-se ativa, cuja eficácia principal ele observou nas formas convulsivas da doença. Depois, preocupou-se com o *Tratamento da loucura pelas injeções hipodérmicas de cloridrato de morfina*, que preconizava em doses elevadas, que atingiam 40 centigramas por dia. Por sua vez, descobriu o hipnotismo, ao qual dedicou, a partir de 1884, a maior parte de suas publicações: *Do hipnotismo empregado como tratamento da alienação mental* (1884); *Do tratamento da amenorréia pela sugestão hipnótica* (1887); *Sobre a composição da urina na letargia hipnótica* (1890); *Do tratamento das psicoses pela sugestão* (1893); *Ataques e vertigens histero-epileptiformes curados pelo hipnotismo com ajuda do espelho rotativo* (1894).

Era muito ligado a Dumont-Pallier* e, por ocasião do primeiro Congresso Internacional de Hipnotismo Experimental e Terapêutico organizado em Paris em 1889, foi o seu serviço da Salpêtrière, e não o de Charcot*, que os congressistas visitaram. No momento de sua morte, em 22 de junho de 1898, ocupava ainda as suas funções hospitalares e o posto de vice-presidente da Sociedade de Hipnologia.

VOISIN *Félix*-Auguste (1794-1872)

Félix Voisin nasceu em Le Mans, a 19 de novembro de 1794. Depois de terminar seus estudos no liceu de Angers, começou a estudar medicina em Paris em 1812 e acabou o curso em 1819, com um "Ensaio sobre a utilidade da coragem e da reação moral nas doenças". Aluno de Esquirol* (que ele acompanhou em 1821, quando da sua visita à aldeia de Gheel), conheceu na Salpêtrière Jean-Pierre Falret*, com quem fundou em 1823 a Casa de Saúde de Vanves. Mas, atraído pelos problemas dos alienados, dirigiu em Issy um efêmero estabelecimento "ortofrênico" e assumiu em 1833 a organização de um serviço de idiotas e de epilépticos no Hospício dos Incuráveis da rue de Sèvres. Em

1840, chegou ao Hospital Bicêtre, para onde esse serviço acabava de ser transferido, e ficaria ali até a sua aposentadoria em agosto de 1865. Morreu em Vanves a 23 de novembro de 1872.

F. Voisin se situa entre os primeiros alienistas que se preocuparam com os meios adequados para desenvolver as faculdades restritas daqueles que eram designados globalmente, na época, com o nome de idiotas, a fim de tentar melhorar a sua situação física e moral. Sobre esse assunto, escreveu trabalhos como "Aplicações da fisiologia do cérebro ao estudo das crianças que necessitam de uma educação especial" (1830); e "Da idiotia nas crianças e Classificação e tratamento da idiotia" (1843).

Mas também se interessou muito pelos problemas filosóficos e morais, que abordou através das teorias de Gall*, de quem seria durante toda a vida um adepto convicto (membro fundador da Sociedade Frenológica, seria eleito presidente por várias vezes). Para ele, a moralidade resultava da satisfação natural de todas as faculdades, que se apoiavam nas localizações cerebrais. A esse respeito, vamos citar *O homem animal* (1839); *A estima de si* (1845); *Nova lei moral e religiosa da humanidade* (1862) e ainda os três tomos dos *Estudos sobre a natureza do homem considerado com ser animal, moral e intelectual*, publicados em 1867.

Nessa perspectiva frenológica se situam também estudos sobre "A organização cerebral defeituosa da maioria dos criminosos" (1838) e sobre as relações entre o crime e a loucura, que o levaram a pedir a abolição da pena de morte, em duas monografias apresentadas em 1848 e em 1870 à Academia de Medicina, da qual era associado nacional desde 1866.

VOISIN *Jules* (1844-1920)

Sobrinho de Auguste Voisin, Jules Voisin nasceu a 4 de outubro de 1844 em Le Mans, onde seu pai Benjamin era médico da Santa Casa. Residente dos Hôpitaux de Paris, médico do Hospital Bicêtre em 1879, sucedeu a partir de 1886 a Legrand du Saulle* na Salpêtrière, desempenhando ao mesmo tempo as funções de médico-adjunto na Enfermaria especial da delegacia de polícia. Ao lado de trabalhos consagrados à epilepsia e à educação dos idiotas, interessou-se muito pela questão da hipnose. Presidente da Sociedade de Hipnologia, assumiu em 1900 a presidência do segundo Congresso de Hipnotismo, que ocorreu em Paris, e continuaria a tratar desse problema até o fim de sua carreira.

W

WAGNER (Ritter von JAUREGG) *Julius* (1857-1940)

Wagner von Jauregg nasceu a 7 de março de 1857. Ele próprio confessou que começou a estudar medicina em Viena sem nenhuma atração particular por essa profissão. Acabou o curso seis anos depois, trabalhou no laboratório de patologia experimental de Salomon Stricker, onde se ligou a Freud*, e pensava em instalar-se no Egito quando foi nomeado *Privat Dozent* de neuropatologia, graças ao seu mestre Leidesdorf* e apesar da oposição de Meynert*, o que lhe permitiu, em 1889, ser nomeado Professor Extraordinário de psiquiatria em Graz e, em 1893, professor titular em Viena.

Sua obra pode ser dividida em três direções: reforma da legislação austríaca referente aos doentes mentais, trabalhos sobre o interesse profilático da administração de iodo no cretinismo, e principalmente a descoberta da malarioterapia, por inoculação da febre terçã benigna nos doentes atingidos de paralisia geral, variedade de meningoencefalite sifilítica terciária, então muito disseminada na Europa.

A idéia da ação favorável de uma afecção febril sobre a evolução de uma doença mental, nascida de observações fortuitas, não era nova. Nos anos 1860-70, Rosenblum, médico de Odessa, teve a idéia da malarioterapia, antes de utilizar, em 1876, a febre recorrente de piolhos, que grassava então na Rússia, para tratar das paralisias gerais, mas foram experiências que não prosseguiram e que caberia a Wagner von Jauregg codificar, depois de 30 anos de observações. Em 1887, publicou no *Jahrbuch der Psychiatrie* um longo artigo sobre "A influência das afecções febris sobre as psicoses", dedicou-se a tentativas infrutíferas com o estreptococo, observou já em 1890 remissões na paralisia geral pela injeção de tuberculina. Publicou esses resultados em 1909.

Mas foi o dia 14 de junho de 1917 que marcou o verdadeiro início da malarioterapia, quando Wagner von Jauregg arriscou-se a inocular, em três paralíticos gerais, sangue retirado de um militar que sofria de impaludismo e que acabava de ser admitido no seu serviço. Essa terapêutica, cujo modo de ação continua desconhecido, teve muito sucesso na afecção muito particular que é a paralisia geral, até que a penicilinoterapia veio suplantá-la, depois da Segunda Guerra Mundial. Em 1927, o tratamento pela malária valeu o prêmio Nobel ao seu promotor, que faleceu em 1940.

WECHSLER *David* (1896-1981)

Psicólogo de origem romena emigrado para os Estados Unidos, Wechsler foi autor de pesquisas sobre o desenvolvimento e a avaliação da inteligência, efetuadas de 1932 a 1967 no Bellevue Hospital de Nova York, que lhe valeram uma celebridade mundial. Considerando a inteligência "normal" como um dado estatístico e não-absoluto, estabeleceu uma série de escalas de apreciação. A primeira, a *Wechsler Bellevue Scale*, foi publicada em 1939. Revista em 1955 (*Wechsler Adult Inventory Scale* — WAIS), ela se aplicava aos indivíduos de mais de 16 anos. Recorrendo a provas verbais e não-verbais, ela permitia estabelecer um Quociente Intelectual global, sem referência à noção de idade mental, e avaliar um eventual índice de deterioração. Paralelamente, Wechsler propôs, em 1949, uma escala adaptada às crianças de 6 a 16 anos, a *Wechsler Inventory Scale for Children* (WISC), completada em 1972 pela *Wechsler Preschool and Primary School Scale of Intelligence* (WPPSI), destinada às crianças de idade pré-escolar.

WERNICKE *Karl* (1848-1905)

Wernicke nasceu a 15 de maio de 1848 em Tarnowitz, na Alta Silésia, onde seu pai era funcionário. Acabou seus estudos de medicina em Breslau, onde foi nomeado professor-extraordinário, e a partir de 1890 professor-ordinário de psiquiatria. Acabava de aceitar uma nomeação para Halle, quando faleceu, em 1905, de um acidente de bicicleta durante uma excursão.

Wernicke foi antes de tudo um neurologista, autor de trabalhos essenciais sobre as localizações cerebrais, a memória e a linguagem. Em 1874, publicou sobre a *afasia* um estudo que se tornou clássico. Seu nome também está ligado, com o do oftalmologista lionês Alphonse Gayet (1833-1904), com quem aliás ele nunca se encontrou, à descrição de uma encefalopatia carencial alcoólica. Em matéria de patologia mental, ele negava qualquer distinção de natureza entre doenças neurológicas e doenças mentais, vendo nestas últimas apenas um modo particular de expressão de desordens biológicas cerebrais, concepção organicista que impregna os três tomos do seu *Tratado de psiquiatria*, publicado em 1894. Segundo ele, a doença mental, assim como a afasia, seria a conseqüência de uma lesão das fibras associativas do cérebro e, "na medida em que ela se manifesta por expressões de linguagem absurdas, é um exemplo de afasia cortical" (*Novos estudos sobre a afasia*, 1886). Essa extrapolação da anatomofisiologia cerebral para a psicologia associacionista o levou a passar da noção de "separação das fibras" (*Fasertrennung*) para a de *sejunctio*, termo de retórica que designa um fenômeno de disjunção, de separação, que ele propôs para designar o relaxamento da reunião das associações de idéias, pelo qual ele explicava o conjunto dos fenômenos psicopatológicos. Essa hipótese, desenvolvida nas suas *Conferências de psiquiatria clínica* (que só seriam publicadas depois de sua morte), foi retomada por Otto Gross* a respeito da demência precoce.

WESTPHAL *Karl*-Otto-Friedrich (1833-1890)

Filho de um médico de Berlim, Westphal nasceu nessa cidade a 23 de março de 1833. Começou a estudar medicina em 1851 e aperfeiçoou-se em Heidelberg e em Zurique, antes de voltar à cidade natal, onde se desenrolaria a sua carreira. Em 1857, tornou-se assistente no serviço de varíola do Hospital de La Charité. No ano seguinte, passou para o serviço de psiquiatria, onde foi aluno de Karl Wilhelm Ideler* e de Wilhelm Griesinger*. Graças à sua sólida formação neurológica e certamente a Griesinger, Westphal elaborou o essencial da sua concepção organicista da doença mental.

Privat Dozent de psiquiatria em 1861, depois professor-extraordinário em 1869, foi encarregado do ensino de doenças nervosas e cerebrais, antes de tornar-se professor-ordinário de psiquiatria em 1874.

Ao lado de muitos trabalhos de neurologia, foi o primeiro a fazer um estudo objetivo da homossexualidade masculina, em um artigo intitulado *Die conträre Sexualempfindung* (O sentimento sexual invertido), publicado em 1870 nos *Archiv für Psychiatrie*, assim como uma descrição clínica da *agorafobia*, publicada no ano seguinte. Nos últimos anos de sua carreira, interessou-se pelo problema da morfinomania e contraiu ele próprio uma toxicomania grave. Infelizmente, tinha como aluno Levinstein, promotor da desmorfinização por "suspensão brusca", consistindo em encerrar o paciente durante 72 horas em um quarto de isolamento, sem considerar as suas reações nem os seus apelos. Westphal aceitou submeter-se a esse tratamento, e a 27 de janeiro de 1890, quando abriram a porta de sua cela, ele estava definitivamente curado de qualquer propensão para a morfina...

WEYGANDT *Wilhelm* (1870-1939)

Aluno de Wundt* em Leipzig, e depois de Kraepelin* em Heidelberg, Weygandt ocupou um lugar de *Privat Dozent* na Universidade de Würzburg, antes de ser chamado para a cátedra de psiquiatria de Hamburgo, onde terminaria a sua carreira.

Representante oficial da Alemanha no primeiro Congresso Internacional de Higiene Mental de Washington em 1930, enfatizou a importância da terapia ocupacional e do tratamento extra-hospitalar em matéria de psiquiatria. Devemos-lhe um *Atlas-manual de psiquiatria*, cuja adaptação francesa, por J. Roubinovitch*, foi publicada em 1904, enriquecida com mais de 250 ilustrações em preto e branco e em cores, das quais algumas seriam utilizadas por Szondi*, na elaboração do seu teste, mas sua obra principal é o *Manual das doenças nervosas e mentais*, obra coletiva que ele redigiu em grande parte e que seria publicada em 1935. Morreu em Wiesbaden a 22 de janeiro de 1939.

WHYTT *Robert* (1714-1766)

Whytt nasceu em Edimburgo a 6 de setembro de 1714. Começou a estudar medicina em sua cidade natal, em 1730, e terminou o curso em Londres em 1734. Durante algum tempo, recebeu o ensino de Winslow em Paris, depois o de Boerhaave e de Albinus em Leiden, obteve o seu diploma a 2 de abril de 1736 em Reims e o confirmou a 3 de junho de 1737 na Universidade Saint Andrew de Edimburgo. Em 1762, foi presidente do Colégio Real de Medicina e morreu ocupando essas funções a 15 de abril de 1766.

É por sua obra *Observações sobre as doenças nervosas, hipocondríacas e histéricas, precedidas de algumas notas sobre a simpatia dos nervos, publicada em 1764 e traduzida para o francês em 1767, que Robert Whytt se liga à história da psiquiatria. Admitia as idéias de Sydenham* sobre a identidade da histeria feminina e da hipocondria masculina, e dedicou-se a uma análise nas repercussões, no corpo, das paixões do espírito, prova da "simpatia" do "sensorium commune" (o cérebro) com todas as partes do organismo através dos nervos.*

WIER *Jean* (1515-1588)

Wier (nome também ortografado Weiher, Weier ou Weyer) nasceu em 1515 em Grave-sur-Meuse (Brabante), em um ambiente aparentemente modesto. Estudou inicialmente filosofia e teologia na Alemanha, com Cornelius Agrippa (o célebre Her Trippa, ironizado por Rabelais), depois foi estudar medicina em Paris, onde se ligou a Noël Ramart, médico de Francisco I. Em 1534, passou alguns meses em Orléans, voltou a Paris, onde provavelmente recebeu o título de doutor em medicina, e começou um périplo na bacia do Mediterrâneo, que o levaria até a África do Norte e a Cândia. Em 1545, exerceu a medicina em Arnhem e em 1556 tornou-se arquiatro do duque Guilherme de Clèves, ao qual ficaria ligado até o fim da vida. Morreu de apoplexia a 24 de fevereiro de 1588 em Tecklenburg (Westfália).

Médico estimado, autor de observações minuciosas como a descrição clínica do escorbuto, J. Wier se situa na corrente humanista que, durante o Renascimento, tentou através de alguns escritores corajosos a reabilitação das feiticeiras, nas quais viam não seres nocivos destinados à fogueira, mas possuídas dignas de pena, vítimas dos demônios que era preciso exorcizar, e até mesmo doentes que só mereciam tratamento. O respeito pelos alienados que ele viu no Islã, as idéias expressas por seu mestre Agrippa no opúsculo intitulado *Da nobreza e da preeminência do sexo feminino* não são estranhos às posições de J. Wier, cuja obra mais célebre, *De praestigiis daemonum et incantationibus ac veneficiis* (*Da impostura e da mentira dos diabos*) teve uma grande repercussão. Publicado na Basiléia em 1564, traduzido para o francês em 1567 por Jacques Grévin "médico em Paris", teria cinco edições em 15 anos. Através de uma mistura de ceticismo e de credulidade, é uma defesa "dessas pobres velhas enlouquecidas, enganadas pelo Diabo (...) que não cometeram nenhum crime" e que se devia considerar não como heréticas, mas "como sendo atormentadas pela doença chamada melancólica". É também uma obra prática, verdadeira "clínica" de possuídas, oposta ao impiedoso *Malleus maleficarum*, manual operatório da caça às feiticeiras. Wier sabia muito bem que essa incursão médica em um campo "reservado" suscitaria reprovações: "Haverá alguns teólogos empedernidos, que gritarão e dirão que um médico, que explica alguns trechos da Santa Escritura e vai além dos limites da sua vocação, lhes lança injúrias. " De fato, essa defesa e ilustração das possuídas e demoníacas fez com que ele próprio fosse suspeito de feitiçaria. Entretanto, evitaria as perseguições, talvez graças à proteção do duque de Clèves. Apesar da reedição em Amsterdã, em 1660, de *De lamiis, de ira Morbo, de praestigiis daemonnum*, Jean Wier caiu no esquecimento, até que Bourneville* o redescobriu, no século XIX. G. Zilboorg o considerava como o pai da "primeira revolução psiquiátrica".

WILLIS *Francis* (Sir) (1718-1807)

Filho de um vigário da catedral de Lincoln, Willis seguiu primeiramente a orientação eclesiástica, para satisfazer o desejo paterno, e assumiu a responsabilidade por uma paróquia do Lincolnshire, mas a medicina o atraía. Em 1759, foi diplomado pela Universidade de Oxford, e dez anos depois tornou-se médico de um hospital de Lincoln. Interessou-se particularmente pelos doentes mentais. Conta-se que ele teria transformado o seu presbitério em enfermaria para os alienados agitados, dividindo os outros pacientes pelas fazendas dos arredores (?). De qualquer forma, quando em 1788 Jorge III, que desde 1762 apresentara vários episódios de distúrbios mentais agudos, atravessou uma de suas crises mais graves, que acabaria levantando o problema da regência, Willis foi chamado a se pronunciar sobre o estado do soberano. Foi o primeiro a perceber sinais de restabelecimento e conquistou a adesão dos seus dois colegas, Sir George Baker* e Sir Richard Warren, para evitar a destituição. Sabemos hoje que a "doença real" não era psicose maníaco-depressiva, como se acreditou por muito tempo, mas uma porfiria intermitente, afecção hereditária cujos primeiros sintomas Turquet de Mayerne* descreveu no seu paciente Jaime I em 1613.

Em março de 1789, depois da cura do rei, Willis voltou ao seu Lincolnshire natal. Seu renome tornou-se tal que teve que construir perto de Stamford um novo estabelecimento para acolher os doentes que solicitavam os seus cuidados. Deixou um *Tratado das alterações do espírito*, que seria reeditado em 1843.

WILLIS *Thomas* (1622?-1675)

Thomas Willis nasceu em Great Bedwin (Wiltshire) em janeiro de 1620 (21 ou 22), em uma família anglicana muito praticante, cujas tradições conservou. Bacharel em medicina em 1646, começou a trabalhar em Oxford, onde ocupou uma cátedra de física em 1660, depois de obter o doutorado, mas a partir de 1666 instalou-se em Londres e conquistou uma grande clientela. Morreu de pneumonia a 11 de novembro de 1675.

Willis pertence à corrente iatroquímica do século XVII, que se refere ao papel dos "fermentos" e procura aplicar aos fenômenos da vida os princípios da química (Willis foi o primeiro a constatar a presença de açúcar na urina dos diabéticos). Se lhe devemos notáveis trabalhos de anatomia cerebral e de patologia nervosa, em suas duas obras, *Pathologia cerebri et nervosi generis specimen* (1667) e *Affectionum quae dicuntur hystericae et hypocondriacae* (1670), abordou problemas especificamente psiquiátricos e situou-se entre os primeiros defensores da origem cerebral da histeria, que atribuía a espíritos animais que "explodiam" no cérebro. Essa teoria bastante confusa, que ele tentava apoiar em constatações anatômicas, lhe permitiu, pelo menos, admitir a existência de uma histeria masculina, hipótese que seria retomada alguns anos depois por seu contemporâneo Thomas Sydenham*.

WINNICOTT *Donald*-Woods (1896-1971)

Winnicott nasceu em Plymouth, em um ambiente abastado. Depois de uma infância feliz, entrou para Cambridge, e diz-se que foi uma fratura da clavícula que teria decidido a sua vocação médica. Depois de diplomado em 1923, exerceu a pediatria até a aposentadoria, no Paddington Green Children's Hospital de Londres. Em 1930, iniciou uma análise pessoal e cinco anos depois foi admitido na Sociedade Britânica de Psicanálise, da qual seria presidente por duas vezes. Mélanie Klein*, analista de sua mulher, lhe confiou o seu filho mais novo para psicoterapia.

Devemos a Winnicott muitos trabalhos dedicados aos aspectos psicanalíticos do desenvolvimento da criança. Vamos citar *Da pediatria à psicanálise* (1957); *A criança e sua família* (1957); *A criança e o mundo exterior* (1957); *Processos de maturação na criança* (1965) e *Consultas terapêuticas em psiquiatria infantil* (1971).

Mas é principalmente conhecido por ter introduzido o conceito de *objeto transicional* em um artigo publicado em 1953, "Objetos transicionais e fenômenos transicionais". Nele, insistia na existência habitual, na criança de quatro a doze meses, de um objeto eletivo (lenço, guardanapo, ponta de lençol ou de travesseiro...) que a criança aperta contra si ou suga, especialmente quando adormece. Esse fenômeno, completamente normal, lhe permitiria passar do subjetivo para o objetivo, realizando a primeira transição entre a relação oral com a mãe e a verdadeira "relação de objeto". Menos conhecidos são os artigos polêmicos contra a sismoterapia, publicados por Winnicott no *British Medical Journal* entre 1943 e 1947. Morreu em Londres a 25 de janeiro de 1971.

WINSLOW *Forbes*-Benignus (1810-1874)

Filho de um oficial (Forbes era o nome de solteira de sua mãe), Winslow foi diplomado por Aberdeen em 1839, depois de estudar em Londres e no Middlesex Hospital. A partir de 1847, trabalhou nos dois asilos particulares que abriu em Hemmersmith, no subúrbio Oeste de Londres. Morreu em Brighton a 3 de março de 1874.

Chamado muitas vezes a testemunhar em processos criminais, desempenhou um papel importante na instauração, na Inglaterra, do recurso à perícia médico-legal. Sobre esse tema, escreveu *A anatomia do suicídio* (1840), para demonstrar que os suicidas não são criminosos (a lei inglesa os processava) mas vítimas de doença mental, e *A alegação de loucura nos casos criminais* (1843). Também foi autor de *Das doenças obscuras do cérebro e do espírito* (1860), que teve quatro edições, e de *A luz e sua influência sobre a vida*, escrito em 1865, durante uma doença grave. Era muito ligado a Brierre de Boismont*, cuja clínica abasteceu de víveres em 1870, depois da capitulação de Paris.

WITTMAN *"Blanche"* (1859-?)

Nascida em Paris de pai suíço, "Blanche" Wittman, a "rainha da histeria" se chamava na realidade Marie. A confusão vinha de que, durante suas crises, ela chamava por Blanche, que era uma de suas irmãs. "Moça bonita e autoritária, extravagante, bem-sucedida", entrou a 6 de maio de 1877 no serviço de Charcot*, na grande época das experiências com o sono hipnótico. "Caso típico de histeria de cultura", era muitas vezes "usada" para fazer, diante do público da clínica, a brilhante demonstração dos diferentes estágios da hipnose e das crises epileptóides que era possível desencadear pelo simples toque das suas duas "zonas histerógenas", situadas "em dois pontos simétricos um pouco fora dos seios, quase sob as axilas", e interrompidas pela aplicação do "compressor dos ovários".

Ignoramos em que condições ela deixou a Salpêtrière para ser admitida na Santa Casa, onde Jules Janet, irmão de Pierre Janet*, revelou a existência de uma nova personalidade, Blanche II, mais equilibrada que Blanche I, cujas exibições espetaculares ela reprovava. Entretanto, foi na Salpêtrière que ela terminou a sua carreira. Suas crises cessaram quando cessou a moda da histeria, mas permaneceu no hospital como funcionária no laboratório de fotografia, então dirigido por Albert Londe*, e depois no laboratório de radiologia, quando foi fundado em 1896 sob a direção de Charles Infroit. Solitária, renegando o passado "como todas as histéricas da *belle époque*", era "uma espécie de mandachuva" ali, segundo A. Baudouin, que, interrogando-a na velhice sobre as eventuais simulações das pacientes de Charcot, teve esta resposta: "Se dormíamos, se tínhamos crises, é porque não podíamos fazer outra coisa. Aliás, não era nada agradável."

O fim de Marie Wittman seria um verdadeiro calvário. Atingida pelo "câncer dos radiologistas", sofreu repetidas amputações, em um braço, depois no outro, sem que em nenhum momento reaparecesse o menor sintoma histérico. A tradição vê nela a doente prestes a desfalecer nos braços de Babkinski*, no quadro célebre de André Brouillet *A lição clínica do doutor Charcot na Salpêtrière*, que figurou no Salão de 1887, antes de ser doado, em 1891, ao Museu de Nice (certamente, a fim de "ensinar a histeria aos ingleses", ironizava Baudouin), e cuja reprodução gravada que ornava o consultório de Freud* em Viena e depois em Londres ainda parecia, anos depois, "evocar para ele lembranças felizes ou importantes" (Anna Freud*, citada por Jones*).

WÖLFLI *Adolf* (1864-1930)

Em 1921, a monografia de Morgenthaler*, "Ein Geisteskranken als Künstler" ("Um alienado artista"), revelou ao público uma obra que teria um papel importante no despertar do interesse pelas produções plásticas dos doentes mentais e por aquilo que se tornaria a Arte Bruta.

Mais novo de sete irmãos, Wölfli nasceu a 29 de fevereiro de 1864 no cantão de Berna. O ambiente familiar era miserável; a mãe morreu em 1872, o pai partiu e o jovem Adolf, que apesar de tudo, conseguiu aprender a ler, encontrou-se jogado de fazenda em fazenda, como operário agrícola, muitas vezes maltratado. Preso de 1890 a 1892 por atentado ao pudor contra duas meninas, reincidiu em 1895, mas, considerado desta vez como demente precoce, foi mandado para o Hospital Psiquiátrico de Waldau, perto de Berna. Morreu ali, a 6 de novembro de 1930, de um câncer do intestino.

Wölfli continuou até a morte uma obra começada em 1899, que reunia desenhos, pinturas, colagens, caligrafias e pautas musicais. Compreendia cerca de 800 desenhos e 45 volumes, cujas 20. 000 páginas comportavam quase 3. 000 ilustrações. Descoberta em 1945 por Jean Dubuffet, ela constitui, com a antiga coleção de Charles Ladame*, o núcleo do Museu de Arte Bruta de Genebra.

WRIGHT *Rebekah* (1873-1945)

Rebekah Wright aparece, de certa forma, como monomaníaca pela hidroterapia, à qual dedicou 40 anos da sua existência.

Originária de Illinois, obteve o seu diploma de médica em 1896, na Northwestern University of Chicago e, interessando-se pela psiquiatria, assumiu um posto no Saint Elizabeth Hospital de Washington. Deixou-o em 1906, para abrir um consultório particular em Iowa, mas renunciou a esse projeto no ano seguinte, indo para a Califórnia para seguir o curso do dr. Simon Baruch, "pai da hidroterapia na América". Tinha descoberto a sua verdadeira vocação. Célebre no Canadá e nos Estados Unidos, foi muito solicitada para formar médicos e enfermeiros nessa disciplina. "Assessora hidrologista" no Departamento de Saúde Mental de Massachusetts, publicou uma obra, *Hidroterapia nos hospitais psiquiátricos*, verdadeira suma sobre o tema.

Sempre dinâmica e otimista, morreu aos 72 anos, a 24 de março de 1945, enquanto preparava um filme, *Hidroterapia aplicada*, e considerava a publicação de uma nova monografia, com a colaboração do Comitê Baruch de Medicina Física.

WUNDT *Wilhelm* (1832-1920)

Originário de Neckarau (Baden), Wundt estudou medicina em Tübingen e depois em Heidelberg. Diplomado em 1856, tornou-se professor associado ao fisiologista Helmholtz. Depois, ensinou filosofia em Zurique em 1874, e em Leipzig a partir de 1875. Em 1879, criou o primeiro *Instituto de Psicologia Experimental*, cuja finalidade era introduzir a medida objetiva no estudo dos fenômenos psicológicos, como expôs, em 1873, nos seus *Elementos de psicologia experimental*. Em 1881, fundou a revista *Philosophische Studien*, destinada à publicação dos trabalhos dos seus alunos, rebatizada como *Psychologische S-tudien* em 1903. Com efeito, da *Lógica* em 1880, ou da *Ética* em 1886, até os dez volumes da *Psicologia Social*, cuja publicação, começada em 1900 quando ele tinha 68 anos, prosseguiu até 1920, ano de sua morte em Grossbothen, perto de Leipzig, toda a sua obra demonstra que, para ele, a filosofia, a física, a metafísica e a psicologia eram indissociáveis.

Alguns o acusaram de ter sido, durante a guerra, um dos signatários do Manifesto dos Intelectuais Alemães.

WYMAN *Rufus* (1778-1842)

Originário de Massachusetts, diplomado pela Harvard Medical School em 1804, Wyman se instalou em uma cidadezinha dos arredores de Boston, mas por razões de saúde teve que procurar uma tarefa fisicamente menos dura e em 1818 obteve a direção do novo Mac Lean Asylum (Massachusetts), graças à renúncia do outro candidato, George Parkman*.

Wyman, que até então não aparentava ter uma inclinação particular para a psiquiatria, iria referir-se a dois modelos, Pinel* e os Tuke*, principalmente os últimos, pois visitara em Filadélfia o Friends' Asylum, inspirado na "Retreat" de York. Assim, introduziu os métodos "humanitários" do "tratamento moral" no Asilo de Massachusetts: afastamento do doente do seu ambiente sócio-familiar, utilização de todos os meios para distrair o espírito das suas preocupações mórbidas. Em 1835, novos problemas de saúde o obrigaram a aposentar-se. Entretanto, conservou uma atividade de clínico, e até acolheu em sua família alguns pensionistas psiquiátricos e tornou-se presidente da Norfolk Temperance Society. Morreu a 22 de junho de 1842, de uma afecção pulmonar, provavelmente tuberculosa.

Embora não tenha deixado escritos, esse clínico apagado e consciencioso (dizem que em 14 anos de exercício, só deixou o seu asilo durante cinco noites!), não deixou de contribuir para impor na Nova Inglaterra o que ele chamava de "uma revolução no tratamento". Amariah Brigham*, outro promotor do tratamento moral, prestaria homenagem ao papel que ele desempenhou na psiquiatria americana, em seu início.

Z

ZACCHIAS *Paul* (1584-1659)

Temos poucas informações sobre a juventude e os estudos de Paul Zacchias, nascido em 1584 em Roma, de família nobre, que é considerado como o verdadeiro precursor da medicina legal. Esse personagem se mostra como espírito enciclopédico e, se foi antes de tudo médico e jurisconsulto, seus contemporâneos também apreciavam as qualidades de pintor, poeta e músico daquele que foi apelidado "Omniscius", o que sabe tudo. Muito respeitado no mundo científico da sua época, eleito por três vezes protomédico da cidade de Roma e dos Estados Pontifícios, em 1638, 1653 e 1659, foi nomeado por Inocêncio X primeiro médico do arqui-hospital do Santo Espírito, e depois médico do palácio pontifício por Alexandre VII. Morreu em 1659 e foi sepultado na igreja romana de Santa Maria in Vaticella.

A obra de Zacchias é muito diversificada. Para nos limitarmos aos seus trabalhos "psiquiátricos", vamos citar o *Tratado das doenças hipocondríacas* (1639) e o *Tratado das paixões da alma e dos males que delas procedem e do seu tratamento tanto físico quanto moral*. Mas são principalmente as *Questões médico-legais* que o fizeram passar para a posteridade. Publicadas de 1624 a 1650, tiveram muitas edições, das quais uma, póstuma, em 1688 em Frankfurt, foi completada por Lanfranc, um sobrinho do autor, com trechos de julgamentos realizados pelo tribunal da Santa Rota. Com efeito, Zacchias foi muitas vezes consultado pelos juízes da Rota, que se ocupavam na época de causas teológicas, disciplinares eclesiásticas e criminais, e aos quais a "Decretal" de João XXII recomendou que se cercassem "de conselhos colhidos nas fontes da Sabedoria".

A parte propriamente psiquiátrica das *Questões* se limita ao título I do Livro II (publicado em 1625), *De dementia et rationis laesione*, que se inicia com uma declaração de princípios: só o médico é competente para julgar o estado mental de um indivíduo. Zacchias faz uma compilação crítica das diversas classificações e concepções da doença mental. Depois, discutindo os princípios do Direito romano segundo os quais aquele que foi por uma vez atingido de furor ou de demência é sempre presumido furioso ou demente, preocupa-se com os problemas da simulação e dos intervalos lúcidos, e demonstra muita flexibilidade e compreensão em matéria de capacidade e de responsabilidade criminal, admitindo tanto a ausência completa destas quanto todos os graus de redução, respondendo já assim aos princípios essenciais da perícia médico-legal.